自然の諸原理に還元された

和　声　論

TRAITÉ DE L'HARMONIE

Réduite à ses Principes naturels

J.-Ph. ラモー=著
Jean-Philippe Rameau

伊藤友計=訳
Tomokazu Ito

音楽之友社

目　次

凡例……………………………………………………………………………… iii
訳者による『和声論』への導入………………………………………………… v

序文………………………………………………………………………………… 1
この『和声論』全四巻に含まれる内容の目次………………………………… 5
理解が必要とされる諸用語の説明一覧………………………………………… 11
第1巻　調和的/和声的な比率と比　例の関係について……………………… 25
　　　　　アルモニク　　　レゾン　プロポルスィヨン　ラポール
第2巻　和音の本性と特性について
　　　　　　　ナテュール　プロプリエテ
　　　　そして音楽を完全なものとするのに役立つすべてのことに
　　　　ついて……………………………………………………………………… 63
第3巻　作曲の諸原理……………………………………………………………… 159
第4巻　伴奏の諸原理……………………………………………………………… 301

用語一覧の日本語索引…………………………………………………………… *354*

自然の諸原理(プランスィップ)に還元された

和声論

全4巻

第1巻 調和的(アルモニーク)/和声的(レゾン プロポルスョン アルモニーク)な比率と比例の関係について
第2巻 和音の本性(ナチュール)と特性(プロプリエテ)について；
 そして音楽を完全なものとするのに
 役立つすべてのことについて
第3巻 作曲の諸原理(プランスィップ)
第4巻 伴奏の諸原理(プランスィップ)

ラモー氏 著

オーヴェルニュ地方クレルモン大聖堂のオルガン奏者

印刷所

ジャン=バプチスト=クリストフ・バラール、
音楽関係唯一の国王認可印刷業者。パリ、
モンパルナス、サン・ジャン=ド=ボーヴェ通り。

1722年

国王による出版印可済

原書扉の日本語訳

原書扉

凡　　例

当翻訳の底本

当翻訳は J.-Ph. ラモー（Jean-Philippe Rameau 1683-1764）による『和声論』（1722 年）の邦訳である。底本としては以下に依拠した。

Rameau, Jean-Philippe. *The Complete Theoretical Writings of Jean-Philippe Rameau.* ed. with Introductions by Erwin R. Jacobi. 6 vols. American Institute of Musicology, 1967-72. Vol.1. *Traité de l'harmonie réduite à ses principes naturels.* （以下、*CTW* と略記する。）

また訳出、注や譜例の作成、「訳者による『和声論』への導入」の執筆等に際しては以下の英訳を参照した。

Rameau, Jean-Philippe. *Treatise on Harmony. Translated, with an introduction and notes, by Philip Gossett.* New York, Dover Publications, Inc. 1971.

CTW を底本とした理由は以下のとおりである。Web 上の Bnf（フランス国立図書館）のサイト内のデジタル図書館 Gallica や IMSLP（International Music Score Library Project）などで閲覧・ダウンロード可能な原書の PDF と違い、*CTW* のファクシミリ版ではページの余白等にいくつかの自筆の書き込みが加えられている箇所があり、この筆跡がラモー自身のものであるというレポートがなされている（*CTW*. I：XXII）。この書き込みを訳注等の形で反映させることを意図し、この版を底本として選択した。

当訳書の成立の経緯

訳者はまず『和声論』と『和声の生成』（1737 年。ラモーのもう一つの主著とされる）の拙訳を 2016 年に東京藝術大学大学院に提出した博士論文の添付資料として提出した。今回より広い読者層に拙訳を問うに当たり、以下の四点の改変を施した。1．レイアウトを一新し、文字テクストを二段組にし、極力コンパクトなものを目指した。2．原書には巻末に「補足 Supplement」が付されているが、この中の内容は本文中に反映させ、この「補足」自体は割愛した。3．譜例はすべて大譜表やト音記号とヘ音記号のみのものに置き換えた。4．訳注を大幅に増やし、巻頭に「訳者による『和声論』への導入」を付した。

注に関して

断り書きがない脚注は原書のもの、「〔訳注〕」とあるものは邦訳者によるものである。本文中の〔　〕は訳注である。

強調とルビ、カタカナ表記に関して

本文中の斜字体は当訳書においてゴシック体とし、頭文字が大文字の単語には傍点を振った。譜例の文字はゴシック体とし、その中でも斜字体は当訳書において太字にした。ただし、当訳書内での統一をはかるために加筆・改変したものもある。また音楽理論書内のキーワードとして重要な用語にはルビを振ったが、その際原語の発音に忠実になるように近年に発行された辞書等を参考にし、カタカナを使用した。しかし慣例の標記（著者「ラモー」の苗字も含む）に従ったものもある。

・前置詞の de　…　○ド　×ドゥ
・楽語としての note sensible　…　○導音（原語に忠実であれば〈予感音［主音の登場を予感させる音］〉等の訳語がふさわしいが、現代の用法との乖離に鑑み、また〈次に重要な音が控えている〉といった語義は共通して看取される

ことから、慣例に従った（冒頭「用語一覧」の「sensible」の項と、その中で指示されている頁を参照せよ）。

- 音楽用語のcadence … ○カデンツ ×カダンス
- 同じくbémol … ○フラット ×ベモル
- 同じくdièse … ○シャープ ×ディエーズ
- 同じくenharmonie … ○エンハルモニック ×アンナルモニ

また原書と本書における音階音名と音符名の対照は以下のとおりである。

現代の音階音名	ド	レ	ミ	ファ	ソ	ラ	シ
原書	Ut	Ré	Mi	Fa	Sol	La	Si
本書	ウト	レ	ミ	ファ	ソ	ラ	シ

原書	Ronde 丸符	Blanche 白符	Noire 黒符
本書	全音符	二分音符	四分音符
原書	Croche 鉤符	Double croche	Triple croche
本書	八分音符	十六分音符	三十二分音符

文献

『和声論』内で言及される文献は以下のとおり。本文内で明記される苗字と書名のみを括弧内に日本語表記しておく（複数の版があるものは下線が引かれているのがラモーが参照している版である）。

Affillard, Michel l'（ラフィラール）*Principes trés facile pour bien apprendre la musique*（『音楽をよく学ぶための極めて簡便な諸原理』）Paris. 1691.

Brossard, Sébastian de（ド・ブロサール）*Dictionnaire de musique*（『音楽辞典』）Paris, 1701, 1703, <u>1705</u>.

Descartes, René（デカルト）*Compendium Musicae*（『音楽提要』）Utrecht, 1650.

Desermes（ドセルメ（メルセンヌの別名））*Traité de l'harmonie universelle*（『普遍調和論』）Paris, 1627.

Frère, Alexandre（フレール）*Transpositions de musique réduites au naturel par le secours de la Modulation*（『横の並びを用いて自然な状態へと還元された音楽の移置』）Paris, 1706.

Loulié, Etienne（ルリエ）*Élements ou principes de musique*（『音楽の基礎あるいは原理』）Paris, 1696.

Masson, Charles（マソン）*Nouveau traité de régles pour la composition de la musique*（『音楽の作曲のための諸規則の新しい概論』）Paris, 1697.

Mersenne, Marin（メルセンヌ）*Cogitata Physico-Mathematica*（『物理的数学の考察』）Paris, 1644.

Pardies, Pére（パルディー神父）*Œuvre du R.P. Ignace-Gaston Pardies*（『パルディー神父著作集』）Lyon, 1709.

Zarlino, Gioseffe（ザルリーノ）*Dimonstrationi Harmoniche*（『調和の証明』）Venice, 1571.

── *Istitutioni Harmoniche*（『調和概論』）Venice, 1558, 1562, <u>1573</u>.

訳者による『和声論』への導入

1　はじめに

　原書の表紙に明記されているように、ラモー（1683-1764）の『和声論』は1722年に、当時のフランスでは音楽を専門とする唯一の印刷所であるバラール社から出版された。ラモーといえば現在ではオペラ、室内楽、クラヴサン曲等の作曲家としての知名度の方が高いであろうが、存命中にラモーは計八冊の理論書を公刊し、また新聞・雑誌等の媒体に音楽理論関係の論考や公開書簡なども数多く発表していた。『和声論』はこうしたラモーの音楽理論の著作中の第一作にして主著と目されるべき理論書である。

　『和声論』が公刊された1722年はラモーが39歳を迎えた年であるが、またJ. S. バッハのいわゆる『平均律クラヴィーア曲集』第1巻が完成された年でもある。この符合はこの二作が「そろって発表された記念すべき年[1]」としてすでに指摘されてきた。現代においても、特に専門的・学術的に西洋音楽を志すに際しては、演奏面においては『平均律クラヴィーア曲集』が、理論面においては和声課題の実施が試験等で課されることが常道となっているが、後者の和声課題はまさにラモーの『和声論』に端を発する。このように実践と理論の格好の代表例とされるこの二作であるが、西洋音楽が実践と理論を両輪として展開してきた長い歴史を有する中で、『平均律クラヴィーア曲集』の楽譜や録音音源は豊富に存在し親しまれ演奏されてきた一方で、『和声論』の方はこの書名のみがその重要性とともに西洋音楽史の教科書等で言及されるにとどまり、その内実のほどは二次的に把握されてきたに過ぎなかった。こうした経緯を踏まえた上で今一度強調されるべきは、この『和声論』こそは西洋音楽史を画する重要著作であり、その後のいわゆる西洋クラシック音楽の歩みは『和声論』の存在なくして考えられないというにとどまらず、現在のわれわれの豊穣かつ多岐にわたる音楽体験もそのほとんどが、その基本構造において『和声論』内で開陳されている規則性・法則性の中で展開されている、という事実である。こうした重要性に鑑み、また原書の発表から300年という節目を前に、訳者は『和声論』の邦訳に着手した。

1）　オリヴィエ・アラン『和声の歴史』永富正之、二宮正之訳、白水社、原書1965、邦訳1969. p.79.

2 『和声論』の概要と成立までの経緯の略記

すでに『和声論』がラモー理論の主著と目されることには言及したが、それは内容のみならず量の面からも指摘されるべきであり、公刊された八冊のラモーの理論書の中でもこの『和声論』がもっとも分量が多い。仏語オリジナルを簡単にデータ化すると、総語数・約15万6000語、総頁数・約450頁、図例や譜例・合わせて約300という大作である。全体の配置を俯瞰すると、本文は四巻に分かたれ、第1巻はもっぱら理論的考察に充てられ、第2巻以降では徐々に実践的内容へと重点が移り、第3巻では作曲について、第4巻では伴奏について扱われている。それぞれの巻についてはラモー自身が「序文」後半で説明を加えているのでそちらも参照できる。この「序文」全体とそれに続く「用語一覧」は本文への付録的なものでは決してなく、内容的に極めて重要なテクストであり、熟読に値する。

質、量ともにこれだけの大作が短期間に仕上げられたとは考え難く、実際のところこの『和声論』はラモーの長年にわたる思索と研鑽の結実であった。そこで『和声論』に至るラモーの足跡を簡単に振り返っておこう。

『和声論』前史／クレルモン時代

『和声論』の表紙に今一度注目してみると、出版された場所はパリのバラール社であるのに対して、ラモーの肩書は「クレルモン大聖堂のオルガン奏者」となっていることが確認される。1722年までのラモーの歩みをごく簡単に踏まえれば、1683年にディジョンで生を受けたラモーは当初両親の希望に従い法学を志すが、1699年には同じくオルガニストであった父親の代理を務め、音楽家として活動した記録が残っている。その後、アヴィニョン（1702年1月〜）、クレルモン（同年5月〜）、パリ（1705年末あるいは1706年初頭〜）、ディジョン（1708年末〜）、リヨン（1712年9月〜）と転居を繰り返し、各地で教会オルガニストとしての職務に当たっていたが、1715年4月にはふたたびクレルモン大聖堂との契約に至っている。その後『和声論』の出版を期して完全にパリに居を移すことになったのは1722年末あるいは1723年初頭のことであったとされる。したがって、この大部にわたる『和声論』が執筆されたのは主にラモーがクレルモンに逗留中の8年ほどの期間であったと推測される。しかしラモーの詳細な伝記的研究を残したガードルストーンが「クレルモンにおけるこの8年間は20歳から40歳までの彼の人生のミステリーの中でも、もっともダークな部分である[2]」と言及しているように、この時期のラモーの活動についてはよく分かっていない。また『和声論』との関わりで言えば、ラモーがこの時期に残していた自筆の草稿や読書記録が記されたいわゆる「クレルモン・ノート」の存在が確認されているが、これは19世紀初頭にクレルモン出身の作曲家ジョルジュ・オンスロー（1784‐1853）が入手してのち、このオンスロー家の子孫が世界各地に分散する中で散逸してしまい、現在に至るまで行方不明である。またさらにラモーは自らの音楽論の核心の一つであり、『和声論』の最重要論点の一つである「基礎低音（バス・フォンダマンタル）」の理論（本論xi、xii頁で後述。これはいわゆる"コード進行"の基になる考えである）について、これは自らの発見ではなく、ク

---

[2] Girdlestone, Cuthbert. *Jean-Philippe Rameau: His Life and Works*. London: Cassell, 1957; Revised and Enlarged Edition. Dover Publications, Inc. New York. 1969.; 3-rd revised and new introduction by Philip Gossett. Dover Publications, Inc. Mineola, New York. 2014. p.5.

レルモンで師事した「この技芸(アール)について長く熟考し続けた非常に年老いた老人[3]」から学んだ、と証言したといわれている。「クレルモン・ノート」にしても、この「非常に年老いた老人」にしても、『和声論』の先史として興味の尽きないところであるが、残念ながらこれ以上の情報は現在のところない。

3　『和声論』の題名の解読

　『和声論』の内容に立ち入る前に、この著作の題名に着目しておこう。この題名はフルタイトルでは『自然の諸原理に還元された和声論』となる。すでにこの中に踏まえられるべき重要な点がいくつかある。

　まず最重要キーワードである「和声」と訳出される「ハーモニー（仏語の発音ではアルモニ）」に相当する語であるが、「和声」と訳される場合、これは諸音の同時的響きである和音を音楽構造の基本要素とする見方が含意されている。しかしこの「ハーモニー」という語は元来「調和」一般を表す言葉であった。この文脈ではプラトン（b.c.427 ‐ b.c.347）が有名な例としてしばしば引き合いに出される。プラトン自身は音楽の理論的考察に直接的に関わったわけではないが、たとえば『国家』第7巻の中の音楽に言及した箇所でこの「ハーモニー」に相当する語が用いられている。ただし、プラトンの時代の音楽は単旋律であったので、『国家』内の「ハーモニー」は継時的に続いていく諸音、すなわち任意の音と次の音との関係性についてのことであり、日本語では「調和」と訳されてきた[4]。

　この「ハーモニー」の意味合いの問題で参照されるべき重要人物が中世最大の音楽理論家の一人であるイタリアのG.ザルリーノ（1517 ‐ 1590）である。ザルリーノは『和声論』内でもっとも頻繁に引用される人物であり、この「ハーモニー」の語義の問題に関しまさに『和声論』内でラモーは次のように述べている。「つまり調和(アルモニ)という言葉はしばしば彼（引用者注：ザルリーノのこと）の時代において単旋律(サンプル・メロディ)を意味していたということである」（本書135頁）。確かにザルリーノの時代にはすでに複旋律の実践は行われていたし、ザルリーノは自らの理論書内で同時的に響く諸音間の音程に着目し、いかなるケースでいかなる響き・音程が好ましいか否かを大々的に考察している。しかしザルリーノのこの考察は、あくまでも複数の旋律を組み合わせてできた結果として、要所要所に生ずる同時的響きを問題としたものであり、まず和音という存在を先に想定し、和音を継時的に連ねていくという音楽構造の認識はザルリーノには確認されない。ザルリーノの主著である"Istitutioni Harmoniche"が『調和概論』と邦訳されてきたのには以上のような理由がある。

　このように音楽の横の流れである旋律に着目する従来の音楽観に対して、縦の諸音の配置、すなわち和音にプライオリティーを付与し、和音こそが音楽を生み出すと主張したのが他ならぬラモーであり、『和声論』はその第一作に位置する。第1巻第1章の冒頭では次のように高らかに宣言されている。「音楽は概して和声(アルモニ)と旋律(メロディ)に分けられる。しかしわれわれは旋律が和声の一部に過

---

3) *CTW.* VI. p.LII. Cf. Christensen, Thomas. *Rameau and Musical Thought in the Enlightenment.* Cambridge Univ. Press. 1993. p.43.
4) 参照：プラトン『国家』藤沢令夫訳、岩波文庫、初版1979、改版50刷2012、下巻、pp.153-156.

ぎず、音楽のあらゆる特性の完全な理解のためには和声(アルモニ)の知識で十分であることを以下で示そう」（本書26頁）。ただしこうした音楽観はラモーの独創というわけではなく、和音を音楽の基礎ユニットとして活用した音楽制作や演奏は、たとえば数字付きバスや通奏低音の実践を見ても分かるとおり、ラモー以前にすでに活発に行われていた。しかし上述のように、他ならぬ和音にこそ依拠した音楽観を前面に押し出し、一冊の理論書という形で結実させたのがまさにラモーであった。その所産こそが本書であり、ここに『和声論』という題名の由来がある。

題名中の「自然の諸原理に還元された……」という箇所もまた重要である。すなわち、音楽というものはじつに多様で複雑な姿をみせるが、しかしこうした音楽現象には原理とされるべき統一法則が基礎として存在しているはずだというのが音楽理論家ラモーの信念であり、『和声論』はその理論的探究の書である。「基礎低音(バス・フォンダマンタル)」の理論や和音という基礎ユニットの存在こそその統一法則を説明するものであり、そうした法則性は「自然」にその起源を見いだすことができる、というテーゼこそ音楽理論家ラモーの終生の問題意識であっ

た。ここで、中世から17世紀の科学革命へのパラダイム・シフトを経て18世紀フランス啓蒙期という時代の流れにおいて「自然」とは何なのか、そして特にラモーにとっての「自然」とは何かという問題はあまりに大きく、詳細に論ずる余裕はない。ごく基本的な点だけを踏まえるなら、"聖書と双璧をなす、神による書物である自然"、"数学という言語で書かれた自然"、あるいは"偉大な機械としての自然"など、いずれの自然観にせよ、西洋の知的伝統において"真理の探究"の方向性は「自然」と結びついていたことを想起できるだろう。そうした探求は時に数学や科学の諸分野にとどまらず、芸術の領域、たとえば絵画や建築でも活発に行われていたことはすでに久しく指摘されてきたとおりである。音楽の領域もこの例外ではなく、当訳書を通じて読者は、数学や理性の力に基づき音楽現象を自然へと還元し、音楽の「原理／源(プランシップ)」（実際、この語は『和声論』内に頻出する）の究明を志し、その構造の解明を目指すラモーの強い姿勢を確認されることであろう。こうした意味ではラモーの理論的探究の歩みも彼が生きた時代と足並みを揃えていたわけである。

4　『和声論』の構成

ここに全訳を上梓する以上その内容については本文の読解に譲るべきだが、これだけの分量の著作を何の指針もなく読み進めるには困難を感じる読者もおられるだろう。先述のとおり、第1巻から第4巻に関しては「序文」においてラモー自身が端的に説明を加えているが、ここではその説明と極力重複しない形で現代の読者への一つの手引きとして『和声論』の見取り図を提示する。

まず「序文」は音楽理論家ラモーの決意表明の

原点として極めて重要な箇所である。ここでは理論家としてのラモーの音楽観を窺い知ることができるのみならず、この『和声論』が18世紀前半のフランスという知的土壌（啓蒙主義）の産物であることが個々の単語や表現から明瞭に読み取られるであろう。内容としては、ラモーが音楽を"往時の音楽"と"現代の音楽"に分け、自らがまぎれもなく現代の音楽に属していると主張していること、そして音楽という学(スィヤーンス)の諸規則と数学

との関わりについて言及されている点が注目される。

この後に「目次」と「用語一覧」が続く。「目次」は『和声論』全体を俯瞰するのに簡便であると同時に、それぞれの章や項の題名にもすでに着目すべき箇所は多い。これに続く「用語一覧」は、この名称から安易に推測されるように、専門用語の単なる羅列や無味乾燥な説明では決してない。この中では『和声論』の理解には欠かせない要点がアルファベット順に並べられており、ラモーの主張の力点が表れている点でも重要である。また個々の用語にはラモー独自の使用例や、また現代のわれわれの理解とは乖離した用語・用例もみられるので、本文の読解を読み進める中で不明に思われる度にこの「用語一覧」を参照することは有益であろう。

「第1巻」はもっぱら理論的考察に充てられている。すでに見たように、その冒頭で旋律に対する和音のプライオリティーが高らかに宣言されると、その後主要テーマとなるのが数あるいは数比と音程・和音の関わりである。『和声論』におけるラモーは自ら以前に至るまでの長い伝統を誇る、数学（数・数比）を第一原理とする音楽理論を継承しており、こうした伝統の中で理論的根拠として示されてきた「モノコルドの分割」がこの「第1巻」でも大々的に援用されている。そしてこの第一原理をもとに種々の音程や和音の存立根拠が考察される。またこの中ですでに「基音（ソン・フォンダマンタル）」や「転回」に関して言及されている点には注意が払われるべきである。

ここから「第2巻」では次第に実践的傾向を強める。すなわち、ここまでに進められた諸音程や諸和音の理論的考察に基づき、「第2巻」で主要テーマとなるのが「基礎低音（バス・フォンダマンタル）」と、この「基礎低音（バス・フォンダマンタル）」上でフレーズの節目（ラモーの言葉遣いでは「結末（コンクリュズィオン）」）に展開される「カデンツ」である。この「第2巻」の諸音程と基礎低音（バス・フォンダマンタル）に関するラモーの説明はラモーの和声理論の根幹を成すがゆえに極めて重要であり、種々のカデンツに関しては譜例も多数掲載されているので理解の助けとなっている。その後、各種の音程や和音、音階や調、そして楽曲制作のためのさらに詳細な点へと議論が移る。ただし個々の名称や各論に関しては現代の用例とは異なる点もあり、ラモー独自の見解や主張もみられるので、現代的な楽典や和声学の知識を持って読解に臨むことが必ずしも理解に有用とはならない点にも留意する必要がある。

分量的に一番多い「第3巻」では作曲関係一般が扱われている。楽譜に関するごく初歩的な点から始まり、その後の内容は極めて多岐に、また詳細にわたる。実際、同時代や後世に与えた影響としては、「第2巻」のカデンツに加えて、この「第3巻」の内容が圧倒的に重要であったろう。たとえば、後述するように、『和声論』の英訳はこの「第3巻」が独立して最初に出版された（1737）ものであるし、この中で開陳されている「基礎低音（バス・フォンダマンタル）」の理論に基づく作曲の諸規則こそが現代のわれわれの音楽体験のほとんどを規定していると言っても過言ではない。そしてさらにはこの「第3巻」全体が「基音（ソン・フォンダマンタル）」あるいは「基礎低音（バス・フォンダマンタル）」を土台とし、その上で考察・展開されていることは留意されるべきである。作曲や楽曲分析を専門とする人はもちろん、西洋音楽の構造の把握を目指すために必読なのがこの「第3巻」である。

「第4巻」は「伴奏の諸原理」と題されているが、ここでラモーが想定しているのは基本的に鍵盤楽器による伴奏である。したがって鍵盤についての基礎知識や、鍵盤上の運指（指づかい）について相当の紙数が割かれており、ピアノの普及が顕著な現代の日本の読者にとって興味深い論点が散見していると思われる。しかし内容的に見てこの「第4巻」が伴奏の技術のみに限定されているというのは正しくない。鍵盤楽器による伴奏は、通奏低音や数字付きバスの実践も含め、和音の演奏を主軸とするものであるがゆえに、この「第4巻」でも諸和音自体の考察や、諸和音の連結の仕方についての説明がかなりの比重を占めている。和音あるいは和音の連結は音楽作品の骨格を形成するものである以上、この「第4巻」は鍵盤楽器の伴奏者のみならず、西洋音楽の理解一般に重要

かつ有益な箇所である。

　以上が『和声論』全体の概観である。この全体像が本書の実際の読解の一助となれば幸いだが、『和声論』内でラモーが詳述する音楽理論に関しては以下の二点がさらに指摘されるべきである。

　まず第一点目は、『和声論』におけるラモーの主張は後の西洋音楽の歩みに決定的な影響を与え、現代のわれわれの音楽状況をも規定することにもなる重要な諸点であるが、しかしこれらのいずれの考え方、概念、実践の手法もラモーの独創によるものではない、ということである。この点は本論でもすでに多少言及したが、『和声論』でラモーが詳述している諸点はすでにラモー以前に盛んに実践されていた。ここで強調されるべきラモーの西洋音楽理論史におけるその画期的な業績とは、これらの諸要素を単一の音楽理論にまとめ上げ、それを一人で書き切った点にこそ求められるべきであり、この点はいささかも過小評価されるべきではない。

　第二点目としては、後続のラモーの理論書との関係性が指摘されなければならない。つまりこのラモーの第一作である『和声論』が質・量ともにラモー理論の主著と見なされるべき著作であることはすでに言及したが、しかし『和声論』の中でのみラモー理論のすべてが完成し、完結しているわけではない。ラモーは『和声論』後も理論的思索の歩みを止めることなく、若干の点については重要な変更を加え、さまざまに変遷をみせることになる。たとえば、その後のさらなる重要な経緯として、ラモーが『和声論』脱稿後に倍音に関する音響物理学の知見に接することにより、自らの理論的基盤をこの科学的成果に大々的にシフトしようと画策することはラモー理論における一大変化であり、これは科学思想史と照らし合わせて考察すると極めて興味深い。和声理論そのものにおいても、「トニック」、「ドミナント」とともに後の"機能和声"[5]の重要な三要素の一つとされる「サブドミナント」という名称が登場するのは次作以降である。また音律の問題に関してもラモーは『和声論』以後に中全音律を一旦は提唱するものの、最終的には平均律の採用を強く主張するようになるなど、その後の歩みにおいて看過できない若干の諸点が控えている（理論的考察という観点から言うとこの『和声論』に加えて、『新体系』（1726）、『和声の生成』（1737）、『和声原理の証明』（1750）の四作（いずれも略称）がラモー理論の重要著作と見なされている）。したがってこの『和声論』のみでラモー理論のすべての把握が可能なわけではないが、しかしラモーの基本的主張や内容理解の出発点あるいは土台として、そしてまたラモー理論の総体から見ても、この『和声論』はゆるぎない位置を占めている。

5　『和声論』内のキーワードについて

　この邦訳によって『和声論』を把握しようとするときに大きな障害となるのが時代的、そして言

---

[5]　"機能和声"という用語自体はフーゴー・リーマン（1849 - 1919）の著書『簡略和声教程 Vereinfachte Harmonielehre』（1893）が初出とされるが、"機能和声"的な見方あるいはアイディアはラモー理論に確認されるという指摘がすでになされている。以下の論考を参照のこと：ラング、ポール・ヘンリ『西洋文化と音楽』酒井淳　他訳、音楽之友社、1975. 中巻、637頁. Hyer, Brian. "Tonality" *The Cambridge History of Western Music Theory*. edited by Thomas Christensen. Cambridge Univ. Press. 2002. p.736.

語的隔たりである。実際、仏語と日本語の隔たりは『和声論』読解のいくつかの局面でも決定的な問題となり、また原書の発行から300年が経とうとしている中で、前提となる予備的知識や説明なしに『和声論』を理解するにはかなりの困難が存在することは認めねばならない。そのためここで、特にこの邦訳において問題となり、また『和声論』の核心の理解に必要な用語を中心に以下であらかじめ説明を加えておきたい。これらの用語に関しては、本文を読み進めたうえで適宜以下の説明に立ち返って参照することも有益であろう。

5−1
「根音」「基音」「基礎低音」を巡る問題 / son fondamantal と basse fondamantale

　西洋音楽理論や楽典に通じた読者にとっては特に、当訳書の中に「根音」や「根音バス」といった名称が一度も登場しないことを訝る向きもあるであろう。実際のところ、近年刊行されている西洋音楽の歴史書や参考書でもこの「根音」と「根音バス」をラモーと結びつけて記載している書物が散見される。しかし、『和声論』に限らずラモーの理論書にはこの「根音（バス）」に直接相当する言葉は存在しない。あくまでもラモーが用いる用語は「son fondamental 基音」であり、「basse fondamentale 基礎低音」である。これらの用語は内容的には「根音（バス）」と重なる部分は多く、現代の用例に合わせて「根音（バス）」と訳出することが不可能とは訳者も考えない。しかし『和声論』の邦訳を作成するにあたってはやはりこの son fondamental と basse fondamentale に「根」を充てることは差し控えるべきという指針を徹底することとした。その理由は以下の諸点に拠る。

　まずそもそもこの原語の形容詞 fondamental(e)（複数形 fondamentaux）に植物の"木の根"の意味合いは含まれておらず、あくまでも"基本・基礎"という原義が主である。その一方で『和声論』内では「根」に相当する radix、あるいはその形容詞形である radical(e)（複数形 radicaux）が、日本語の楽語である「根音」（和音構成音を基本位置に戻した際の最低音）とはまったく別の意味合い・文脈で使用されている箇所がある（本書27、30、39頁）。したがってこれらの二つの異なる単語にひとしなみに「根」という漢字をあてがうのは訳出としてふさわしくない。また、「序文」においてラモー自身が「第2巻」の説明に「ここで源はバスと呼ばれる音楽の一つの声部に表されており、それには「Fondamentale」という形容詞が付される」（本書3頁）と述べている箇所があるが、これを「根音」と訳出するのは文脈にまったくそぐわず、この形容詞はあきらかに仏語の fond や fondement（ともに「基礎・土台」を意味し、『和声論』に頻出する）との意味上の強い関連が意図されている。したがって「基本・基礎」が明示される訳語の方が適切な選択である。

　また basse fondamentale に関して言えば、『和声論』内の多くの譜例が明瞭に示しているように（たとえば本書83、223、262頁など、他多数。また187頁と275頁を参照せよ）、これらの譜例では basse fondamentale がもう一つの低音である「basse continue 通奏低音」と対で用いられていることが確認されるであろう。ラモーはこれら二つの低音を明らかにワンセットで捉えており、後者が「譜面に目に見える形で顕在化して演奏される実際の低音」であるのに対して、前者は「目にみえず、また必ずしも実際に演奏されるわけではないが、しかしこの音楽構造を基礎・土台において支えている真の低音」という意味で用いられていることが把握されるべきである。この対関係を踏まえるならば、Basse continue が「通奏低音」と訳し習わされてきたのに合わせて、Basse fondamentale を「基礎低音」とした方が、『和声論』というテクストの実情に即している。

　さらに「基音」を採用した重要な理由としては、『和声論』以後のラモー理論の展開が是非とも指摘されなければならない。すでに若干言及したが、『和声論』執筆時のラモーはまだ当時の音響物理学の成果に関する知識を有していなかったが、『和声論』脱稿後に、特にソヴール（Sauveur,

Joseph 1653 - 1716）の倍音現象に関する実験とデータの研究に触れることにより、ソヴールの知見を自らの音楽理論に適用しようと画策し、自らの理論的基盤を大きく変えることとなる。なぜならラモーは、自らが『和声論』内で使用していた「基音（ソン・フォンダマンタル）」が、すでに1701年にソヴールが発表した論考内で使用されていた倍音現象の「基音（ソン・フォンダマンタル）」と、言葉遣いまで一致していたことを知ることになるからである。「この新事実にラモーは驚愕したに違いない[6]。」そして次作『新体系』以降でラモーは、自らの理論の核心的主張である「基音（ソン・フォンダマンタル）」あるいは「基礎低音（バス・フォンダマンタル）の理論」の説明にこの倍音現象をその理論的根拠として援用するようになり、このことは当時の知識人層の注目を集め、後のパリ王立アカデミーにおける講演や論文上梓へと繋がる。『和声論』自体の読解には直接関係せずとも、「根音」という用語を使用してしまえば、もともと仏語において明確であったソヴールとラモーの「基音（ソン・フォンダマンタル）」の一致を断ち切ることとなる。

以上のような理由から訳者はラモー理論を扱う際には基本的に「基音（ソン・フォンダマンタル）」と「基礎低音（バス・フォンダマンタル）」の訳語を使用することにした。しかしこれは日本語の楽典等で「根音」の訳語[7]が使用されるべきでないと主張しているわけでは決してない。実際のところ、「根」から連想される"土の中で上下動を繰り返しながら、目に見えない地中で支えとなっている"バス音というイメージは和声の理解に有効でさえある。そしてラモーはもう一つの主著『和声の生成』で初めて和声全体を植物の比喩で表現し、「葉」や「枝」とともに「根」という言葉を用いてもいる（ただしそれでも「根音」や「根音バス」に直接繋がる仏語の用語があるわけではない）。したがって「基音（ソン・フォンダマンタル）」「基礎低音（バス・フォンダマンタル）」という訳語には「根音」という楽語の使用を批判する意図はなく、あくまでも『和声論』とラモー理論における意味合いを最優先に考えた結果の訳出である。

5-2
「横の並び」と「転調」について / modulation

このmodulationと動詞形modulerは『和声論』内の最重要タームの一つであるとともに、訳出が極めて難しい用語である。英語で音楽理論に接することがある方であれば、modulationといえばまず「転調」の語義が想起されることであろうが、まず『和声論』の第3巻第22章の題名に注目することから始めてみよう。そこには「ある調から別の調への移行の仕方について。これもまた転調（モデュレ）と呼ばれる」（下線強調は引用者）とある。特に重要なのは下線部の後半で「～もまたaussi」という表現がなされていることから、modulerとmodulationには「転調」以外に今一つ、もととなる語義があることが読み取れる。ラモーはこの用語を独自に案出して用いているわけではなく、西洋音楽理論史ではこの語の使用の先例がある。この点もまずザルリーノの用例を参照してみよう。

先にザルリーノの『調和概論』に言及した際に、ザルリーノの音楽観においては諸音の同時的響きに対する明確な意識はありながらも、その縦の諸音の配置を楽曲構造の基礎ユニットとする見

6） Christensen. *op.cit.* p.133.
7） 「根音」に関して補足情報を付言すれば、ラモー以前のラテン語文献で最低声部の音に「根」という単語を置く用例がみられることが先行研究で指摘されている。Cf. Shirlaw, Matthew. *The Theory of Harmony.* Novello and Company, Limited. London. 1917. / Da Capo Press. New York. 1969. p.9. Lester, Joel. *Compositional Theory in the Eighteenth Century.* Harvard Univ. Press. 1992. pp.96-98. 英語圏に関しては、『Oxford English Dictionary』では、「根音」の意味でのrootの初出はバズビー（Busby, Thomas. 1755-1838.）の *A Complete Dictionary of Music*（初版1801年ごろ）の第3版（1811年）とされている。また日本語の「根音」の用例は、「音程」「平均律」「旋法」などの訳語定着の嚆矢とされる瀧村小太郎（1839-1912）の編・訳書『西洋音楽小解』（1880）の58、66頁に「根音」という表記（漢字とルビの両方）が確認されることから、日本語の「根音」は英語圏からの影響のもとに摂取・考案されたことが推測される。瀧村と『西洋音楽小解』に関しては以下の論文を参照した。藤原義久、森節子、長谷川明子「瀧村小太郎の生涯と楽語創成 原資料による西洋音楽受容史の一考察」音楽図書館協議会編『音楽情報と図書館』、大空社、1995. pp.161-204.

方は確認されず、ザルリーノにとってはあくまでも複数の旋律の組み合わせが主眼であると述べた。そうしたザルリーノの理論書テクストにおけるmodulationの用例について『調和概論』の英訳者の一人であるクロード・パリスカは以下のように注解している。

「一つの声部が一つの音から別の音へと継時的な音程を通じて進行し旋律を形成するとき、この動きのことをザルリーノはmodulationeと呼んでいる。(中略)
　このmodulationeの概念は、確かにあいまいである。しかし明らかにこれは垂直方向を強調するharmoniaに対して、多声的テクスチャーの水平的側面が強調されたものである。また、modulationeがプロセスであるのに対して、harmonia propriaは最後の結果である[8]。」

この注解から分かるとおり、modulationは音楽における横あるいは水平面の動き全般を大まかに捉えたものとまず理解されるべきである。したがって、具体的に「modulationとは○○である」といった辞書的定義を与えるのは困難であるのみならず、そうした断定はmodulationの理解を誤らせる危険性もある。ゆえにここではすでにザルリーノにおいてmodulationが"諸音の横の配置一般"を指す言葉として使われていたことを確認しておくこととする。

そして「Modulationは18世紀の音楽家にとって語義に富んだコンセプトであった[9]」という先行研究における指摘から分かるとおり、ラモーにとどまらず18世紀の音楽家たち一般にこの概念は受け継がれた。ラモーのmodulationという語の使用法も前時代からのこうしたあいまいさを継承しており、ひとしなみに「転調」の訳語を当てはめるのは明らかに誤りであることが分かる。したがって本書では、諸音の水平面での配置一般を指すものとして、極力抽象度の高い「横の並び」という訳語を案出し、明らかに「転調」が意図されている箇所と区別し、訳し分けることとした。『和声論』をはじめとするラモーの理論書で「横の並び」という用語で何が想定されているのかをいくつか具体的に明示すれば、それはたとえばハ長調の音階においてはミ⇔ファとシ⇔ドの間だけが半音であとは全音であること（つまりドから1オクターヴ上のドへは全音・全音・半音・全音・全音・全音・半音といった並びになること[10]）、また和声の規則に従えばいくつかの限定進行音は定められた運行に従うこと（たとえば導音→主音といった並び）、さらに基礎低音の声部に位置するバス音は5度の上下動を繰り返す軌跡をしめすこと、などといった法則性あるいは仕組み全般のことを指す。ここで「転調」はこうした「横の並び」全般の中の狭義の用例であると捉えられるべきであり（すなわち「転調」は「横の並び」の中でも、ある諸音の並びの規則性（一つの調）から別の規則性（別の調）への移行の仕方のことである）、時代の推移とともにいつしかmodulationには「転調」の語義だけが残って現代に至ったと捉えられる。

「横の並び」という見慣れぬ訳語の説明にこれだけの字数を割いたのには、『和声論』の論旨に関わる以下のような重大な理由がある。すでに言及したとおり、音楽理論家ラモーの主眼は"和声（和音）こそが音楽構造の最重要決定因子である"という主張にある。そしてこの主張をラモーは再三自著で繰り返している。しかしこのことをもってしてラモーを音楽の横方向の重要性をかえりみない頑迷な和声主義者（同趣旨の批判を投げかけた急先鋒がルソー［Rousseau, Jean-Jacques 1712-1778］であった）とするのは誤解であることを、この「横の並び」(モデュラスィヨン)は示している。つまり、確かにラモーは従来の旋律に依拠する音楽観

---

8) Zarlino, Gioseffo. *The Art of Counterpoint: Part three of Le istituoni harmoniche, 1588* / translated by Guy A. Marco and Claude V. Palisca. New Haven: Yale University Press, 1968. p.xix.
9) Christensen. *op. cit.* p.106.
10) この音の並びの1オクターヴのワンセットが「mode音階」で呼びならわされており、かつまたこの同じmodeが『和声論』内で「旋法」の意味でも使用されている。すなわち、moduler、mode、modulationの三語はこの『和声論』において、強い連関性を有している。

訳者による『和声論』への導入　　xiii

に対して和音のプライオリティーを声高に主張するが、しかしこれはすなわち、和音が決定されさえすれば音楽がひとりでに出来上がるといったように、和音の存在だけで楽曲制作に事足りると言っているわけでは決してない。『和声論』の読解を進めていけばラモーが「横の並び（モデュラスィヨン）」にも相当の比重を掛けていることは確実に理解されるはずである。すなわちラモーの主張の核心を多少言葉を付け足して説明すれば、音楽の構造と言うのはもっぱら水平面（旋律）のみを考えればいいというものではなく、垂直面（和音）をも加えた、いわば縦のラインと横のラインの格子状としてそもそも想定されるべきであり、その上で最重要因子として見なされるべきは実は和音の方である、という点にこそあると言えよう。この点こそが『和声論』のクライマックスとして正しく把握されるためにも、modulationには「転調」にとどまらない広義の意味合いが含意されていることには注意が必須である。付け加えておけば、後年に至ってもラモーは「作曲の技法（アール）は横の並び（モデュラスィヨン）の知識に依存している。（中略）横の並び（モデュラスィヨン）の仕方を知る者は、音楽の作曲の仕方を知る者である」（『和声の生成』：*CTW*. III. pp.169-70）と述べ、音楽の水平面にしかるべき配慮を当然払い続けていることをこの「横の並び（モデュラスィヨン）」は顕著に示している。

5-3
数と数学との関連におけるキーワード

『和声論』の一つの特徴として数比がその理論内で大きな場を占めていることが挙げられるが、この点は本書の特に第1巻と第2巻の、特に図版等にざっと目を通すだけでも容易に察せられるであろう。既述のとおり、ラモーは次作『新体系』以降、音響物理学を自らの理論の基盤とする方向性をとり、その後は自らの理論において数比に依拠する度合いは極度に減る。しかしこれは裏を返せば『和声論』までのラモーはピュタゴラス以来の数比による音楽理論の伝統に連なっていたということであり、それゆえに『和声論』において数比は枢要な部位を成している。したがって『和声論』を理解するためにはラモーがいかに数の論理を駆使しているのか、その数的操作をフォローすることが必要となってくる。

しかし、この点は再三批判されてきたことであるが、ラモーの叙述には一貫性の欠如が再三みられ、体系的には不首尾なテクストであることが『和声論』の読解を困難にしている。この点を数比の基本用語であるproportion、raison、rapportから確認していこう。

（1）数比に関わる用語について / proportion、raison、rapport

これらの別々の用語はそれぞれ独自の意味合いを有しているはずであり、実際ラモーは次作『新体系』（1726）においてこれらの用語のより限定的な定義を試みてもいる。それらを踏まえて、たとえば「比率」「比例」「割合」といった訳語を使い分けることも不可能ではないが、しかし『和声論』に限らず、ラモーの理論書群で問題なのは、必ずしもこうした区別が貫徹されていないことである。そのためにこれらの単語に一対一対応となる訳語をその都度あてがうことはむしろ読解の大きな妨げとなる。

したがってたとえば第1巻の章名の中のraisonとproportionのように、明確に対で表記されているケースはそれぞれ「比率」と「比例」等の訳語で差異を明らかにする方策をとったが、それ以外の箇所は「比」というもっとも一般的な訳語を選択し、いたずらに読解を乱さないように配慮した。ただしそれぞれの語にはルビを振って原語の言葉遣いを明記しておいたので、ラモーのテクストの実情や、あるいは数比と音楽の関わりに特に興味のある読者はそれらを頼りにすることができるだろう。

（2）音程と比の計算について

ここからは数比の具体的な使用例に関わる。「万物の根源は数」とするピュタゴラス派の認識

は音楽の考察から得られたことはしばしば指摘されてきたが、音程を数比関係で捉える伝統はかくも古い。このピュタゴラス以来の伝統がザルリーノを経由してこの『和声論』まで着実に流れ込んでいることは西洋音楽理論史において極めて重要な点であり、それゆえに特に第1巻と第2巻で展開されている音程と数比の計算は避けて通ることができない。

この計算に関しては以下の大前提を把握しておくことが必須である。すなわち、"音程の足し算は数比あるいは分数に置き換えると掛け算になる"ということである。この点、『和声論』内でのラモーの書法が統一されていないこともあり混乱させられることがあるが、「音程の和/足し算」と「比(分数)の積/掛け算」が対応していることが何よりも重要である[11]。一例として「5度と4度を足すとオクターヴになる」(A)という音程関係を考えよう。これはドから一オクターヴ上のドの中でソの一音を捉えると、このオクターヴは下から上に向って、「ド・レ・ミ・ファ・ソ」の5度と、「ソ・ラ・シ・ド」の4度から成っていることが分かる。(A)という表現はここに由来し、これは「オクターヴ=5度+4度」と表記することもできるが、これを比関係(分数)で捉えてみる。するとオクターヴは1:2($\frac{1}{2}$)、5度は2:3($\frac{2}{3}$)、4度は3:4($\frac{3}{4}$)であることから、$\frac{1}{2}$(オクターヴ)=$\frac{2}{3}$(5度)×$\frac{3}{4}$(4度)となることが確認されるであろう。先述のとおりこうした計算に関して『和声論』の記述にはかなり錯綜とした箇所が確かにあるが、この基本線を踏まえておけば乗り切れるはずである。

(3) 算術中項と調和中項について

これらの用語は第1巻に登場する。音楽における中項というものは、古くはプラトンとも親交があったとされるアルキュタス(b.c.428? - b.c.347)が残したテクストの断片にさかのぼり、これらの断片の中に三つの中項、すなわち「算術中項」「幾何中項」「調和中項」が登場する。その後の音楽理論の歩みにおいては主に「算術中項」と「調和中項」がその考察に用いられてきたという経緯がある。

基本的な理解としては以下の二つを把握することが必要である。a:x:bという比関係をまず設定する。ここで中項であるxの値を導出するためには算術比ではx=$\frac{a+b}{2}$、調和比ではx=$\frac{2ab}{a+b}$が中項を算出するのに必要とされる数式である。上記の計算を行うに際して、分数を避けるために、aとbは適宜必要なだけ倍化される。

この点をまずオクターヴの分割に当てはめてみる。『和声論』第1巻第4章第4項「5度と4度について」ではオクターヴを2:4(1:2を二倍化したもの)と設定し、算術分割を適用し、2:3:4を導出しているが、より明確な理解のためにここでは1:2のオクターヴ関係を6:12としてみよう。ここに算術比を当てはめて中項を算出するとx=9となるので、6:9:12となり、左側に6:9=2:3の5度が、右側に9:12=3:4の4度が導出される。調和比であればx=8となるので、6:8:12となり、左側に6:8=3:4の4度が、右側に8:12=2:3の5度が導出される。

これは5度(2:3)の分割にも用いられる。ここで算術分割では5度の比の二倍化された4:6の中項xは5であるから4:5:6が導出される。調和分割では5度の比の十倍化された20:30の中項xは24であるから20:24:30が導出される。4:5が長3度、5:6が短3度を表すことを想起すれば、各々の比の並びの左側と右側にこれら長・短3度が確認されるであろう。

ここで双方の分割に対応関係があることに気が付かれるであろう。すなわち算術比、調和比に基づくいずれの分割を用いても導出される二つの音程は同一ということである。「これらの二つの比の同一性の証明はあまりにも明らか」(本書37頁)という意図はここにある。数学においてはこの算術比と調和比は互いに逆数の関係にあ

---

11) 加えて、「音程の差/引き算」は「比(分数)の商/割り算」ということにも注意。

り、結局は同じ結果が現出することが知られている。この点をラモーはさらに『和声の生成』において「$\frac{1}{5}$, $\frac{1}{3}$, 1, 3, 5」という数列を提示することで例証している。上の数式を今一度適用すれば、$\frac{1}{5}$：$\frac{1}{3}$：1は調和比、1：3：5は算術比となる。ラモーはこの関係性を"一方が他方の複製である"という言い方で説明しているが、このように双方の比の類縁性が確認されれば調和比と算術比の違いに必要以上に拘泥することに意味はなく、いずれか一方で単純かつ明瞭に例証されることは他方においても真とされてよい、という第1巻第4章の主旨の根拠はここにある。

（4）「単位一」と「単位」について / unité

第1巻は思弁的音楽論がテーマであるが、特に第4章の"unitéを巡る問題"は日本語訳では内容を伝えきれない面があるので、ここで補足しておく。unitéが『和声論』において重要であるのは、このunitéがまず音楽の根源あるいは「基音」に相当するものとして提示されていることが挙げられる。unitéには辞書的には「単位」や「統一性」といった訳語が充てられる語であるが、まずここでは「1」が古来、「数」とは見なされてこなかったという経緯を確認するところから始めなければならない。

> ギリシア人は1を数とは考えなかった。「数」とは複数、1よりも大きいものを意味した[12]。

> イスラムの世界では、数学は単に数や量の学であるにとどまらず、それは感覚的なものから叡知的なものに至る門戸であり、変化と不滅、時間と永遠との架橋なのである。すべての図形が点から生じ、<u>すべての数が単位1からできあがるように、すべての現象的な多は創造主なる一なる神からの流出である</u>[13]。

前者の引用では古代ギリシアの数論に言及されており、そしてまた同時に同書ではピュタゴラス派や新ピュタゴラス派の「一なるものThe One」や「単一unity」が運動でも数でもない、「すべてを超越する万物の根源」であると説明されている（271頁）。また後者の引用はアラビアの数学についての解説であり、こうした数学観がいわゆる「12世紀ルネサンス」を通じて後の西洋中世へと伝承されていったことは科学思想史の記述ですでに定着している。そしてこの流れは『和声論』に確実に繋がっている。それは第1巻第3章第3項「オクターヴについて」において「単位一(ユニテ)は諸数の源(プルミエール)であり、2は最初の数である」（本書29頁）という文言に明瞭に表れている。そして『和声論』においてはこの「単位一」が、基音(ソン・フォンダマンタル)であり、全長モノコルド（分割されていない状態の弦のこと）であり、音響体(コール・ソノール)[14]と明言されたことが重要である。つまり、音楽現象が生起するためにはまず諸音程が生成されなければならないが、そうした諸音程は全長モノコルドが分割されることによって生み出される。これは裏を返せば全長モノコルドである「単位一」こそ音楽が流出する源であるという認識の現れと捉えることができる。

しかし『和声論』における「ユニテ」の問題とは、このユニテが全長モノコルドであるにとどまらず、その分割された下位区分であり、数2に対応するオクターヴにも適用されることである。これは「この単位(ユニテ)がそのオクターヴである2に置き換えられる」（本書36頁）と表現されている。これはオクターヴという音程幅を分割することによって5度、4度、3度を生じさせる必要があるからである。これらの諸音程の生成という点において全長モノコルドは直接的に関与しておらず、この生成の直接的な源がオクターヴであるがゆえにオクターヴが「単位(ユニテ)」とされる。そしてこのように、一度「単位」が数2に適用されると、冒頭

---

12) ファーガソン、キティ『ピュタゴラスの音楽』白水社、2011. p.101.
13) 伊東俊太郎『近代科学の源流』中公文庫、2007. p.186. 下線強調は引用者による。
14) 「音響体」という用語はザルリーノにも使用例があり、「音を発するもととなる物体」といった意味で用いられていたが、ラモー理論においては『和声論』後に音響物理学の知見と結びつくことによって独自の意味合い（長三和音の理論的根拠としての倍音現象）を有するようになり、重要なキーワードとなる。

の「用語一覧」の「Nombre数」の項目にもあるとおり、「数５は単位(ユニテ)を表しうる」(これは５：６の短３度を導出するための論法である。本書33、34頁参照)となる。

このようにラモーは音楽現象の源である「ユニテ」を一旦確認すると、この「ユニテ」を諸音程の生成元あるいは基準となるものに次々に適用していく。ここで前者の全長モノコルドに対応する「ユニテ」と、後者の数２以降に適用される「ユニテ」にはその重要度の負荷からしても差異があると認められるが、これらすべてが仏語原文ではunitéで表されている。ただし原文ではUnitéとunitéの二とおりの表記があり、大文字のUnitéが「全長モノコルド＝単位一」を、小文字のunitéが数２(オクターヴ)以下に適用される「単位」であれば筋が通る。しかし『和声論』内でこの区別が厳密に行われているとは言い難い例もある(たとえば15頁)。よって、本書では意味的に前者に相当するものを「単位一(ユニテ)」、後者に相当するものを「単位(ユニテ)」と訳し分け、その差異化を図った。

5-4
「音程」を修飾する諸形容辞について／長、短、増、減、偽

この音程の各名称を巡る問題も、ラモーの用語法と現代の用法が必ずしも一致していないがために、読者を惑わす一因となりうる。この点、『和声論』内の音程の名称をすべて現代に合わせてしまう方策も考えられなくはないが、以下の理由から原文の表記に極力忠実に訳出することとした。

『和声論』の重要な論点の一つとして「長調・短調の存在」がある。この点に関してはまず第２巻第21章「音階について」の熟読が必要だが、ここでラモーは従来西洋音楽において主流であった旋法(モード)のあり方を完全否定し、二つの音階、すなわち長音階と短音階の二種類のみを認めた。18世紀前半には依然として旋法に基づいた音楽も盛んに実践されていたことを踏まえれば、ラモーが『和声論』内で「存在するのはただ二つの音階(モード)

のみである」(「用語一覧」「Mode」の項目)として、長・短の調性システムのみを容認し推奨したことは西洋音楽史の観点からしても極めて重要である。

音程の名称の問題はここに直接的に関わる。ラモーは以下のように明言している。「音階(モード)には二種類しかない。一つは長音階であり、もう一つは短音階である。ここで長と短という言葉で暗に言及されているのは、この音階の基音(ソン・フォンダマンタル)に付随する３度のことである」(本書136頁)。これを現代のわれわれの知識に引き付けて言い直せば、主音からの３度(これは『和声論』でも中音(メディアント)と呼ばれている)が長か短かということが決定因子であることが意図されている。したがってこの長と短という形容辞はこの３度と、３度の転回音程である６度にのみ適用されるのが相応しく、「著作家の中には２度、７度、そして９度を長と短で識別する者たちがいる。しかしこれは適切ではない」(本書304頁)という主張に至る。諸音程の名称のラモーと現代の用例との齟齬はここに起因するが、長・短に関するラモーの主張の画期的意義を正確に伝えるためにも、長・短・増・減・偽の形容辞は原文に忠実に訳出することとした。この点に関し理解に混乱が生じる際には第２巻第29章の、特に譜例(本書156頁)を適宜参照することが助けとなるであろう。

また「半音」に関しては、日本語においては「大半音」「小半音」といった用語が慣例であるが、ラモーの諸理論書においてはこの「semi-tonあるいはdemi-ton」に付される形容辞はmajeur、moyen、mineurであることから、原語に忠実に「長半音」、「中半音」、「短半音」という訳語で統一した。

以上、用語を中心にかなりの字数を説明に費やしたが、これでもまだ『和声論』の十全な理解には十分とは言い難く、読解が困難な箇所は多々あるであろう。この困難さこそ『和声論』が不人気でなかなかに読解されてこなかった主因と言える。この邦訳に接する読者も時に読みを中断し、傍らに白紙や五線譜を置き、それに書き込みをし

ながらラモーの主張を照合する必要に迫られることもあるであろう。しかしラモーはただいたずらに難解さをてらっているわけではない。『和声論』の叙述はときに非常に回りくどく、途方に暮れざるを得ないことが確かにあるが（しかし音楽と数比の関係や、音楽現象の法則性の説明は、程度の差はあれ誰の手になるものであっても迂遠なものにならざるをえないだろう）、しかし辛抱強く読解を続ければ必ずラモーの意図は明らかになるはずである。

6 『和声論』が与えた影響と音楽理論書としての特徴

あるフランス音楽史の作者は『和声論』を"首都パリに投下された爆弾[15]"と記したが、これは『和声論』出版後の影響のほどをよく表しているであろう。そして、その影響はフランス国内にとどまらず国外にも伝播していったことが種々の研究によって跡付けられている。この点、ラモーの基礎低音（バス・フォンダマンタル）の理論は「ヨーロッパ中に急速に広がっていった。それはたとえフランス圏外の音楽家たちの中にラモーの名を引用した者はほとんどいなかったように思われるし、またラモーの著作を直接に読んだ者はほとんどいなかったように思われるとしてもだ[16]」と指摘されている点は興味深い。

まずフランス国内では『和声論』発表後からラモーの主張を巡って賛否両論が戦わされた。ラモーは次作以降も音楽理論の思索を続け、その成果は当時のパリ王立アカデミーにおいてド・フォントネル（Fontenelle, Bernard le Bovier de 1657 - 1757）やド・メラン（Mairan, Jean-Jacques d'Ortous de 1678 - 1771）をはじめとするメンバーからも一定の認知を獲得するに至り、そのことはダランベール（Alembert, Jean Le Rond d' 1717 - 1783）がラモー理論の簡易版[17]を執筆・発刊したことにも表れている。また自身への批判に対してはラモー自身が新聞・雑誌等で反論し、こうした論戦はその後長きに渡った。特にフランス音楽史上でも名高い"ビュフォン論争"と、その中でのルソーらとの激しいやり取りは有名であろう。

国外への波及という点に関して簡単に言及しておけば、『和声論』に対して敏速な反応を示したのはドイツ語圏であった。1723年に『新学術新聞 Neue Zeitungen von gelehrten Sachen』は『和声論』出版の事実を伝え、同時にL. B. カステル（Castel, Louis-Bertrand 1688 - 1757）による『和声論』のレヴューの要約を翻訳して転載した。その後ハイニヒェン（Heinichen, Johann David 1683 - 1729）やマッテゾン（Mattheson, Johann 1681 - 1764）、キルンベルガー（Kirnberger, Johann Philipp 1721 - 1783）[18]らがさまざまにラモー理論に対しコメントを残しているが、特にマールプルク（Marpurg, Friedrich Wilhelm 1718 - 1795）が上記のダランベールの簡約版を独訳し出版したことの影響は大きかったとされる。

またスウェーデンでは1727年と1728年にラモー理論に関する論文（ラテン語）がウプサラ大学に上梓された記録が残っており、イタリアでは

---

15) デュフルグ、ノルベール『フランス音楽史』遠山一行 他訳、白水社、1972. p. 284
16) Lester, Joel. "Rameau and eighteenth-century harmonic theory" *The Cambridge History of Western Music Theory*. edited by Thomas Christensen. Cambridge Univ. Press. 2002. pp.753-777
17) 邦訳：ダランベール、ジャン・ル・ロン『ラモー氏の原理に基づく音楽理論と実践の基礎』片山千佳子 他訳、春秋社、2012.
18) 参照：キルンベルガー、ヨハン・フィリップ『純正作曲の技法』東川清一 訳、春秋社、2007.

モーツァルトとも親交があったことで知られるマルティーニ神父（Martini, Giovanni Battista 1706 - 1784）がラモーの主要著作のほとんどを伊訳した。またイギリスでは『和声論』第3巻の翻訳が1737年に（改訂版が1752年に）、第4巻の翻訳が1795年に出版されている。ラモー自身が『和声論』以後の自著をブリティッシュ・ロイヤル・アカデミーに送付しており、また『エンサイクロペディア・ブリタニカ』第2版（エディンバラ、1781）は上記のダランベールによる簡約版の英訳を採録している。

このように賛否両論の渦を巻き起こしながら、フランス国内にとどまらずヨーロッパ各国へと広がっていったラモー理論であるが、これほどの影響力を有したラモー理論の主著とされるこの『和声論』が"理論書"として完全無欠の性質を誇るとするのは実情に即しておらず、この邦訳の読者をミスリードしてしまう危険さえあるであろう。確かにラモー自身が、この『和声論』「序文」の中で「理論」という言葉を用いているし、現在でも「ラモー理論」といった表現は西洋音楽理論研究の枠内では一般的に使用されている。しかし「理論」という言葉から一般に惹起されるような思考の緻密さや学問的厳密性のイメージをもって『和声論』を読み進んでいくと相当の違和感を禁じ得ないであろう。

確かに音楽と数学との関連性や、音楽における規則性・法則性に関しては『和声論』内で理論的考察が展開されていると認められる。しかし『和声論』において、たとえば音楽理論として極めて重要な協和・不協和の概念の考察に関するラモーの論考に不備があることは明白であり、他にも強引で牽強付会な論法を見いだすのは実際たやすい（上述の中では「ユニテ」に関する論点がその内の一つと言えるだろう）。作曲上の指針についても、たとえば第2巻第17章の題名が明白に示しているように、ラモーは基本的な法則性に収まりきらない作曲上問題となる箇所で「許容」（これはつまり「例外」あるいは「逸脱」の用例・手法と言い換えられる）を認め、現実追認の立場をとることでそれ以上の考察には立ち入らない。また作曲実践に関する説明において特に顕著に表れているとおり、『和声論』には「趣向」や「好み」、「耳（による判断）」、あるいは「経験」や「天才」という語が頻出し、これらの言葉を盾にして解説困難な部分に関して説明を放棄してしまうことが多々ある。したがって『和声論』に代表されるラモー理論がはたして真に"理論"の名に値するものなのかという批判は実際にこれまでになされてきたし、この邦訳の読者の中にもこうした思いが去来すると推測される。

まず『和声論』がさまざまな矛盾や難点を含むことについては発表直後から指摘されてきたことであり、それらがラモーが関与することとなった数多くの論争の一因であったことも確かである。しかしそれらの問題はラモー個人の不備というよりも西洋音楽理論全体が抱えてきた難問であり、実は現在でも解決を見ていない諸点は多い。したがってそうした欠陥を有するがゆえに『和声論』が読解に値しない著作であるということにはならない。むしろ現代的観点からも取り組むべき課題を内包した書物として接する価値が依然としてあると言えよう[19]。また、ラモーの文体や書法についてはラモー自身が「序文」において反省の弁を述べているとおりであり（本書4頁）、現代のわれわれが言うところの理数系の理論的な学術論考とは質的にかなり異なる面がみられることも多く認められる。ただし、「趣向」や「好み」をはじめとする科学的・学術的でない言葉を用いることでその先の説明に踏み出さないことに関しては、ラモーは必ずしもこれを欠陥とは考えていなかったであろう。つまり「許容」とは決して「誤用」ではないどころか、時に無味乾燥な定型に陥りそうな際にそこからの逸脱を意図的に志向することを可能にするものとしてむしろ肯定的に捉えてい

19）興味深いことに、近年発刊された音楽と脳科学を扱った専門書でもラモーの名に言及され、この『和声論』が文献一覧に含められている。参照：ケルシュ、S.『音楽と脳科学　音楽の脳内過程の理解を目指して』佐藤正之 編訳、北大路書房、原著2013、邦訳2016.

る。こうした自由や多様性が担保されているのがまさに音楽という領域の特殊性とラモーは考えているわけであり、したがって上記のように理論的脆弱性とも映る叙述はラモーによる「音楽理論書」の特徴と捉え、読解されるべきである。

このようにさまざまな問題も孕んでいる『和声論』であるが、まさにこの"問題作"の訳文について最後に言及しておけば、訳者としては訳出に際して分かりやすい日本語を目指さず、可能な限り直訳調を基本線とした。『和声論』の原文は確かに論旨を追うことが時に非常に困難で、円滑な読みをしばしば中断させる。その忠実な直訳ではラモー理論の紹介と提示としては効果的でないという批判はもっともであり、実際同旨の助言を受けることで訳者も何度も再考した。しかし分かりやすく訳してしまえば、それではなぜこの著作がなかなか読まれてこなかったのか（付言すれば、なぜカステルのサマリーやダランベールによる簡約版などが必要とされたのか）が伝わらないであろう。また、原文の調子を極力そのままに日本語にすることで現代のわれわれにとっても難解さや距離が確かに問題となるのであれば、むしろその隔たりを確認することが『和声論』の把握にとって肝要であるはずとの考えに帰着した。『和声論』の十全な理解のためにはこのイントロダクションや訳注だけでは甚だ不十分という認識は訳者も有しているが、この先はまず本文の読解に委ねることとしたい。いずれにせよ、この『和声論』こそが現代のわれわれが享受している今日の音楽のあり方をも規定し、影響下に置いていることは音楽史的事実である。それは和声・調性音楽がわれわれの音楽体験のほとんどを占め、いわばその一強状態が今日まで続いている状況の指摘で十分であろう。そしてこの状況に変化の兆しがみられるとは思われない今日、私たちの音楽体験の足元を見つめ直すのにラモー理論こそはまず参照されるべき典拠であり、『和声論』はその中でも最重要著作の筆頭に位置しているのである。

謝辞

訳者が最初に指導教官として師事した片山千佳子・元東京藝術大学教授は、和声や調性の成立に興味を持ちながらも具体的テーマ選択に難儀していた訳者にラモーという課題をご教示くださった。ラモーの諸著作の日本語への訳出はまったく個人的動機に基づくものだが、片山先生のご指導がなければ訳者がこの邦訳に取り掛かることはなかった。

片山先生がご退官後、指導教官を引き継いでくださった土田英三郎・東京藝術大学教授は訳者を博士論文完成・卒業まで導き、加えてまた訳者の卒業後もこの拙訳刊行のために出版社との折衝の労を惜しまれなかった。本書の公刊はこうした土田先生の公私にわたる自己犠牲的な導きの賜物である。

昨今の出版不況の中、本書刊行の英断を下された音楽之友社代表取締役社長・堀内久美雄氏をはじめ、編集に携わってくださったすべての方々に御礼申し上げたい。特に上田友梨氏は土田先生からの照会後、広い読者層への普及版としてこの『和声論』出版実現のために少なからぬ困難を克服し、完成まで多大な努力を払われた。また本書出版年に入職された夢川愛唯奈氏は専攻の西洋音楽の知見から編集に尽力された。この拙訳が専門家の枠内にとどまらず、公刊という形でより多くの読者の手に渡ることになったのはすべてこうした方々の功績である。

当初『和声論』の訳出を思い立って以来、訳者は実に多くの方々に助けられてきた。本来であればすべての方々の氏名を明記し感謝を述べさせていただくべきであるが、紙面の余裕もなく、また訳者の記憶力では遺漏があることを恐れる。したがってこのような書法をご海容いただきたいが、訳者のすべての方々への深い謝意に変わりはない。

しかし本書に依然として残っているであろう不備や誤りに関しての責任はすべて訳者一人のものである。読者諸賢の叱正を乞う次第である。

序　文

　われわれの時代に至るまでに音楽がどれほどの進歩を遂げてきたとしても、耳がこの技芸のすばらしい効果に鋭敏になるに従って、心のほうは音楽の真の諸原理(プランスィップ)を探求することに関してますます好奇心を失ってきたようである。したがって、音楽においては経験がある種の権威を獲得した一方で、理性(レゾン)は自らの権利を失ったのだと言うことができる。

　古代の人々からわれわれに残された書物は、ただ理性のみが彼らに音楽の諸特性のもっとも多くの部分を発見する手段をもたらしたことをまったく明白に示している。しかしながら、経験は古代の人々がもたらしてきた多くの音楽の諸規則に賛同するよういまなおわれわれに促すにもかかわらず、今日ではその理性から引き出されうるあらゆる利点がないがしろにされ、単なる実践という経験が優先されてしまっている。

　たとえ経験が音楽のさまざまな諸特性に関しあらかじめ教示してくれることができたとしても、そもそも経験だけが理性と合致する音楽の諸特性の源(プランスィップ)を完全な正確さを持って見いださせる能力を有しているわけではない。経験から導き出される結論というのは、しばしば誤ったものであるか、あるいは少なくともわれわれを疑いの中に置き去りにする。というのもその疑いが晴らされるのは識別する力である理性の前でのみだからだ。たとえば、たとえものごとに慣れ親しんでいくにつれて驚きの原因となることが少なくなり、またものごとがその起源においてわれわれに引き起こした賛嘆の念は、それに慣れていくにつれて気の付かぬうちに変質し最終的にはたんなる娯楽に成り下がってしまうと述べることによって、どうしてわれわれは現代の音楽が古代の人々の音楽よりも完全であると証明することができるのであろうか？　古代の人々が自らの音楽に付与してきたのと同じ効果をわれわれの音楽が有しているとはもはや思われないのに、である。これはせいぜい両者が同等であることを想定することであり、現代の音楽の優位性が認められているわけではない。しかし、もし正確で確実な帰結から引き出されるある明白な原理(プランスィップ)を提示することによりわれわれの音楽が完璧さの最終段階にあり、そして古代の人々はその完璧さからはほど遠かったことが理解されるならば（この点は第2巻第21章で扱われる）、その時われわれは支えとなっているのは何であるかを知り、先人たちの考察の力をよりよく意識することになるだろう。このようにこの技芸の境界範囲を知ることにより、われわれはこの技芸にさらに献身的に専念するようになるだろう。この領域において趣向と才能(ゲーニ)を有する人は、音楽において成功するために必要とされる知識が欠如していることをもはや恐れることはない。さらに一言でいえば、理性の光(リュミエール)は経験がたえずわれわれをそこに陥らせうる疑いをこのように晴らし、われわれがこの技芸において期待する成功を確実に保証するものである。

　現代の音楽家たち（つまりザルリーノ[1]以来）が、古代の人々と同じように、自らが実践していることの道理(レゾン)を見いだそうと熱心になっていたのであれば、彼らは自らに優位に働かない偏見を下すことを首尾よく止められていたはずである。そして今あるような偏見だらけの状態から脱していたことであろう。それらの偏見から抜け出すのは極めて困難である。このように経験というものは彼らにとってあまりにも好ましいものであって、ある種の仕方で彼らを誘惑するものである。なぜ

---

[1]　ザルリーノは音楽における著名な著者であり、およそ150年前に著作活動をしていた。同じテーマについてわれわれが見ることのできるのは、後になされたと思われる彼の著作の複製だけである。

なら経験は、それが毎日彼らに見いださせるところの美について徹底的に学ぶようにと多少なりとも配慮する原因であるからである。彼らの知識はもっぱら彼らにとって適切なものであり、彼らにはそれを伝える能力がない。そして、彼らはそのことにまったく気がついていないので、彼らは自分たちがまったく発言させてもらえないことよりも、人々が彼らのことを理解していないことの方にしばしば驚かされる。この非難はいささか辛辣だということを私は認めよう。しかし私は、保身に走るためにはあらゆることを成すことができるのだが、この非難がさらに私自身に当てはまることを認めよう。それがどのような非難であろうとも、その非難が私に対してもたらしたその効果が彼らに対しても及ぶことを私はつねに望むものである。そしてまた、私がこの新たな探求を敢えて公刊することにしたのは主に、かつて支配的であったこの高貴な競争意識をよみがえらせるためでもある。この探求は、私が大衆にとって自然なものである単純さをそのまま付与しようと努めた技芸におけるものであり、耳が知覚するのと同じような容易さで心がこの技芸の諸特性を理解できるようにすることを意図してのことでもあったのである。

　たった一人の人間ではこれほどまでに深遠な題材を汲みつくすことはできない。いかに配慮を払おうとも、つねに何かを忘れないでいるということはほとんど不可能である。しかし少なくとも、このテーマに関してすでに明らかにされたことに付け加えることのできる新たな発見は、さらに遠くへ行くことのできる者たちにとって数多くの開かれた行路を成すものである。

　音楽とは学(スィヤーンス)であり、確固とした諸規則(レーグル)を有するはずのものである。それらの規則はある明白な原理(プランシップ)から引き出されるはずのものである。そしてこの原理は数学の助けなしにはわれわれに知られることはほとんどありえない。さらに私はこう言うべきであろう。つまり私は音楽において大きな経験を重ねることができ、その結果それを十分に長い期間実践してきたのだが、しかしながら私の考えが展開されていったのはただ数学の助けによるものであった。そして光が以前には私が見通すことのできなかったあの暗闇にとってかわった。私は原理と規則の区別の仕方を知らなかったが、その原理は即座に明白さと同様に単純さを伴って私のもとに差し出された。そしてついにこの原理が私にもたらした諸帰結は、自らにおいて数多くの規則を私に理解させたのである。したがってそれらの規則は原理と関連付けられるべきなのである。つまり諸規則の真の意味、それらの正しい適用の仕方、それらの関係性、それらの間に保持されるべき秩序（ここでは必ずもっとも単純なものがより単純でないものの導入となるのであり、あとはその度合いに応じて続いていく）が理解されたのであり、そして最後にこれらの間で選択がなされる。私は次のように言おう。すなわち、私が以前には知らないでいたすべては私の心の中で十分な明瞭さと正確さを伴って発展したのであり、また（かつて私も現代の音楽の完璧さに拍手喝采を送っていたと言われたことがあった）今世紀の音楽家たちの知識は彼ら自身の作曲の美と対応するのが望ましいということを認めずにはいられなかった。それゆえに学あるいは技芸の効果に鋭敏であるだけでは十分ではなく、さらにそれらの知識が理解可能なものと見なされるような仕方で把握されねばならない。主にこの点に対して私はこの著作全体で注意を払ったのであり、この著作を私は4巻に分けた。

　第1巻は諸音(ソン)、協和音程、不協和音程、そして和音一般の比関係(ラポール)についての概論を含むものである。和声(アルモニ)の源はある単一の音の中に見いだされ、そのもっとも本質的な諸特性がここで説明される。さらに以下のことが検討される。たとえば、この単一の音が最初の分割を通じていかに自らの内から別の音、つまりオクターヴを生み出すのかということ。そしてこのオクターヴはその単一の音とともに一つの音しか形成していないように思われること。またさらに、すべての和音を形成するためにこの単一の音がいかにオクターヴを取り込んでいくかということ。すべての和音はこの単一の源(プランシップ)からのみ構成され、3度、5度、7度から成るということ。そしてそれらの諸和

音が有することのできる多様性のすべてが生み出されるのはオクターヴの力を通じてであること、などである。さらにここでは、実際のところ実践のためには興味深さにおいて劣る他の特性が多数みられるが、それらはしかしわれわれの導きのためには必要なものである。ここですべてはまったく単純な仕方で提示されている。

第2巻では理論と実践が同等に考察されている。したがってここで源（プランスィップ）はバスと呼ばれる音楽の一つの声部に表されており、それには「基礎的な（フォンダマンタル）」という形容詞が付される。あらゆるその特性、そしてこの源にのみ依って立つ和音と音階（モード）のあらゆる諸特性がここで説明される。さらにここでは制作の際に音楽が完全なものとされるのに役立つあらゆることに関して言及される。そのために折に触れて第1巻との関係や、この技芸における最良の著者たちの経験や権威が、彼らが誤りを犯してしまっていた場合にはそれらを大目に見ることなく、ふたたび引き合いに出されるだろう。それはここにみられる新たな諸点において、識者（サヴァン）たちを理性を通じて満足させるように努めるためである。そうした識者たちとは、かつての巨匠たちがそれで満足していたであろう誤りを明らかにしつつ、経験を通じてただ耳とのみ関連付けようとする人々、そして巨匠たちの諸規則に対してあまりにも尊大な人々のことである。最後にこの巻では、ここで指示され、そして順を追ってさらに続く二つの巻においてもさらに引き継いでいかれる諸規則を読者が無理強いされることなく受け入れられるように準備がなされるように努められている。

第3巻には、極めて短時間に作曲を習得する特別な手引き（メトッド）が含まれている。この手引きに関しては既に検証がなされている。しかし同様のケースにおいてわれわれが確信に至るのは適切な経験によってのみであるから、私はこの点については沈黙を保ち、この方法に馴染みのない人々に、論戦を戦わせる前にここから引き出されうる成果をよく見てみるように懇願することで、満足することにしよう。首尾よくいくのであれば、学習意欲のある者はその教えられる方法については心配したりはしないものである。

今日あるような完璧さにおいて作曲のことを教える諸規則はいまだまったく知られていない。またさらにこのジャンルにおいて、自らのほとんどすべての知識がひとえに経験に負うものであることを真摯に告白する熟練した者はいない。そしてそれらの知識を他の人たちへともたらそうとするとき、音楽家たちには馴染みの決まり文句である Catera docebit usus [2] を自らの教えに付け加えることが強いられているように思われるのである。才能と趣向に依拠する、ある種の完全性が存在するというのは真実であり、その種の完全性に対しては学そのものよりも経験のほうがまだ有利でさえある。しかしこのことは、経験がわれわれにもたらすことができるであろう新事実を真の源に適用する方法を知ろうとすることだけが目的であるときに、こうした経験がわれわれを誤らせることがないように、完全な知識がいつも私たちを照らしだすのを妨げるものではない。しかもこの完全な知識というものは、作品に才能や趣向をも取り入れるのに役立つものであるが、そうした才能や趣向は完全な知識を欠けばしばしば無用な能力になってしまう。それゆえに私はこの完全さをより簡単に、そしてより迅速にもたらす手段を探求すべきと信じたのである。その完全さに到達することができるのは単純な実践という経験を通してのみであり、まず第一に和声全体に関する理性的にして正確かつ明瞭な知識を与え、二つの主要な和音を形成する三つの音程と、他の声部の進行をも同時に決定する基礎低音（バス・フォンダマンタル）のあらゆる進行の仕方を示すことによってなされるのである。したがってこの巻を一回読めば得られるであろう知識のみに残りのすべてがかかっているのであり、そのことは容易に明らかになるであろう。

第4巻はオルガンと同様にクラヴサンの伴奏の諸規則を含む。ここでは手の位置や運指の処理、そして可能な限り速やかにこの実践を身につ

---

[2]〔訳注〕ラテン語で「残りのことは慣例が教えるだろう」という意味。

けるのに役立つであろうすべてのことが論じられている。

　これら諸規則の基礎はクラヴサン(フォン)とほぼ同様に、他の伴奏する楽器にもまた役立ちうるものである。

　後半の二巻は互いに多くの関係性(ラポール)を有している。それゆえにそれらは作曲の実践あるいは伴奏の実践のみを身につけようと望む人々に等しく有益である。そして何も見落とすことを望まないのであれば、第2巻を参照することも悪いことではないであろう。それは私が何も忘れることがなかったのであればの話だが。なぜなら、私は確かに何も欠落することがないように配慮したのであるが、私の長い話と繰り返しが十分示しているように、私よりもさらに上手くやりとおすことが可能であることを私は疑わないからである。これは、物事を明確かつ理解可能なように見せようとする私の意向と、また同時に私の才能の弱さとに起因する欠点である。第1巻に関しては、これはある意味、実践には無益である。私がこの巻をこの『和声論』の冒頭に置いたのは、この巻が和声に関するあらゆることを含んでいることを示すためだけであり、人はここから適当と判断される有益なものを利用することができるだろう。

　私の役割を全うするためにはこの著作が印刷されているのを見る必要があったのだが、それができなかったので、私は新たな注意力を持ってこの著作を読むこととなった。そのため私はこの著作において必要とされるいくつかの変更と訂正を行うべきと判断した。それらは巻末の「補足」においてみられるであろう[3]。また私は冒頭に二つの一覧を設けた。一つはこの『和声論』の目次であり、もう一つは諸用語の説明一覧である。これらの用語の理解は必須であり、ここに公にするこの著作全体の導入として役に立つであろう。

　『調和概論』からのザルリーノの引用は1573年のヴェニス版による。

---

[3]〔訳注〕当邦訳ではこの「補足」の内容は本文に反映させ、「補足」そのものは割愛した。

この『和声論』全四巻に含まれる内容の

目　次

第1巻
調和的／和声的な比率と比例の関係について
（アルモニク／レゾン／プロポルスィヨン／ラポール）

第1章	音楽と音について	26
第2章	諸音の関係を知ることのできるさまざまな方法について	26
第3章	協和音程の起源とその関係について	27
第1項	和声あるいは基音の源（アルモニ／ソン・フォンダマンタル／プランスィップ）について	29
第2項	ユニソンについて	29
第3項	オクターヴについて	29
第4項	5度と4度について	32
第5項	3度と6度について	33
第6項	この章の内容のまとめ　前掲の図で示された諸特性が単一のモノコルドに含まれること	35
第4章	調和比と算術比（プロポルスィヨン・アルモニク／プロポルスィヨン・アリスメティク）の諸特性に関する考察	37
第5章	不協和音程の起源とその関係性（ラポール）について	41
第6章	二重音程、特に9度と11度について	46
第7章	調和分割あるいは和音の起源について	47
第8章	和音の転回（ランヴェルスマン）について	51
第1項	長完全和音とその派生和音について	51
第2項	短完全和音とその派生和音について	53
第3項	長完全和音に短3度を付加することによって構成される七の和音とその派生和音について	53
第4項	短完全和音に短3度を付加することによって構成される七の和音とその派生和音について	55
第5項	長完全和音に長3度を付加することによって構成される七の和音とその派生和音について	55
第6項	短完全和音の下方に短3度を付加することによって構成される七の和音とその派生和音について	56

第 7 項　調和的に分割された偽5̇度に短3度が付加されることによって構成され
　　　　　　る減七の和音とその派生和音について……………………………………………… 57
第 9 章　ここまでのすべての和音についての考察………………………………………………… 59
第 10 章　一つの和音に付与されうるさまざまな比(レゾン)についての考察…………………… 60
第 11 章　弦長の振動と増加の比(レゾン)を弦上の分割比(レゾン)と関連付ける方法………… 60

第2巻
和音の本性と特性(ナテュール プロプリエテ)について
そして音楽を完全なものとするのに役立つすべてのことについて

第 1 章　和声(アルモニ)の基音(ソン・フォンダマンタル)とその進行について……………………………………… 64
第 2 章　諸基音(ソン・フォンダマントー)に割り当てられる諸和音とその進行について………………………… 65
第 3 章　オクターヴの本性と特性(ナテュール プロプリエテ)について……………………………………………… 67
第 4 章　5度と4度の本性と特性(ナテュール プロプリエテ)について……………………………………………… 67
第 5 章　すべての音程の本性と特性が一堂に会する完全カデンツについて……………………… 67
第 6 章　中断(ローンプ)カデンツについて……………………………………………………… 72
第 7 章　不規則(イレギュリエール)カデンツについて………………………………………… 74
第 8 章　転回によるカデンツの模倣について…………………………………………………… 81
第 9 章　カデンツを模倣しながら回避する方法について……………………………………… 81
第 10 章　下置和音(アコール・パル・スュポズィスィヨン)について
　　　　この和音を用いると模倣によってさらにカデンツを回避できること…………………… 85
第 11 章　4度と11度について……………………………………………………………………… 88
第 12 章　借用和音(アコール・パル・アンプラン)
　　　　借用を伴うことにより、模倣によって完全カデンツを回避できること………………… 89
第 13 章　不協和音程の進行のための規則
　　　　これは諸基本和音(アコール・フォンダマントー)の進行から引き出される………………………… 91
第 14 章　3度と6度の進行に関する考察………………………………………………………… 94
第 15 章　7度が九の和音から差し引かれるべきケースについて……………………………… 99
第 16 章　不協和的協音程について　ここでは4度と、見当違いな諸規則によって付け加え
　　　　られた誤った考えについて言及される……………………………………………………100
　　第 1 項　不協和音程の原理(プランスィップ)について；音程を形成する二つの音(ソン)のうちいずれが不
　　　　　　協和として受け取られるべきか　不協和音程の予備と解決の規則が打ち
　　　　　　立てられたのはそれら二つの音(ソン)のうちのいずれか……………………………… 102

　　　　第2項　あらゆる不協和音の起源となる和音とは何か
　　　　　　不協和音程の数量とその数量が含む音(ソン)について；それらの範囲はいかな
　　　　　　るものか ··· 104
　　　　第3項　バスがシンコペーションされている際の4度を不協和音程として扱うこ
　　　　　　とは音楽に存するもっとも美しく、もっとも一般的な規則を損なうこと
　　　　　　について ··· 106
　　　　第4項　和声(アルモニ)の諸規則の確立における著者たちの欠陥について；これらの規則の
　　　　　　異なる諸原理(プランシップ)とそれらがもたらす誤りについて ······························ 107
第17章　許容(リサンス)について ·· 110
　　　　第1項　許容(リサンス)の起源について ··· 110
　　　　第2項　中断カデンツ(ローンプ)から引き出される許容(リサンス) ································· 112
　　　　第3項　不協和音程が別の不協和音程によっていかに解決されうるか ········· 113
　　　　第4項　7度がさらにオクターヴに解決されうるということ ························ 117
　　　　第5項　7度には6度が付随しうること ·· 119
　　　　第6項　不協和音程が別の不協和音程に予備されているように思われるケース
　　　　　　について ··· 120
第18章　基礎低音(バス・フォンダマンタル)の書法を教授する諸規則を打ち立てることに関する諸注意 ············ 122
　　　　第1項　諸規則を打ち立てることに関して ··· 122
　　　　第2項　あらゆる種類の音楽の下に基礎低音(バス・フォンダマンタル)を書く方法について ··· 128
第19章　前章の続き　旋律(メロディ)が和声(アルモニ)から生じること ······························ 131
第20章　和音の諸特性について ·· 134
第21章　音階(モード)について ·· 135
第22章　ある音階あるいは調から別の音階あるいは調へ移行する自由はどこから生じるか ·· 140
第23章　音階(モード)と調(トン)の特性について ·· 141
第24章　拍節について ·· 141
第25章　異なる拍節を明示するこの新たな方法から引き出されうる有用性について ········ 147
第26章　楽曲(エール)が作曲されるべき拍節の数量と、その特殊な動きについて ············ 151
第27章　歌謡(シャン)に歌詞をあてがうために守られねばならないこと ······························ 153
第28章　作品の構想(デサン)、模倣、フーガ、そしてこれらの諸特性について ···················· 154
第29章　長と短、純正あるいは完全、増と減で識別されるべき音程について ················ 155

第3巻

作曲の諸原理

第 1 章	実践音楽への導入	160
第 2 章	基礎低音(バス・フォンダマンタル)について	171
第 3 章	完全和音について　ここから四声部の作曲がはじまる	172
第 4 章	和音の連続(スュイット)について	173
第 5 章	遵守されるべきいくつかの規則について	176
第 6 章	七の和音について	177
第 7 章	不協和音程に関する考察	181
第 8 章	調(トン)と音階(モード)について	181
第 9 章	バスにディアトニックな進行が割り当てられている際の和声的な横の配列(モデュレ)の仕方について	183
第10章	通奏低音(バス・コンティニュ)について	187
第11章	バスの進行について　バスの進行が諸和音の進行をも決定する　そして派生和音をいかにその基礎(フォンダマン)と関連付けるか	188
第12章	前掲の譜例から引き出される諸規則に関する続き	193
第13章	完全カデンツについて	194
第14章	導音(ノット・サンシーブル)について　そしてすべての不協和音程の解決のされ方について	195
第15章	11度、またの名を4度について	197
第16章	不規則(イレギュリエール)カデンツについて	198
第17章	互いに関係し合うバスの異なる進行について　そしてバスの進行が異なっても、上声部において和声(アルモニ)には変わりはないこと	202
第18章	不協和音程の予備の仕方について	204
第19章	不協和音程を予備しえないケースについて	208
第20章	使用されるさまざまな不協和音程に応じたバスのさまざまな進行の正確なリスト	209
第21章	二の和音について	213
第22章	調(トン)と音階(モード)一般について	216
	第1項　長調(トン)について	216
	第2項　短調(トン)について	217
第23章	ある調から別の調への移行の仕方について　これもまた転調(モデュレ)と呼ばれる	219
第24章	前章に含まれる諸規則の続き	221
第25章	バスの進行に関わらず、バスの諸音(ノット)に与えられるべき諸和音についての知識をいかにして得ることができるか	224
	第1項　カデンツと歌謡の終止に関係するすべてのことについて	224
	第2項　不完全(アンパルフェ)カデンツについて	226
	第3項　不完全(アンパルフェ)カデンツが生じている進行における調(トン)をいかにして識別するか	227

　　　　第4項　ディアトニックな進行において歌謡が休止しているのは主音(トニック)上なのか
　　　　　　　属音(ドミナント)上なのかを見分ける方法……………………………………………231
第26章　ある調のディアトニックな進行のすべての音(ノット)上での7度の実践の仕方について ……… 233
第27章　どのようにして同じ不協和音程が異なる諸音(ノット)上の複数の連続する諸和音において生
　　　　じうるのか；
　　　　そしてどのようにしてその不協和音程が無関係と思われる諸音上で解決されうるのか… 234
第28章　あらゆる許容(リサンス)について　まず第一に中断カデンツについて………………………… 236
第29章　増五の和音について……………………………………………………………………………… 239
第30章　九の和音について………………………………………………………………………………… 240
第31章　十一の和音、またの名を四の和音について………………………………………………… 242
第32章　増七の和音について……………………………………………………………………………… 244
第33章　増二の和音とその派生和音について………………………………………………………… 245
第34章　クロマティックについて………………………………………………………………………… 247
　　　　第1項　下行のクロマティックについて………………………………………………………… 248
　　　　第2項　上行のクロマティックについて………………………………………………………… 249
第35章　ここまでに述べられたことすべてを実践する方法について……………………………… 251
　　　　第1項　バスの進行について……………………………………………………………………… 251
　　　　第2項　協和和音と不協和音の使用法について……………………………………………… 252
　　　　第3項　導音(ノット・サンシーブル)によってもたらされる諸長不協和音程とこの音程を支える諸音(ノット)
　　　　　　　について………………………………………………………………………………………… 253
　　　　第4項　短不協和音程について…………………………………………………………………… 254
　　　　第5項　二重使用が問題となる際により好ましいとされるべき協和音程について……… 254
　　　　第6項　小節と拍について………………………………………………………………………… 254
　　　　第7項　シンコペーションについて……………………………………………………………… 255
第36章　二声部の作曲について…………………………………………………………………………… 257
第37章　誤った諸関係(ルラスィヨン)について………………………………………………………………………… 259
第38章　バスの上に歌謡(シャン)を成す方法について………………………………………………………… 260
第39章　音形歌謡(シャン・フィギュレ)あるいは想定(スュポズィスィヨン)について……………………………………………………… 264
　　　　第1項　協和的な諸音程による音形歌謡(シャン・フィギュレ)について………………………………………… 264
　　　　第2項　ディアトニックな諸音程による音形歌謡(シャン・フィギュレ)について……………………………… 266
第40章　上声の下に基礎低音(バス・フォンダマンタル)を成す方法について………………………………………………… 268
第41章　上声の下に通奏低音(バス・コンティニュ)を作曲する方法……………………………………………………… 275
第42章　前章に関する有益な諸注意…………………………………………………………………… 277
第43章　二声部、三声部、四声部の作曲において遵守されるべき事柄……………………… 279
第44章　構想(デサン)、模倣(イミタスィヨン)、フーガについて……………………………………………………………… 281

第4巻

伴奏の諸原理

第 1 章	クラヴィーアの配列によって諸音程をいかに識別するか	302
第 2 章	長音程と短音程の相違について そして完全音程、増音程、減音程の相違について	304
第 3 章	手の位置と指づかいについて	308
第 4 章	クラヴィーア上で諸和音を見いだす方法について	309
第 5 章	すべての和音に関する有益な諸注意	313
第 6 章	調(トン)と音階(モード)について	315
第 7 章	各調のオクターヴの範囲内にみられる諸和音の連続(スュイット)のために規定されるべき秩序について	321
第 8 章	一般規則	324
第 9 章	同度にある音上で七の和音に後続すべき諸和音について	327
第 10 章	二の和音について	330
第 11 章	六の和音について	331
第 12 章	増二の和音とその派生和音について	332
第 13 章	下置和音(アコール・パル・スュポズィスィヨン)について	333
	第1項　9度について	334
	第2項　増五の和音について	334
	第3項　増七の和音について	334
	第4項　十一の和音、またの名を四の和音について	334
第 14 章	前述のすべての諸和音に関する諸注意	335
第 15 章	あらゆる不協和音程の予備と解決の仕方について； ここから進行中の調(トン)と、その調の各音が支えているはずの諸和音についての知識が引き出される	337
	第1項　長不協和音程について	338
	第2項　短不協和音程について	340
第 16 章	クロマティックについて	341
第 17 章	諸和音のさまざまな連続(スュイット)に関するまとめ	343
第 18 章	良く伴奏をするために必要な諸規則	349
第 19 章	通奏低音(バス・コンティニュ)に数字付けをする方法とそれぞれの数字が明示する諸和音を知る方法	350
第 20 章	バスにおいて和音を支えるべき音がいかにして識別されうるか	352

理解が必要とされる諸用語の

説明一覧

A

Accompagnement 伴奏
_{アコンパニュマン}

　第4巻302頁を見よ。

Accord 和音
_{アコール}

　存在するのはただ一つの和音であり、他の諸和音はここに由来する。それら他の和音はすべて転回を通じて長短3度に分割された状態に還元されうる。第1巻第7章。104、105、113、114、122 - 125頁。

　すべての和音の源は単一の音に存する。28、29、123、124、128頁。

　存在するのは完全和音と七の和音だけである。59、72、313、314頁。

　協和和音と不協和和音の実践以上に容易なことはない。この実践は和声の基本諸規則を通じてなされ、ここから想像しうるあらゆる歌謡などが引き出される。ゆえにわれわれは和音を完全なものとするのに役立つ諸音を決して無視することはできない。84、85頁。

　七の和音は下置和音に必ず含まれている。85 - 87頁。

　あらゆる不協和音は諸協和音程の統合からのみ形成されるものである。100頁。

　正当な結果を引き出すことができるよう、われわれは単に和音の諸音がバスに対して生み出す効果を調べるのみならず、それらの諸音が相互間において生み出す効果も調べなければならない。100 - 101頁。

　バスのすべての音に対して協和和音を与えることができ、バスは協和的な音程を通じて進行する。325頁。

　参照：Parfait 完全、Regle 規則、
　　　　Consonance 協和音程、Octave オクターヴ

Aigu 高い
_{エギュ}

　これは高音に与えられるべき真の名称であり、Grave低いという名称が低い音に与えられるのと同じである。

　高音は低音に含まれている。27 - 29頁。

B

Basse-Fondamentale ou
_{バス・フォンダマンタル}
Son-Fondamental 基礎低音あるいは
_{ソン・フォンダマンタル}
　　基音

　基礎低音は他の諸声部の下に必ず場を占めているのでなければ存在不可能である。128、129頁。

　参照：Sous-entendre 下が聞こえる、
　　　　Supposer 下に置く

　基礎低音の進行に割り当てられる音程は、3度、5度、そして7度だけである。64、65頁。

　このバスのもっとも完全な進行は3度、5度、そして7度の下行から成る。127頁。

　これらの進行のうちもっとも完全なものは5度の進行であり、この進行においてはこの5度がその源に回帰するかのようである。125頁。

　完全カデンツが形成されるのはこの進行からである。69、70頁。

　不協和音程の予備と解決がなされるのはこれらの進行のうちの一つにおいてのみである。91、94、111頁。

　基礎低音が同じ音程を通じて上行していくとき、不協和音程は予備されなくてよい。93、94頁。

　5度下行、あるいは4度上行、これは進行という点に関しては同じことである。172頁。

ザルリーノはバスを大地になぞらえ、バスは緩慢で隔たった動きを通じて進行すべきであると述べている。64頁。
　基礎低音(バス・フォンダマンタル)の進行の役目を果たす諸音程は、このバスとともに進行すべきでもある。65、66頁。
　基礎低音(バス・フォンダマンタル)は合唱曲において極めて良い効果をもたらす。132頁。
　参照；Cadence　カデンツ、Principe　源、
　　　　Progression　進行

C

Cadence(カダンス)　カデンツ
　完全カデンツは5度下行、あるいは4度上行の進行の基礎低音(バス・フォンダマンタル)において形成される。65頁。
　不協和音程が占めるべき場に関する根拠は完全カデンツから引き出されうる。66頁。
　完全カデンツとは何か。67、68頁。
　このカデンツは、オクターヴと5度を例外として、すべての音程の進行を決定する。68頁。
　完全カデンツの例。69頁。
　ザルリーノは、バスが欠けると楽曲は混乱に満ちること、また完全カデンツにおいてはバスは5度下行しなければならないことに言及しておいて、そのバスのことを自らの諸例の中ではほとんど忘れてしまっている。70、71頁。
　中断カデンツと呼ばれるのは、属音(ドミナント)がバスあるいは他の声部においてディアトニックに上行するもののことである。72-74頁。
　このカデンツは許容(リサンス)によってのみ容認される。111頁。
　ここから引き出すことのできる成果。236-238頁。
　不規則カデンツと呼ばれるのは、バスが5度上行するものである。進行が不規則な場合には不協和音程がみられるが、しかしこの不協和音程はつねにそこから削除されうるものである。
　参照；「補足」
　不完全カデンツと呼ばれるのは、完全カデンツのバスが少しも聞こえない場合のことである。そうした場合、このバスは下に聞こえているはず(スー・ザンタンデュ)のものである。226、227頁。

　これらのすべてのカデンツについての知識は和声(アルモニ)の理解のために非常に必要とされる。
　参照；「補足」
　これらのカデンツの転回は和声(アルモニ)の多様性と旋律(メロディ)の生成に端緒を与えるものである。81頁。
　いかなる結末ももたらすことなく、和音や歌謡(シャン)の長い連続(スュイット)を続けることができる方法。81、82頁。
　あるカデンツと、その模倣との見分け方。82、83頁。
　模倣しながらカデンツを回避する方法。82、83頁。
　この例は「補足」においてその都度示される。
　下置和音(アコール・パル・スュポズィシォン)の進行の起源は上述の三つの主要カデンツにある。86-89頁。
　横の並びは完全カデンツから引き出される(モデュラスィヨン)。136、137、139頁。
　音楽のすべての諸規則を筋の通ったものとするには完全カデンツがあれば十分である。125頁。

Canon(カノン)　カノン
　カノンとは何か。298-300頁。

Centre(サーントル)　中心
　和声(アルモニ)の原理(プランスィプ)は和声的中心と見なされうる。124頁。

Choc(ショック)　衝突
　衝突は、固い物体間の衝突に類似した効果を有する諸音の間に見いだされる。
　参照；「補足」
　この衝突は、もっとも近接した不協和音程と協和音程の間で生じる。
　同上。

Comma(コンマ)　コンマ
　全音(トン)という音程を構成するコンマの数量についての学習の仕方。45頁。
　コンマよりもさらに小さな比(レゾン)があり、それは諸音程の形成のために必要とされるものである。同上。

Chromatique　クロマティック

クロマティックは半音の進行から生じる。和声においてこの類が生じるのは、基本的には短調の第六音と第七音の間のみである。250、251頁。

クロマティックが感知されるのはトニックをドミナント・トニックにする際である。252頁。

ある声部が半音ずつ進行するとき、それはクロマティック進行と呼ばれる。

Composer　作曲すること　Composition　作曲

これは、音楽用語でいえば、快である歌謡の考案の仕方である。また多数の音を共に混ぜ合わせる方法のことであり、これらの音が良き効果を生み出す。さらにこれらの音のそれぞれに適切な進行を与えることでもある。またあらゆる音程とあらゆる和音が互いに有する関連を知ることである。一言でいえば、実践において音楽を完全なものとするのに資するあらゆることの扱い方を知ることである。

作曲はまず第一に四声部で教えられるべきである。211 - 213頁。

よく作曲するために必要とされる諸特性。135、153、154頁。

伴奏というものは、ある意味で、作曲の知識により早く達するために必要とされるものである。133頁。

Conjoint　結合

結合型進行、あるいは結合音度。これにはディアトニック進行とクロマティック進行が含まれる。

参照：Diatonique　ディアトニック、
　　　Chromatique　クロマティック

Consonance　協和音程

諸音によって形成される音程の統合のうち、耳にとって限りなく好ましく思われる音程のこと。あらゆる協和音程は、3度、4度、5度、6度の音程に存する。それゆえ協和的進行といわれるのは、歌謡がこれらの音程のうちの一つの音程で進行するように聞こえさせるためのものである。

協和音程の起源、協和音程にみられる秩序、それらの完全性の秩序、諸協和音程間に存する関係について。27 - 29、35、36頁。

主要な協和音程は三つしかない。34、35頁。

不協和的協和音程が存在すること。100、101、104、105頁。

Contrepoint　対位法

つまり作曲のこと。この技芸に通じた人々の間で対位法という言葉によって理解されているのは、教会の歌謡から引き出されたある特殊な主題に対して作曲された音楽のことである。

対位法は単純対位法、華麗対位法などに分けられる。ド・ブロサール氏の『音楽辞典』を参照のこと。

単旋律聖歌が作曲されていたのは、人々がいまだ良き横の並びを知らず、たえず自然の秩序に背いていた時代のことであったことを知っておくのは有益なことである。したがってここで付け加えることが望まれる和声をしっかりと把握するためには、単旋律聖歌の欠点にのみ関与してしまういるある種の諸規則に注意を払わなければならない。なぜならそれが問題の対象だからだ。

しかしながら上述の点にもかかわらず、多くの音楽家たちはそれらの規則についてよい印象を持ち、彼らが自分たちの原理に配慮を払うことはなかった。それは真の和声に多少なりとも鋭敏な者たちがそれらの規則を単なる手始めと見なしたのと対照的である。そのように見なした理由は、良き横の並びがそれらの者たちによりシンプルで、より的確な諸規則をもたらすからである。そうした諸規則を手にしていればその音楽家たちは、主題に対して良き横の並びの秩序と一致した歌謡を与える限り（そしてそれは必ずそうでなければならない）、過ちを犯すことはないと確信されている。

後述のPlein-Chantを参照のこと。そしてより大きな理解の満足を得るためにはさらに第2巻第18章、第19章、第21章を参照のこと。

Corde 弦
  諸音の関係の学習は、あるひとつの音を出すことができるように張られた弦を通じてなされる。26頁。
  和声に関して必要とされる有用な点を導き出すためには、諸数の自然な進行に従ってこの弦を分割しさえすればよい。27、28、35、36、39、40頁。
  弦が弦に対するように、音は音に対する。27頁。
  和声や旋律に見いだされる美を表現するときにはたいてい、「なんと美しい弦だろう」といわれる。

Corps 基体
  諸数の源であるところの統合体は音響体と表される。ここから諸音の関係についての証明が引き出される。38頁。

D

Diatonique ディアトニック
  ディアトニック進行というのは、自然な声の音度の連続によって、音階の配列あるいは完全ディアトニック体系の秩序に従って歌謡を進行させたものである。42頁。
  参照：Système 体系と Progression 進行

Disjoint 分離
  分離型進行には協和的進行と不協和的進行が含まれている。
  参照：Consonance 協和音程と Dissonance 不協和音程

Dissonance 不協和音程
  これは何らかの仕方で耳を不快にする諸音程の名称である。それゆえに不協和的進行と言われるものがあるが、これは歌謡がこれらの不協和音程のうちの一つの音程を通じて前に進むのを理解させるためである。
  不協和音程の起源とそれらの関係について。41、42、45頁。
  七の和音があらゆる不協和音の起源である。48、54‐59、100‐102、104頁。
  すべての不協和音程は長と短として区別される。それは3度と同じであり、ここにすべての不協和音程の起源があるのである。したがって不協和音程は3度の諸特性に従うものである。59、68、91、125、126頁。
  導音はすべての長不協和音程の起源である。68、69、130、131頁。
  長不協和音程というのは、その中で短不協和音程が含まれて結合しているときにのみ、長不協和音程である。130、131頁。
  7度はすべての短不協和音程の起源である。102頁。
  不協和音程は多大な慎み深さを伴ってのみ使用されるべきである。134頁。
  不協和音程の解決の仕方に関する考察。130、131頁。
  参照：Basse-Fondamentale 基礎低音、Cadence カデンツ、Division 分割、Raison 比（率）、Progression 進行、Preparer 予備、Sauver 解決、Seconde 2度、Septiéme 7度、Triton 三全音

Dominante ドミナント
  ドミナントとは何か。69頁。
  諸ドミナント間の相違。82、182頁。

E

Emprunt 借用
  これは実践においては新しい用語であり、この用語によって短調においてのみ実践される諸和音の類が識別される。58、89、90頁。
  借用の証明。244‐247頁。
  参照：Seconde 2度

Experience 経験
  参照：Musique 音楽

F

Fondamentale（フォンダマンタル）　基本的な・基礎的な
　参照：Basse-Fondamentale　基礎低音

Fugue（フーガ）　フーガ
　フーガとは音楽における装飾であり、それが方針として有するものはただ良き趣向のみである。296、297頁。
　フーガはおそらく四声部の楽曲のために考案された。280頁。
　この点についてさらに知りたいのであれば、第3巻第43章を読めばよい。

G

Grave（グラーヴ）　低い
　参照：Aigu　高い

H

Harmonie（アルモニ）　和声
　これは多数の音の集積であり、これらの音が耳に快の影響をもたらす。
　和声はもっぱら小節内の各拍の最初の瞬間において感知される。128、129頁。
　旋律は和声に由来する。41、131-133頁。
　完全な和声は四声部に存する。130頁。
　調和数列は算術数列に由来する。37頁。
　参照：Cadence　カデンツ、Corde　弦、Proportion　比（例）、Melodie　旋律、Mesure　拍節／小節、Musique　音楽、Nombre　数、Principe　源

I

Imitation（イミタスィヨン）　模倣
　模倣とは何か。178、281頁。

Imparfait（アンパルフェ）　不完全な
　この用語は3度や6度といった相互的協和音程に適用されているが、完全カデンツの転回形にも適用されるべきものである。
　参照：Cadence　カデンツ
　和音には完全和音が転回されたものがあり、それを不完全和音と呼ぶ。51、52頁。

Intervale（アンテルヴァル）　音程
　音程とは何か。その名称。26頁。
　算術的操作を用いて転回された音程とそうでない音程とを区別する仕方。37頁。
　音程の形成のされ方。45、46頁。
　参照：Raison　比（率）、Triton　三全音

Irregulier（イレギュリエール）　不規則な
　参照：Cadence　カデンツ

L

Licence（リサンス）　許容
　音楽の許容は何に由来するか。110頁。

Longueur（ロングール）　長さ
　参照：Raison　比（率）

M

Melodie（メロディ）　旋律
　これはただ一つの声部の歌謡のことである。たいてい音楽が旋律的だと言われるのは、各声部の歌謡が和声の美と対応しているときのことである。
　われわれの判断するところに従えば、古代の人々の音楽は旋律にのみ基づいていた。134-139頁。
　ザルリーノはこの点について非の打ちどころなく説明した。135頁。
　参照：Cadence　カデンツ、Harmonie　和声

Mesure（ムズュール）　拍節／小節
　デカルトは、動物たちは拍節に合わせて踊れるかもしれないと述べている。141頁。
　拍節は和声の原理から引き出されうる。142頁。
　拍節に合わせて耳が形成されるよう注意が払われるのは適切であること。同上。

数字2、3、4だけですべての拍節(ムズュール)の種類を表示するのに十分であること。同上。

　均等な拍の楽章にも、不均等な拍の楽章にも同じ記号が用いられる習慣が双方の楽章の識別を妨げている。146頁。

　音部記号の前に置かれた音符は自らの音価によって、小節内の各拍(ムズュール)の音価を表示することができ、したがって動きの遅さと速さを識別させる。143頁。

　音部記号の前に置かれた音符はその楽曲が作曲された調(トン)についての知識をもたらすだけでなく、音部記号の後に見いだされる♯や♭の数に煩わされることなくドレミで歌うことを容易にするものである。147頁。

Mode(モード)　音階/旋法/調
　音階(モード)は、オクターヴの範囲内に含まれた諸音のディアトニックな進行を成すだけでなく、さらに諸和音の配列の秩序をも決定するものである。それらの和音はオクターヴの範囲内に含まれる諸音以外からは構成されえない。

　音階(モード)は完全ディアトニック体系から引き出される。135、136頁。

　存在するのはただ二つの音階(モード)のみである。同上。

　古代の人々とザルリーノは音階(モード)の配置において判断を誤った。ザルリーノの誤りの真の原因。137-139頁。

　横の並び(モデュラスィヨン)についての理解は、ある楽曲がよく作曲されているかどうかを知るのに大きな助けとなるものである。129頁。

　参照；Cadence　カデンツ、Ton　調、
　　　 Triton　三全音、Tierce　3度

Musique(ミュズィック)　音楽
　音楽とは何か。その構成要素。26頁。

　聴覚という感覚器官のみによって音楽の諸効果を判断することは可能である。それに対して知性(エスプリ)が音楽の諸特性を理解することができるのはもっぱら理性(レゾン)の助けによる。122頁。

　経験(エクスペリヤーンス)がわれわれに多くの和音をもたらし、理性(レゾン)がそれらすべてを単一の和音のもとにまとめ上げるのだから、理性こそがわれわれの判断で優位を占めるべきものである。同上。

　音楽において経験だけがわれわれを納得させる能力を有しているわけではない。108頁。

　しかし理性はそれを補うことができる。114頁。

　音楽は算術に従属する。37、38頁。

　しかし、算術数列(プログレスィヨン・アリスメティク)が増加しながら進行するのに対し、調和の数列(アルモニ　プログレスィヨン)は減少しながら進むべきものである。32、33頁。

　そしてもし諸数の自然な数列(プログレスィヨン　アルモニ)が調和の数列(プログレスィヨン)に役立ちうるのであれば、それらの数が単位一(ユニテ)の分割を示すものだと思い浮かべさえすればよい。32、33、38、39頁。

　良き音楽家が自らの作品において見いだすべきもの。135頁。

　参照；Mode　音階

N

Nombre(ノーンブル)　数
　和声の力全体は諸数(アルモニ)の力に帰せられる。26、27頁。

　調和する数(アコルダン)には三つしかなく、ここから完全和音は形成される。51、52頁。

　3という数の力に関する考察。52頁。

　幾何学的に増加していくすべての数は、いわば、つねに同じ音(ソン)を表す。30頁。

　数5は単位(ユニテ)を表しうる。34頁。

　数3は、4度が生み出されるもととなるものであるが、自然な配列を転回することなく和音内で明示されることはない。40頁。

　それらの数にわれわれがすでに述べた考え（つまりそれらの数が単位一(ユニテ)の分割を示すということ）を付与するならば、ここにおいてすべては単純でなじみ深いものとなり、的確で正確である。39、40頁。

　参照；Corde　弦、Corps　基体、Musique　音
　　　 楽

_{ノット トニック}　　　　　　　　_{ノット サンシーブル}
Notte Tonique　主音、**Notte Sensible**　導音
　　参照：Son　音、Sensible　予感させる/導音

_{ヌヴィエム}
Neuvieme　9度
　　9度と2度の相違について。46、47頁。
　　9度音程と9度から形成される和音が5度から生じること。49頁。
　　この和音は7度がオクターヴに解決されうることを証明する。117頁。
　　_{ノット・トニック}
　　主 音の上に九の和音を聞かせるときには、それに7度を付加することは避けられるべきこと。99頁。
　　参照：Onziéme　11度、Septiéme　7度、
　　　　　Supposer　下に置く、Triton　三全音

O

_{オクターヴ}
Octave　オクターヴ
　　オクターヴとは何か。その諸特性。29 - 37、67頁。
　　転回のうちに存する諸和音の多様性のすべてはオクターヴの力に由来する。35、36頁。
　　オクターヴは、協和音程と呼ばれるよりも、
_{同等音程}
Equisonanceと呼ばれるべきである。
　　参照：Principe　源、simulé　並達

_{オンズィエム}
Onziéme　11度
　　11度と4度の相違について。46、88、89頁。
　　4度と2度が転回音程であるのに対して、11度と9度は種別としては一次的な音程である。_{プルミエール}このことはこれらの音程が生じる諸和音についても同様である。31、32、88、89頁。
　　通常の作曲において十一の和音は極めて不快であるから、たいていの場合その和音からは中間音が削除される。それゆえにこの和音は_{混合和音}Hétérocliteと呼ばれる。29頁。
　　参照：Supposer　下に置く

P

_{パルフェ}
Parfait　完全
　　完全和音は5度と二つの3度から形成される。
　　完全和音の転回から生じる諸和音。51 - 53頁。

　　完全和音以外の和音があるのであれば、それらの和音は完全和音と、完全和音の諸部分の一つからつくられるものでなければならない。48、49頁。
　　参照：Cadence　カデンツ

_{プラン・シャン}
Plein-Chant　単旋律聖歌
　　単旋律聖歌が和声と適合するのは、完全体系と一致した調_(トン)においてのみである。単旋律聖歌にはより簡潔でより流麗な旋律を与えることができる。138、139頁。

_{プレパレ}
Preparer　予備
　　この用語は、短不協和音程が同度の協和音程に先行すべきことを理解させるために用いられる。しかしながらこれは一般的ではない。93、94頁。
　　不協和音程は小節の弱拍においては必ず予備されなければならない、というのは正しくない。そして長不協和音程は決して予備されない。同上。
　　不協和音程は協和音程によって必ず予備されなければならない。120 - 122頁。

_{プランシップ}
Principe　源/原理
　　_{アルモニ}　_{プランシップ}
　　和声の 源 は単一の音に存する。29、123、124頁。
　　_{ソン・フォンダマンタル}
　　基 音、つまり源はオクターヴを第二項として用い、これにその分割によって生じるすべての諸音程が対応していなければならない。より強調した言い方をすれば、それは初めであり終わりなのである。30、31頁。
　　　　　　　　　　_{サコルド}
　　この源と調和するものはすべて、そのオクターヴとも等しく調和する。同上。
　　この源はそのオクターヴにおいて_{スー・ザンタンデュ}下に聞こえている。30 - 32頁。
　　この源は必ず諸基 本 和 音において探し求められなければならない。116頁。
　　　　　　　　　　　　　　_{アコール・フォンダマントー}
　　この源は諸基 本 和 音に存するのみならず、より正確に言うならば、それらの和音の_{ソン・グラーヴ}低 音に存するのである。128頁。
　　_{フォンダマン}
　　基礎、つまりこの源はオクターヴの範囲内でのみ置換可能なものであるから、もしその範囲を

理解が必要とされる諸用語の説明一覧　　17

超える諸和音がみられるならば、基礎あるいは源がその範囲内に想定（スュポゼ）されなければならない。49、50頁。

参照：Supposer 下に置く/想定する

ザルリーノはこの源を知ってはいたが、自らの規則と実施においてはそれを見失ってしまっていた。37 - 40頁。

不協和音程はその源を完全和音から引き出す。そして完全和音はその源をその最低音から引き出す。110、111頁。

参照：Viole ヴィオール、Centre 中心

Progression（プログレスィヨン） 進行

基礎低音（バス・フォンダマンタル）の進行が協和的であるならば、諸上声部の進行はディアトニックであるはずである。65、66頁。

ある声部には他の声部と適合した進行を与えることができる。同上。

不協和音程の進行はディアトニックであるべきであり、また不協和音程に先行・後続する諸音（ソン）は協和音程であるべきである。同上。

参照：Basse-fondamentale 基礎低音、Cadence カデンツ、Corde 弦、Harmonie 和声、Musique 音楽、Proportion 割合、Raison 比、Consonance 協和音程、Dissonance 不協和音程、Chromatique クロマティック、Diatonique ディアトニック、Conjoint 結合、Disjoint 分離

Proportion（プロポルスィヨン） 比（例）

これは同時に比較される二つあるいはそれ以上の諸音（ソン）間にみられる関係性（ラポール）のことである。

調和比（プロポルスィヨン・アルモニク）また算術比（アリスメティク）は協和音程に極めて好ましい秩序をもたらす。27、28頁。

オクターヴをもたらす2：4の比（プロポルスィヨン）は、ユニゾンをもたらす2：2の比が耳にもたらすのとほぼ同じ効果を生じさせる。30頁。

調和比（プロポルスィヨン・アルモニク）または調和数列（プログレスィヨン）は算術比（アリスメティク）または算術数列（プログレスィヨン）に由来すること。それらの関係（ラポール）。37 - 39頁。

算術比（プロポルスィヨン・アリスメティク）というよりは調和比（プロポルスィヨン・アルモニク）に付随することに由来すると思われる欠陥について。同上。

和声（アルモニ）に関して算術比（アリスメティク）がもたらす正しい考えについて。39、40頁。

調和比（プロポルスィヨン・アルモニク）と算術比の相違が、旋法（モード）の配置における古代人たちの誤りの部分的な原因である。138、139頁。

Q

Quarte（カルト） 4度

4度の起源について。32、33頁。

4度は確かに、その二乗によって7度をわれわれにもたらすことができる、しかし7度を調和的に分割することはできない。49頁。

二の和音と小六の和音における4度は協和的である。102、103、105、106頁。

参照；Nombre 数、Onziéme 11度、Triton 三全音

Quinte（カント） 5度

5度の起源と、5度が有する4度に対する優位について。32、33頁。

オクターヴを考察から外せば、5度はすべての協和音程の最初（プルミエール）のものである。29頁。

5度と3度がすべての和音を形成する。46 - 50頁。

5度はすべての和音の最初（プルミエ）の要素である。33、34、49、50、67頁。

5度は諸音程の境界の役目を果たすことはできない。34頁。

5度を欠いた完全な（コンプレ）和音というものは存在しない。したがって5度を形成する二つの3度の統合を欠いても同様である。47、48頁。

5度は自らを二乗することによりオクターヴの範囲を超える音程を生み出す特権を有し、その結果生じる和音が容認されるのは、5度がこの和音を調和的に分割するという理由のみによる。49頁。

バスにおいて5度下行あるいは4度上行する二つの音（ノット）のうちの最初の音は七の和音を支えること

ができるし、またそうでなければならない。82頁。

和声（アルモニ）への感性が少ししかない人々は、歌謡の結末（コンクリュズィヨン）を察することはない。なぜならバスが下行する5度音程で進行するように方向づけられているように感じることができないからだ。64、65頁。

クラヴサンの伴奏において、右手が奏でる諸上声部間で連続する二つの5度を聞かせずにすむことはめったにない。なぜならそれは諸和音の進行にある連結（リエゾン）をもたらすからであり、慣習に従ってこの小さな過失を大目に見ることで、作曲の厳格な諸規則を遵守するよりも容易にこの連結が履行されるものである。私は「この小さな過失」と書いたが、それはこれが伴奏における過失であることを考えてのことであり、この過失は和声（アルモニ）の基礎（フォン）を損なうことがないからである。そしてイタリア人たちは同様のケースにおいてこの過失を特にためらうことなく実践している。

　参照：Basse-fondamentale　基礎低音、
　　　Simulé　並達、Triton　三全音、Cadence　カデンツ

R

Raison（レゾン）　比（率）

ある一つの和音に付与することのできる異なる比について。44、60頁。

振動比は分割比と類似しており、弦長比はその転回である。60、61頁。

自然な比と、すべての音程の転回の比の一覧。44頁。

　参照：Corde　弦

Renverser（ランヴェルセ）、**Renversement**（ランヴェルスマン）　転回

音楽の諸用語においてこの単語は自然な配列を移置することを表し、完全な和声（アルモニ）を形成するために諸音は互いの間においてこの秩序を保持していなければならない。

転回はオクターヴの力に起源がある。30、36、37頁。

諸音程の転回が理論家の大部分によって認められていたのは、ある音程と別の音程の単なる差としてのみであった。37頁。

ザルリーノは音程の転回は知っていたが、和音の転回は忘れてしまっていた。39、111、112頁。

算術的操作によって転回音程と、まったく転回されていない音程とを識別する方法。37頁。

転回は、和声（アルモニ）が関与しうる多様性全体の核心である。32、113、114頁。

転回和音の知識がもたらされたのは、もっぱら時の経過によるものである。127頁。

転回は、人が和声（アルモニ）の秘密に達せんとするほどに、ますますその姿を露わにする。32、33頁。

ある音楽家たちは下置諸和音（アコール・パル・スュポズィスィヨン）というのは転回が可能であると思い込んでいるが、彼らには和音とその転回の原理（プランスィップ）についての知識が欠けている。

　参照：Supposer　下に置く

Replique（レプリック）　複音程

複音程の本質。29頁。

Regle（レーグル）　規則

規則（レーグル）が源（プランスィップ）から引き出されるのであり、源（プランスィップ）が規則（レーグル）から引き出されるのではない。113、123頁。

基本和声（アルモニ・フォンダマンタル）[1]に起源を有する諸規則は、その基本和声（アルモニ・フォンダマンタル）の形をとっている諸和音にのみ存するものである。96、97頁。

派生和音（アコール・デリヴェ）の諸特性は基本和音（アコール・フォンダマンタル）の中に求められねばならない。105、106頁。

協和音程によるあらゆる不協和音程の予備の規則に例外はない。106頁。

現代の諸規則に含まれるいくつかの誤りの証明。107-110、127、128頁。

主要諸規則の注釈者たちの誤りについて。122、123、135、136頁。

1）〔訳注〕「基本和声」（「基本和音」も同様）は現代の和声学の「和音の基本形」に相当し、『和声論』内では特に完全和音と七の和音を指すことが多い。また「派生和音」は「和音の転回形」に相当する。

基礎低音(バス・フォンダマンタル)が協和音程に関するすべての諸規則を決定する。124、125頁。

　ある不協和音程のもとでバスをシンコペーションさせることを認める規則の別の指針とはいかなるものか。109、110頁。

　参照；Cadence　カデンツ、Counterpoint　対位法

S

Sauver(ソヴェ)　解決

　音楽においてこの用語が使われるのは、あらゆる不協和音程にはディアトニックに協和音程が後続すべきことを理解させるためである。

　長不協和音程は半音上行して解決されるべきであり、短不協和音程はディアトニックに下行して解決されるべきである。68、125、126頁。

Seconde(スゴーンド)　2度

　短不協和音程は必ず2度音程か7度音程において認められる。104頁。

　2度は7度の転回であり、これは54頁の表にみられるとおりである。

　増2度の起源について。そしてこの音程がその基礎(フォンダマン)を基音(ソン・フォンダマンタル)からどのように借用(アンプラン)しているか。56‐58頁。

　この借用からは、ドミナント・トニックの七の和音からと同じだけの和音が生じる。90、245‐247、332、333頁。

　参照；Septiéme　7度

Semi-Ton(セミ・トン)　半音

　この単語はギリシャ語に由来し、Demi-Ton 半音を表す。

　半音は和声(アルモニ)と旋律(メロディ)の装飾を形成し、つねに長不協和音程の進行に資する。ザルリーノはこの点について首尾よく言及したが、それがもっともよく感知される箇所においてこの点を看過してしまっている。68‐70頁。

　短半音は長3度と短3度の差を形成するので、したがって長音程、短音程、増音程、減音程として区別されるすべての音程の差をも形成する。45頁。

　全音と半音を長・短で識別することは、実践においては役に立たない。302、303頁。

　参照；Sensible　予感させる/導音、Triton　三全音

Sensible(サンシーブル)　予感させる/導音

　導音とは何か。69、195、196頁。

　導音はどの調にいるのかを識別させるのに役立つ。227頁。

　参照；Dissonance　不協和音程

Septiéme(セティエム)　7度

　7度はあらゆる不協和音程の起源である。なぜなら7度がなければ長不協和音程は協和音程でしかなくなってしまうからだ。このことは54頁の表から理解されるべきことであるが、そこでは7度が完全和音に付加されている。したがってここからあらゆる不協和音程が生まれる。

　さらに「補足」を参照のこと。

　自然な基本和声(アルモニ・フォンダマンタル)に従えば、7度の解決は3度によってのみなされる。118、119頁。

　短不協和音程と長不協和音程が共に結合してできている七の和音は、第二種のものとしてはその種別内のすべての和音の中でももっとも大きなものである。59頁。

　7度、2度、9度は長としても、短としても、識別されるべきではない。156‐158頁。

　減7度はあらゆる借用(アンプラン)和音にとって源(プランスィップ)としての役割を果たす。しかしそのためにはこの音程がそれらの諸和音の下に見いだされなければならない。この場合には減7度は、その転回である増2度音程の低音を形成する。57、58頁。

　もし7度が偽5度や9度として認識され、また異なる諸音程に解決されうるなら、それはもっぱらバスの異なる進行に由来するものである。81頁。

　ド・ブロサール氏は増7度の扱いにおいて誤りを犯している。156、157頁。

　彼はまた同様に、増7度と減2度の間にある比(ラポール)に関しても誤りを犯している。157頁。

参照：Accord　和音、Dissonance　不協和音程。
　　さらに Seconde　2度、Triton　三全音も参照
　　のこと。

Simulé（スィミュレ）　並達
　並達8度と並達5度の本質；その実践と回避の方法。118、119、121頁。

Sixte（スィクスト）　6度
　6度の起源。33 - 35頁。
　六の和音と四六の和音はその基音（ソン・フォンダマンタル）がそのオクターヴの下に聞こえている（スー・アンタンデュ）と想定されなければ、容認されることはない。31、32頁。

Solfier（ソルフィエ）　階名唱法
　参照：Mesure　拍節／小節、Transposer　移置

Son（ソン）　音
　音（ソン）は音楽の主要な対象である。26頁。
　実践音楽において音（ソン）はいかに識別されているか。同上。
　諸音の比（ラポール）を知る方法。26 - 28頁。
　恒常的な音が、何らかの仕方で、われわれの注意をすり抜けること。119、120頁。
　参照：Basse-fondamentale　基礎低音、
　　Corde　弦、Accord　和音、Principe　源、
　　Sous-entendre　下が聞こえる、Supposer　下に置く

Sous-entendre（スー・ザンタンドル）　下が聞こえる
　音楽において、「下が聞こえる」（スー・ザンタンドル）と「下に置く」（スュポゼ）はほぼ同義語として見なされている。しかしながら音楽においてこれらの語義は、それぞれがまったく異なる意味を内包している。「下が聞こえる」（スー・ザンタンドル）という言葉によっては、その言葉が適用される諸音（ソン）が、そこにはまったく見いだされないにもかかわらず、それら諸和音内において聞かれうる（アンタンデュ）、ということが伝えられるべきである。そしてまさに基音（ソン・フォンダマンタル）に関しても、「下が聞こえる」（スー・ザンタンデュ）といわれるときには、他の諸音の下に聞こえている（アンタンデュ・オ・ドゥスー）はずのものは基音（ソン・フォンダマンタル）なのだということが想起されなければならない。そして「下に置く」（スュポゼ）という言葉によっては、その言葉が適用される諸音が、そこにはまったく無いと思われる音か、あるいはその前後にみられる他の音を下に置いている（スュポズ）のだということが理解されるべきである。しかしさらに基音（ソン・フォンダマンタル）に関しては、下置和音（アコール・パル・スュポズィシヨン）においてわれわれが定数外のものと呼ぶ諸音のすぐその上に置かれる（オ・ドゥスュ）あるいは据えられているのが基音（ソン・フォンダマンタル）なのだということが想起されなければならない。
　参照；Supposer　下に置く。したがってここでこれらの用語のそれぞれが基音（ソン・フォンダマンタル）へ正しく適用されることによって、これらの用語の真の語義が文字どおりの意味に還元されているのが見いだされるものである。

Supposer（スュポゼ）、**Supposition**（スュポズィスィヨン）　下に置く、下置
　現在までこの用語は、歌謡の良き趣向（シャン・ボン・グー）を満たすために進んでいく諸音にもっぱら適用されている。したがって、それらの音がそこに見いだされる和音の他の音とささかも調和（アルモニ）を形成しない場合、それは下置（スュポズィシヨン）によってのみ容認されるものだ、と言われている。この用語はより正確には、諸音が付加されることによって和音がオクターヴの範囲を超えてしまう場合に、それらの和音の完全性を損なう諸音について適用されるべきものである。
　下置和音（アコール・パル・スュポズィシヨン）には二つしかなく、残りの二つの和音はこれらの下置和音（アコール・パル・スュポズィシヨン）から派生する。333頁。
　54頁の表において、九の和音の定数外の音はここには置かれえず、したがってその定数外の音が基音（ソン・フォンダマンタル）のすぐ下に見いだされるだろう。したがって基音（ソン・フォンダマンタル）がこの定数外の音を下に置いている（スュポゼ）のである。
　この定数外の音は転回されえない。85、86頁。
　参照：Cadence　カデンツ

Syncope（サンコプ）　シンコペーション
　この用語は、不協和音程が生じるときに、その不協和音程と、そのもっとも近くにある協和音程

との間にある種の衝突が生じることを理解させるために有意義なものである。

参照；「補足」

しかしながらこの用語はもう一つ別の意味も有しており、それは255頁で明らかにされる。

シンコペーションはもっぱら不協和な音と関係がある。102、103、108 - 110頁。

Système _{スィステーム} 体系

完全ディアトニック体系。42頁。

クロマティック体系。45頁。

完全ディアトニック体系に横の並びの範型（_{モデュラスィヨン}）を見いだした古代の人々は、旋法（_{モード}）の数を増加させることによってその範型を放棄してしまった。136 - 138頁。

T

Temps _{タン} 拍

参照；Mesure 拍節/小節

Terme _{テルム} 用語

いく人の音楽家たちの誤りは、彼らが用語の力を把握していないことにある。119頁。

Tierce _{ティエルス} 3度

3度の起源。33 - 35頁。

5度と3度があらゆる和音を構成する。47 - 51頁。

3度はあらゆる和音の均一な要素と見なされうる。50 - 58頁。

3度は長と短として識別される。125、126頁。さらに28頁の図。

3度は自然な基本和声（_{アルモニ・フォンダマンタル}）において不協和音程を解決することのできる唯一の協和音程である。66、119頁。

完全和音の上方に短3度を付加して形成される諸不協和音は、長3度が付加された諸不協和音よりも、利便性が高い。50、51、55、56頁。

長3度は上行し、短3度は下行すべきである。68、94 - 96頁。

長、短、増、減の音程として識別されるすべての音程は、長・短3度の諸特性に忠実に従うものである。68、125、126頁。

基音（_{ソン・フォンダマンタル}）から、あるいは主音（_{ノット・トニック}）からの3度の種別が音階の種別を決定し、それゆえに音階（_{モード}）には二つしかない。長音階と短音階である。135、136頁。

長・短として識別されるのは3度と6度しかない。155、156頁。

デカルトは短3度と短6度の起源に関して判断を誤った。34、35頁。

3度は協和音程と不協和音程に関与する。94、95頁。

長3度は下行することがありえる。96頁。

短3度と短6度は、基本和声（_{アルモニ・フォンダマンタル}）からの転回和声（_{アルモニ・ランヴェルセ}）においては上行することができる。96 - 99頁。

参照；「補足」

Ton _{トン} 全音/調

この用語は実践において二つの語義を有しており、それらの区別の知識を得ておくのは適切なことである。まず第一にこれは同時に比較される二つの諸音（_{ソン}）の間にみられる間隔のことである。そしてこの間隔から形成される音程は、理論においては長と短として区別される。41、42頁。

しかしこの区別は実践においては役に立たない。302、303、305頁。

長全音と短全音の比の違いはあらゆる音程の比において同様の違いの原因となる。ただしオクターヴと増7度は例外である。43、44頁。

第二に、この調（_{トン}）という用語は音階（_{モード}）という語の場と諸特性を引き継ぐことがしばしばある。それゆえにオクターヴの範囲内において横の並びの秩序（_{モデュラスィヨン}）を決定する音が主音（_{ノット・トニック}）と呼ばれる。

音階が変化しうるのは長から短へ、あるいは短から長へだけである。しかし主音（_{ノット・トニック}）に関していうと、主音（_{ノット・トニック}）はクロマティック体系の24の音の全般にわたって定位することができる。140頁。

協和音程はたんに諸和音の構成や、上声部の進行をも同時に決する基礎低音（_{バス・フォンダマンタル}）の進行を決定するだけではない。さらにある調（_{トン}）あるいは音階（_{モード}）から別

の調あるいは音階への移行の仕方をも明らかにするものである。同上。

調と音階の見分け方。140、181、182頁。

完全和音を支える音がトニックかどうかを見分ける方法。そしてここから使用されるべき諸和音のために導き出される帰結。231、232頁。

参照；Mesure　拍節／小節

Transposer　移置

音階には二つ、つまり第一度としてウトを有するものと、ラを有するものの二つしかない。それゆえに、第一度として別の音を使用するときには、音階あるいは調が移置された、といわれる。

イタリア人の大多数は、移置された長音階の音部記号の後に見いだされるべき主要なシャープの記号を忘れている。そしてほとんどすべてのフランス人たちは移置された短音階の音部記号の後に見いだされるべきフラットの記号を忘れている。

参照；「補足」

移置された音階において順守されるべき♯と♭の秩序。

参照；同上。

音名唱法をしなければならないときに、音部記号の後にみられる♯と♭の数を数えることなく済ませられうる方法。そして初心者に引き起こされうる困惑について。

参照；同上。

フレール氏は短音階の移置を表す自らの新しい方法において誤りを犯している。

参照；同上。

Triton　三全音

増4度の音程が三つの全音から形成されるゆえに、これは三全音と呼ばれる。この音程はしばし

ば、横の並びの力を通じることによってのみ変化を被る完全4度を表すが、しかしそれはもはや想起されるような三全音ではない。横の並びがときに変化を強いるというのは5度、2度、7度、9度に関しても同様である。それゆえに横の並びについての知識は判断を誤らないための大きな助けである。この点に関しては210頁で言及されている。

マソンは三全音を4度が横の並びを通じて変化したものと説明しているので、したがって彼の説明では4度は不協和ではない。75、76頁。

V

Vibration　振動

参照；Raison　比（率）

Viole　ヴィオール

源とそのオクターヴに関していくつかの楽器から引き出されうる証明。29頁。

Z

Zarlinoあるいは**Zarlin**　ザルリーノ

音楽についての著名な著者。ド・ブロサール氏は彼を現代の音楽の君主と呼んでいる。ザルリーノの諸規則にみられる誤りは、彼が一度に二つの音しか考慮に入れなかったことに部分的な原因がある。95、96頁。

この著者は、古代の人たちが自分たちの音楽に付与してきた驚くべき効果を完璧に説明している。135頁。

参照；Renverser　転回、Cadence　カデンツ、Principe　源、Mode　音階／旋法、Semi-Ton　半音

用語一覧：完

第1巻

調和的(アルモニク)/和声的な比率(レゾン)と
比例(プロポルスィヨン)の関係(ラポール)について

第 1 章　音楽と音について

　音楽とは音の学(ソン スィアンス)である。それゆえに音が音楽の主要な対象である。

　音楽は概して和声(アルモニ)と旋律(メロディ)に分けられる。しかしわれわれは、旋律が和声の一部にすぎず、音楽のあらゆる特性の完全な理解のためには和声の知識で十分であることを以下で示そう。

　われわれは音の定義という課題を物理学にゆだねる。和声において音はたんに低いか高いかで識別され、その大きさや長さは考察されない。和声のあらゆる知識は高音(ソン・エギュ)の低音(ソン・グラーヴ)に対する関係性(ラポール)に基礎づけられるべきである。

　低音というのは男性の声によって表現されるような低いものである。高音というのは女性の声によって表現されるような高いものである。

　低音から高音への距離は音程と呼ばれる。そしてある音と別の音の間にみられるさまざまな距離からさまざまな音程が形成される。その音程の度数は算術における数字の名称から付けられる。すなわち、最初の音度はもっぱら単位一(ユニテ)と呼ばれ、ここから同じ音度の二つの音はユニソンと呼ばれる。同じように、第二の音度は2度と呼ばれ、第三は3度、第四は4度、第五は5度、第六は6度、第七は7度、第八はオクターヴ、などと呼ばれる。最初の音度が必ず最低とされ、他の音度は自然な度数に従って連続して声を高めていくことによって形成される。

第 2 章　諸音(ソン)の関係を知ることのできるさまざまな方法について

　諸音の関係性(ラポール)の知識を得るために選ばれたのは、音を生み出すことができるように張られた一本の弦であった。続いてこのモノコルドが移動可能な駒によっていくつかの部分に分割された。すると調和することのできるすべての音(ソン)あるいは音程はモノコルドの最初の五分割のうちに含まれることが見いだされ、その分割によって生じる各々の長さが相互に比較された。

　ある者たちはこの関係性を最初の数分割を示す諸数の間にある関係に探し求めた。また別の者たちはこれらの分割から生じる弦の長さをとり、異なる長さを示す諸数に存する関係にその説明を求めた。さらに別の者たちは、音が耳に伝達するのには空気の介在なくしてはあり得ないことから、そのさまざまな長さの弦の振動を示す諸数の間に存する関係にその説明を求めた。他にも異なる太さの弦や異なる重りによるさまざまな張力、また吹奏楽器におけるものなど多くの方法があるが、それらには立ち入らないこととする。つまり一言でいえば、あらゆる協和音程[1]は最初の六つの数字の中に含まれることが見いだされたのであるが、ただし重さやサイズに関しては例外であり、

---

1)　用語一覧を見よ。

この場合にはこれらの累乗根の数（ノンブル・ラディコー）の乗数が用いられなければならない。この分割の仕方が調和（アルモニ）の力全体が諸数の力に帰される根拠となった。残る問題はこの諸数の操作を正しく適用して、その上に自らの体系を基礎づけようとすることだけであった。

ここで指摘しておくべきは、このモノコルドの分割や振動数を示す諸数は自然な数列に従うものであり、すべては算術の規則に基づいていることである。しかし弦長を示す諸数は自然な数列とは逆の動きに従うので、算術の規則のいくつかを反故にするか、あるいはむしろその自然な数列を転回することを強いるものである。この点は後で見ることにするが、これらの操作のいずれを選択してもそのことは調和とは関係がないので、われわれは諸数が自然な数列に従う操作のみを用いることにしよう。その方がすべてが格段に理解しやすいからである。

第3章　協和音程の起源とその関係について

「弦が弦に対するように、音は音に対する。弦というものは自らのうちにその弦そのものよりも短い他のあらゆる弦を含んでいる。しかしそれ自身より長いものは含んでいない。したがってあらゆる高音は低音に含まれるが、逆に低音は高音には含まれていない。それゆえにわれわれはより低い項の分割により高い項を模索するべきである。この分割は算術的、つまり等分割になされるべきである。ABをもっとも低い項と見なそう。もし私が最初の協和音程を成すより高い項を見いだしたいなら、私はABを二つに分割する（この数字はすべての数のうちで最初のものである）。それはCでなされる。それゆえにACとABは最初の協和音程によって引き離されているのであり、それはオクターヴあるいはディアパソンと呼ばれる。そしてこの最初の協和音程の直後に連なる別の協和音程を見いだしたいなら、私はABを三等分する。このことからただ一つのではなく、二つのより高い項が生ずる。それはつまりADとAEである。これらの分割から同じ性質の二つの協和音程が生み出されることを知るべきである。つまり12度と5度である。さらにABは4、5、6に分割することができる。しかしそれ以上ではない。なぜなら聴覚の能力はそれ以上に広がらないからだ[2]。」

図Ⅰ-1

この引用をより明確にするために、われわれは七本の弦をとり、それぞれの分割を数で示そう。これらの弦はすべてユニゾンになるように調弦されているものとし、他の点での同等性はここでは問わない。そして、次の図にあるように自然な配列に従ってそれぞれの弦の横に数字を記す。その数字の各々は弦が分割される等分割の数を表す。ここで数字7が数字8に置き換えられていることが気づかれるだろう。7は（識者には明らかなと

---

[2] デカルト『音楽提要』60頁。〔訳注〕この引用箇所は『和声論』内の仏語原文を訳出した。『音楽提要』の全訳（平松希伊子訳）は以下に収録されている；『デカルト著作集4』増補版、白水社、2001.

おり）快の音程を生み出すことができない。また8は7の直後に連なり、六数(セナリオ)³⁾に含まれる数のうちの二倍に相当し、1に対して3オクターヴを形成するものである。8はここで提示された諸数の量を増やすものではない。なぜなら6と8は3と4の音程と同じ音程を生み出すのであり、すべての数は必ずその二倍の数を表すものだからだ。

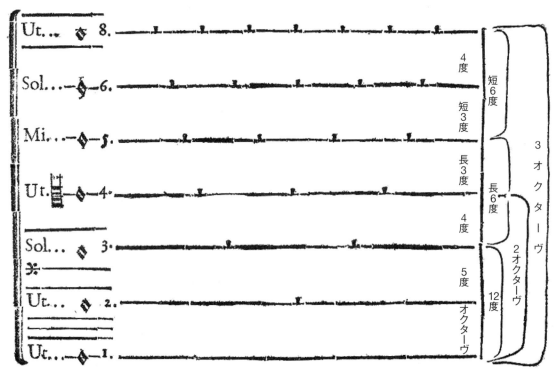

図 I - 2

　まずこの図全般にわたって、各々の数字が単位一(ユニテ)の分割を示していることが念頭に置かれねばならない。単位一は1に対応している全長モノコルドと同じことである。
　協和音程の起源と完全性の秩序はこれらの数の秩序によって決せられることが分かる。したがって1と2の間にみられるオ̇ク̇タ̇ー̇ヴ̇は、最初に生み出されるものであるから、2と3の間の5̇度̇より完全である。さらに3と4の間の4̇度̇は完全度が劣り、このように諸数の自然な配列に従い、6̇度̇まで続くものとする。
　諸音の名称は、弦1、そのオ̇ク̇タ̇ー̇ヴ̇である弦2、そのまた倍のオ̇ク̇タ̇ー̇ヴ̇である弦4とさらに倍オクターヴである弦8がいわば同じ音(ソン)しか生み出さないことが明白に分かるようにされるべきである。諸音の配置は諸数の配列と一致するので、これらの弦の分割は想像しうる限りもっとも完全な調和(アルモニ)を生み出すものである。実際に試してみるかどうかは個々人の自由であるが。それぞれの音(ソン)あるいは協和音程に特有の性質についてはそれぞれ別個の項で扱うこととし、そこでより明確な概念を与えることとする。

---

3)〔訳注〕ここでラモーは「六数（原文では le Senaire）」を既知の用語として使用しているが、「六数(セナリオ)」はザルリーノの『調和概論』第1章第14、15章に登場する。「6」が最初の完全数（1 + 2 + 3 = 1 × 2 × 3）であり、自然界に六数が偏在する（天空の惑星の数、立方体の面の数、人間の成長の六段階、等々）ことから、これをモノコルドの六分割に適用し、従来のオクターヴ、5度、4度に加えて、3度と6度を協和音程と定義した。

第1項
和声あるいは基音(ソン・フォンダマンタル)の源(プランシップ)について

まずはじめに、1に対応する全長モノコルドが任意の音を生じさせると想定しよう。その任意の音(ソン)の諸特性はそのモノコルドの諸特性、さらにはあらゆる数の源(プランシップ)である単位一(ユニテ)の諸特性とも関連付けられながら吟味されなければならない。

1．異なるさまざまな分割が印されるのは最初の全長モノコルドに等しい弦上においてであり、その分割を決するのは、それらの異なる分割に対応するそれぞれの数字の数量である。こうした分割の仕方は、分割された弦の各部は最初の全弦から生じていることを明らかに証明している。なぜならそれらの各部分はその最初にして単一の全長モノコルドに含まれているからである。それゆえにそれら分割された弦の生み出す諸音(ソン)は最初の音、つまりその源にして基礎(フォンドマン)である音から生じるのである。

2．その基音(ソン・フォンダマンタル)と基音が分割されることによって生じる諸音(ソン)の間にみられる異なる距離から異なる音程は生じる。したがってこの基音が諸音程の源である。

3．最後に、これらの異なる諸音程が統合されることにより、さまざまな協和音程が生じる。それらの協和音程の調和(アルモニ)は、それらの音程の下でその最初の音が土台(バーズ)あるいは基礎(フォンドマン)としての力を発揮していないのであれば、完全ではありえない。それは前掲の図にみられるとおりである。それゆえにこの最初の音は諸協和音程と、それらの協和音程が生み出す調和の源なのである。

続く諸項ではいかなる諸音(ソン)がこの源にもっとも近しいか、またそれらの具体的な対応関係を見ていくことにしよう。

第2項
ユニソンについて

厳密にいえばユニソンとはたった一つの音(ソン)でしかなく、この音は多くの声や楽器によって生み出されえるものである。このことは先行する図の分割される七本の弦において見たとおりである。それゆえにユニソンは協和音程とは呼ばれない。なぜならユニソンには協和に必要な状態、つまり高低の関係における諸音(ソン)間の差という状態が見られないからである。ただし単位一(ユニテ)が諸数に対するのと同じ関係をユニソンは諸協和音程に対して有する。

第3項
オクターヴについて

全体の半分に対する、あるいは半分の全体に対する割合というものはあまりにも自然なものであるから、何よりも先に理解されるものである。この点はわれわれに1：2の比を有するオクターヴ(レゾン)に注意を促すだろう。単位一(ユニテ)は諸数の源(プランシップ)であり、2は最初(プルミエール)の数である。源 Principe と最初 Premier という二つの語には近しい類似点があり、それも至極当然のことである。また実践においては、オクターヴはもっぱら複音程(レプリック)という語で区別されている。なぜならすべての複音程はその源(プランシップ)に密接に関連付けられており、そのことは先行する図の音の名称からも明らかである。この複音程は和音(ノット)としてというよりは、和音の補足として見なされている。ゆえに複音程は時にゼロになぞらえられる。男声と女声はユニソンあるいは同じ音で歌っていると思っているときに自然にオクターヴで唱和する。フルートにおいてはこのオクターヴはただ息の強さにのみ依存する。さらにヴィオールを例にとるなら、振動が区別されるのに十分なほどその弦が長いのであれば、多少の力で弦が共鳴するときにわれわれはオクターヴ上あるいは下の弦が勝手に振動するのを見るだろう。他方5度は高音(ソン・エギュ)だけが振動するのであって、低音(ソン・グラーヴ)ではない。ここから分かることは、オクターヴの源はオクターヴを形成する双方の音(ソン)において混同されているということである。さらに5度とその他すべての音程の源は低いほうの基礎(フォンダマンタル)をなす音のみに存することを証明している。

デカルトが間違えてしまったのは、オ̇ク̇タ̇ー̇ヴ̇に関してリュートから誤った証明を引き出してしまったことによるものである[4]。

　さらにオ̇ク̇タ̇ー̇ヴ̇はすべての音程の境界として機能する。そのため源の分割によって生じるすべては、その源と比べられた後ではそのオ̇ク̇タ̇ー̇ヴ̇とも等しく関連付けられる。この二重の比較は和声（アルモニ）において二つの項の異なる配置から生じうる多様性を生み出す。それは幾何学における２：３あるいは３：２に対応するものであり、転回比（レゾン・ランヴェルセ）あるいは転回された対比（コンパレゾン・ランヴェルセ）と呼ばれる。和声におけるこの転回比は低音を高音の位置へと移置させることに他ならない。なぜなら先ほどの比（レゾン）の最初の例の第一項の２が低音を表すのであれば、二番目の例の第二項の２は必然的に高音を示すことになるからだ。この移置はオ̇ク̇タ̇ー̇ヴ̇を表す数を使うことによって区別されるべきである。それはつまり３：２を３：４で置き換えることである。このことは幾何学的に倍化された数はすべて同じ音を表すことを明らかにしており、その根源である音（ソン）の複音程を生じさせるということができる。このことは前出の図で証明されている。この倍化は単位一の最初の分割によって生じる２という数からはじめられ、単位一（ユニテ）は２という数に他のすべてを生じさせる特権を譲る。しかしながらそれでも単位一（ユニテ）は自らの効力を失うことはいささかもない。なぜなら２と調和するものは何であれ１とも等しく調和するからである。オ̇ク̇タ̇ー̇ヴ̇、２オ̇ク̇タ̇ー̇ヴ̇、３オ̇ク̇タ̇ー̇ヴ̇、そして望むならその続きも、基礎（フォン）においては同じ音程なのであり、もっぱら二重あるいは複音程として区別されるものである。同じことは５度と１̇2̇度などにも当てはまる。１：２の比（レゾン）が必要とされるだけ倍化されるのは、この１：２の比（レゾン）のそれぞれの項に対応しうる中間の数を見いだすためなのである。たとえば、２と４の間の３、４と８の間の５と６と７、とこれは無限に続けることができるだろう。２：４と４：８は１：２と同じ比（レゾン）にある。

　１と２の双方よりも大きい数を１あるいは２と比較することによって生じる諸音程間の類似性からして、１と２の間で比べあわされるそれらの数はその関係性（ラポール）がほぼ同等であるような音程を形成すると判断することができる。またさらに、転回された対比というのはもっぱらある音をそのオ̇ク̇タ̇ー̇ヴ̇へ、あるいはある数をその２倍へと移置することによって生じるものである。この比（レゾン）と同じように移置された諸音間の関係性が変化を被ることがあるとするならば、それは比（レゾン）の相違によってもたらされるものでしかない。このことは耳を乱す原因とはまったくならない。なぜなら２：４の比（プロポルシィオン）は２：２の比（プロポルシィオン）とほぼ等しい効果を有するからである。今まで述べてきたことすべては、経験に照らし合わせてみても、このことを十分証明している。オクターヴに帰されるのと同じ力がその主要な基音（ソン・フォンダマンタル）にも付与されているのである。「オクターヴとは、」とザルリーノは述べる。「すべての音程の母であり源、起源である。それを二つの項に分割することによってすべての調和する音程は生じる[5]。」しかしながら、この発言がある意味で正しいとはいえ、他のすべての音（ソン）、つまり他のすべての音程や和音が生じるのは単一の基音の分割からなのである。したがってザルリーノの意見を妥当なものにするためにわれわれは次のように付け加えるべきである。つまり、基音はそのオ̇ク̇タ̇ー̇ヴ̇を、分割によって生じるすべての音程が関連付けられる第二項として用いる、ということである。このように言うことで基音が諸音程の初めであり終わりであることを強調できる。オ̇ク̇タ̇ー̇ヴ̇は、オクターヴのもととなる基音を通じてはじめて基音のその他の諸特性を有するものである。さらに言うならば、基音から生み出された個々の音（ソン）に特有の諸音程をあらゆる側面から決しようとする際に、オ̇ク̇タ̇ー̇ヴ̇がさらにそのオクターヴや複音程に移置されても、あるいはさらに倍化されても、結局はつねに同じ音（ソン）のままなのである。このことは基音との間でなされた最初の比較によって分与されたそれらの音本来の特性に少しも変更を強いるものではない。基

4）　デカルト。59頁。
5）　ザルリーノ（『調和概論』）、第３部、174頁。

音と完全協和音程を形成するような音は、そのオクターヴとも完全協和音程を形成する。基音とそのオクターヴのどちらかと不完全な協和音程あるいは不協和音程を形成するような音は、そのもう片方とも同様の音程を形成する。基音とそのオクターヴのどちらかへと上行あるいは下行しなければいけないような音は、そのもう片方へも上行あるいは下行しなければならない。つまり、一方と調和するものはそのもう一方とも調和するのである。この点はいかなる仕方であっても変わることがない。例外とされるのは、主要協和音程から形成される諸和音に付与された完全性、つまりそれは基音があるべき自然な場である最低音の位置にあるということなのだが、これがしかるべく変化させられている場合である。これはこの基音がそのオクターヴへと移置し、元の状態のときにあった諸協和音程に保持されていたのとは異なる秩序が現れることにより多様性がもたらされるときである。このことは前出の図から確認され、この図のようにすべての協和音程を実際に配列してみることにより極めて大きな満足感が得られるだろう。そしてもし1と2、そして1、2、3、4の弦をここから除外してみたとしても、満足感は減じるだろうが耳はいささかも害されることはない。実際の楽曲においてはこうした措置はより鋭敏に察知されるものである。

以上のすべての所見から、任意の音はつねにそのオクターヴにほのめかされるように聞こえているものであると結論することができる。この点に関しデカルトは部分的に賛意を示し、こう言っている。「われわれはある音を、その音のオクターヴ上の音が耳を突くように思えることなしに聞くことは決してない[6]。」もし彼がリュートから引き出された誤った証明に導かれず（この点はすでに言及した）、アリストテレスの意見を尊重していたならば、「オクターヴ下」も付け加えていたことであろう。アリストテレスは（ドゼルメが指摘するところによると[7]）24番と43番で次のように述べている[8]。「もしわれわれがオクターヴ高い方のネーテーの弦に触れるなら、低い方のヒュパテーの弦も聞こえるはずである。なぜなら消えゆく高音のオクターヴは低音のオクターヴのはじまりであり、これは高音のこだまや残影のようである。」おそらく次のような表現を用いない音楽家はいない。「これこれの音、これこれの音符、これこれの音程がほのかに聞こえる。」これに時に次のフレーズが付け加えられる。「バスにおいて。」したがってしばしばこの表現はこの効果の力をあまりよく理解していない者たちをも満足させるものとなっている。調和比がもたらすのは完全和音だけなのだから[9]、その完全和音の基音がそのオクターヴの下に据えられていることが想定されなければ、完全和音から引き出される六の和音や四六の和音を認めることはできない。そうでなければ源全体は損傷を被るはずである。さらには、3度と5度から成る和音はオクターヴを欠いてもたえず完全で完璧であることをわれわれは経験によって知っているが、その同じ経験はわれわれにオクターヴは下に聞こえていると思わせるのである。なぜならオクターヴは最初に生み出される音程だからである。そしてオクターヴが3度と5度の上に配置されると、それらの音程と6度と4度を形成する。この和音は、たとえ基音がもはやそこの場を占めていなくても、依然として快であるものとして聞こえる。それゆえに基音はそのオクターヴに移置されたのであり、あるいは下に聞こえているのである。その結果次のように言うことができる。この後者の和音は、確かに同じ諸音から形成されてはいるのだが、完全性においては前者の和音よりも劣る。このように、「源は転回されている」、あるいはこの源がオクターヴ内で「混同されている、移置されている、下に聞こえている」といった異なる説明の仕方は、結局は同じことになるのである。したがっ

---

6) デカルト。61頁。
7) ドゼルメ。43頁。
8) 〔訳注〕邦訳の『アリストテレス全集13　問題集』（丸橋裕ほか訳、岩波書店、2014）では、当該箇所は「第19巻　音楽的調和に関する諸問題」の（24）と（42）に相当する。
9) 〔訳注：手書きで下部欄外に〕第7章と第8章第1項35、36頁（本書では51、52頁）を見よ。

第3章　31

てオクターヴの高音が、源から即座に生み出されるもう一つ別の源として見なされることはない。むしろこのオクターヴ上の音はその源の代理であり、源とともにある全体を形成するものである。この全体の中であらゆる音、あらゆる音程、あらゆる和音が生起し消滅していくのである。しかしながら、オクターヴ、音一般、音程、和音のあらゆる諸特性が、単位一あるいは全長モノコルドによって表される唯一にして基礎(フォンダマンタル)であるところの源を究極の拠り所としていることは、忘れられるべきではない。

第4項
5度と4度について

　5度と4度を形成する諸音(ソン)は全長モノコルドの分割に含まれており、したがって基音(ソン・フォンダマンタル)から生じる。しかし音程に関して言えば、オクターヴと5度だけが直接的に基音から生じる。なぜなら4度はオクターヴからの帰結にすぎないからである。この4度はオクターヴと5度の間にみられる差からのみ生じる。さらに、4度はおおもと(オリジノー)の諸和音に関する議論において言及されることはなく、それらの諸和音の属性はすべて5度に帰せられるものである。ここにおいてはオクターヴもまた想起されていない。オクターヴはそもそも5度に先行し、それゆえに5度はオクターヴなしには存在しえない。したがってオクターヴが諸和音の論点において言及されていないとすれば、それは明らかにオクターヴがそれらの諸和音内でほのめかされるように聞こえる(スー・ザンタンデュ)ものだからである。そうでなければ4度は認知されえないであろう。なぜなら4度はオクターヴなしには存在しえないからである。

　われわれはここで、前項で扱われた対比の転回(ランヴェルスマン)について注意を集中するべきである。転回とは和声(アルモニ)が関係しうるあらゆる多様性の核心であり、これを理解するならば極めて大きな困難の克服のための知識にも十分である。そしてこの理解の要点は、ある中間数をオクターヴの両極の両項と比較することによって生じる諸音程の識別の仕方にある。3を例にとってみよう。これは2：4で表されるオクターヴの算術中項だが、この3をそれぞれの両項と比較してみる。すると3は2とは5度を形成し、4とは4度を形成することが分かる。この二つの音程の違いはたんに、オクターヴの低音(ソン・グラーヴ)である基音との対比によって生じる音程の方が、同じオクターヴの高音(ソン・エギュ)との対比によって生じる音程よりもより完全である、ということだけである。ただしここでみられる比(プロポルシヨン)の差がわれわれの足かせとなることはない。なぜならその差はオクターヴとユニソンの差からしか生じないからである。これは3を2と対比した後に、さらに2と対比させるようなものであり、ここには何の相違もない。オクターヴの二つの音の比(ソン・レゾン)の広がりはほとんどユニソンとして識別され、もはや単一としか思われないので、われわれには2：4は2：2とほぼ同じ効果を耳に与えるものと判断されてしまうのである。このことが同時にそれらの二つの比(レゾン)がほとんど同等の二つの音程に思われるようにわれわれを仕向ける。その二つの比(レゾン)の違いはといえば、それは2：4の片方の項にしかないのである。ここでは基音が自然な位置を占める項の方にのみ好感がもたれるものである。なぜならもう一方の項はまさにこの基音から生ずるからである。ここで用いられているのは算術比(プロポルシヨン・アリスメティク)である。これは極めて簡潔なものであり、提示される二つの数の中間項を見つけることがその本質である。このようにしてわれわれは3を2と4の間に見いだしたわけである。さらにこの方法は増加の秩序に従う者たちに新たな比(プロポルシヨン)を考案させる根拠を与えることにもなった。これが調和比(アルモニク)と呼ばれるものであるが、これは前述の算術比(アリスメティク)の転回に他ならない。この点は次章で詳しく見ることにするが、これら二つの比(プロポルシヨン)の各々が適切な対象に適用されるならば、5度はオクターヴの低音に関連付けられ、4度は高音に関連付けられる。しかしこの比(プロポルシヨン)の適用の仕方を逆にすると、4度が低音に、5度が高音に関連付けられる。この転回は和声の秘密に迫れば迫るほど、よりその姿を露わにする。増加して

いく諸数の自然な数列を例にとれば、和声においてはその数列が減少していくのを見るだろう。一方において算　術　比(プロポルスィヨン・アリスメティク)が望ましいものであるならば、他方において調　和　比(プロポルスィヨン・アルモニク)と呼ばれるものも同じ効果を有するのである。諸数が算術比と一致するためには諸数は単位(ユニテ)の分割を示すと想定すべきであるとすれば、調和比との一致のためにはその諸数の数列の順序を転回すべきということになる。もし諸数の自然な数列との一致のために（ここではいつも諸数が単位の分割を示すことが想定されている）、提示されたモノコルドを分割しなければならないなら、その諸数の数列の転回と一致するにはそのモノコルドの長さを増やさなければならないということである。分割によって生じる諸音(ソン)が高い方に見いだされるなら、その反対に増長によって生じる諸音(ソン)は低い方に見いだされる。これは自然の秩序には反することではあるが、調和比によって保障されている。そして最後に、オクターヴが上述のあらゆる関係性を包含し、理性(レゾン)と経験(エクスペリヤーンス)がこの件について論争の余地なく証明することと食い違わないのであれば、オクターヴの分割が次の種別において最初(プルミエ)の音程としてもたらすのはまず5度であることをわれわれはここで理解する。なぜならオクターヴの低音の基音に関連付けられるのはもっぱら5度であり、そしてそれから4度が5度の影として（これはデカルトの表現である[10]）もたらされるからである。4度は当初は5度を構成していた二つの音(ソン)がオクターヴの低音と高音を移置して転回されることによってのみ生じるものである。転回はこの著作の主要テーマである。

■ 第5項
3度と6度について

3度と6度を成す諸音(ソン)はすべて全長モノコルドの分割に含まれており、したがって基　音(ソン・フォンダマンタル)から生じるものである。しかし音程ということでいえば、基音から直接的に生み出されるのはオクターヴ、5度、そして長3度だけである。短3度と長短6度は5度とオクターヴからの帰結にすぎない。なぜならそれらは長3度と5度の間、そして長短3度とオクターヴの間の差からのみ生ずるからである。この点にはある種の考察が必要であり、特に短3度に関してはそうである。

あらゆる音程はオクターヴから生じ、オクターヴはすべての初めであり終わりである。それゆえに短3度もオクターヴに含まれているはずである。短3度は、長3度と5度の間というように、間接的に見いだされるものではなく、基音あるいはそのオクターヴと直接的に関連付けられているはずである。そうでなければ短3度がその場を変えることはもはやできなかったはずである。つまり短3度は和音の中間の位置であることが宿命であり、外声の位置を占めることはまったくありえない。もし両外声に移置してしまえば、これは経験が証明するところとも、算　術　比(プロポルスィヨン・アリスメティク)と調　和　比(プロポルスィヨン・アルモニク)に帰される諸特性とも完全に反してしまう。5度の算術比による分割は（われわれの体系に従うならば）、長3度が下、短3度が上であり、調和比による分割はまったく正反対に短3度が下、長3度が上である。これが長短3度の配置における新しいタイプの転回(ランヴェルスマン)であり、このことは和声の多様性のすべてはこの転回に主に基づいていることをよく示している。

上述のことをさらに深く確信するためには、前掲の図のすべての協和音程を生み出す快の効果と、それぞれの協和音程に付与された諸特性に言及するだけでよい。まずオクターヴは自らの起源である源(プランシップ)と一体となっているものとして姿を現すのであり、その源と不可分となる。オクターヴについてこれ以上言及はされないのは、オクターヴはいつもほのめかされる(スーザンタンデュ)ように聞こえているからである。そして基音は5度とともにあらゆる和音を構成する。そしてそれから諸和音の構成を決定づけることになるのは3度と結合されることによってである。したがって5度は一

---

[10] デカルト。69頁。

つの長3度と一つの短3度から成るがゆえに、これら3度のそれぞれが同時にその源と関連付けられることは不可能なのである。そうではなく、そのどちらか一方がその源から直接的に生じることが明らかであることで十分なのである。こうすることでもう片方にも同じ特質を付与できるようになる。なぜならここにみられる長と短の違いはこの音程の種別において何も変えることはないからであり、この音程はいずれにせよ必ず3度なのである。そしてさらに、5度は諸音程の境界の役割を果たすことはできない。この役割はオクターヴのみのものである。このように、この源と5度の間にみられるものはすべてオクターヴに依拠しているのである。なぜならオクターヴは、われわれがここまでで証明してきたとおり、源と不可分だからである。さらに、オクターヴの助けによるのでなければある音程を別の音程によって判断することはできないのだから、短3度を決めるものとしての5度と長3度は首尾よく放棄されなければならない。したがってこの短3度の下にある基音のオクターヴがほのめかされるように聞こえているのであり、このオクターヴはすべての音程の起源として付与された特権を享受するであろう。つまり、2:3の5度は基音とオクターヴの2:4から直接的に生み出されるのだが、その転回によって、あるいは基音の2を4に移置することによって4度を生み出す。この転回と移置とは同じことである。同じように、4:5の長3度は基音とそのオクターヴである4:8から直接的に生み出されるのだが、その転回によって5:8にみられる短6度を生み出すであろう。さらに同じく、5:6の短3度は基音とそのオクターヴである5:10から直接的に生み出されるが、その転回によって6:10あるいは3:5にみられる長6度を生み出すであろう。したがって5度の直接的な起源と長短3度の直接的な起源の間にはいかなる相違もないのだから、4度の間接的な起源と長短6度の間接的な起源の間においても事情は同じである。しかし依然とし

て、短3度の起源は長3度、5度、オクターヴの起源とは異なるように思われるという反論も予期されよう。なぜなら5は2（ここでは2が単位を表している）の倍数ではないからだ。この反論に対しては、この措置はもっぱら分数を避けるためになされたものであることに注意を促すのがよい。このようにして諸数の自然な配列と一致することができ、この自然な配列がモノコルドの分割に対して同様の秩序を定めるものである。それゆえに5:6の短3度の比が見いだされるわけである。なぜならこの比は1と$1\frac{1}{5}$の比と同じものに還元されうるのであり、ここでは単位一が源である。この点は次の項でも検討される。

以上のことを総合するなら、一次的な協和音程として存するのは三つだけ、すなわち5度と二つの3度であると結論付けるべきである。これらの協和音程から自然和音あるいは完全和音が構成される。そして5度と3度から二次的な協和音程が三つ生じる。すなわち4度と二つの6度である。これらの音程は二つの新たな和音を形成するが、それらの和音は一次的諸音程が転回されたものであり、それらの各和音でほのめかされるように聞こえているはずのオクターヴはここでは除外されている。協和音程という用語は等価音程であるものにはふさわしくないからである。最良の著者たちの多くが後者の用語でオクターヴのことを形容している。

ザルリーノは『調和の証明』において6度は3度の転回であると述べた後で、『調和概論』においては6度が4度と3度から成ると言っている。これでは彼の最初の提案が見失われてしまう[11]。

デカルトも同じように短3度と短6度の起源に関しては誤った方向に導かれている。彼はこう言っている。「短3度が長3度から生じるのは4度が5度から生じるのと同じである。」等々。さらにはその続きではこう言っている。「長6度は長3度から生じる。」またさらに、「短6度は短3度から引き出される。それは長6度が長3度

11）ザルリーノ、『調和の証明』、第二討論、第十定義。83-84頁。『調和概論』、第3部、第20、21章。192, 195頁。

から引き出されるのと同じである。このように6度は3度の諸特性と本性を受け継ぐものである。」等々[12]。しかしながら、4度が5度によって生ずるのはオクターヴの力を通じてはじめてなされるのであり、これは短6度と長3度、長6度と短3度も同様である。ただし短3度はこのような生み出され方とは関わりを持たない。このようにデカルトのこれら結論はすべて誤ったものである。ただし、長短6度の特性に関しては例外である。彼は特性と起源を取り違えたのである。なぜなら長短6度が長短3度とともに有する特性は、長と短のそれぞれの種別に対してのみ付与されたのであり、6度と3度はそのいずれかに属すべきものであるからである。したがって長あるいは短という種別の諸特性を引き継ぐのと、6度が3度から生じるあるいは由来するというのとでは、まったく別のことである。もっともこれらの誤りは、この問題に軽く取り組んだだけにすぎない著者のものとしては許されうるものである。このような著者はもしも注意を集中することができたなら、他の誰よりも深く追求したであろうことをわれわれに十分知らしめることができたであろうから。

基音との関係において3度のそれぞれに同等の力が与えられてきたとしても、5度の自然な分割によって長短3度に割り当てられる場というのはそれらの3度にとってもっとも適した場ではない、ということを意味しない。さらに核心に迫ることを望むのであれば、とりわけこの点は明らかになるであろう。これからわれわれは至る所で、より高い方の位置は短3度よりも長3度にとって落ち着きが悪いことを見るだろう。

第6項
この章の内容のまとめ　前掲の図で示された諸特性が単一のモノコルドに含まれること

前掲の図の各モノコルドの部位はわれわれが以上述べてきたことすべての証明に十分である。以下では単一のモノコルド上でこの部位を、等分割を明記する数を示す数字とともに示してみよう。ここでは1からはじめて、右へと伸びるモノコルドの端まで続く。

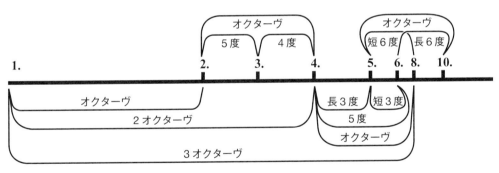

図Ⅰ-3

ここではオクターヴである2：4、4：8、5：10に着目し、その間にみられる数とそれらオクターヴの双方の数を比較しさえすればよい。すると一次的音程(プルミエール)は中間にある数とオクターヴの低音(ソン・グラーヴ)にある基音(ソン・フォンダマンタル)を表す数との対比に含ま

れている。他方、この一次的音程の転回音程(ランヴェルセ)はその同じ中間にある数とオクターヴの高音(ソン・エギュ)を表す数との対比に含まれている。2：4のオクターヴを例にとるなら、2：3の5度が3：4の4度の源(プランスィップ)になっていることが分かるだろう。続いて

---

12) デカルト、71頁。

4：8のオクターヴを例にとるなら、4：5の長3度が5：8の短6度の源であることが分かるだろう。最後に5：10のオクターヴを例にとるなら、5：6の短3度が6：10の長6度の源であることが分かる。これらすべては、基音(ソン・フォンダマントー)である2、4、5をそのオクターヴである4、8、10に移置することによって生じている。

この点をさらに明瞭にするためには今度は弦の長さに着目し、同じように分割がほどこされ、1からはじめて、左の端へと延びるモノコルドを例に取りさえすればよい。今度はそれぞれの長さが全長モノコルドと比較されうる。この全長モノコルドがここでは源だからであり、そのオクターヴである2がもう一方の項の役割を果たすからであ

る。すると3は1に対して5度を成し、2に対しては4度を成す。5は1に対して長3度を成し、2に対して短6度を成す。そして6は1に対して短3度を成し、2に対して長6度を成す。ここでは（見て分かるとおり）、単位(ユニテ)が5度と長短3度の直接の源なのである。そしてこの単位がそのオクターヴである2に置き換えられることによって、5度と長短3度から4度と長短6度が形成される。このように、単位(ユニテ)一が2、4、5、あるいはその他の数によって表されたとしても、それはもはや驚くには当たらない。なぜならそれはたんに分数を避けるためだけにそうされているからである。

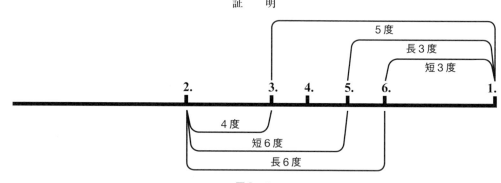

左へととられた弦長における諸協和音程の関係の
証　明

図Ⅰ-4

このように対照される協和音程の比(レゾン)を見いだすための方法に関しては、第11章において説明が加えられるだろう。

これらの協和音程間で指摘されるこの転回(ランヴェルスマン)は、多くの音楽理論家にとってはある音程と別の音程の単なる差として考えられてきた。しかしある協和音程とオクターヴとの差は、二つの協和音程の差とは区別されるべきである。なぜならオクターヴとは源を表し、（デカルトも言っているとおり[13]）そのオクターヴの両項の一方と調和(サコルド)することがないものは、もう片方とも調和することはありえないからである。しかし二つの協和音程の

差においては、考慮に値するのはこのオクターヴの主音(ソン・プランシパル)との関係のみであり、オクターヴの高音の方は何の用もなさない。また、一次的協和音程とその転回によって生じる音程は、より自然な方向である右にとられたモノコルドに場を占めることを指摘しておこう。なぜならそれら音程間の差というのはオクターヴの二つの項からの差としてのみ生じるからである。しかし連続する二つの協和音程の差は左へと伸びる弦においてしか場を占めることができない（この点は第5章で扱う）。なぜならこれらの協和音程はもっぱら主音から生じたのであり、それらの間の差を知るためにはそ

---

[13] デカルト。64頁。

の主音に立ち返る必要があるからである。主音はそれらの協和音程の起源だからだ。

オクターヴの二つの音の移置によって生じる音程の比、あるいはオクターヴを除く二音間の距離から生じる音程の比を見いだす方法について考察すると、転回音程を手にするためには任意の比の小さい方の項を二倍する、あるいは大きい方の項を半分にしさえすればよいことに気がつくだろう（これは同じことである）。たとえば5:6の短3度を例にとれば、長6度を得るには5を二倍するか、6を半分にすればよい。しかし二つの別々の音程の差を成す音程を得るには減法の規則に頼らなければならない。またさらにオクターヴの偉大な完全性の証明については、2:2のユニソンのどちらか一方の項を割るか掛けるかすることによってオクターヴが得られることが分かる。このようにそれらの項のいずれかを半分にするか二倍にするかすれば、そこに形成される音程はそのユニソンの項の上か下に必ず存するオクターヴとなるであろう。

第4章　調和比と算術比の諸特性に関する考察

デカルトは協和音程の起源の証明としてモノコルドの等分割を提唱した。われわれは彼の証明を引き合いに出してこなかったが、それは彼の証明の仕方は諸数の自然な数列を転回させることによってのみ引き出されうるものだからだ。つまり彼の証明において諸数は、等分割から生じるそれぞれの長さの増加を表示しているのである。このことは和声の秩序を完全に乱してしまう。なぜなら、オクターヴというものは自然な仕方ではより低い方の5度によって分割されるものであるが、彼の証明では逆に低い方の4度によって分割されるからである。またこの証明の仕方は新たな比を考案するために諸数の数列の転回に専念してきた人々にしかるべき根拠を与えるものであった。それは調和比と呼ばれるもので、諸和音を自然な形へと復元するために用いられるものである。実際、もしわれわれがこの比の本性を理解するなら、すべての点においてこの比は算術比へと立ち返らせるものであることを認めざるを得ない。確かに諸数の数列を転回させるときには、その比をも転回しなければならない。それはこの転回においても諸数の自然な数列に付与された完全性を模するためである。これらの二つの比の同一性の証明はあまりにも明らかであり、片方の比がもう片方の比と異なる点が転回によるものでしかない場合には、ここで立ち止まって何らかの利点を引き出そうとするのは無意味である。したがって音楽に関わりを持つことのなかった算術学者や幾何学者の多くが音楽の諸特性を明らかにすることなく調和比に言及して満足したのは、明らかに彼らが音楽の諸特性を知らなかったからである。それはパルディ神父の次の言葉から明らかである。「この比と数列について今まで語られてきたことは大きな重要性を持たない。ここで通例ではないことの叙述に従事するのは私の本意ではない[14]。」ドゼルメはこの点について深く考察したのだが、的確にもこう言っている。「空気の振動は協和音程を生み出し、オクターヴを5度が下、4度が上になるように分割するのであるが、調和比とは折り合い

14）パルディ神父。第4巻。100頁。

が悪く、算術比を受け入れるものである。これは２、３、４、などの数を見ればおのずと明らかである。」さらにこう続ける。「それゆえに調和比という名前が付いているものは、算術比あるいは算術数列と呼ばれるべきなのである。古代ギリシャ人が調和比の問題に時間を費やすことがなかったのにはおそらくここにその原因があるのであろう[15]。」しかしわれわれは、古代ギリシャ人がどうであったかを吟味するのではなく、ザルリーノが調和比(プロポルスィヨン・アルモニク)の問題に立ち止まる価値があると考えていたのかどうかを見てみることにしよう。なぜならわれわれが主に注意を払うべきなのはザルリーノであるからだ。彼こそが後世の模範となっているのであり、われわれが実践の問題に関していつも立ち戻るのは彼のもとへだからだ。さらに彼はある種の音楽家たちにとっての権威であり、そしてド・ブロサール氏はザルリーノのことを「近代音楽家たちの君主」とさえ呼んでいる。

　音楽は算術に従属していること、諸数の源(プランスィップ)である単位一(ユニテ・コール・ソノール)は音響体を表し、ここから諸音間の関係性の証明が引き出されること、さらにユニソンが協和音程の源であることを述べたあとで、ザルリーノは証明と規則においてはこれらすべてを忘れてしまっている。自身が述べたばかりの源に忠実であるどころか、話が進むにつれ彼はその源からさらに遠ざかっていく。確かに彼は源が全長モノコルドに見いだされることをわれわれに理解させ、モノコルドの分割を提唱する。この全長モノコルドこそがまさに上でわれわれが言及したところの音響体であるわけだが、しかし彼は新たな操作を導入することによってこの点を無きものとする。その操作においてザルリーノはモノコルド分割によって生じる個々の長さを全長モノコルドと混同してしまうのである。すると全長モノコルドは源としての機能を果たすどころか、それとは正反対に、それまでに依拠されていたものに逆に依拠するようになる。もしもこれがある種の楽器の製造の問題であれば、モノコルドの等分割から導き出された諸数によってすでに決定している諸

弦の長さを測ることは望ましいことである。しかしここでは調和(アルモニ)のもっとも完璧な理解には諸数の間にある関係性(ラポール)で十分であることが踏まえられていない。このことを証明するにはそれらの諸数に新たな考えを付与すればいいだけのことである。つまり、音楽は算術に従属し、算術数列(プログレスィヨン・アリスメティク)が増加するところでは調和数列(プログレスィヨン・アルモニク)は減少するものなのである。したがって算術数列において単位(ユニテ)の増加を示す諸数は、調和数列においてはそれとは正反対に単位をその等しい諸部が含まれている分だけ等分割することを示す諸数になることを思い浮かべればいいだけの話である。諸数の特性にしか注意を払わないものは音楽において何一つ単純かつ自然なものを見いだすことはない。この事実もまさにこの点において容易に証明される。しかし敢えてこのように思い浮かべることを望まないザルリーノは、新たな第二の操作を導入することでわれわれの頭を悩ませる。その操作において彼は諸数の自然な数列だけでなく、モノコルドの分割において提示される調和の美しい秩序をも転回させてしまうのである。この点は確証を望む者たちにとっては誰にでも明らかになるであろう。ここでさらにわれわれは著者であるザルリーノが回避したいと思っていた誤りに陥るのを見ることになるだろう。なぜなら個々の長さを測るのに役立つ共通の尺度というのは諸数が決定するものであるのだが、その決定は単位がどれだけその諸数に含まれているかによる。ゆえに適用されるべきなのはこの共通の尺度であり、単位を含む数だけ弦長を増長させるべきなのである。したがってここで諸数は任意のモノコルドの長さの増加を示す。この増長するモノコルドが音響体でありこれがわれわれにとっての単位を表すのであって、音響体はモノコルドの分割を意味するのではない。それゆえにここでは最大の数が全長モノコルドを示すのであり、最小の数が分割を示す。しかし同時に、最大の数があらゆる場合に源としての役割を果たせるわけではない。なぜならそのモノコルドをより多くあるいはより少なく分割するに

---

[15] ドゼルメ。理論的音楽に関する第１巻。命題28。237頁。〔訳注〕これは『普遍調和論』を指す。本書iv頁参照。

したがってその数量は変化するからである。モノコルドの分割数が増えるにしたがい、そのモノコルドが示しているはずの源は次々に遠ざかっていき、しまいには視界から消えてしまう。このことは６、５、４、３、２、１という諸数を見れば明らかである。なぜなら６を源として、これらのすべての音の効果に耳を傾けてみればよい。それらの音(ソン)は個々の長さによってもたらされ、個々の長さは諸数によって決定される。この効果を耳にすれば迷いは晴れるはずである。同じことは、源として６のかわりに５を、５の代わりに４を、などと選んだとしても、同様に当てはまる。最後に、これらの諸数の並びにも不完全性がある。それはこの並びとは反対のものにも完全性があるのと同じである。この第二の操作の欠点を改良するためにザルリーノは第三の新たな操作を見いだすことを強いられたわけである。失ったものを取り戻すために彼はこれらの諸数をある仕方で増加させる手段に頼ることにした（この説明に関しては第11章で行う）。ここから彼は新しい数列を作り出し、それは彼や他の人々によって調和比(プロポルスィヨン・アルモニク)と呼ばれている。これは算術比が最初の数回の分割においてもたらしたものである。ただし両者には違いがあり、それは算術比のもつ簡潔さが調和比においてはぼやけてしまうということにある。こうなってしまうと累乗根の諸数や、これらの数が決定する弦の長さはもはや問題ではない。これらの新たな操作によって再びこの点に着手しなければならないとするならば、それまでにわれわれが見いだしてきたすべては無益に思われるだろう。たとえそれらの新しい操作がその方向性においてわれわれが失ったものを取り戻す役に立つとしても、われわれはさらに道に迷ってしまい、源を見失い、源を認識するのが困難になる。メルセンヌ神父はこの真実に注意を促していた。彼は、調和数(ノンブル・アルモニク)というのは弦の振動によって招来される大気の動きに他ならず、さらにこの調和数(ノンブル・アルモニク)は調和分割(ディヴィジョン・アルモニク)よりも算術分割(ディヴィジョン・アルスティク)の方をより優しくて好ましく、自然かつ単純にすることを証明しようと努めていた[16]。

ザルリーノがもし自分が当初提案していた源のことを覚えてさえいれば、調和に関する諸操作(オペラスィヨン・アルモニク)において彼が生み出したあらゆる困難は存在しなかったはずである[17]。しかしその源を随所で指摘するどころか、彼はそれを即座に放棄してしまうのである。オクターヴの論点において源のことをザルリーノが思い出したとしても、それはもはや表面的な言及にすぎない。オクターヴはすべての音程の源であると述べておきながら、オクターヴがそれらの音程の転回の源でもあることを彼は忘れてしまう。彼自身が『調和の証明(デモンストラスィヨン・アルモニク)』の中でそのことに言及していたにもかかわらず、である。また音程の転回を認めたとしても、その帰結に他ならない和音の転回のことは忘れてしまう。完全和音(アコール・パルフェ)を源として提示し、調和比において生じる唯一のものとしておきながら、この和音の源に関してはもはや言及しない。しかし調和比の適用はここではまったく何の関係もないのである。バスの諸特性について言及し、このバスに源はいつも必ず場を占めるものだと言っておきながら（大地とバスを対照していたのだからザルリーノはこのことをよく知っていた）、規則と実例において彼はバスをまったく異なった仕方で用いる。完全カデンツとそこでのバスの進行の論点において、ザルリーノは彼の言う旋法(モード)とのほんのわずかな共有点をも挙げることができない。どんな旋法においても完全カデンツを通じてでなければ楽曲を終止させることができないにもかかわらず、である。最後に、ザルリーノは不協和音程について語っているけれどもその説明には基礎がなく、源(フォンドマン)、証明、規則、譜例などいたるところで混同されている。これらについてはさらに個別に第２巻で論じることとする。

以上が調和比(プロポルスィヨン・アルモニク)からザルリーノが引き出す偉大な成果なのである。他方、諸数にわれわれが付与した別の考え方に従えば、すべては単純で正

---

16) メルセンヌ神父。Harmoniae、第１巻。"De numero, pondere, et mensura"、第１項。第六命題。〔訳注〕これは『物理的数学の考察』を指す。本書iv頁参照。

17) ザルリーノ『調和の証明』、第二討議、第十定義、83、84頁。

確、真実で的を射たものとなる。諸数の自然な並びと算術的操作よりも簡潔にして分かりやすいものはないのであって、この二つで証明としては十分なのである。また六数(セナリオ)に含まれる調和の諸特性よりも正確なものはなく、また単位(ユニテ)の中に源を見いだす以上に公平にして正確なものはないのである。この点について以下で説明しよう。

　1．今後単位が明らかでない諸和音が見いだされたなら、この単位はその幾何倍数のうちの一つ、より正確にいえば、単位を表す数2の倍数のうちの一つに求められなければならない。その倍数が和音に明示されていなくても、ともかくその倍数はその一部を成すものである。それゆえになすべきことはその倍数を半分に還元することだけである。そうすればその数にはしかるべき場が与えられるだろう。そして同時に問題となっている和音の真の姿を知ることができる。このような仕方で還元された和音は基本和音(フォンダマントー)であることは確実である。還元される前の和音においては単位の倍化は主要単位(プルミエ)ではない。たとえば、5：6：8や6：8：10を見るときに、8を半分に分割しさえすればよい。すると4：5：6が得られる。ここから完全和音(アコール・パルフェ)が形成される。この和音は5度の分割から生じるものである。同様に10もその半分に還元されるが、このことはこの和音の実体をいささかも変えるものではない。

　2．数5とその幾何倍数は時に単位を表すことがある。その際はもちろん単位とその倍数もその姿が明らかでないことは了承される。数5の倍数に関しては、単位に対してなされたのと同じことがなされるべきであろう。すなわち12：15：20の起源は20を10に割ることによって見いだされる、等。

　3．5度と長3度が低い位置を占めるときは、倍化された数のうちの一つに置かれた単位が必ず主要単位(プルミエール)である。5度とともに短3度が低い位置を占めるときは、数5の倍数のうちに置かれた単位が必ず主要単位である。このようになされるのは、すでに述べたように[18]、たんに分数を避け

るためにすぎない。しかし5度が低い位置に見つからない場合、単位を表すはずの数はもはや主要単位ではない。つまり4度が生み出される数3とその倍数が単位を示すことはありえず、それゆえに自然な秩序を乱すことなく和音の前面に見いだされることもない。数3というのは調和中項(ミリュー・アルモニク)であり、どこであろうとも調和中項であり続けるはずのものである。なぜなら単位が数5の倍数のうちの一つで表されるとき、3も同様にその倍数のうちの一つによって表される。単位が数5の倍数のうちの一つによって表されるとき、3もまた5あるいは5の倍数のうちの一つによって倍化される。したがって3とその倍数が、その基礎(フォンドマン)を何らかの仕方で損なうことなく、低い位置を占めることはありえない。なぜなら、その基礎が下に聞こえることがありえないのであれば、その基礎が完全に損なわれていることは確実だからだ。さらにここからの帰結として転回和音の完全性を証明することができる。なぜならそうした転回和音はその完全性を真の完全和音から引き出しているからだ。以下で定められる諸規則はこの点をわれわれに確信させるであろう。

　今まで述べてきたことには極めて小さな例外がある。その例外は偽5度が低い位置を占める二つの和音にみられる。この例証は第8章第6項と第7項でなされる。これらの和音では単位が数5の二乗あるいは三乗で表されている。

　和声(アルモニ)のあらゆる諸特性の完全な知識へと達し、しかもそれが和声と極めて近しい関係性(ラポール)を有する諸操作を用いることによって達せられたならば、この同じ考えを他の操作の下でも駆使し、他にも適用が望まれる問題に当てはめることができる。しかしここでの問題はもっぱら和声なのだから、われわれは首尾一貫して主要な体系から離れないでいることにしよう。この巻の最終章で諸数の間にみられる緊密な関係性を見ることができるだろう。これらの数がモノコルドの分割あるいは増長を示すものであり、すべては転回(ランヴェルスマン)の簡潔さにその本質があるのである。

---

[18]（ザルリーノ、『調和概論』）第3章第5項13頁。

第5章　不協和音程の起源とその関係性(ラポール)について

　不協和音程[19]は、協和音程を生み出すのと同じモノコルドの分割から引き出されうる。つまり左側にとられたそれぞれの長さを比較することによってであり、それらの長さはそれぞれの番号の場所にとどまる。

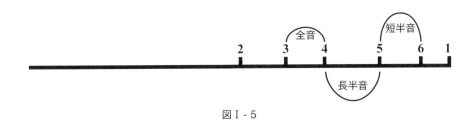

図Ⅰ-5

　この図は同時に、二つの連続する協和音程間の差をも明らかにする。たとえば、左へと伸びていく3と4の弦の長さは全音(トン)を生み出す。これは5度と4度の差である。4と5の弦の長さは長半音(セミ・トン)を生み出し、これは4度と長3度の差である。5と6の弦の長さは短半音(セミ・トン)を生み出し、これは長3度と短3度の差である。これらの全音と半音が自然な声の連続的な音度を形成するものであり、旋律(メロディ)の起源はここにある。それゆえにわれわれは旋律とは和声(アルモニ)の帰結にすぎないことを理解し始めるだろう。

　これらの不協和音程の比(レゾン)は減法の法則によって導くことができる。連続する二つの協和音程の比を、片方をもう片方の上に置くことによって、知りたいと思っているその差を引き出すことができる。

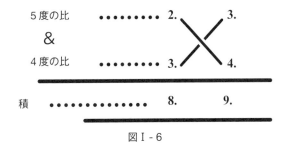

図Ⅰ-6

　Xの十字は、一方の比(レゾン)の前項はもう片方の比(レゾン)の後項と掛け合わされるべきことを示している。つまり、2×4は8で3×3は9となる。その結果である8：9は全音の比(レゾン)をもたらす。同じことを4度と長3度などにしてみることができる。もし5度と長6度の差を計算するなら、その比が9：10であるところの全音(レゾン)が見いだされるだろう。このことから、前者が長全音で後者が短全音と呼ばれる二種類の全音を区別しなければならないことが分かる。

　以上の考察に基づくことによって、次のような体系が打ち立てられる。

19）用語一覧を見よ。

完全ディアトニック体系

$$\begin{cases} ウトからレ \cdots 短全音 \cdots 9:10 \\ レからミ \cdots 長全音 \cdots 8:9 \\ ミからファ \cdots 長半音 \cdots 15:16 \\ ファからソ \cdots 長全音 \cdots 8:9 \\ ソからラ \cdots 短全音 \cdots 9:10 \\ ラからシ \cdots 長全音 \cdots 8:9 \\ シからウト \cdots 長半音 \cdots 15:16 \end{cases}$$

図I-7

この体系からわれわれはいくつかの**和声的不協和音程**を導き出すことができる。しかしその真の起源はむしろ**一次的協和音程**の二乗から、あるいは二つの**一次的協和音程**の和から引き出されなければならない。以下にその証明を示す。

諸不協和音程の起源の証明

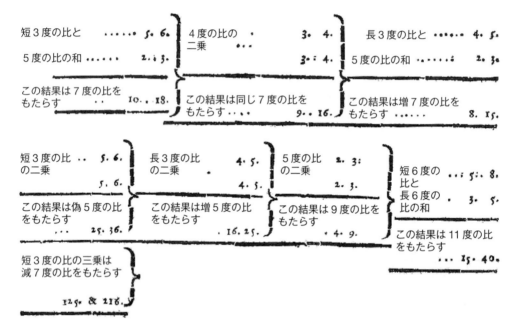

図I-8

一方の不協和音程は他方の不協和音程の**転回**(ランヴェルスマン)から生じる。たとえば**2度**は**7度**から生じ、**三全音**は**偽5度**から、**増2度**は**減7度**から生じる。増音程の転回から生じる**減2度**や**減4度**といった不協和音程は和声において場を占めることがない。なぜなら増不協和音程は**下置**(スュポズィシヨン)によるものしか容認されないからである。そうした増不協和音程は**9度**や**11度**といった場合のみ見いだされるだろう。それらの音程は**オクターヴ**を超えており、したがって転回されることが不可能だか

らである。この点は第2巻第10章と第11章でさらに説明されている。

和声的不協和音程はもっぱら一次的協和音程から形成されうると上で述べたが、にもかかわらずわれわれはいくつかの不協和音程を**4度**と**長短6度**から作り出していた。しかし**長短6度**をもたらす**11度**は他の不協和音程がもつ特権を有していない。その特権とはつまり、自らが転回されることによって新たな音程を生み出すという特権である。さらに、**11度**は二重の**4度**と見なされ

うる。4度の二乗によって7度がもたらされるという考えは除外されても差し支えない。なぜならばこの音程は5度に短3度を加えることによって得られるのと同じだからだ。しかしわれわれはちょうど今、この音程を他の音程と同列に扱うことを適当と判断してきた。それは同じ7度でも二つの異なる比(レゾン)があることを示すためであった。なぜなら7度に到達した者は他のすべての音程に到達することができるからである。例外はオクターヴと増7度である。これらは長調と短調の違いから生じるもので、ディアトニック体系に散見されるものである。その差はコンマであり、その比は80：81である。この差は耳で感知することができず、和声と旋律に適した諸音程の中では特にそうである。しかしながらこの体系におけるさまざまな音(ノット)との関連からこのコンマについて説明しておくことは適切なことである。というのは任意の音程を形成するためにこのコンマを役立てることができるからだ。たとえば、ウトからファの4度とレからソの4度をとるとき、われわれはここに二つの異なる比(レゾン)を見る。これら二つの4度は前者には二つの長全音があるのに対し、後者には長全音と短全音が一つずつあるからである。

```
      ウトからファの4度                          レからソの4度
ウトからレの短全音 ・・・  9.  10.        レからミの長全音 ・・・  8.   9.
レからミの長全音  ・・・  8.   9.        ミからファの長半音 ・・  15.  16.
結果         ・・・ 72.  90.        結果         ・・・ 120. 144.
ミからファの長半音 ・・  15.  16.        ファからソの長全音 ・・  8.   9.
結果         ・・1080. 1440.        結果         ・・ 960. 1296.
この結果の素数   ・・・  3.   4.        この結果の素数   ・・・ 20.  17.
```

図 I-9

すべての音程の異なる二つの比(レゾン)を計算しなくて済むように、そのリストを掲げておく。

すべての諸音程の自然比と変位比

最初に生み出される諸音程の名称	分割による自然比		一コンマ分の変位比		最初に生み出された音程の転回音程の名称	転回音程の自然比		転回音程からの一コンマ分の変位比	
減コンマ	2025.	2048.							
コンマ	80.	81.							
短、あるいは、エンハルモニック・ディエシス	125.	128.	最初に生み出されるこれら五つの音程はたった一つの比しか有しておらず、まったく転回されない；他の諸音程が構成されるのはまさにこれらの諸音程が付加されることによってである。						
長ディエシス	243.	250.							
最小半音	625.	648.							
理論上の短半音、あるいは事実上の増ユニゾン	24.	25.	短半音を一コンマ分超過した中半音 128. 135.		減オクターヴ	25.	48.	135. 256. 一コンマ分減	
理論上の長半音、あるいは実践上の短2度	15.	16.	長半音を一コンマ分超過した最大半音 25. 27.		増7度 あるいは長7度	8.	15.		
理論上の長全音、あるいは実践上の2度	8.	9.	長全音よりも一コンマ分少ない短全音 9. 10.		7度	9.	16.	5. 9. 一コンマ分超過	
増全音、あるいは減3度	225.	256.	125. 144. 一コンマ分超過		増6度	128.	225.	72. 125. 一コンマ分減	
増2度	64.	75.	108. 125. 一コンマ分減		減7度	75.	128.	125. 216. 一コンマ分超過	
短3度	5.	6.	27. 32. 一コンマ分減		長6度	3.	5.	16. 27. 一コンマ分超過	
長3度	4.	5.	81. 100. 一コンマ分減		短6度	5.	8.	50. 81. 一コンマ分超過	
5度	2.	3.	27. 40. 一コンマ分減		4度	3.	4.	20. 27. 一コンマ分超過	
増5度	16.	25.	81. 125. 一コンマ分減		減4度	25.	32.	125. 162. 一コンマ分超過	
偽5度	25.	36.	45. 64. 一コンマ分減		三全音、あるいは増4度	18.	25.	32. 45. 一コンマ分減	

図 I -10 [20]

20）〔訳注〕原書ではこの表の中にいくつかの誤りがあるが、本書においてそれらの誤りは修正して上に掲載した。

これらすべての比はどんな音程であれその比を見いだすために役立つものである。大きい方の比は小さい方の比の足し算によって形成され、小さい方は大きい方の引き算によって形成される。たとえば、

短ディエシスは二つのコンマの比の積から成る。

長ディエシスは小ディエシスと15552：15625の比の積から成る。後者の比がもたらすのはコンマの極めて小さい部分のみである。

最小の半音は小ディエシスとコンマの比の積から成る。

短半音は長ディエシスとコンマの比の積から成る。

中半音は短半音とコンマの比の積から成る。

長半音は短半音と短ディエシスの比の積から成る。

最大の半音は長半音とコンマの比の積から成る。

短全音は長半音と短半音の比の積から成る。

大全音は小全音とコンマの比の積から成る。

このようにしてわれわれは全音を構成するコンマの数を知ることができる。

この方法はオクターヴまで続けることができる。

別の言い方をすれば、コンマは長全音と短全音の差から成るということである。

短半音は長音程と短音程、そして完全音程と増音程と減音程というあらゆる音程の差から形成される。

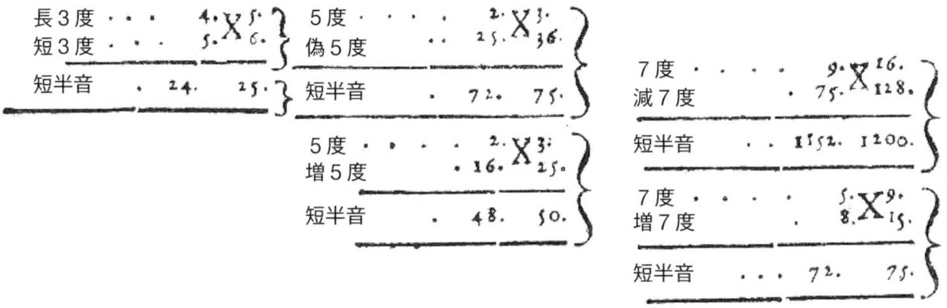

図 I-11

中半音あるいは長ディエシスは用いられる比によって諸音程の差をさらに生み出しうる。

オルガンやそれに類した楽器の調律にはこれらの半音のうちの多くが絶対的に必要であることから、〔訳注：以下は手書きで：次のようなクロマティック〕体系が導き出された。

クロマティック体系

ウトからウト♯には短半音がある・・・・・・・・・・・・24：25
ウト♯からレには長半音がある・・・・・・・・・・・・15：16
レからミ♭には最大半音がある・・・・・・・・・・・・25：27
ミ♭からミには短半音がある・・・・・・・・・・・・・24：25
ミからファには長半音がある・・・・・・・・・・・・・15：16
ファからファ♯には短半音がある・・・・・・・・・・24：25
ファ♯からソには最大半音がある・・・・・・・・・・25：27
ソ♯からラには長半音がある・・・・・・・・・・・・・15：16

ラからシ♭には最大半音がある・・・・・・・・・・・・・・・25：27
　　　シ♭からシには短半音がある・・・・・・・・・・・・・・・・24：25
　　　シからウトには長半音がある・・・・・・・・・・・・・・・・15：16

図Ⅰ-12

　この体系内では異なる諸音の間にとられたそれぞれの音程の二つの異なる比が容易に見いだされる。それゆえにわれわれは、音程を作り出そうとする際に依拠する音にしたがってこれらの比のいずれかを自由に用いることができる。

　それぞれの音程の形成のために上で与えられた説明は、このクロマティック体系と前述のダイアトニック体系の正確な関係性を知るために役立てることができる。

第6章　二重音程、特に9度と11度について

　われわれはすでに第3章第3項29、30頁で、実践においては二重音程はつねにもとの単音程と同じ扱われ方をすることを見た。しかしここから9度と11度は除外されなければならない。和声においてはこれらの二つの音程の名称だけは容認される。なぜなら、これらの音程は2度と4度の二重化されたものということができるのだが、しかし9度と11度から成る和音の構成と進行は2度と4度から成る和音とはまったく異なるからである。9度と11度は2度と4度の代わりとなることはできるが、それは2度と4度が9度と11度の代わりとなることができるのと同じである。なぜならこの場合オクターヴは和声において何らの多様性の原因にもならないからである。それゆえに、任意の音を1オクターヴあるいは数オクターヴ上あるいは下に移置することは自由である。ただしこれは、今まさに問題になっている音程の低音の上にこの任意の音がみられるならばの話である。しかしながら異なる和音は異なる名称のもとで区別されなければならない。特に一次的和音には、その和音を構成するすべての音を含む音程の名称が与えられるべきである。確かに5度はあらゆる和音の主要な要素であるが、しかし7度という名称が与えられる和音もあり、その和音では7度の音程の範囲内にほかの諸音が含まれている。9度に関しても同じことが当てはまるのであり、2度と4度という名称が付与されるのは転回和音に対してのみであるのも同じ理由によるものである。したがって十一の和音も自らが属す種別においては一次的和音であり、七の和音と九の和音が自らの音程の範囲内にそれぞれの和音を構成するすべての音を含むのと同じように、転回音程とは異なるものとして識別されるべきである。その名称となっている11度という音程はこの和音が自然な形で形成するからである。この点の証明は第7章第3、4項で明らかになるだろう。そこでは2度と4度の比はそれらの音程から形成される和音にみられる。それとは対照的に9度と11度が耳にされるときには、問題となっているのはもはや2度と4度の比のことではなく、9度と11度という音程のことなのである。それらの和音の起源をよく知ることができた

ときに、この点はさらに容易に理解されるだろう。しかしおそらくは意外な感を与えるであろうこれらの名称に関して読者に前もって知らせておくのはふさわしいことであっただろう。この点はより深く第2巻第10、11章で扱われる。

第7章　調和分割あるいは和音の起源について

調和分割、これはわれわれの体系に従えば算術分割と同じものだが、これは調和中項としてもっぱら5度と二つの3度をもたらすのみである。なぜなら4度やその他の音程が見いだされるのであれば、それはオクターヴを介してのみだからである。ここで感知される違いというのは、5度と二つの3度を構成する諸音の異なる配置に由来するものでしかない。したがって和声は諸音を恣意的に混合することによりその多様性ゆえに自らの完全性を強調しようとするわけであるが、だからといってそこに必ず存している源を見失わせているわけではない。5度と3度はすべての一次的な和音を分割するのみならず、それらの和音を構成するものでもある。それは加法によるものであるか、あるいは乗法によるものである。それゆえに加法と減法の規則を3度に適用してみると、ここからあらゆる和声的和音を引き出すことができる。たとえば、二つの3度を足し算から5度が得られ、引き算をすることによって5度の二つの調和中項を得ることができる。

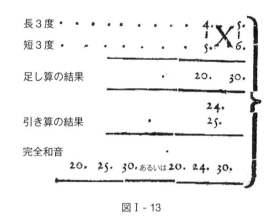

図Ⅰ-13

20と30が25によって隔てられると、長と呼ばれる完全和音が生じる。なぜならここでは5度が長3度が下で分割されるからだ。それら同じ数が24によって隔てられると、短と呼ばれる完全和音が生じる。なぜならここでは5度が短3度が下で分割されるからだ。さらに、24：25という数は短半音の比をもたらし、これは長3度と短3度の差を成すものである。

長3度の二乗は増5度をもたらし、短3度の二乗は偽5度をもたらす。それぞれの二乗の差はこれらの音程のそれぞれを和声的に分割する。

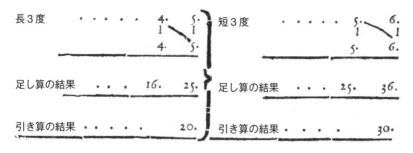

図Ⅰ-14

　ここで指摘すべきことは、5度なくして完全な和音は存在しえないということである。したがって5度を形成する二つの3度の結合なくしてはいかなる完全な和音もあり得ないことになる。なぜならこの結合から完全和音は生じるのであり、ここからすべての和音の起源が引き出されるべきものであるからだ。その結果、任意の和音において5度が聞こえないのであれば、その和音の基礎は転回されているか、下に（一音が）置かれているか、借用されているかのいずれかであろう。あるいはその和音が完全なものでないかである。もし完全でないなら、その和音は価値のないものである。さらにまたわれわれは和声的に分割された偽・増5度には和音の名を与えてこなかった。なぜならそれらから成る和音は不完全なものだからだ。ここからザルリーノは偽五の和音を打ち立てたのだが、これにはしかるべき基礎がなかったのである。これに関しては別の場所で見ることにする。

　前述の完全和音以外の和声的和音というものがあるとすれば、そうした和音は完全和音とこの和音の一部、すなわち長短3度のいずれかから成るのでなければならない。たとえば5度に3度を加えると7度の音程が生じ、それらの差は完全な和音をもたらす。

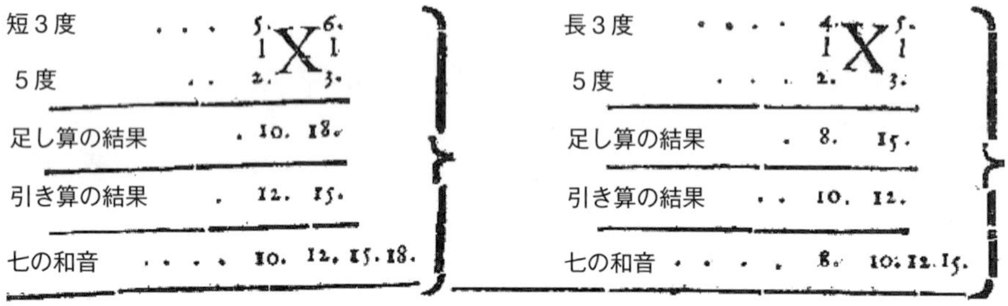

図Ⅰ-15

　二つの異なる七の和音は、完全和音のそれぞれと短3度の比の掛け算によってのみもたらされる。

48　第1巻　調和的／和声的な比率と比例の関係について

```
長完全和音      · · ·  7  4. 5. 6.              短完全和音     · · · 10. 12. 15.
                       1  1  1                                     1   1   1
短3度              · · · · 5. 6.                  短3度          · · · · 5. 6.
_____              _____
垂直の二つの比の                                   垂直の二つの比の
足し算の結果    · · · ·   20. 30.                  足し算の結果   · · · · 50. 72.
_____              _____
下部の比と                                         下部の比と
上部の比の最後の二つの数の                          上部の比の最後の二つの数の
足し算の結果    · · · ·   25. 36.                  足し算の結果   · · · · 60. 90.
_____              _____
七の和音         · · 20. 25. 30. 36.               七の和音       · · 25. 30. 36. 45.
```

図 I‐16

4度の二乗によって7度をもたらすことはできるが、4度は7度を和声的に分割することはできない。

すべての七の和音において5度が自らの場を占めているのが確認される。最初の二つの七の和音においては、5度は8と12、10と15、12と18の間にみられる。三番目の七の和音では5度は20と30の間の低い位置を占めている。四番目の七の和音では30と45の間の高い位置を占めている。さらにこれらの和音すべてがその最低音からのオクターヴの範囲内に収まっていることが分かる。この最低音がこれらの和音の 源(プランシップ) であり、これ以外の様態はあり得ないことが確認される。なぜなら、オクターヴというのはある音の複音程(レプリック)でしかないのだから、オクターヴを超える音程はすべてそのオクターヴ内に含まれる音程の複音程であるからである。この点はすでに言及済みである。しかしながら、5度はその二乗によってオクターヴの境界を超えたとしても、和声(アルモニ)が容認する和音を生み出す特権を有している。この和音は九の和音と呼ばれる。9度は音程として取り出されればもっぱら2度の複音程と見なされうるものだが、しかし5度の二乗によって生じる9度は5度音程の種別に含まれているからである。

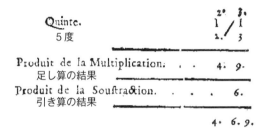

図 I‐17

この和音の調和(アルモニ)を理解するのは困難ではない。なぜならこの和音はその両端が5度で分割されているからだ。それゆえこの和音を形成するためには、この各5度を長3度か短3度で分割すればよいことであって、これはごく自然なことである。そして11度というのも9度の上方に短3度を付加することによって生じうるものだが、この場合下部の5度は分割されない。その理由は、完全な和声(アルモニ・パルフェ)というのは和音の構成においては四つの異なる音のみを受け入れるものであり、十一の和音においてより一つ多い音が何とか容認されるのは、5度がその単一の要素とされることによるものだからである。しかしそれ以上多くの音が認められることはない。

和音の構成と範囲についての確信を得るためには、オクターヴは主に境界としての役割を果たすために生じたものであったということを想起しさえすればよい。なぜなら和音というものはオクターヴの範囲内に含まれた諸音程からのみ構成さ

れるものだからである。そして次に、すべての和音の形成のために基音(ソン・フォンダマンタル)は5度を選びだしたことも思い出されるべきである。そしてこの5度が長短3度のいずれかと分け隔てなく結合されてあらゆる和音の構成が決定されることになる。このように、和声の主要な諸要素を放棄することなく、それらの要素に自然に備わっている他のいくつかの諸特性に注意を集中することができるのである。さらには転回(ランヴェルスマン)にも注意を払うことができる。転回に関してはすでに言及されたが、転回は経験によって入手可能な新たな知見を、理性の力によって支えることができるようにするものである。たとえば経験はいくつかの和音がオクターヴの範囲を上回ることを証明する一方で、理性はその基礎がオクターヴの範囲内にしか存在しえないことをわれわれに告げ知らせる。ゆえにわれわれは基礎自身の下に新たに一音が付加されることによって基礎の下に（一音が）置かれて(ス ユ ポ ゼ)[21]いるのだという判断に至る。その付加される一音は基礎の5度あるいは3度下の距離にあり、このようにして基礎はいささかも損なわれることがない。この場合この付加音は定数外[22]の音として見なされるべきものである。ただしこの音と基音とが形成する音程は、基音が諸和音の構成のために選び出した諸音程のうちのいずれかであることは必須である。経験によれば諸和音において5度が占める場を偽5度が占めることが多いことが明らかなのであれば、理性はそうした状態が生じるのは3度の力によるものであることをわれわれに確信させる。なぜなら大なり小なり快の和音が生み出されるのは3度の結合によるものでしかなく、偽5度の方が増5度よりも多く認められるのであればそれは3度に規定された自然な秩序に起因するものである。その秩序というのは長3度の方が低い位置に見られ、高い位置はおもに短3度にあてがわれている、ということである。ここで効力を発揮するのはいつも短3度の方であり、同時に基音も短3度を自らに適用するものである。なぜなら、完全和音に不協和音程を付加することが問題とされる際には、短3度がそのように置かれることによって、偽5度の方が望ましいものであることを明示するものだからである。そして最後に、経験によると諸和音は必ずしも3度で分割されるものではないとしても、理性はそうした状態はもっぱら諸音程が転回されていることに由来するものでしかないことを証明する。それらの和音はそうした転回音程によって構成されているからである[23]。

これらの問題をより分かりやすくするために、ここでしばらく3度をあらゆる和音の単一の要素として考えてみることができる。実際、完全和音を作り出すためには一方の3度をもう片方の3度に付加させなければならない。さらにあらゆる不協和音(アコール・ディソナン)を作り出すためには三つあるいは四つの3度を互いに結合させなければならない。これらの不協和和音の間にみられる差異というものはそれら3度の異なる配置にのみ由来するものである。なぜなら和声(アルモニ)の力全体はそれらの3度に帰されるべきだからであり、和声の力はその一次的(プルミエール)な音度に還元されるからだ。このことを証明するためには四番目の比例項(プロポルスィヨネル)をそれぞれの完全和音に加えてみればよい。ここからは二つの七の和音が生じるだろう。またこれらの七の和音のそれぞれに五番目の比例項を加えることにより九の和音が生じるが、この和音の構成内には前述の四つの和音が含まれていることだろう。確かに前掲の図において二つの七の和音の中には偽5度が生じており、これらの七の和音はこのような方法では見いだされない。というのは、これらの和音においては第1項と第3項、第2項と第4項の比(プロポルスィヨン)の関連付けが断たれてしまっているからだ。しかしこれ以前の当初の操作の論点において言及されるべきであった3度の配置の転回によって、ここでは見いだすことのできないものを新たな方法を通じて探求することはできないだろうか？ 完全和音を形成させるとき、われわれ

---

21) 用語一覧の「Supposer」を見よ。
22) 次章第3項の四角の図を参照のこと。その中にそうした臨時の音は見いだされない。
23) 次章第1項と第3項の三角形と四角形の図を見よ。

は算術分割のみに依拠すべきなのか？ 5度は長3度が下になるように分割されていた一方で、しかしオクターヴはこの5度が短3度が下になるようにも分割されうることをわれわれに強調していなかったであろうか？ このようにわれわれは一方で失ったものを他方において手に入れるのである。たとえば、もし減七の和音を一方の方法で見つけられないのなら、他方の方法でそれが見いだされねばならない。つまり四番目の比例項(プロポルスィヨネル)を調和分割された偽5度の比に加えることにより、125：150：180：216の諸数にこの減七の和音が見いだされるものである。この点に関しては第8章第7項を見よ。

　ここで以下の点に注意せよ。二つの完全和音のいずれかに短3度が付加されて形成される不協和和音は、長3度を付加して得られる不協和和音よりも格段に容認されうるものである。後者の和音の共鳴は、あらゆる和音において支配的であるはずの5度の甘美な響きをある種の仕方でかき消してしまうからである。それゆえに減和音は増和音よりも硬さが和らいでいる。それゆえに三つの長3度を互いに加えることによって和声的な和音を生み出すことはできない。また二つの長3度からのみ成る増5度が容認されうるのは、オクターヴの境界を超えるこの和音の五つの音(ソン)が何らかの仕方で混ぜ合わされたときだけである。この点は以下でさらに学ぶこととする。

第8章　和音の転回(ランヴェルスマン)について

　調和する数(ノンブル・アコルダン)というものは（デカルトが言うように）三つしかないように、主要な協和音程(プランスィパル)というのも三つしかない。それはつまり5度と二つの3度である。ここから4度と二つの6度が生じる。このあとさらに問題となるのは、和音の中においてこれらの協和音程をどう識別すべきか、ということである。

第1項
長完全和音とその派生和音について

　最初の三つの数である2、3、5から、それらの組み合わせである4と6を用いることにしよう。それは5度が長短3度に分けられているのが分かるようにするためであり、実際そうでなければならない。長完全和音(アコール・パルフェ・マジュール)はこの三つの数、4：5：6から成る。もし4をそのオクターヴに移行すれば、5：6：8となり、ここから六の和音と呼ばれる和音が形成される。なぜなら6度が両外声に聞かれるからである。もし5をそのオクターヴに移行すれば、6：8：10となり、ここから四六の和音と呼ばれるもう一つの和音が形成される。なぜなら6度と4度が低音(ソン・グラーヴ)と二つの高音(ソン・エギュ)の間に聞かれるからである。任意の和音のすべての音程はこの低音と対照されるべきものである。もし6をそのオクターヴに移行すれば、8：10：12となる。これは4：5：6と同じ比(プロポルスィヨン)である。このようにわれわれはこれ以上低音をそのオクターヴに移行することはできない。というのは完全和音(アコール・パルフェ)というのは異なる三つの音(ソン)からのみ成るからであり、したがってこの方法では異なる三つの和音しか生み出すことができないからである。これら三つの和音のうち、完全和音が最初(プルミエ)にして基礎(フォンダマンタル)をなすものである。

　確かにこれら二つの和音は完全和音から派生す

るもので協和的であるが、これらは**不完全協和音**と呼ばれる。それは源(プランシップ)であるところの和音と区別するためだけではない。それらの和音の特質は**完全和音**とは異なるからでもある。

ここではとりあえず次のように言っておこう。つまり3という数字には偉大な能力があるということである。なぜならすべての和音の起源である**5度**もこの数3からとられるものであり、さらには、調和数(ノンブル・アコルダン)の数量、主要協和音程(プルミエール)の数、そして協和音の数はみな、この数のみに存するからである。

完全和音とその派生和音の理解のために、次に三角形の中に収められた比(レゾン)を掲載することにしよう。そこにそれらの和音を示す音名(ノット)も記載することにする。もっとも大きい三角形が**完全和音**を含むであろう。この**完全和音**は他の諸和音の源にして根(ラシーヌ)のようなものであり、他の諸和音はそれよりも小さい二つの三角形の中に含まれることとなる。もう一度この大きな三角形のそれぞれの角の音(ノット)と数字を確認するなら、いずれの角をバスとして用いたとしても、そこには必ず**協和音**(アコール・コンソナン)が見てとれることを指摘できるだろう。各和音にはウト、ミ、ソが見いだされ、それらの和音間の違いはといえばそれら三つの音(ノット)の異なる配置にしかない。これは諸数の転回と一致している。なぜなら8は4の二倍であり、必ずウトをもたらすのであり、同様に5と10は必ずミをもたらすものである。

長完全和音とその派生和音の証明

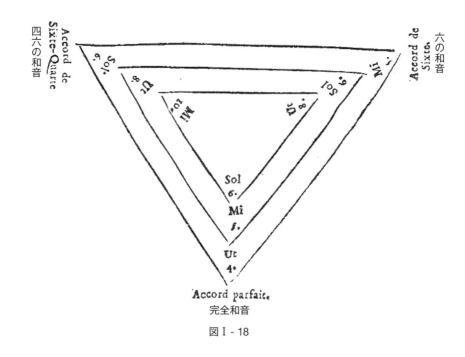

図 I-18

第2項
短完全和音とその派生和音について

短完全和音は長完全和音と同じ仕方で論証されうる。なぜならそれは長完全和音と同じように構成されており、転回されることにより長完全和音がもたらしたのと同じ諸和音をもたらす。唯一の違いは5度を形成するところの3度の配置にある。一方においては長であった3度が、他方においては短になる。3度から生じる6度に関しても同様のことが当てはまる。しかしそのことによって和声（アルモニ・フォン）の基礎はいささかも損なわれない。それどころかこのことは美を生み出すものであり、長短3度は等しく快である。それゆえにこの後者の和音とその派生和音をより簡潔な仕方で扱うことにしよう。望むならばいつでもこれらは三角形の図と関連付けることができる。

$$\left\{\begin{array}{ccc}10. & 12. & 15.\\ La, & Ut, & Mi.\end{array}\right\} \left\{\begin{array}{ccc}12. & 15. & 20.\\ Ut, & Mi, & La.\end{array}\right\} \left\{\begin{array}{ccc}15. & 20. & 24.\\ Mi, & La, & Ut.\end{array}\right\}$$
Accord parfait fondamental.　　Accord de Sixte renversé du parfait.　　Accord de Sixte-Quarte renversé du parfait.

完全和音　　　　　　六の和音　　　　　　四六の和音
基本和音　　　　　　完全和音の転回　　　完全和音の転回

他の諸音上に設定可能な他のすべての完全和音とその転回はいかなる点においてもこれら二つの主要和音と異なる点はない

図 I-19

第3項
長完全和音に短3度を付加することによって構成される七の和音とその派生和音について

ここでわれわれは、前章で打ち立てられた秩序に従うことはしない。なぜなら、あらゆる不協和和音（アコール・ディソナン）の中でももっとも完全なこの和音はまず目で捉えられるのが良いからだ。確かにこの和音では高い位置に偽5度が場を占めるが、それは協和和音の完全性をさらに大いなるものにするためにそのようになされているように思われる。なぜなら七の和音は協和和音に先行するから、あるいはより正確にいえば完全和音とその派生和音が七の和音にいつも追随しているからだ。この特性はこの和音の派生和音にも等しく当てはまる。

われわれはこの和音とその派生和音を四角形で論証しよう。なぜならこの和音は四つの異なる音（ソン）を含むからだ。七の和音は一番外の四角形よりも小さな三つの四角形に含まれる諸和音を転回によって生み出すだけではない。さらにこの和音は、その元の和音の下に（一音を）置く他の諸和音をも生み出し、それゆえにこれらの和音は転回（ランヴェルセ）されることが不可能なものである（この点は第2巻第10章で説明されている）。そうした諸和音の低音（ソン・グラーヴ）はこれらの四角形の中には含まれていない。

第8章　53

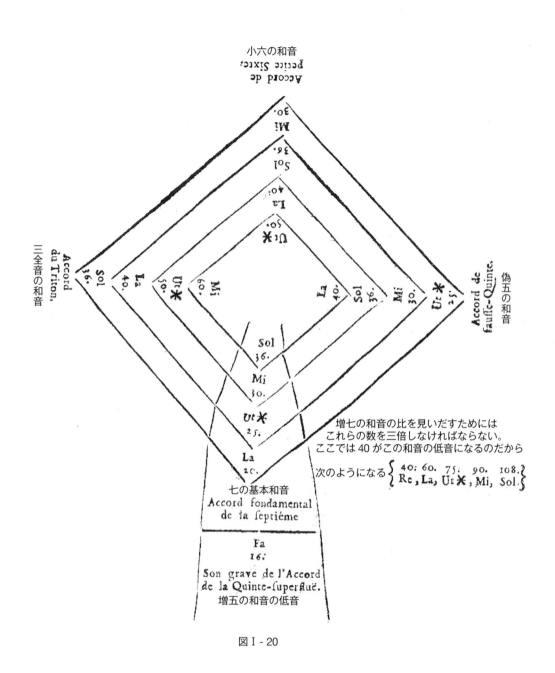

図 I - 20

第4項
短完全和音に短3度を付加することによって構成される七の和音とその派生和音について

前述の和音においてウト・ミ・ソ・シ♭の諸音をラ・ウト♯・ミ・ソの代わりに用いることができ

きたことに注意せよ。ここでは長完全和音の上方に等しく付加されていたのは短3度であった。もしわれわれがこの3度の位置を変え、短3度を完全和音の下に付加するか、あるいはこの3度を短完全和音の上方に付加すると、われわれは新たな七の和音を手にすることになる。これが前述の七の和音と異なるのは（見て分かるように）これらの3度の配置のみである。

四角形の図と関連付けることのできる証明

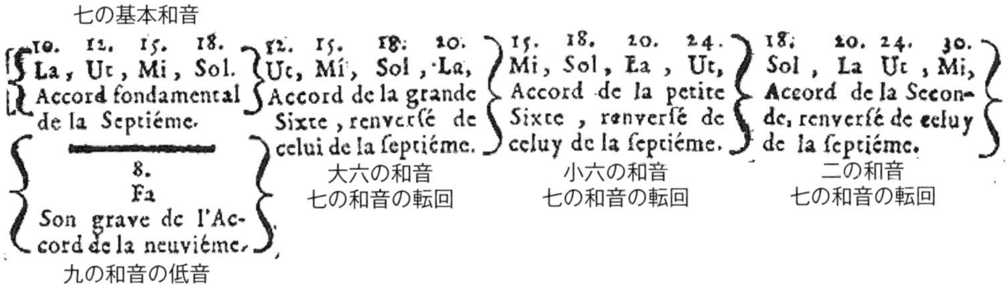

七の基本和音

10. 12. 15. 18.	12. 15. 18. 20.	15. 18. 20. 24.	18. 20. 24. 30.
La, Ut, Mi, Sol.	Ut, Mi, Sol, La.	Mi, Sol, La, Ut.	Sol, La, Ut, Mi.
Accord fondamental de la Septiéme.	Accord de la grande Sixte, renversé de celui de la septieme.	Accord de la petite Sixte, renversé de celui de la septieme.	Accord de la Seconde, renversé de celuy de la septieme.
	大六の和音	小六の和音	二の和音
	七の和音の転回	七の和音の転回	七の和音の転回

8.
Fa
Son grave de l'Accord de la neuvième.
九の和音の低音

図Ⅰ-21

十一の和音の比（レゾン）を得るためにはわれわれはこれらの数を三倍すればよい。ここでは20がその低音（ソン・グラーヴ）になるのだから、次のようになる。｛レ・ラ・ウト・ミ・ソ　20 30 36 45 54｝

ここで、二の和音において2度の比が18と20の間に見いだされるのに対し、九の和音においては9度が8と18の間に見いだされるのであって、8と9の間の2度ではないことに注意せよ。同様に二の和音と小六の和音において4度の比は15と20の間に見いだされるのに対して、十一の和音において見いだされるのは20と54の間の11度の比であって、20と27の間の4度の比ではない[24]。同様の指摘はさらに小六の和音、三全音の和音、増五の和音、そして第3項でみた増七の和音に当てはまることである。しかし8：9あるいは9：10はともに2度を生み出すのであり、これは3：4と20：27がともに4度を生み出す

のと同じであることを念頭に置いておかねばならない。このように9度の比は4と9、あるいは8と18の間に、そして11度は3と8、あるいは10と27の間に生じるものである。なぜなら8：18と20：54は、4：9と10：27と同じ比にあるからである。

第5項
長完全和音に長3度を付加することによって構成される七の和音とその派生和音について

この和音は偶発的なものであり、その起源は横の並び（モデュラスィヨン）から引き出している。さらに指摘されることは、ここでは9度がたいていいつもほのめかされるように聞こえているということ

24）〔訳注〕「15と20」の間の4度は大六の和音と小六の和音に見られ、この和音の4度は18：24にみられるので、この文の冒頭は誤記と思われる。

である。というのは上方にこの音程が付加されて形成されるこの和音は、七の和音の基音（ソン・フォンダマンタル）の下に低音（ソン・グラーヴ）が付加されるときよりもはるかに硬さが和らいでいるからだ。これは第２巻で説明するように、ごく自然なことである。前章で言及されたことの続きになるが、完全和音の上方に付加された長３度は短３度が付加されたときのような良い効果はもたらさないからである。にもかかわらず、横の並びとの関係において七の和音は基本和音（フォンダマントー）の中に数えられるべきものである。

転回（ランヴェルスマン）によって生ずる和音は前項での和音と同じ名称を有するものである。

七の基本和音　　大六の和音　　小六の和音　　　　二の和音

図Ⅰ-22

さらにこれらの比（レゾン）を三倍にすることによって、九の和音の低音（ソン・グラーヴ）を20のところに見いだすことができる。するとこうなる。｛ラ・ウト・ミ・ソ・シ　20　24　30　36　45｝。しかし、この和音の形は短３度が上方に付加されたときに比べて容認されがたいことは十分明らかである。自然に反したこの音度の付加はこの七の和音が不完全であることをわれわれに確信させる。なぜならば七の和音に９度の高音（ソン・エギュ）が付加される配置のされ方からすると、今度は低音が定数外となってしまうからであり、これは第３項の四角形の図から明らかなとおりである。その図に含まれている諸音は互いの間で転回（ランヴェルセ）が可能であるが、９度あるいは増５度の低音は転回を活用することができない。そしてウト・ミ・ソ・シ・レ　8　10　12　15　18という諸音（ノット）が前項で言及した九の和音を表すこともまた明らかである。なぜならウト・ミ・ソ・シ・レ　15　18　と、ファ・ラ・ウト・ミ・ソ　8　10　12　15　18は同じ和音を形成するからである。さらに十一の和音は後者の和音の七の和音の比（レゾン）を八倍することによって見いだされる。ここでは45が低音をもたらすのだから、次のようになる。シ・ファ・ラ・ウト・ミ。　45　64　80　96　120

第６項
短完全和音の下方に短３度を付加することによって構成される七の和音とその派生和音について

この和音が第３項における和音と異なる点は、長３度が下から上へ移行されたことだけである。この和音で支配的である短３度がこの和音を前述の和音よりも容認されやすいものとする。しかしながらわれわれはこの和音の派生和音を異なる名称を与えることによって区別することはしない。なぜならこの和音もやはり横の並びから生ずるもの（モデュラスィヨン）だからだ。

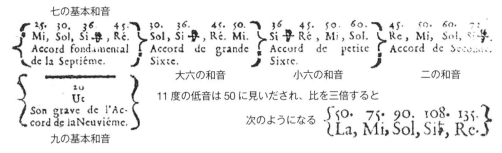

図 I - 23

第7項
調和的に分割された偽5度に短3度が付加されることによって構成される減七の和音とその派生和音について

　この和音は（前章ですでに見たように）調和的に分割された偽5度に四番目の比例項(プロポルスィヨネル)を加えることによって形成されるが、しかし完璧でも完全でもないある和音から別の和音を引き出すことはできない。それゆえにわれわれはその源(プランスィップ)を別の場に求めなければならない。

　モノコルドの最初の数分割から生じる5度はあらゆる和音の起源である。5度から最初に形成される和音は5度の完全性を同じく保持し、その5度が長3度が下で分割されても、短3度が下で分割されても変わりはない。そして5度から生じる七の和音も、確かに偽5度が一方では上、他方では下に場を占めるけれども、同じく基本的(フォンダマントー)な和音である。七の和音にその資格があることは、それらの七の和音が3度に分割されるという事実によってあらかじめ十分に理解される。ただし、長3度が付加されてできるよりも、短3度が付加されてできる和音の方がより快である。したがって偽5度はその基礎(フォンドマン)を損なうことはないことになる。それに対して増5度はその基礎の下に（一音を）置く場合にのみ使用が認められるものである。和声(アルモニ)はこの増5度の低音(ソン・グラーヴ)を定数外としてしか受け取らないのであり、耳がこの和音を何とか受け入れるのも、この和音の残りの部分に存する源を考慮する限りにおいてである。さてこれらの考察は短3度の付加をさらに押し進めるようにわれわれを促すはずである。なぜなら完全和音が見いだされた後にわれわれはそれに四番目の比例項、あるいはさらに五番目の比例項を加え、このように加えていくことが耳を害するものではなく、限度だと感じられるまで続けてきたものであった。したがって、もし耳が三つの短3度の結合までをも何とか受け入れるものならば、たとえここにあらゆる和音の源である5度が存在しなくても、その不完全性にもかかわらずこの和音を容認可能なものとして見なす論拠を探さなければならない。

　1. この和音が構成される諸音(ソン)の配置の仕方がどのようなものであれ、この和音はつねに3度によって分割される。例外は転回によって導入される新たな音程、つまり増2度の音程である。ただしこの増2度と短3度の間には短ディエシス、あるいは最小の半音(セミ・トン)の差しかなく、減3度からの超過分(レゾン)は 15552：15625 の比の差である。このことは耳が増2度によっていささかも害されることがないことを証明しており、この音程は3度にほとんど近似している。

　2. この和音はオクターヴの範囲内に収まっており、それゆえに転回が可能である。

　3. ここで第3項で取り上げた七の和音を引き合いに出し、その低音である基音(ソン・フォンダマンタル)を半音だけ高くすると、ここで問題となっている和音を形成することになる。ここでこの低音の移高はたんに長3度を短3度に変えただけにすぎないことに気づかれるだろう。たとえば、七の和音を構成するウト・ミ・ソ・シ♭から減七の和音をつくるには、ウトをそのシャープへと移し、ウト♯・ミ・

第8章　57

ソ・シ♭とすることによってできる。この諸音が転回されることによって、増二の和音がもたらされる。つまりシ♭・ウト♯・ミ・ソである。あるいはまた、もし前掲の四角形の図の中の最初の七の和音(ノット)に含まれていた諸音を用いるなら、その中のラをシ♭にすることによって同じ和音を作り出す。これも長3度と短3度の違いであり、このことは完全和音の完全性をいささかも減じるものではない。なぜなら長3度と短3度の差は実際のところ中間にある音(ソン)においてのみ感知されるものだからだ。われわれが減七の和音を受け入れることができるのは、低音の移高によって基礎が損なわれない限りにおいてである。それゆえにここでその低音である基音がその代理の役を果たしている音(ソン)においてほのめかされていると見なされるべきであり、これは源(スーザンタンデュ)が存続し続けるために必要なことである。このことの証明はすでにここまでで打ち立てられてきた諸規則において明らかであり、以下でも見ていくこととする。

この減七の和音と、それに起源をもつ派生和音を区別するために、われわれはそれらの派生和音のことを借用和音と呼ぶこととする。なぜならそれらの和音は自らの完全性をそこにはまったく姿を見せていない音(ソン)から借り受けているからである。

次の図においてわれわれは第3項の証明に含まれていたのと同じ和音を見いだすであろう。それらの和音は両方の図において同じ名称を有している。ただしここでは基音の移高によってもたらされた新しい音程の名称が加えられている。それらの音程は減七の和音と増二の和音の両外声の位置を占めている。これらの新しい和音の区別はそれらの名称によるのみである。

減五の和音、小六の和音、三全音の和音、増五の和音、そして増七の和音はそれぞれの図表において共通の低音を有している。そしてこの図におけるそれぞれの間にある違いはラとシ♭の移高にしか見られないものである。

増二の和音	減七の和音	偽5度を伴う小六の和音	短3度を伴う三全音の和音
108. 125. 150. 180. Si♭, Ut♯, Mi, Sol. Accord de la Seconde-superfluë.	125. 150. 180. 216. Ut♯, Mi, Sol, Si♭. Accord de la Septiéme-diminuée.	75. 90. ou 108. 125. 150. 180. 216. 250. Mi, Sol, Si♭, Ut♯. Accord de la petite Sixte avec la fausse-Quinte.	90. 108. ou 125. 150. 180. 216. 250. 300. Sol, Si♭, Ut♯, Mi. Accord du Triton, avec la Tierce mineure.

80 Fa Son grave de l'Accord de la Quinte-superfluë avec la Quarte.
4度を伴う増五の和音の低音

短6度が付加された増七の和音の低音は、増二の和音の比を三倍し、それらの比の200に相当する場所に見いだされるであろう。つまり以下のようである。

$$\{200.\ 324.\ 375.\ 450.\ 540.\ \text{Ré}, \text{Si}\natural, \text{Ut}\times, \text{Mi}, \text{Sol.}\}$$

図Ⅰ-24

ここでは付加された4番目と関係づけられることによって、減七の和音が最初に生み出されているように見える。しかしわれわれはこれらの和音の下に(一音を)置く(スュポズィスィヨン)ことを通じて増二の和音と結びつけざるをえない。それは他のあらゆる場所で七の和音になされていたのと同じことである。それは各々の音程の比(レゾン)が3度による和音の自然な分割によって定められた秩序に見いだされるようにするためである。このことはわれわれに以下のことを理解させ始めるだろう。つまり増二の和音の低音(グラーヴ)を占める音、そして減七の和音の高音(エギュ)を占める音(ソン)に適しているのは実際のところ七の和音の基音なのである、ということである。この源(プランスィップ)が高音に存在しうるというのは(今では理解されていることであろうが)、転回を通じて初めて可能になるものである。

第9章　ここまでのすべての和音についての考察

　読者は今や確信されているだろうが、完全和音と七の和音の相違というのは3度の異なる位置、あるいは3度の配置の転回(ランヴェルスマン)に起因するのみである。またこれらの和音が他の名称によって区別されるということは決してなかった。なぜならある一定の諸音(ソン)を用いるようにわれわれに強いるのは横の並び(モデュラスィヨン)であり、あらゆる和音を構成する3度の配置はそれらの音(ソン)次第だからである。それゆえに横の並びがひとたび二つの完全和音のうちの片方における低い位置を占める3度によって決定されると、もはやそれらの完全和音はその基音(ソン・フォンダマンタル)からのオクターヴ内に収められている諸音(ソン)の配置と一致せざるを得ない。しかしながら、完全和音が横の並びにおいて有する力にもかかわらず、第3項において扱われた七の和音はこの完全和音とは別個のものである。この和音はその種における最初(プルミエ)のものであり、完全和音がいかなる形態をとるかには関係がない。この和音だけが属音(ドミナント)に適したものであり、属音の助けなくして結末(コンクリュズィヨン)が完全に知覚されることはないであろう。七の和音はあらゆる不協和音程(スルス)の源である。なぜなら七の和音は完全和音に由来するが、その完全和音の長3度があらゆる長不協和音程を形成するからである。他方七の和音が作りだされる際に完全和音に付加される短3度はあらゆる短不協和音程を形成するからである。さらに、いくつもの和音を転回によって、あるいはその和音の基礎(フォンドマン)の下に（一音を）置くという新たな低音(ソン・グラーヴ)の付加によって生み出すと、その基礎をまた他の音(ソン)に譲ることによりその分だけあらたな和音を生み出すが、その基礎(フォンドマン)が当然占めるべき位置というのはいかなる仕方によっても変更されることはない。これらの他の七の和音が最初(プルミエ)の七の和音からあらゆる完全さを引き出す一方で、それら他の七の和音が最初の七の和音と共有するのは短不協和音程である。これらの他の七の和音が占めるべき場を定めるのは横の並びである。このようにして最初の不協和音(アコール・ディソナン)からのあらゆる派生和音は、そのそれぞれ個別の和音にとって適した名称によって区別される。それとは対照的に、最初の七の和音以外の七の和音の派生和音は共通の名称を有する。なぜならそれらの和音が何かを決定するわけではなく、それら自身が横の並びによって決せられるものだからである。

　この章で言及されたすべてのことから、われわれは和声(アルモニ)においては二つの和音しか存在しないことを結論とすべきである。それは完全和音と七の和音である。さらに不協和音程にも二つしかない。それは長不協和音程と短不協和音程である。以下に述べられるすべてのことはこの点を明確に証明するだろう。

　個々の音程と和音の本性(ナテュール)と諸特性に関しては第2巻にとっておかれる。

第10章　一つの和音に付与されうるさまざまな比(レゾン)についての考察

　ここでは以下のことが指摘されるべきである。すなわち、われわれは今まで諸和音の比がそれぞれの和音を構成する諸音(ノット)間に含まれる音程の比と一致するようにしてきた。その結果、二つの異なる比の下に同じ一つの音程が与えられることになった。したがって今まで言及されてきた和音のほとんどがそれらの比の相違に関与することには疑念の余地はない。つまりいくつかの和音が、実際に使用されているのとは異なる音名で用いられていることがあるということになる。この点に関しては第5章45、46頁のクロマティック体系を見よ。しかしそれらの異なる比が新たな和音を生み出すことはないであろう。なぜなら27と40の間の5度は、2と3の間の5度と同じだからである。これは他の比に関しても同じである。これらの二つの比の間に存する差異は耳には感知されないほどの差異だが、これが生ずるのはもっぱらそれらの比(レゾン)を構成する全音(トン)と半音(セミ・トン)の異なる配置に由来するものである。それらの音(ノット)の名称はここでの関心事でなく、あらゆることをより完全に理解するためだけに音名は使用されるにすぎない。

第11章　弦長の振動と増加の比(レゾン)を弦上の分割比(レゾン)と関連付ける方法

　提示された弦において、その分割に起因する長さを取り分け、右に取られた弦の端まで数字を割り当てることとする。このようにして弦長を振動と区別して配置することができるようになる(それらの弦は長さのみが異なるものとする)。するとそれらの振動比(レゾン・デ・ヴィブラスィヨン)が分割比(レゾン・デ・ディヴィズィヨン)と一致することが見いだされるだろう。このことに気がつけば、モノコルドは不協和音程の比(レゾン)が見いだされるのに必要とされる分だけ分割が可能である。この際も同様の一致が必ず見いだされるであろう。第3章第6項35、36頁を見よ。
　弦長の比を得るためには、異なる二つの分割から生じる二つの弦長を取り分けて、コンパスを用いてそのそれぞれに共通の目盛りを用いさえすればよい。するとそれぞれの弦長が、分割の数を示す数字がその分割単位を含む数だけ、共通の目盛りを含んでいることが見いだされるだろう。ただし以下の点が異なる。つまりこの対比は転回(ランヴェルセ)されたものである、という点である。もし2と記された分割に起因する弦長と、3と記された分割に起因する弦長を比較するなら、弦2が三つ分の目盛りを有するのに対し、弦3が二つ分の目盛りしか有していないことに気がつくはずである。このように一方でわれわれは2を3に対比させ、他方では3を2に対比させる。これは、各々の比の最初の数が最低音を表すのでなければ、同じことである。しかしながら、弦長の比に分割の比を対応させるためには、分割において思い描かれるであろう比を転回すればいいだけの話である。ただしこれは二つの音(ゾン)を比較するときには非

常に簡単であるように思われるかもしれない。しかし数が増えていくとより面倒なことになっていく。なぜなら和声においては、連続する数量におけると同じように、中間音あるいは中間項は両外項のそれぞれと関連付けられなければならないからである。したがって4：3：2の中に、2：3：4において見いだされるものを見てとることはないであろう。なぜならここでは、一方において冒頭にある2：3の対比から生じる音程というのは、それとは反対に、他方における末尾の音程ということになるからである。それゆえにわれわれは算術比（プロポルスィヨン・アリスメティク）を転回し（この点はすでに言及した）、両外項を中間項で倍化して、片方の外項をもう片方と置き替えなければならない。このようにしてこれらの諸音程を自然な並びに直したものは、数字12：8：6によって表されることになる。一言でいえば、もし諸協和音程が統合されることによって生み出されるであろうもっとも完全な調和（アルモニ）が、1：2：3：4：5：6：8という諸数による分割において表されるなら、その同じ調和は弦長の増長においては120：60：（40：）30：24：20：15という諸数によってのみ表されうるものである[25]。それゆえにこの方法は他の点に関してよりも一層の注意を要するものである。

この共通目盛りは、提示された弦において左に向かって取られた弦長に含まれる諸音程の比、あるいはむしろ、ちょうど言及したばかりの諸比（レゾン）の転回を見いだすのに用いられうる。そのためには以下のように言うだけでよい。もし弦1に比される弦3が、それらの諸部の内の一つに1共通目盛りを含んでいるものであれば、弦1は自らの残りの二部分において2共通目盛りを含むことになる。そしてこの弦1は弦3と対比されると、結局のところ3共通目盛りを含むことになる。このようにして私は左側に取られたこの弦長は、その比が3：2であるところの5度をもたらすものであることを理解する。もし弦3を弦2に比するなら、弦3はその各一部分において2共通目盛りを含むものであるから、残りの二つの部分において4共通目盛りを含むことになるだろう。弦2は3共通目盛りを含むので、全体として等しく3共通目盛りを含むだろう。このように左に取られたこれらの弦長は、4：3の比である4度を与えることになるだろう。同様に弦3を弦4に比すると、弦3が各一部分において4共通目盛りを含むのであれば、残りの二部分においては8共通目盛りを含むだろう。そして弦3に比された弦4がその各一部分において8共通目盛りを含むのであれば、それは残りの三部分において9共通目盛りを含むことになるだろう。このようにして私は全音（トン）の比が5度と4度の差から生じ、分割に従えば8：9、増長に従えば9：8の諸数に含まれていることを理解する。以上のことは何らの困難も伴うものではなく、この証明はあらゆる種類の諸音程に適用することができる。

第1巻：完

---

[25]〔訳注〕原文では数字40の項が抜けている。

第 2 巻

和音の本性(ナテュール)と特性(プロプリエテ)について そして音楽を完全なものとするのに役立つすべてのことについて

第1章　和声の基　音(アルモニ ソン・フォンダマンタル)とその進行について

　第1巻第3章第1項29頁においてわれわれは基　音(ソン・フォンダマンタル)の本性と、基音(ソン・フォンダマンタル)が和声において占める場について十分に強調しておいたので、ここでは主にその進行を決定することに専念することにしよう。

　基音が占める声部はバスと呼ばれる。なぜならそれはいつも一番重く、低いからである。この点ザルリーノは以下のように説明している[1]。「大地が他の諸元素の基礎の役を果たすのと同じように、バスも他の声部を強固にし、定着させ、下支えをする特性を有するものである。したがってバスは和声の基礎と土台として場を占める。それゆえにバスとよばれるのであり、いわば土台であり支えである。」そして、もし大地がなくなるなどということになれば、自然(ナテュール)の美しい秩序全体は廃墟と化すだろうと仮定した後で、ザルリーノはこう述べる。「同様に、もしバスがなくなってしまえば、楽曲全体は不協和と混乱に満ちることであろう。それゆえにバスを作曲しようとするときには、バスは少し緩慢で分離した動きを通じて進行するように成されるべきである。つまりそれは他の諸声部よりも時間的に間隔が開いているということである。そうであるべきなのは他の諸声部、とりわけ最上部を占める声部が、連結している動きを通じて進行できるようにするためである。なぜならそれがバスの特性だからである。」しかし、和声のこの基礎的声部(パルティ・フォンダマンタル)についてのこれほどまでに明確で正確な定義をこの同じ著者の諸規則や諸例と対照してみるならば、われわれをたえず疑惑と疑念に留め置くような矛盾を全般にわたって見いだすことであろう。

　しかしながらすべてのものが基礎づけられる原　理(プランシップ)をそれほどまでに都合よく打ち立てることはできず、また原理を一瞬でも見失うことはそれを破壊することである。こうしたことがたった今提示されたばかりの原理からわれわれを遠ざけることがなく、それを強固なものとするためにさらに全長モノコルドの原理が付け加えられる。この全長モノコルドはその最初の数回の分割において完全な和声(アルモニ・パルフェ)を形成する諸協和音程を含むものである。それゆえに、もしわれわれがこの全長モノコルドを表すところの声部にある進行を与えることができるとするならば、それはその全長モノコルドの最初の数回の分割となる協和的な諸音程を通じてのみなされうるものである。したがってそれぞれの音(ソン)は必ず先行する音と調和(アコール)し、また今度はこれら最初の数回から引き出すことのできた音と同様の調和をもたらすことのできるそれぞれの音は、その調和の源(プランシップ)であり基　礎(フォンダマン)である全長モノコルドを困難なくわれわれに示すことであろう。このようなわけでわれわれは、バスがその音程を通じて進行すべきであるとザルリーノが言うところの間隔の離れた諸音程に関する彼の命題を明確にすることができる。なぜならそれらの音程は互いに離れているときにだけ協和音程になりえるからだ。さらにザルリーノがそれらの諸音程は緩慢であるべきだというのは、ディアトニックであるべき他の諸声部との関係においてのみである。なぜならこうすることにより上声部は、バスがたった一音進行し協和音程から別の協和音程へ移る間に、多くの動きを成すことができるからである。しかしながら、われわれが諸規則を打ち立てようとする際にはまず第一に単純さと明快さを付与できるように均等な動きを通じて各声部が進行するようにするのだが、われわれがたった今バスに対して決定した進行において

---

1) ザルリーノ『調和概論』第3部第58章、218、282頁。

オクターヴを混同してはならない。なぜなら、基音が必ず諸声部の下方に見いだされるのであれば、その基音が数オクターヴ分高かろうが低かろうがそれは重要ではないからだ。しかしわれわれはまず5度をバスにもっとも適合する音程として見なさなければならない。実際のところ、この進行が主要なものでなければ歌謡の最終カデンツあるいは結　末が耳にされることはない。この点については多少とも和声にたいして感受性を有している人に尋ねてみさえすればよい。そうした人はバスがこの音程を通じて進行させられているように強いられていると感じることなく、歌謡の結末を聞くことはない。そしてわれわれが5度に関して述べることは、いつでも5度の代理となる4度についても合致しなければならない。ここで以下のことが指摘されるだろう。つまり、十分低い声を有する人は何らかの結末において自然に5度下行する一方で、それができない人は4度上行する、ということである。これは、オクターヴが自らを形成する諸音の内の一つに再現されるという力を持つこと、そしてオクターヴが分割されることによって生じる5度と4度の関係性の明確な証明である。ここにおいては、声にとって可能な限りにおいては必ず5度のほうがより好ましいものとされる。しかしながら5度のかわりに4度を使用してもいささかも害を被ることはない。さらに、5度は二つの3度から成るのだから、聴衆を快の状態に留め置くためには、一つあるいは複数の3度を通じてバスを進行させることができるだろう。したがって、3度の代理となる6度は5度に至るまで、あるいはその代理となる4度に至るまであらゆるカデンツを保留状態にする。ゆえに基礎低音のすべての進行はこれらの諸協和音程の中に含められているはずである。そして不協和音程が時にわれわれに全音あるいは半音の音程でのみバスを上行させることを強いることがあり、付言すればこれは後に言及する中断カデンツによってもたらされる許容に由来するものであるが、この上行するのであって下行するのではない全音あるいは半音は7度の転回されたものであって、それゆえにこの全音あるいは半音を形成する二つの音の間に7度は聞かれるものである。中断カデンツは例外であるが、われわれは第3巻第11章において3度と4度の進行が暗に意図されているのを確認するだろう。

　この原理はいたるところで維持されているのだから、われわれはこの原理のための予備知識を得ておかねばならない。成功の確信なくして、前に進むことはできなかったのだから。

第2章　諸基音に割り当てられる諸和音とその進行について

　基礎低音の進行に割り当てられる諸音、あるいはむしろ諸音程は全体にわたって基礎低音と結び付けられる他の諸声部において基礎低音に随行すべきものでもある。しかしこれはある節度をもって成されるべきものであり、バスの進行に強制されるべきではない。バスの進行はここでの導きである。一言でいえば、モノコルドの分割から形成される唯一にして最初のものである完全和音は、この基礎低音のそれぞれの音に適する唯一のものである、ということである。そして七の和音をここでの例外でないとしても、だからといって七の和音を形成する完全和音に付加される3度が、和声の完全性に変化を加えることなく再び七の和音から削除されうるという

ことが意味されるわけではない。七の和音は、完全和音の甘美さをまた同時に引き立てるものでもある一種の苦み(にが)をもたらす多様性の原因となるので、われわれはそれを遠ざけるどころか、望ましいものと思わざるをえず、諸基本和音(アコール・フォンダマントー)の数の中に含めざるをえない。なぜならそれは完全和音の低音(ソン・グラーヴ)にいつも存する原理(プランスィップ)をいささかも損なうものではないからだ。

さらに、これらの諸和音のそれぞれの音を含む諸声部の進行の考察の際に、ザルリーノはすでにその進行はディアトニックであるべきと言及しており、そのようにならなければならない理由は基礎低音の協和的な進行にある、としていた。さらにまた、それらの音程間の距離を少しでも知っているなら、それらの上声部に自分でもそうとは気がつかないうちにディアトニックな進行を与えるように仕向けられていることに気がつくであろう。ここから一連の快である諸和音が形成されるのであり、ここにおいてわれわれは他のどんな規則にも従う義務はない。自然(ナテュール)が、自然自身と適合している完全性へとわれわれを導くように配慮しているのである。この点については以下の諸章を見よ。第18章、第19章、そして第21章。そして第3巻第4章と第6章。

各声部に定められた進行についてひとたび教え込まれたなら、他の声部に適している進行を別の声部に与えることは自由である。しかしそれは必ず、その当初の配置、当初の諸基本和音の並び、とりわけ七の和音との関連と調整されながらのことである。こうした状況下でのみ耳は七の和音を感知するからである。この進行がディアトニックであり得るのは、七の和音に先行する音(ソン)から、その七の和音に後続する音までである。そしてそれらの音は、完全カデンツの動きにおいて感知されるように、協和的でなければならない。ここにおいてわれわれはまた和声における不協和音程が占めるべき場についての証明を得ることができる。歌謡の結末(シャン・コンクリュズィヨン)を準備するバスの二つの音のうち、この結末を閉じる音こそが疑いなく主要(プランスィパル)なものである。なぜなら最後の音というのは、それを通じて楽曲全体を開始する音でもあるからである（その楽曲はその主要な音の上に打ち立てられているのである）。それゆえに、最後の音に先行する音は、より完全さが劣ると見なされることによって最後の音とは区別されて認識される、というのがある意味で自然なことであるのは明らかである。なぜなら、もしそれらの音のそれぞれがすべて完全和音を有しているとするなら、そうした和音の後に心が望むものはもう何もなく、それらの二つの音のうちのどちらで休止(ルポ)をすべきなのかについてまったく確信が持てなくなってしまう、と言えるからである。ゆえに不協和音程は、その苦(にが)さゆえにそのあとに続く休止をさらに熱烈に希望させるために必要とされているように思われる。同時に、3度になされるべき不可欠な選択を通じて、自然(ナテュール)がここには関与していることにも気が付かれるだろう。3度は不協和音程の苦(にが)みを埋め合わせることのできる唯一の協和音程であり、この3度というものは、その不完全さにもかかわらず、新たな恩恵の力によって不協和音程の後に完全和音へと至ろうとするわれわれの欲求の唯一の対象となるのである。このようにして不協和音程の解決の規則は確立されたのである。しかし、存在するのは短不協和音程だけであることに気づくことのできない者は、その解決にはたった一つの協和音程しかないことを想定することができなかったのである。しかしながらこれは一つの真実であり、続く諸章において疑いを有することは許されなくなるであろう。

第3章　オクターヴの本性と特性について

　諸基本和音を形成することのできる諸音のすべてを含むオクターヴは、それら諸和音の完全性を高めるためにその諸和音に付加されることが可能である。オクターヴがなくとも、完全和音とその派生和音はつねに存在する。しかしオクターヴがともにあればそれらの和音はより輝かしくなる。なぜならこれは諸自然和音と転回和音が同時に聞こえるからである。四声部の曲においてわれわれはこのことを役立てることなくすますことはできないし、五声部の曲においてはオクターヴは基本和音である七の和音の諸音と完璧に調和する。一言でいえば、オクターヴはいつも諸和音に付加することが可能であり、そこで見いだされるのは短不協和音程のみである。この音程の進行は諸上声部においてディアトニックであるべきだが、これは容易に規則に従う。またオクターヴは横の並びを決定づけるものだが、この点は以下の諸章で見るとおりである。

第4章　5度と4度の本性と特性について

　5度はすべての和音の最初の要素である。つまりこれは、5度とその代理となる4度を欠いては和音は一つも存在することができないということである。われわれはすでにバスの進行の際にこれらの和音の諸特性について言及しておいた。そしてバス以外の諸声部に関して言えば、それらにおける進行はオクターヴの進行とほとんど同様である。

第5章　すべての音程の本性と特性が一堂に会する完全カデンツについて

　完全カデンツと呼ばれるのは、そうしたカデンツの後ではもはや何も望むものがないとされるような仕方で成される、歌謡の一つの確実な結末のことである。われわれはすでに最初の2章の内容を通じてこのカデンツについての見解を有しているはずである。それはバスの5度下行あるいは4度上行の進行についてと同様に、このカデンツを形成する完全和音と七の和音とに関し

てのことであった。しかしこのカデンツの完全性はここだけに留まらず、さらにすべての音程の進行は諸和音において支配的影響力を有している3度の進行によって決定づけられていることが見いだされるだろう。ただしオクターヴと5度は除いての話である。なぜならこれらは最初に生じさせられる音程であり、それゆえに独自の進行を有しているからである。

われわれはすでに5度をあらゆる和音の主要な要素と見なしたが、しかしこの5度を形成するところの3度にもこの性質を付与しないわけにはいかない。オクターヴは自らの分割を通じて5度を生じさせた後では、すべての和音の構築に関しては5度に委ねてしまう。5度も同様に自らの分割を通じて3度を生じさせた後では、3度の本性と特性（プロプリエテ）に付き従う他の諸音程の進行に関しては3度に委ねてしまうのである。したがって、長3度というのはそもそも生気にあふれ明るいものであるのだから、すべての長音程あるいは増音程はこの性質を有するはずである。また短3度というものはそもそも繊細で悲しげなものであるのだから、すべての短音程あるいは減音程はこの性質に付き従うはずである。これら3度の進行に関してザルリーノは次のように述べている[2]。「長なるものは長になることを希求する、つまり上行する。そして短なるものは、下行する。これは正しい判断力を有する熟練の音楽家たちにとって明白なことである。なぜなら上声部においてなされる進行というのは、半音の幅でなされるものだからだ。半音というのは、（こう表現してよければ）塩であり、良き調和と良き横の並びの装飾であり契機（モデュラスィヨン）であるからである。このような横の並びは、半音の助けなくしてはほとんど耐えがたいものになるだろう。」これらの異なる二つの進行からわれわれは、長、増、短、減に判別可能なあらゆる音程の進行を導き出す。そして、あらゆる長あるいは増は上行し、あらゆる短あるいは減は下行する、ということがわれわれにとっての一般規則であるべきである。

すべての諸音程の進行が一致すべきであり、ザルリーノが一般規則として提示しているように思われるこの半音（セミ・トン）は、そのもの単独としては実際のところ長音程と増音程には合致する。しかし短音程と減音程は、横の並び次第では、全音（トン）の幅でも下行しうる。それゆえにザルリーノが、この半音の首尾の良さについてあれほど語った後で、もっとも強調すべき箇所に対してこの点を放棄してしまっているのは極めて奇妙なことである。つまり、もしわれわれが完全体系においてオクターヴと、オクターヴへと上行しながら続いていく音の間に半音がみられること、このオクターヴ上で休止（ルポ）がなされること、そしてオクターヴへディアトニックに上行して到達できるのは半音を通じてでしかないことに気づくならば、このオクターヴの前触れを成す音（ソン）というのは和声（アルモニ）において、まさにこのオクターヴと同等の地位を与えられるべきである。なぜならある音に到達するためには別の音（ソン）から経過するのでなければならないからである。しかしながらザルリーノは、「長3度と長6度からオクターヴへ上行しなければならない」という、われわれが今検討してきたばかりの規則を述べるのには何の妨げもなかったにもかかわらず、三全音をこの同じ規則に含めるのを忘れている。完全カデンツにおいてザルリーノはこの点について何も述べはしないし、ついでながらにでも言及することもない。この長3度に由来する長不協和音程あるいは増不協和音程は、つねに必ずオクターヴの前触れである音（ソン）から形成されているものであるので、なおさら彼の注目には値しない。さらに彼が提示する半音といかなる制限もなしに一致しうることについてはザルリーノはまさにもっとも少ない言及しかしていない。それゆえにここで、完全カデンツの例を一つ挙げて、彼には見えていなかったことを見えるようにするのは適切なことである。このカデンツにおいてオクターヴの前触れの音は長3度を形成するものであり、この長3度にオクターヴ上へ半音上行すべきすべての長不協和音程は由来する。

---

[2]（ザルリーノ、『調和概論』）第3部第10章182頁、第38章219、220頁。

属音と呼ばれるのは完全カデンツを形成するバス声部の二つの音のうち最初の音である。なぜならこの音はいつも必ず最終音に先行し、それゆえにこの最終音を支配するからだ。

~~完全和音への短3度の付加に由来する7度はドミナントに対してのみならず、長3度とも不協和音程を形成する。したがってこの長3度はこの7度との関係において不協和音程になる。この長3度はすべての長不協和音程の起源であり、7度はすべての短不協和音程の起源である。ここにはいかなる例外もない。~~

属音上の完全和音への短3度の付加に由来する7度はこの属音に対してのみならず、この属音の長3度とも不協和音程を形成する。したがってここでこの長3度は付加された7度との関係において新たな不協和音程を形成する。それゆえにこの長3度はすべての長不協和音程の起源であり、この7度はすべての短不協和音程の起源である。ここにはいかなる例外もない[3]。

主音と呼ばれるのは完全カデンツを締めくくるものであり、開始と終止はこの音を通じて成され、すべての横の並びが決せられるのはその主音のオクターヴの範囲においてである。

導音と呼ばれるのはオクターヴの前触れの音であり、この音がすべての長不協和音程を形成する。なぜなら主音あるいはそのオクターヴがその直後に連なるのでなければ、これらの長不協和音程のいずれもが耳で捉えられることも、主音を予感させることもないからである。それゆえにこの名称はすべての横の並びの主要な音を予感させる音として極めて適切である。

＊ドミナントの長3度から形成される導音あるいは長不協和音程

長音階の完全カデンツ　　　　短音階の完全カデンツ

譜例 II-1

この二つの譜例の同一性を認めたうえで、例外として短不協和音程が片方では半音だけ下行し、もう片方では全音下行していることを確認しよう。その一方で長不協和音程は必ず長3度からオクターヴへと半音上行している。もしここでわれわれが基礎低音を削除し、その代わりに他の諸

3）〔訳注〕この一つ前の段落は手書きの線で消去されており、巻末の「補足」でも削除が指示されている。また当該の段落は左の欄外の余白に手書きで書き込まれており、「補足」でも同内容の追記が指示されている。

声部の内の一つをその基礎低音の場に置くなら、そこにはもとの和音の転回されたものが見いだされることになり、それらの転回和音において和声は依然として良いままであるだろう。なぜならそれらの和音の基礎低音が取り除かれたとしても、基礎低音はそこでいつも下に聞こえているからである。それらの諸声部の異なる配置によって聞かれることになるさまざまな不協和音程は、それらの諸主要和音(プルミエ・ザコール)において決定されていた進行に不可避的に従うものである。つまり長音程は主音あるいはそのオクターヴへと必ず半音上行し、短音程はその主音の長3度あるいは短3度へと必ず下行する。これ以上に明白なものはない。そしてザルリーノは[4]まさにわれわれに、自らの偽5度と三全音の譜例においてこの証明を提示しており、彼はこの転回ということにそうとは知らずに言及しているのである。

ザルリーノの譜例に基礎低音を付加したもの

譜例Ⅱ-2[5]

ここで上の二声部に着目すれば、(A)と記された箇所に三全音が、(B)と記された箇所に偽5度が見いだされるだろう。続いてこれらの声部をバスと呼ばれている声部と比較するなら、三全音はバスと長6度を形成し、そして半音上行してオクターヴへ至っていることが分かるだろう。そして最後にこれらの声部を基礎低音と比較するなら、この三全音は基礎低音と長3度を形成し、また偽5度は基礎低音と7度を形成している。そしてそれらの進行は前述のわれわれの規則と一致している。したがってこれらの異なる和音は依然として完全カデンツをわれわれに示すものである。なぜならそれらの進行は少しも変化しておらず、確かに下に聞こえる(スー・ザンタンデュ)だけであるが、基礎(フォンドマン)はそこに必ず存在しているからである。もしそうでなければ、楽曲は混乱と不協和で満たされることであろう。ザルリーノにとって[6]自分が言葉で述べているときにはこのことが頭の中にあったが、しかし実践の際には忘れてしまっている。彼はさらに、完全カデンツの最低声部の自然な進行[7]は5度下

---

4)（ザルリーノ、『調和概論』）第3部第61章293頁。
5)〔訳注〕巻末の「補足」には、以下の指摘がある。「譜例中にみられる数字6は、シャープを伴う代わりに斜線が引かれるべきである。この数字が示すと同種の和音を使用したいと私が望んだ箇所では至るところで同じ誤りが見いだされる。実際のところ、現在に至るまでに作曲家が印刷してきた諸作品においてこの区別はもはや慣例ではない。」
6)（同掲書）第3部第58章282頁。
7)（同掲書）第51章251頁。

行だと述べる一方で、次のような譜例を挙げている。この譜例においては上声部が長3度からオクターヴへと必ず上行するものであるが（A）[8]、その下の箇所ではドミナントの長3度が上行しているのに対し、ドミナントの5度もオクターヴへと下行している（B）[9]。そしてこの5度の3度、つまりドミナントの7度を形成する音が3度へと下行するのである（C）。したがってこれら三声部の例を組み合わせると、われわれはここに完全なるカデンツを見いだすものであり、このことが明瞭になるようにここでザルリーノの第52章の例を、不足している諸声部を付加して提示する。

譜例Ⅱ-3 [10]

この箇所でザルリーノが暗に聞かせようとしていたのはこの和声ではない。彼は明らかに完全和音は基礎低音と5度を成す全音符の二拍目で聞かれると主張しているのである。なぜなら同じ全音符の一拍目の4度はザルリーノに従えば協和音程というよりもむしろ不協和音程であるからだ。しかしいったいどうやって問題となっている全音符の完全和音の後で、このカデンツを終止している最後の全音符の完全和音を聞かせることができるだろうか？　この問題となっている和音の短3度が基礎低音に対して7度を形成し、それが下行するのであれば、5度とオクターヴはいかなる進行を保つべきなのであろうか？　熟練した人はいつもバスに数字付けをしているに違いない。特に自分の譜例に二声部しか含まれていないときはそうであり、自信を持って判断できるようにするためである。そうしておかなければ、自分の譜例から引き出される連続性はしばしば誤りになりうるからである。しかしおそらくザルリーノはバスに数字付けをしていない。それはなぜなら彼が無視したいと思い、そしてわれわれにも無視してほしいと明らかに願っているそれらの音程に気づかれることを恐れてのことである。さらに、彼が「低声部」と呼ぶ声部の最後の二つの音符のそれぞれで完全和音が聞かれるべきなのであれば、彼自身の論述から引き出したわれわれの最初の指摘は、それが和声の基礎に反していることをわれわれに証明するだろう。なぜならバスは完全和音の下にあってはディアトニックに進行することはできず、さらにこの譜例にみられる4度は基礎低音を考慮に入れるならば協和音程であるはずであり、この4度と基礎低音はオクターヴを形成するのだ。そしてもしこれが不協和音程であるのなら、完全カデンツは最後の音の上ではもはや感じられることはありえず、それゆえにこのカデンツは不規則カデンツになるであろう。

8）〔同掲書〕251頁。
9）〔同掲書〕第52章254頁。14、15小節。
10）〔訳注〕この譜例の最上段には以下の声部が置かれているが、手書きの斜線が全体に引かれ、「補足」でも削除が指示されている。

譜例Ⅱ-4

ここでザルリーノがこれら二つのカデンツのうちどちらを使用したいと望んだのか、しばし考えてみよ。それは明らかに完全カデンツの方である。なぜならこの楽曲全体はウトの調の上を進んでいるからであり、それに対して不規則カデンツの方はラあるいはレの調の内にあるからである。しかもザルリーノは不規則カデンツについては何の言及もしていない。もし不規則カデンツがザルリーノの例の中にみられるならば、それはもっぱら彼がそうと気づくことのなかった一連の諸和音の連続においてのことである。

それゆえに完全カデンツの実践のために使用すべき異なるすべてのやり方を引き出すべきなのは、最初の譜例[11]からである。それは二声部、三声部、四声部、五声部のいずれであってもである。われわれはそれらの声部が同時に聞こえるのに適当と判断する声部数を選び、どの声部がどの声部の上あるいは下になるかについては配慮せずにそうできる。ただし基礎低音は自然な形ではその場を変わることはできない。しかし良き趣向に導かれているときにはバスは実際には自由である。特にある上声部において完全な結末を回避するためには、バスがディアトニックに進行しているのであれば、バスは上声部に置かれうる。このように、和声というものはここで示された二つの和音の内に含まれていることに気が付かれるだろう。それはつまり完全和音と七の和音のことである。われわれのすべての規則はこれら二つの和音の自然な進行に基づいて打ち立てられているのである。

第6章　中断カデンツについて

もしわれわれが完全カデンツの最初の和音に含まれる諸音の一つの進行に変更を加えようとするなら、われわれはその進行の結末を中断させていることは確実である。この中断カデンツが起源としているのは、こうした進行の変更によって生じるこの中断なのである。

この中断カデンツは完全カデンツと大きく変わるものではない。なぜなら双方とも同様に構成されているからであり、同じ諸和音からできているとも、同じ基礎低音からできているとも言うことができるからである。ここにおいてこれらの和音は同一であるのだから、完全カデンツにおいては5度下行すべき基礎低音は、中断カデンツにおいてはディアトニックに上行することであろう。そして双方のカデンツにおいてこの基礎低音が同一であるのだから、完全カデンツを終止させる完全和音はここで六の和音に変化させられるだろう。ここでよく注意が払われるべきなのは、こ

11）〔訳注〕69頁の譜例のこと。

れらの変更点は基音(ソン・フォンダマンタル)においてと同様に、協和的な諸音(ソン)においてもっぱら生じるということである。つまりそれはオクターヴと5度においてであり、不協和音程を形成する諸音においてではないということである。したがってすべての長不協和音程の主要な要素である長3度は必ず半音(セミ・トン)上行し、すべての短不協和音程の主要な対象である7度(トン)は全音あるいは半音下行するものであり、不協和音程の進行に関するわれわれの規則と一致する。これは確かに基礎を損なっているが、しかしこれは一つの原理(プランスィップ)においてだけの話である。もしここにおいて完全和音がもはや存続しないのであれば、基礎低音(フォンドマン)はまったく変更を被らない。基礎低音が変化するのであれば、完全和音がその助けとなる。しかしわれわれが5度と想定すること(スュポゾン)

の6度は完全和音の派生和音を形成するのであろうか？　われわれは7度は自らの音程に合致した進行をバスにもたらすと言及していなかったであろうか？　このように、この中断カデンツ(ローンプ)がただ許容(リサンス)によってのみ認められうるものだとしても、結局すべては存続するのである。なぜならここでは和音はもはや基本和音(フォンダマンタル)ではなく、バスの進行は協和音程から生み出されるものではないからだ。そしてこのケースにおいて不協和音程がもたらす自由が完全性に変更を加えるのである。しかしこの変更はまったく不快なものではなく、気に障るどころか、一時的に保留状態にさせられたのちにこの変更がわれわれの前に生じるときには、この完全性はさらに快であると見なされるのに役立つのみである。

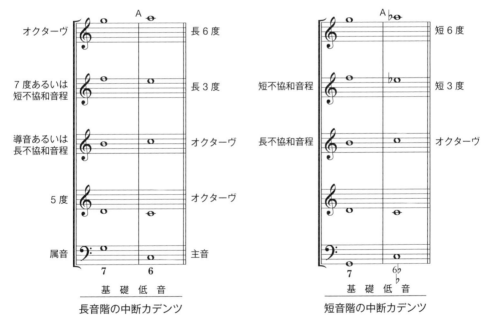

譜例Ⅱ-5

　これらの譜例を完全カデンツの譜例[12]と比較するなら、見いだされるであろう違いというのは(A)と記された諸声部において5度が6度に移行していることだけである。さらにもしこの譜例の(A)の声部を基礎低音の下に配置するなら、そこに見いだされるのは、われわれの当初提示したところに従えば、七の和音と完全和音のみである。中断カデンツがもっとも頻繁に実践されるの

---

12)〔訳注〕69頁の譜例。

第6章　73

はこの仕方においてである。

　これらの諸声部は転回されることが可能であり、ここから二、三、あるいは四声部を別箇に取りだすことができる。基礎低音(ボン・グー)は良き趣向が容認する限りにおいて上声部で使用されること、中断カデンツは5度から6度への移行においてのみ把握されうるものだということを忘れなければ、つまり、完全カデンツを終止させる完全和音にみられる5度の位置に6度を配置することによって、他のほとんどすべての声部は完全カデンツと中断カデンツの双方において一致するものである。

　（A）の声部がバスとして使用される際には、われわれはこれらの和音においてバスのオクターヴというよりも、その3度のオクターヴを聞いていることになる。なぜならこの3度が真の基音(スュポゼ)を想定するのであり、この3度の複合音(レプリック)は気に障ることはない。他方完全な和声(アルモニ)の連続(スュイット)においては、基音のオクターヴよりも3度のオクターヴが好ましく思われたとしても、それは欠陥があるものとされるだろう。これは、3度のオクターヴのかわりにバスのオクターヴを使用できないということを言っているのではない。しかしながらそれ以前にわれわれは自分の行っていることを深く確信しなければならない。なぜならこのバスのオクターヴは粗雑な誤りに落ち込むことなく耳にされることはほとんどないのであり、したがってここではしかるべき判断が成されるべきである。もし原理(プランシップ)のことを徹底的に知っているのでなければ、その原理からは決して逸脱すべきではない。

改変　第7章[13]　不規則(イレギュリエール)カデンツについて

　完全カデンツが属音(ドミナント)から主音(ノット・トニック)へと終止するのとは対照的に、ここで問題となっているカデンツはその反対に主音から属音へと終止する。あるいはさらに第四音(ノット)から主音へと終止する。ここからわれわれはこのカデンツに不規則(イレギュリエール)という形容辞を付与するものである。

　われわれはここで提示すべき新たな不協和音程を有しているが、この不協和音程についてはまだ言及されていない。確かに経験豊かな音楽家の大部分は首尾よくこのカデンツを実践しているはずであるが、このカデンツは単に和声(アルモニ)において魅力的な多様性の原因となり、優美な歌謡(シャン)を生み出す根拠となるだけではない。さらにこのカデンツは四声部、あるいはそれ以上の作品にとっての大きな貯えであるのである。したがってわれわれには、偶然にもこのカデンツを慣用となした最初の人々をただ称賛することができるのみである。

　問題となる不協和音程はバスに対するものではない。それは協和音程である6度であるが、しかしそれゆえにこのバスの5度と共に不協和音程を成すものである。したがってこの不協和音程は上行して解決させざるをえないものであり、そのことをわれわれは以下で証明することに努めることにしよう。

　完全和音にこの6度を付加することによって形成される和音は、大六の和音と呼ばれる。この和音は七の和音に自然な仕方で由来するものである[14]。しかしながらこの和音はここではオリジナルのものとして見なされるべきである。それに反してほかのすべての点においてはこの和音は、自

13）〔訳注〕この第7章は巻末の「補足」において改変・加筆されたものをここに訳出した。
14）第1巻第8章第4項を見よ。

らの起源を最初に引き出しているもととなってい　　る和音の本性と諸特性に従うはずのものである。

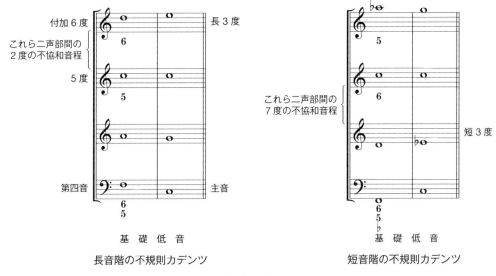

譜例Ⅱ-6

　このカデンツを開始する音がトニックの方へ向って進行し、このカデンツを終止する音が属音に向かって進行できるようにするためには、この後者の音につねに長3度を付与するだけでよい。したがって音階の相違はそこに現れるであろう第一の音、この場合、トニック上でのみ明らかになるものであり、この音は長3度も短3度も分け隔てなく支えうるものである。

　マソン氏はこのカデンツについてわれわれと同じようには語らないのであるが、この点に関する譜例を挙げている。しかしこれは転回を通じたものであり、そこでの諸和音の起源を氏は無視している。というのは氏は（A）の三全音をその基礎に対する4度が横の並びの力を通じて変位させられたにすぎないものとして扱っているが、しかしさらに良いのは、基礎低音との関連でいえば、これは基礎に対する6度でしかないとすることである。

マソン氏の譜例
ここでは付加された基礎低音を通じて、不規則カデンツが
転回されていることが認識されるであろう[15]。

付加された基礎低音

＊6度の不協和音程
†3度

譜例Ⅱ-7

---

15) マソン、『音楽の新教程』、99頁。

ザルリーノはこのカデンツについてはまったく言及していない。そしてマソン氏がこの点について言及する際には、氏はこのカデンツに不完全アンパルフェという形容辞を付与している。ド・ブロサール氏も同様であり、氏が不規則という用語を使用するのは諸カデンツの慣例を明確にするためだけである。氏は次のように言う[16]。「不規則カデンツと呼ばれるのは、その場で取り扱われている音階モードに本質的な弦のうちの一本にその終止がないようなもののことである。」氏がここで指摘すべきであったのは、「音階に本質的な弦」というのが主音あるいは最終音、その3度と5度であることであり、「不規則」という用語はカデンツの部類に適用されるものではなく、単にこのようなケースで使用されうる異なる諸カデンツの用法を示すだけのものであった。それゆえわれわれは異なる諸カデンツの選択に関しては不確かなままでいて、このケースにおいて諸カデンツのそれぞれに同等の見解を付与することとしよう。したがってこの用語はカデンツの部類を明らかにするものではないのであり、それゆえに明らかにされるのは横の並びモデュラスィヨンなのである。この点を通じて、最初の旋法モードの本質的な諸弦からこれらのカデンツが遠ざかるやいなや、横の並びが不規則であることが理解されることが主張されているのである。ド・ブロサール氏が往時の人々のこのパッセージを訳している際には以下のことに注意を払っていなかったことは明らかである。すなわち、彼らの横の配列モデュレの仕方はわれわれのとは非常に異なること、彼らは経験がなかったために視野が狭かったこと、彼らは不規則という用語を単に最初の旋法モードとは縁遠い諸カデンツにのみならず、歌謡シャンの範囲にも適用していたことである。この範囲というのはもっぱら声の範囲のみに依拠するものであり、一言でいえば、少なくともザルリーノの音楽と関連付けてみるのであれば、彼らのあらゆる音楽は開始時と同じ旋法上でのみ継続され、終止していた、ということである。つまり、当該の旋法の外で諸カデンツを実践することは彼らの間では、こ

れを誤りと言わず、一つの不規則性だったのである。しかし、真実の良き横の並びを知ることで十分幸運にめぐまれているわれわれの間では、ある音階モードから別の音階への適切な移行の仕方を知り、このことを通じて和声に新たな多様性を付与する方法を知るのは、一つの完全性である。またかつてこの往時の人たちはこの良き横の並びのことをあまりに知らなさすぎたので、こうした欠点を覆い隠すための諸規則を無際限に考案したのであるが、現在ではこれらの規則はわれわれの幸運な諸発見によって無益なものとなった。もしド・ブロサール氏がこのケースにおいて、彼自身が往時の旋法モードと現代の音階モードについて述べていることを想起したのであれば、彼が不規則と呼ぶこの種のカデンツにいくつかの修正を加えたであろうことにわれわれは疑念を抱かない。

　もしかするとある人たちは、ここで俎上に挙げられているのは問題となっているカデンツに関する名称の論点だけであり、われわれは慣例に従う方が良いのではないか、と言うかもしれない。この慣例がしかるべく打ち立てられたものであれば、われわれもそれに合わせることができたかもしれない。しかし実践音楽家たちは自らの技芸アールの諸用語にはあまりに気に掛けないので、彼らはそれらの用語に大して配慮せずにいつも混同している。彼らはここで、彼らにはそのように思われることにつねに喜びを感じ、そのために彼らと論争をしようと望む者たちを混乱させてしまうのだ。そして最後にはその当の彼らがこの点について書いていた際には、彼らは理性レゾンというよりも空想ファンテズィに従っていたのである。たとえばもし慣例と結び付けられるべきであるのであれば、このケースにおいてはザルリーノこそが、彼以降に著作を残した他のどんな者たちよりも、われわれの導き手であるべきであることをわれわれは深く信ずるものである。この著者はもっぱら完全カデンツについてのみ言及するのであるが、この完全カデンツが転回された諸カデンツをCadenze fuggite[17]と呼んでいる（これはわれわれが中断カ

---

16) ド・ブロサール氏の『音楽辞典』、「irregolare」という用語について。
17) ザルリーノ（『調和概論』）、第3部、第52章、254頁。

デンツの名によって理解すべきものである）。そ
れゆえにわれわれが不完全という用語によって区
別すべきなのはこれらの種のカデンツのことであ
る。これはこのようにしてザルリーノの考えから
より離れないでいられるようにするためである。
というのは、もしこれらのカデンツに中断という
用語を適用すると、この用語はわれわれの言語に
おいては適切ではないからだ。なぜならこの用語
はわれわれに完全カデンツのある種の中断につい
てあらかじめ告げ知らせるものだからだ。完全カ
デンツは確かにその転回された諸カデンツにおい
ては見いだされず、現代のあらゆる者たちが中断
カデンツと呼ぶカデンツにおいて見いだされるの
である。そしてこの著者は不規則という名称を、
われわれにとっては極めて規則的なものに与えて
いるので、より適切な適用の仕方を模索しなけれ
ばならない。実際のところ、ここで問題となって
いるカデンツの進行は、完全カデンツの進行と比
べれば、まったく不規則なものである。完全カデ
ンツの基礎低音が5度下行するのに対し、他方の
カデンツはそれとは反対に5度上行する。一方の
不協和音程が7度を成し、下行して解決されるべ
きであるのに対し、他方の不協和音程は6度を成
し、上行して解決されるべきである。不完全と呼
ばれるべき諸カデンツにおいては、不完全性が見
いだされるのはもっぱら基礎低音が削除されてい
る点か、あるいは移置または転回されている点だ
けである。というのは、不完全と不規則はほとん
ど同義語であるにもかかわらず、不完全の方が不
規則よりも完全により近いように思われるか、あ
るいは少なくともそうした情勢にあるように見え
るはずである。

　このテーマについてはあまりに多くのことが語
られた。より確固とした話題に移ろう。

　ここでさらに問題となるのは、この技芸のあら
ゆる熟練の大家たちによって実践されているある
不協和音程のことである。その不協和音程の効果
というのは、完全カデンツにおいて使用されてき
た不協和音程よりも耳にとって不快であるわけで
はない。つまりこの不協和音程の助力というのは
和声と旋律において称賛に値する有用性を有する

ということである。しかしながらこのテーマに関
してはこれほどまでに沈黙が守られてきたので、
すでに証明済みの経験に、使用されるべきその
慣例についてさらに確信させることができるよ
うなあらゆる根拠を結合させることなしにやり過
ごすことができるとは、われわれには思われな
い。

　この不協和音程が生じうるさまざまなケースの
ために、それらを異なる名称で識別することが強
いられるなら、それは実践をより容易にするため
のことである。なぜなら基礎においてはたった一
つの不協和音程しか存在しないのであり、他のす
べての不協和音程は直接的にせよ間接的にせよこ
こに由来するからである。それは以下で学習され
るであろう。7度という名称でわれわれがすでに
明言してきたこの不協和音程は、さらに2度とい
う音程においてもより容易に認められるものであ
る。これはまったく一つの音程である。なぜなら
2度は7度の転回であり、このケースにおいて
和声比が遵守している称賛すべき秩序をここで
繰り返さざるをえない。すなわち、最初の数分割
においてすべての協和音程をもたらすと、これら
の協和音程はついに長3度の分割においてこの傑
出した不協和音程をわれわれにもたらすのであ
る。和声に関する限り、長3度の分割においてこ
れらの諸特性は汲みつくされるものである。

　経験はわれわれに以下のことを証明している。
すなわち、2度音程を共に形成する二つの別の音
の間にはいかなる音を差し挟むこともできないこ
とである（ここで問題となっているのは、和声と
旋律の慣例に適したディアトニックな諸音のこと
だけである）。このことは結果として、これらの
二つの音がより近接することができないことを証
明している。もしここでわれわれにこれらの音を
しばらくの間固体のように扱うことが許されるの
であれば、これら二つの音は隣り合っていて、い
わば衝突しているものということができるであろ
う。というのはこれは、これらの音が耳に対して
生み出す効果と一致して非常によく耳に聞こえう
るからである。というのはわれわれは、不協和音
程は耳とぶつかると言うことに慣れているからで

第7章　77

あり、これは目に関するのと同じであり、組み合わせの悪い色彩は目とぶつかると言われる。諸感覚に割り当てられるのは、それらの諸感覚のそれぞれが把握することのできる対象物が生み出す効果であるからである。諸音の衝突というこの見解がわれわれの純粋な思いつきでないことをさらによりよく確信するためには、シンコペーションという言葉が文字どおりに何を意味するかを調べさえすればよい。この語は基本的に不協和音程の用法にあてがわれている。実のところこの用語はギリシャ語の **Syn** と **Copto** という二つの語から構成されており、前者は「共に」を、後者は「私は叩く」あるいは「私は衝突する」を意味するものであり、この不協和音程が耳にされるその瞬間にショックが感じられたことをよく知らしめるものである。ド・ブロサール氏が「シンコペーションの音〔ノット〕は小節の自然な拍と、それらの拍を刻む手を、いわば叩く、あるいはそれらと衝突する。」と述べたとき、彼はこのことを部分的に証明したかったのであるが、しかしながら上記の発言においてはこの著者がこれらの音の想定上のショックから疑いなく生じる二次的な原因にしか言及して

いないことが指摘されうる。というのは、別の音符と衝突するこの音符〔ノット〕が（ここでは音符を音として受け入れている）同時にその小節の自然な拍においてそのショックを感じさせ、その結果それらの拍を刻む手においても感じさせさえすれば、このシンコペーションの音符はその小節の拍といかなる関係も有することができるからだ。

さらに前進することが望まれるのであれば、いわばこれらの音のショックに起因するこの効果が固体のショックと大いに関係があることに気が付かれるであろう。それはパルディー神父の次の二つの命題と一致するところである。

「運動中の物体〔コール〕が固定された別の物体と出会うと、その固定された物体に自らの動き全体を付与し、自ら自身は不動に留まる。

ある硬い物体が別の揺らぐことのない物体にぶつかると、その動き全体と共にはね返る。」

前者の効果は、何らかの仕方で、予備された不協和音程にみられるものであり、後者の効果は予備されていない不協和音程にみられるものである。

譜例 II-8

　数字はそれぞれの上声がバスに対して形成している諸音程を示している。また＼／のように引かれた線は不協和音程の進行を指し示しており、これは下行と共に上行においても同様である。Bと記されている諸音は予備されている不協和音程であり、Fと記されている諸音は予備されていない不協和音程である。

　ここで問題となっている効果をよく判断するためには、この譜例において不協和音程Bは不動であり、その一方で協和音程Aがこの不協和音程とぶつかっていることを指摘するだけでよい。そしてこのショックの直後で動かないままに留まっている協和音程がこの不協和音程にCへと移行するようにと強いている。このCは実際この協和音程が移行することが可能であったであろう場所であるのだが、しかしこの不協和音程が自らの場を占めたためにそうすることはできない。したがって協和音程が不協和音程に自らの動き全体を付与しているように見えるのである。そして協和音程Dは明らかに揺らぐことのないものであるが、不協和音程Fからショックを受け取ると、協和音程の始まりであったGへとこの不協和音程に戻ることを強いる。したがってここでもまた、不協和音程は揺らぐことのない協和音程にぶつかった後で、その動き全体をともなってはね返っているように見えるのである。

　以上のことからわれわれは、不協和音程の進行はその不協和音程のもっとも近くにある協和音程に依存していることを確認する。しかしこれですべてというわけではない。各協和音程はさらにその完全性の程度にしたがって作用するものだからである。

　この完全カデンツにおいてオクターヴのAとDはその基礎(フォンダマンタル)を代わりに表すものであるが、BとFの7度に下行して遠ざかることを強いている。また不規則カデンツにおいてはDとAの5度は、

第7章　79

この不規則カデンツが完全カデンツの質の劣ったものであるのと同様に、オクターヴの質の劣ったものであるがゆえに、まさにそのように作用する。したがってこの5度こそがFとBの6度に上行して遠ざかることを強いるのである。ここで以下の点が顕著に確認されるであろう。すなわち、7は8と衝突すると下行せざるをえない。同様に6は5と衝突すると上行せざるをえない。さらにCとGの3度は、不協和音程の硬さを和らげるので、あらゆる局面で自らが生じさせた不協和音程の助けとなるものである。これは第2章66頁の言及と一致している。

ここまででわずかなりとも注意が払われたならば、前掲の譜例に含まれる和声が予備されているあるいはされていない不協和音程に関して使用しうるもっとも完全なものであることは明らかであろう。ここではそれらの和音が完全なものと見なされるために補われうる諸音には配慮しなかったが、それは以下の点を想起してのことであった。すなわち、和声の原理(プランシップ)はもっぱら完全和音に存するのであるから、不協和でないいかなる新たな音も完全和音には付加できないこと[18]、この付加される音というのはその音のもっとも近くにある協和音程に対してのみ不協和であること、それゆえにこの不協和な音の進行を決定するのはこの協和音程であること、そのもっとも近くの協和音程に付与されている諸特性以外は有していないこの音はそれゆえに、原理の一部を成すこの協和音程の助けなしに行動することは不可能であること、である。したがって以下の点に同意せずにいることは不可能であろう。つまりもし経験が認めるように不規則カデンツの最初(プルミエール)の完全和音に6度を付加するのであれば、この6度は上行して解決されることが絶対的に必要である、という点である。なぜならこうしたケースにおいてこの6度は必ず長音程であるからである。そしてこの不規則な進行の原因は、完全カデンツにおいて7度が下行して解決することを強いられるような諸音の配置に類したものからもっぱら生じるものであることにも同意されなければならない。なぜならこれらの二つの不協和音程がその基礎において互いに異なるのであれば、それはそのそれぞれにもっとも近い協和音程との関係におけるのみであり（なぜならこれらの不協和音程は等しく、それらが付加される協和音程に対して2度、あるいは転回による7度を形成するからである）、それらの不協和音程はそれらの音程が生み出されたもととなった音程、すなわち3度という協和音程に対する硬さを共に失うことになるからである。

この点に関しては以下のように反論されるかもしれない。すなわち前掲の譜例の諸進行は、予備されていない不協和音程に先行する協和音程との関連においても、協和音程Aが移行しえたであろうとわれわれが述べた協和音程Cとの関連においても恣意的なものである、という反論である。それに対してはわれわれは以下のように答えよう。もしもそれらの進行が、最良とは言わないまでも、良いものであるのであれば、それ以上に要求されるべきことはないのである。

ここまでの3章でわれわれが言及してきた三つのカデンツには和声が有するより本質度の高いあらゆる事柄が含まれている。それは単にあらゆる和音やそれらの進行がここから引き出されうるというだけでなく、ここに真の横の並びの起源が見いだされるのである。あらゆる協和和音は完全和音の中に含まれ、あらゆる不協和和音はこの完全和音に付加される新たな音から生じる。ここから七の和音が形成され、これがあらゆる不協和和音を包含するものである。というのは、われわれがすでに見たとおり、大六の和音は不規則カデンツのこの最初(プルミエール)の完全和音に6度が付加されることによって形成されるものであるが、七の和音として還元が可能なものだからである。それゆえに知識を深めることを望む者はこれら三つのカデンツのさまざまな諸特性に専念すべきである。なぜならこれら三つのカデンツに何らかの仕方で属する事柄についてはわれわれはもはや言うべきことをもたないからである。

---

18) 第14章〔訳注 第16章の誤り〕、第1項、95、96、97、98頁（本書100-103頁）を見よ。

第8章　転回によるカデンツの模倣について

　転回によってカデンツを模倣したいときには、大抵は基礎低音(バス・フォンダマンタル)が省略されるべきであり、バスには適当と判断される他の声部が選ばれるべきである。そうすることによって、たとえば基音(ソン・フォンダマンタル)と5度というように、ともにあってすこしも不協和でない諸音の進行を多様化することになる。それらの異なる諸声部が順にバスあるいは上声部を形成することに関しては第3巻で説明される。バスの声部に、その基本和音(アコール・フォンダマンタル)に含まれる音を基音(ソン)の代わりに配置することによって、われわれは想像しうるあらゆる旋律(メロディ)を引き出し、和声(アルモニ)を多様化するものである。その歩みの下でわれわれは歌謡(シャン)と和音の数えきれぬほどの連続(スュイット)を見いだす。この連続から好みに応じて楽曲が形成されるのであり、転回がもたらす多様性によってこの連続は聴衆の意識をたえず覚まさせるのである。この転回に対して鋭敏になった者でさえもその起源を汲みつくしたわけではない。転回の規則と譜例自体は、さまざまな和音、譜例、規則と同じだけ存在する。ある者は、7度は3度、5度、オクターヴ、6度を通じて解決する、という。別の者は、偽5度は3度、5度、三全音、9度を通じて解決するという。ここにおいて上行、下行、保留は問われない。各声部は、それらが単純にして理解可能な統一体に包含されうるときにはことさらに取り出されて引用され、そうすることによって結局、学(スィアンス)は曖昧にされるのである。もし7度という不協和音程が偽5度、2度、9度あるいは11度と区別されうるなら、そして7度がさまざまな音程によって解決されうるなら、それはバスの異なる進行にのみ由来するものであり、このバスは、基本和音から引き出される諸音(ソン)を移行することによって、諸音程間にまた別の様相を付与するものである。なぜなら比較はその引き出された諸音(ソン)との間に成されるものだからだ。しかし和音自体は、異なる配置にはなっているが、いつもそのままであり、その進行もまったく変化をすることはない。もし音程が外観において異なってはいても、音程はもとの和音の形と比較されるのであり、その音程はいつも同じであるだろう。われわれが譜例において下部に配置しようと配慮している基礎低音はその確たる証拠であり、われわれがそう望んでいるように、これらの事柄に鋭敏であることこそが重要なのである。

第9章　カデンツを模倣しながら回避する方法について

　ある一つの声部においてのみカデンツを模倣するということは、そのことがすでにカデンツを回避していることになる。しかしわれわれはより的確にこの回避という用語を使うことにしよう。これはカデンツを形成する諸和音のうち、変更を加えることが認められている和音において用いられる用語である。以下に続く説明に従ってこの回避の方法は極めて単純な原理(プランスィップ)に還元されうるのだ

が、しかしこの方法には際限がない。

協和和音は3度の付加によって変更が加えられ、そのことによって7度という不協和音程がもたらされる。この不協和音は、ドミナントにおいて自然に見いだされる長3度を短3度とすることによって変更されうる。こうすることによって、いかなる混乱ももたらすことなく、和声(アルモニ)と歌謡(シャン)に非常に長い連続性を導くことができる。

何よりもまず、トニックという名称は完全和音を支える音にのみ、そしてドミナントは七の和音を支える音のみに与えられるものである、ということが指摘されなければならない。主音(ノット・トニック)は、3度が長音程でその3度が7度と偽5度を形成するドミナントの後にしか姿を現すことはできない。さらに、ドミナントの3度が長音程ではなく、この3度と7度との間に偽5度あるいは三全音の音程が生じない場合には、このドミナントはまた別のドミナントによって引き継がれることができるのみである。それゆえに七の和音において偽5度あるいは三全音の音程を含むものはドミナント・トニックと呼び、これらの音程が生じない七の和音は単にドミナントと呼ぶことによって、両者を区別するのは適切なことである。したがって七の和音の異なる構成によって、まず第一にカデンツとその模倣を識別し、後続する音がトニックなのかどうか、そして各音が支えるべきは和音とはいかなる和音なのかを知ることができるようになるだろう。というのはバスの基本的進行において重要となるのはもっぱら諸基本和音(アコール・フォンダマントー)であるからである。

さしあたって完全カデンツからはじめるならば、われわれはまずここから確固とした一つの原理を引き出すものである。その原理とは、このカデンツの進行全体において5度下行あるいは4度上行（これは同じことである）する、ということである。最初の音は七の和音を支えることができるし、そうでなければならない。もし偽5度あるいは三全音がこの和音の3度と7度の間に生じないなら、後続する音は主音でないことは確実である。それゆえにその後続する音はさらにまた七の和音を支えなければならず、3度と7度の間にそれらの音程のいずれかが生じるまで、あるいは主音が後続することを導音(ノット・サンシーブル)が決定するに至るまで脈々と続くことになる。もし5度の音程で下行しようとしている最初の音のうちに七の和音がわれわれにそれとなく聞こえるならば、その5度下行の進行も同様に七の和音の後にほのかに耳にされているのである。ただし、中断カデンツ(ローンプ)の模倣や、以下で言及するいくつかの許容(リサンス)が意図されている場合は例外である。同様のケースにおいて七の和音の数と、バスが進行すべき音程の数を制限するのは横の並び(モデュラスィヨン)でしかない。

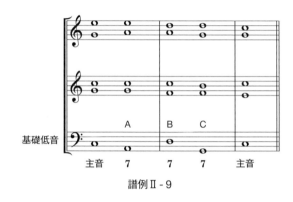

譜例Ⅱ-9

A、B、Cの諸音はそれぞれ七の和音(ノット)を支えている。ここでAからB、BからC、Cから主音へは同じ進行が見てとられるだろう。このようにABとBCはある種の完全カデンツの回避を示している。この回避はこれらの七の和音にみられる短3度によるものであり、そしてCに至って長3度によって強調される。この長3度が三全音という音程を導入するものであり、ここで主音上の結末(コンクリュズィヨン)が決定される。この完全カデンツの回避の方法はさらに広く適用することが可能である。たとえば、調を変えたり、7度を付加することによって主音をドミナントと見なすことによって、である。もしここで付加される7度が偽5度や三全音の音程をもたらさないなら、この主音はたんなるドミナントとなる。もしそうでなければ、その主音はドミナント・トニックになる。このようにすべては良き横の並び(モデュラスィヨン)に導かれるときには自由である。主音をドミナント・トニックと見なすこ

とによって、和声にクロマティック類〔ジャーンル〕が導入されることになる。この点に関しては第3巻で言及しよう。

不規則〔イレギュリエール〕カデンツは最初の和音において回避されえない。なぜならわれわれはそこで耳にされる不協和音程を短から長へ、あるいは長から短へと変更させることはできないからである。しかしこの回避は二番目の和音において、それに6度や7度が付加することによって成されるだろう。これはまた別のカデンツを準備するものであり、そのカデンツもまた回避されうるものである。このようにして以下続いていく。

中断カデンツは完全カデンツと同じように回避される[19]。異なる点は、もし最初の音の長3度を短3度に変更すると、後続する音はドミナント・トニックとは見なせない、ということである。こ

こでも適切な判断が下せなければならず、中断カデンツにおいては先行するものとして配置されていたようにその最初の音を見なすのでなければならない。

完全カデンツと中断カデンツを模倣においても回避できる方法というのは、それらのカデンツの後続するすべての音の7度の場所に6度を付加する仕方である。このためには5度が先行音のオクターヴあるいは3度によって予備されていればよい。なぜならこの5度はこの不協和音程の高音〔ソン・エギュ〕を表すからである。この付加6度によって生じる和音は、大六の和音であり、七の和音が転回されたものであるから、ここから不規則カデンツを引き出されうる。あるいは転回によるものであれば、完全カデンツあるいは中断カデンツの回避の模倣が引き出されうるものである。

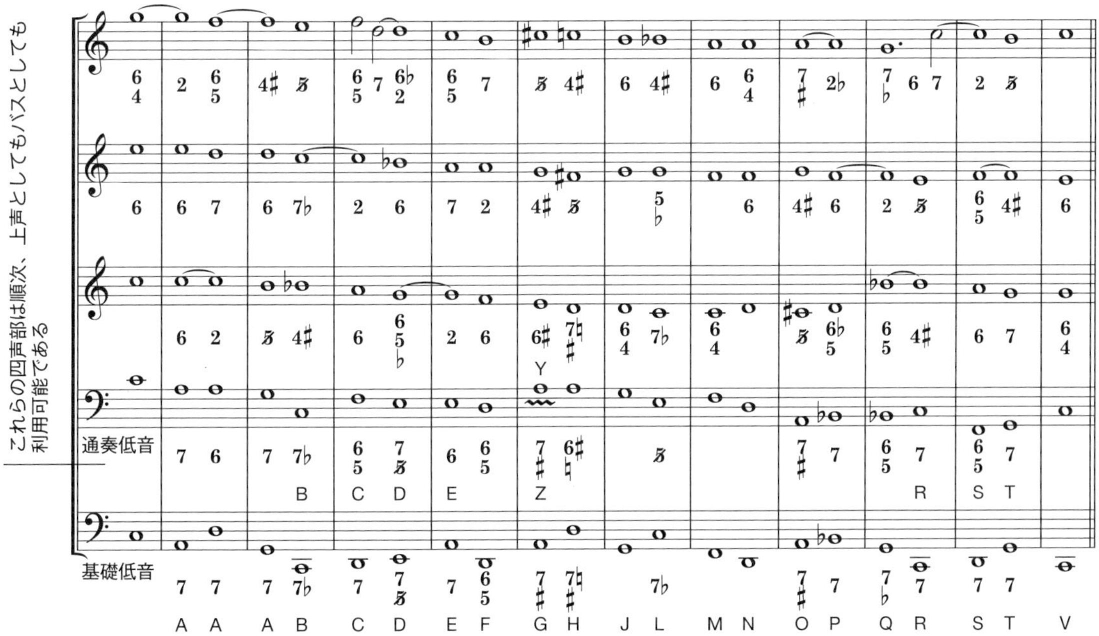

譜例Ⅱ-10[20]

---

[19] 〔訳注〕「補足」ではこの段落について、最初の第一文だけで十分であり、残りは削除されるべきであると指摘されている。
[20] 〔訳注〕ここに掲載したのは「補足」において改変された譜例の方である。

A. A. A. D. E. F. S. T. 回避された完全カデンツ。ここでは先行和音に、基礎低音(バス・フォンダマンタル)から数えて3度と7度の間の和音には偽5度も三全音も見いだされない。

B. C. O. P. R. S. 回避された中断カデンツ。基礎低音の後続の音、つまりC. P. Sに7度が付加されたもの。

B. C. R. S. 回避された完全カデンツ。通奏低音(バス・コンティニュ)の後続音に6度が付加されたもの。

C. D. 回避された中断カデンツ。基礎低音の先行和音に偽5度も三全音も見られず、D音の完全和音に7度が付加されたもの。

D. E. S. T. 通奏低音における回避されたカデンツの通常の連続(スュイット)。

F. G. 7度をG音に付加することによる回避された不規則カデンツ。ここでは、第13章で言及されるある種の許容が見てとれる。さしあたっては、もしYの部分をバスとして使用したいのであれば、同じ拍内にみられる音を頼りにというよりも、Zを道しるべとしてその下でYを進行させるべきであろう。

A. B. G. H. J. L. 後続和音において短3度にされる先行音の長3度は、後続和音に偽5度をもたらし、B、H、Lの諸音は主音に対するドミナント・トニックと見なされるようになる。本来このドミナント・トニックは、主音であるべきものなのだが。これはクロマティック類が実践される際にそうなるのであり、次章で初めて言及されることになる。さしあたってはこの箇所において諸上声部の内の一つが半音(セミ・トン)の間隔で下行することに注意せよ。

E. F. 回避がE音上の短3度と、F音上の6度を通じてなされている完全カデンツ。しかしながらここでは7度を付加する方がより自然であり、特にその7度が予備されている場合はそうである。

N. O. P. Q. これらはまた別の場所で言及する許容である。

M. N. バスと協和的な進行にある、二つの連続する完全和音。

L. M. T. V. 完全カデンツ。

~~X. これらの声部は時に、オクターヴ上か、オクターヴ下に移置されるのが良い。それはそれらの声部が自然な音域に再配置されるためである。これはオクターヴの連続と5度の連続をもたらさない限り良いとされる。~~[21]

基礎低音が取り払われることによって、各声部はバスとして使用されうる。そのようにして、各声部に数字付けをするように取り計らうなら、諸基本和音の転回によって生じる諸和音のさまざまな進行が見いだされることだろう。

多くの連続する不協和音程に満たされた音楽という過ちに落ち込んでしまうことは、ある一つの小さな譜例に述べなければならないことを詰め込むことよりも、不快である。またそうした譜例においては横の並びはあまり規則的ではない。しかしまだこの点については言及するときではない。

諸協和音を実践で用いることよりも容易なことはない。なぜならこの場合バスの進行というのはいつも協和的でなければならないからだ。例外は調(トン)のある種の変化が生じる場合であり、この場合は転回された諸協和音における限り、また二つの音の進行における限り、規則を犯すことが許される。これは横の並びが時と共にわれわれに教示してくれるであろう。不協和音程の実践も同程度に容易である。なぜなら基礎低音という手段によってわれわれは不協和音程が連続する範囲について判断するからである。基礎低音がなくともわれわれは短音程は下行し、長音程は上行すること、そして例外はクロマティック類と不規則カデンツであることを知っている。それらを識別するのはわれわれが提示する諸規則に従えば簡単なことである。さらにわれわれは続く第3巻において、これらを実践するあらゆるさまざまな方法を簡潔にして単純な諸例を通じて明らかにしよう。和声に関する基本的な諸規則に一度通じてしまえば、想像しうるあらゆる歌謡をそこから引き出すようになる。そしてその歌謡と適合しない諸和音

---

21)〔訳注〕この段落には手書きで全体に斜線が引かれ、巻末の「補足」でも削除が指示されている。

を何の困難もなく調整するようになる。二声部あるいは三声部の楽曲においては主題にもっとも適した協和音程あるいは不協和音程が選ばれるようになる。またこれらの複数の声部で効力を発揮させたいと思っている良き歌謡に適した協和音程と不協和音程も同様に選ばれるであろう。そして現在使われている諸和音を完全なもの(コンプレ)とすることができるような諸音(ソン)が無視されるようなことは決

してない。誤った規則を引き起こす原因となるのは知識不足だが、その誤った規則とは名手たちの間違いにおいてしばしば生じてしまったものであり、通奏低音に数字付けをしたり和音を使い果たそうとそれらの名手たちが望んだときに、その熟練の腕ゆえにそれらの誤った規則は通用しているのである。

第10章 下置和音(アコール・パル・スュポズィスィヨン)について
この和音を用いると模倣によってさらにカデンツを回避できること

　下置和音(アコール・パル・スュポズィスィヨン)の本質を知るためには、まず諸和音に割り当てられた境界範囲について確信していなければならない。さて、もしすべての和音が5度と3度から成るのであれば(これは第1巻第7章と第8章で言及したとおりである)、和音はすべて5度の自然な分割に従うことにより、3度によって分割されるということは確かなことである。また、オクターヴの二つの音(ソン)が完全な和声(アルモニ)の形成のために両極として役立つのであれば、オクターヴの両極を超える音というのはオクターヴの範囲(レプリック)内に収められる音の複音程でしかないのだから、オクターヴはすべての和音の境界となるべきである。さらに、和声の基礎(フォンドマン)というものは完全和音の低音(ソン・グラーヴ)の内に存するのだから、七の和音および7度の不協和音程をつくりだすために3度を付加したとしても、その基礎は必ずそこに存在していることをわれわれは見る。このことは、この不協和音程はオクターヴの範囲を超えることは少しもなく、また3度の付加は先に提示した分割の方法をいささかも損なうものではないのだから、なおさらである。しかし、ここでさらに3度を付加してしまうと、和声の基礎は混乱してしまうだろう。なぜならその和声の基礎とこの四番目の3

度の付加との連関が、オクターヴの範囲内にある音との関係性(ラポール)ともはや区別がつかなくなってしまうからである。オクターヴの範囲からすれば、この最後に付加される3度というのは複音程でしかない。したがって、これ以上の3度による分割は中断されるだろう。なぜなら9度あるいは11度というのはいつも2度あるいは4度を表すことになるからだ。もしこの表し方を考慮に入れることを望まず、これらの音程をたんに9度あるいは11度と考えるなら、その結果原理(プランスィップ)はどうなってしまうであろうか？　なぜならそのときそれらの音程はオクターヴの範囲を超えてしまうのだが、オクターヴとは原理であり、(ザルリーノに従えば)海(スルス)であり、あらゆる音程の源であり起源(オリジーヌ)である。

　もし七の和音に第五番目の音を付加することができるのであれば、それはその和音の下方にであって、上方にではない。またそうすることによって、この付加音は、この付加音のすぐ上に見いだされる基音(ソン・フォンダマンタル・スュポゼ)の下に置かれるであろう。したがって、われわれはこの付加音のオクターヴ内に源(プランスィップ)を探し求めることはなく、その付加音が下に置かれる(スュポゼ)基音のオクターヴ内に見いだすも

のである。このようにしてわれわれは先行する和音と後続する和音の進行を正確に関連付けることができるのである。下に（一音が）置かれた基音(ス ポ ゼ)の上につくられる七の和音は、以前の和音と同様に転回が可能である。しかしこの付加音が場所を変えることはできず、これは必ず低音を占める。これは他の諸音が、和声によって規定された範囲内に収まる限りで、転回を利用し[22]、互いの場を占めることができるのと対照的である。これら転回可能な諸音は自らが表す音階(モード)における自然な進行に従い、この付加音はそれらと統合されると姿がよく分からなくなってしまうだろう。その結果、この付加音は定数外のものとしてしか見なしえなくなる。なぜなら基本和声(アルモニ・フォンダマンタル)はその付加音なしでも必ずそこに存しているからであり、そこでの諸音の進行はいささかも変更を受けないからだ。

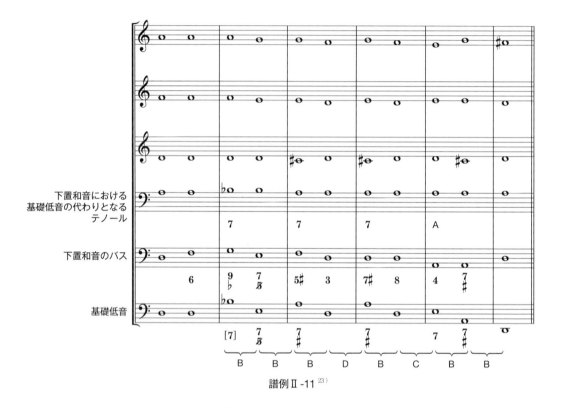

譜例Ⅱ-11 [23]

以下の諸点に注意せよ。1. 基礎低音(バス・フォンダマンタル)の諸音が支えるのは完全和音か七の和音のみであること。そして基礎低音の進行は完全カデンツ（B）、中断カデンツ（C）、あるいは不規則カデンツ（D）と一致していること。

2. 基礎低音の諸音は諸下置和音における別のバスの諸音の上に見いだされること。諸下置和音のバスは**9**、**5♯**、**7♯**、そして**4**と数字が付けられている。なぜ上に見いだされるかと言えば、もしそれらのバスが下に配置されるなら、他のバスの諸音をそれらの和音から削除することが絶対に必要となるからである。これは和声が耳を害することなく自らの完全性の内にとどまることができるようにするためである。

22）第1巻第8章第3、4、5項を見よ。
23）原書では最上部に次の声部が置かれているが、手書きで全体に斜線が引かれ、「補足」でも削除が指示されている。

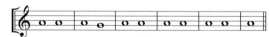

3．基礎低音の諸音は諸下置和音において、基礎低音を代わりに表している声部とユニソンを形成していること。この声部と他の諸上声部との間に見いだされるものは、3度によって分割される七の和音のみである。これらの七の和音の進行はわれわれがすでに規定した進行と一致している。

4．最後に、**4**と数字付けされている十一の和音は通常の作曲においては極度に陽気であるので、極めて頻繁に中間の音(ノット)が削除され、基音と7度という二つの主要音(ブランスィボー)だけが残されること。そして時に応じて短3度か5度が残される。これらの代わりに基音の5度下に置かれる新しい音(ソン)が代用される。このようにして11度が形成されるのであって、これは基音の7度に対する4度ではない。ここにこの和音が混合和音 heteroclite と呼ばれる理由がある。なぜならこの和音は他の和音のように分割されないからである。さらにこの和音は転回されることのない下置和音の諸特性に従う。しかしながら時にはこの和音を構成する諸音(ソン)すべてが使い果たされることもある。

ここでわれわれは、Aと記された下置バス(バス・パル・スュポジスィヨン)の音(ソン)と、同じくAと記されたテノール Taille の音が、基礎低音の下に置かれているのを見る[24]。そしてここで諸上声部は互いの間で七の和音を形成し、これは自然な進行に従う。

この和音と、前の譜例で同じくAと記された和音を比較してみると、前譜例では基礎低音にみられる音をテノールに置くことはまったく困難なことではなかった。それは諸声部のディアトニックな進行に関係してのことであった。しかし、この譜例ではわれわれはすでに言及済みの相違を指摘し、なぜこれを混合和音と呼ぶのかについての理由を挙げることができる。

下置和音に関して今提示したばかりのこれらの譜例を通じて完全カデンツ、中断カデンツ、不規則(イレギュリエール)カデンツは下に（一音が）置かれる(スュポゼ)のだと判断するのは容易なことであり、この方法によってこれらのカデンツの模倣を通じてカデンツを回避することができる。この点に関してはさらに第3巻第32章で言及される。

譜例Ⅱ-12

24）〔訳注〕この原文の一文は譜例と合致しないので、筋が通るように訳出した。

第11章　4̇度と1̇1̇度について

　ここで4̇度と1̇1̇度の違いについて言及するのは適切である。後者の音程はこの名称では知られてこなかったものであり、4̇度という名称といつも混同されてきた。意見が分かれたのはここにおいてであり、ある者たちは4̇度が協和音程であることを望み、別の者たちは不協和音程であることを望んだ。前者は比(レゾン)の秩序に従い4̇度が不協和音程であるとは想像できず、後者は実践において4̇度を協和音程として扱うことに苦労した。そしてわれわれが同意に至らないのであれば、それは理解における誤りにすぎない。

　まず第一に、ザルリーノ[25]は実践において4̇度を協和音程として扱っており、その譜例を挙げ、この点に関しギリシャ人たちの権威と、さらに力強く比(レゾン)の権威に言及している。彼はさらに、二つの4̇度の連続(スュイット)は二つの5̇度とほとんどまったく同じ効果をもたらすまで主張している。なぜなら、(彼が言うには) 4̇度は完全協和音程であり、またさらには(われわれが言及したところに従えば) 4̇度は5̇度の転回だからである。転回に関する文言をザルリーノは付け加えていないが、しかし自らの譜例においてこの点をそうとは気づかないうちに証明しているのである。さらに彼は著書『調和の証明』においてこの点に関する言及をしている[26]。このことは転回の力全体を感じさせるものではないだろうか？　なぜなら彼は、彼と同時代のギリシャ人たちが4̇度を最下声部で用い、バスのために他の協和音程はまったく使用していないと言及しているからである。ここで私は以下の点に留意されるように望む。つまりザルリーノは調和(アルモニ)においてバスというものを認識せざるをえなくなっており、バスがまったく聞こえていないときでもバスが希求されていると証言していることである。それゆえに低音(ソン・グラーヴ)の5̇度としてつねに存在しているこのバス(スー・ザンタンドル)が下に聞こえているとされることによってのみ、転回された和音が耳にとって快であることを証明できるのである。

　ザルリーノはさらに1̇1̇度[27]を4̇度の複音程(レプリック)として、また9度は2度の複音程として挙げている。この点に関して彼は、すべての音程は自らの複音程として二重、三重、四重……の音程を有することを確信しており、それはわれわれがもう何度も言及してきたとおりである。しかし諸特性が異なる音程が混同されてはならない。2度と9度の違いが知られたのであれば、どうして4̇度と1̇1̇度の違いを明確にしないでいられようか？　この違いの方が格段に大きいというのに。2度と9度はともに二つの不協和音程だが、4̇度は協和音程で、1̇1̇度は不協和音程である。2度は基本和音(アコール・フォンダマンタル)の転回に起源があるが、9度はそれとは対照的に基本和音に一音付加されることによって形成される。そして9度は転回不可能であり、予備と解決の仕方が2度とは異なる。これらがわれわれが成すべき区分である。同じように、4̇度は完全音の転回に起源があり、協和音程であるがゆえにその進行はまったく限定されない。1̇1̇度は対照的に七の和音に一音付加されることによって形成され、転回不可能であり、予備と解決が必要とされる。さらにそれらの音程の比(レゾン)はまた別の証明をわれわれにもたらす。それは第1巻第8章第4項55頁ですでに言及したとおりである。そこで述べられたことは、これらの音程から

---

[25]（ザルリーノ、『調和概論』）第3部第60章、61章290、291、292、293、294頁。第5章177、178頁。
[26]（ザルリーノ）『調和の証明』　第二定義のX項。83、84頁。
[27]〔訳注〕この11度に関しては巻末の「補足」に以下のような追記がある。「ザルリーノは同じ章（178頁）において、このテーマに関してはピタゴラス主義者たちはプトレマイオスと論争していたことを伝えている。この点に関しては成されるべき考察が依然として十分にあるであろう。」

成るさまざまな和音との関連において、これらの音程に関して成されるべき区分についてわれわれに確信させるには不十分である。特にそれらの音程が特別なものとして見なされるときには、それらの間にある比(レゾン)に注意を集中せずにはいられない。なぜなら、それぞれの部類における主要な(プルミエ)和音をいつも決定するのはその音程の名称なのであり、その主要和音はこの音程の範囲内に含まれる諸音からのみ構成されるからだ。たとえばそれは七の和音、九の和音、十一の和音であり、最後の二つの和音の名称は増五の和音と増七の和音において(スー・ザンタンデュ)ほのめかされている。それゆえに、転回された和音の中でしか見いだされない4度は5度を代わりに表すものであるがゆえに、4度は協和音程なのである。そして自らの部類における主要な和音を決める11度は、この和音を形成する諸音はこの11度の範囲内に含まれるべきものであるのだから、それゆえに不協和音程なのである。この11度に数字4が割り振られるのは、通常の慣例に従うために成されているものである。

第12章　借用和音(アコール・パル・アンプラン)
借用を伴うことにより、模倣によって完全カデンツを回避できること

　われわれはすでに第1巻第8章第7項57、58頁において減七の和音とその派生和音は、ドミナント・トニックである七の和音の低音(ソン・グラーヴ)からその基礎(フォンドマン)を借用していることを強調しておいた。そしてこのことをより信頼できる仕方で判断するためには、次の二つの譜例に含まれる諸和音の進行を対比してみればよい。ここでわれわれが見いだす相違というのは、7度の低音からその基礎を借用しているその音(ソン)の進行におけるもののみである。なぜならその音は、その音がつくりだす不協和音程にあてがわれる進行に従わなければならないからだ。

次の譜例を見よ

譜例 II - 13

　1．もし上四声部を互いに転回させても、このままの状態でみられるのと同じ状態が見いだされるだろう。異なる点は、ド̇ミ̇ナ̇ン̇ト̇から基礎を借用している第六音においてのみ存するだろう。

　2．われわれはまずオ̇ク̇タ̇ー̇ヴ̇が音符で記されている声部において3̇度を波線で示しておいた。またもう一方の譜例では反対のことが成されており、それはもとの主̇要̇和̇音̇に見いだされる音のもっとも自然な進行を音̇符̇によって示すためにそうされている。そしてこの波線によってこの進行を変更するために行使することのできる自由が表されている。しかしながらそのことによって和̇声̇の基礎はいささかも変化を被ることはない。この点は第3巻でより内容豊かに説明されるだろう。

　3．これらの和̇音̇において行使されうる転回において、低声部を占める諸音はいずれの例においてもいつも同じであることが指摘されなければならない。それは下̇　置̇　バ̇ス̇の二つの声部にみられるとおりである。それらの声部のそれぞれと上四声部は下̇　置̇　和̇　音̇を形成する。それらの間にある相違点は第六音によるドミナントの借̇用̇にのみ存している。これが、これらの和音が短調においてのみ自由な裁量に委ねられている理由であり、適切な主題にこれらの和音を適用するかどうかは作曲家たちの良き趣向次第である。この点は以下で引き続き見ていく。

第13章　不協和音程の進行のための規則
これは諸基本和音(アコール・フォンダマントー)の進行から引き出される

　われわれはすでに、不協和音程は3度の性質に従って二つの種類で識別されると指摘した。3度から不協和音程は生み出され、そして同時に不協和音程は3度の諸特性に従うものである。つまり、長不協和音程は上行し、短不協和音程は下行する、ということである。しかしわれわれはさらに諸和音の自然な連続(スュイット)において短不協和音程は必ず一つの協和音程に先行されるものであることを指摘しよう。この協和音程自身は場を変えることなく、協和音程として聞こえるまさにその音度にとどまりながら、この不協和音程をつくりだすのである。われわれがこの不協和音程の進行として定めるべきは、これに後続すべき音程との関係においてのみではなく、これに先行すべき音程との関係においてでもある。これをわれわれは解決と予備と呼ぶ。5度下行というバスのもっとも完全な進行において、3度は不協和音程の予備と解決をするが、この不協和音程とは（周知のように）基本和声(アルモニ・フォンダマンタル)における7度のことである。下行する3度と7度の進行においては5度とオクターヴがこの不協和音程の予備と解決を成す。しかし自然な和声(アルモニ)においては3度だけが7度という不協和音程を解決しうる唯一の協和音程である。しかしこの主要な進行の仕方とは反対の進行、つまり今われわれがまさにバスを下行させようとしたその同じ音程でバスを上行させようとするとき、この7度は予備されえない。それゆえに不協和音程の予備の規則は一般的なものではない。耳を害することさえなければ、7度は予備されない進行において聞かれうるものである。

　長不協和音程というのはいつも短不協和音程とともに生じるものだが、その性質を考慮するなら、この両者は一緒に混同されるべきではない。一方の不協和音程を解決するにはその不協和音程は上行させられるべきであり、もう片方を解決するためにはその不協和音程は下行させられるべきである。後者は予備されることを好むが、他方前者はこの配慮を必要としない。ザルリーノは三全音以外の長不協和音程は知らず、さらに彼はただ表面的にこの三全音に言及しているにすぎない。ザルリーノ以後の著者たちは別の事柄についてはよくザルリーノを引用している。しかし誰一人として長不協和音程の起源は七の和音における基音(ソン・フォンダマンタル)の長3度にあると言及したことはなかった。これは、7度があらゆる短不協和音程の起源であるのと同じである。この注意力不足のせいでそれらの著者たちはザルリーノの諸規則を刷新することができなかった。なぜなら彼らは依然としてすべての不協和音程は分け隔てなく予備されるべきだと認識していたからだ。しかし他方、彼らは経験に従ってまったく逆のことを確信させられていた。ド・ブロサール氏やマソン氏の説明がわれわれに証明をもたらすのだが、これらはザルリーノの諸例によって正当化されている。「もしバスがシンコペーションするなら（これはかつては禁止されていたが、今では気がねなく実践されている）、7度はオクターヴに自然な仕方で解決される。あるいは時に5度か6度に解決されることもある[28]。」

　かつては禁止されていたことがザルリーノの時代にはもはやそうではなかったことに注意せよ。さらにザルリーノは、もっとも古い音楽家たちが偽5度の実践をしていたことを付け加え、それは彼が次に挙げる例と一致しているという。その結

---

[28] ド・ブロサール『音楽辞典』110頁。

果、バスのシンコペーションを偽5度に対してするのと、7̇度に対してするのは、同じことである。

「5度は別の5度に後続されうる。それは後者が減音程あるいは増音程の場合である[29]。」

「さらに7度が実践される。それはバスによって予備がなされている場合である[30]。」

「二つの5度の連続が使用されうる。すなわち一つは完全音程で、一つは減音程である。」

譜例Ⅱ-14

ザルリーノにおいてBの和音の連続と同様のものが見られる。
第3部61章294頁。第三の譜例のCantoとTenoreの間である。

譜例Ⅱ-15

譜例Ⅱ-16

注意して頂きたいのは、Cと記されたさまざまな音が同じ単一の和音に含まれているということである。一つの和音内のすべての音を進んでいくのが自由である譜例を挙げるのは、このこと自体が問題でないときには無益なことである。というのはマソンはここで二つの異なる和音のことを言及しようとしているからである。

われわれの本題に立ち戻るためには、まず第一に最初の二つの例のA、Bの7̇度と、次の譜例のBの5̇度を統合する必要がある。こうすることによって、七の和音の譜例に自然な終止(フィナル)をもたらすことになる。

譜例Ⅱ-17

この統合によってこれらの異なる進行がただ一つの原理(プランスィップ)に由来するものであることが分かるだろう。

---

29) ド・ブロサール『音楽辞典』91頁。
30) マソン『作曲教程』77頁。

マソン氏のバス

このバスの終止は自然である

基 礎 低 音

譜例Ⅱ-18

譜例Ⅱ-19

れはバスの自然な進行を転回したことにのみ原因があることが理解されるだろう。S、Tの場所でバスは5度下行する代わりに、5度上行している（ここで、われわれが言及しているのはもっぱら音程の転回のことであって、オクターヴを介して諸音程が有する関係のことではないことに注意されたい）。このようにされることによって、長不協和音程も短不協和音程も予備は成されていない。しかし短不協和音程が色々な規則において予備されるのに対して、長不協和音程が予備されているのは決して見いだされないだろう。

AとBは予備された短不協和音程である。Cは予備されえない長不協和音程である。

不協和音程というものは例外なく必ず予備されなければならないと考える者は、ここで自らの間違いを悟ることになるだろう。なぜならAの場所ではそれを見てとることができないからだ。あるいは、確かにここでは和声のより美しい装飾の一つを台無しにせざるをえなくなっている。その装飾の一つとはつまり、多くの不協和音程を通じて和声を掛留（スュスパーンドル）させることであり、それら不協和音程は協和音程によって予備されている。そしてその協和音程がさらに不協和音程を従えている。この点は次のように言った方がいいのかもしれない。つまり、こうしたことはBのような一番初めの不協和音程に関してしかみられない、ということである。

前の譜例で5度上行させたのと同様にもしバス

これらの声部はともに良き効果をもたらすものである。例外は声部間で二つの連続するオクターヴを形成するときである。それはたとえば、D、FとG、Hの間である。それらがその場所に配置されているのは、そうすることによって協和音程の異なる進行を示すためであり、和声の基礎（フォン）を変えることなく引き出すことのできるあらゆる歌謡（シャン）を示すためである。また同様に、望まれる声部はバスとして使用される。そしてすべては転回が可能である。この転回の起源は基礎低音（バス・フォンダマンタル）から導き出されるものであり、このバスは主音（ノット・トニック）から属音（ドミナント）へ、また後者から前者へと進行するものである。しかもわれわれは、こうした和声の連続から引き出されうるあらゆる歌謡（シャン）をまだ使い果してはいない。しかしもし7度、偽5度、三全音、小6度において不協和音程を予備できないのであれば、そ

第13章　93

を 3̇ 度上行あるいは 7̇ 度上行させるのであれば、その場合にはもはや不協和音程は予備されえない ことが見いだされるだろう。

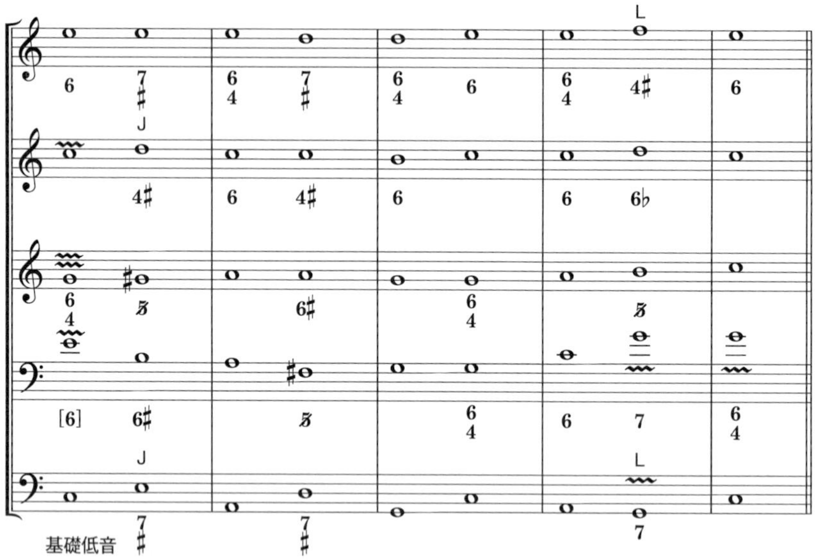

譜例 II - 20

Jの箇所で基礎低音は 3̇ 度上行しており、また Lの箇所では 7̇ 度上行あるいはディアトニックに下行しているので、7̇ 度は予備されていない。これらの進行から他の諸声部で生じている他の不協和音程の進行を引き出すことができる。そのためにはそれぞれの声部を順にバスとして活用してみ ればよい。

波線は諸声部に与えることのできるさまざまな進行を示している。この譜例において諸声部が保持している和声の秩序にしたがって、他の声部の進行はこれらの波線と合致するように成されるだろう。

第14章　3̇ 度と 6̇ 度の進行に関する考察

　3̇ 度は協和音程と不協和音程の性質を帯びている。それは 3̇ 度自身が協和音程であるということであり、また不協和音程の起源が 3̇ 度にあるということである。なぜなら長調と短調は長 3̇ 度の分割から形成されるものであり、そして 7̇ 度は二つの完全和音のそれぞれに短 3̇ 度を付加することから形成されるものだからである。7̇ 度の転回が 全音を生み出すように、全音の転回は 7̇ 度を生み出す。ここからわれわれはすべての和声的不協和音程を引き出す。われわれは、より完全な協和音程によって後続されないときには、これら 3̇ 度とその代わりとなる 6̇ 度の進行を定めるようなことはしない。なぜならすべては 3̇ 度を巡って進行していくからだ。しかし 5̇ 度とオクターヴが

その直後に姿を現すや否や、3度の起源であるこれらの協和音程は3度の進行を決する要素を確定する。つまりもっとも完全な音程であるオクターヴは、短3度よりもいくぶんか完全である長3度に先行されることを望む。そして短3度は、オクターヴよりも完全さにおいて劣る5度に先行されることを割り当てられている。それゆえに長3度はオクターヴへと上行し、短3度は5度へ下行する。これらは3度の自然な特性に従って成されることである。3度に割り当てられている進行というのは（ザルリーノがたいそう強調していたように）半音によるものであり、これはこの音程を通じて3度がもっとも近しいものとなるような半音のことである。そしてこの半音は和声と旋律のあらゆる装飾を成すものである。6度に関していえば、われわれはすでに長6度は長3度の特性に従わなければならないことを知っており、短6度が短3度の特性に従わなければならないのも同様である。

譜例 II - 21 [31]

　Aは完全カデンツを示し、これはBでは転回されている。そしてCは不規則カデンツを示し、Dでは転回されている。われわれの規則は（この譜表にみられるように）いつもこれらの主要なカデンツから引き出されうるものである。この譜表にみられる3度と6度は半音の音程で上行あるいは下行させられることを強いられるのである。さらに7度と長6度が上記のカデンツのそれぞれの例において最初の和音の場を占めることができるのに対し、主要な和音の一部である3度は新たに付加された諸音との関係においては不協和となる。それらはともに偽5度や三全音といった音程を形成し、こうした音程に長・短不協和音程が含まれているのが見いだされる。したがってもしこれらの3度が実際のところ不協和でないのであれば、これら3度は他の諸音との関係において不協和となるのである。そしてこれらの3度は和音を完全なものとするのに役立ち、したがって限定進行を有するべきである。さらにわれわれは、完全和音に短3度が付加されてできた7度は半音下行し、完全和音に付加された長6度は半音上行しているのを目にしている。これはそれぞれにふさわしいことであり、波線によってその進行が記されている。まさにここから、短3度も短6度もオクターヴへは決して上行しないという規則が打ち立てられたのである。しかし基本和声に関して打ち立てられたあらゆる諸規則は、この和声の転回においては文字どおりの仕方では遵守されてこなかった。なぜなら著作家達の大部分はこの規則を誤って適用していたからだ。たとえばザルリーノ[32]、そして他の多くの著者たちは、短3度はユニソンあるいはオクターヴへと下行すべきであると述べたが、これは転回された和声においてでしかみられないものであるのだから、判断を誤ってしまったのである。この場合オクターヴへと下行するのは5度あるいは偽5度である。

---

31)〔訳注〕第三例の "la Sixte 6度" は "la Quinte 5度" の誤りと思われる。
32)（『調和の概論』）第3部第10章182頁。

譜例Ⅱ-22

ザルリーノの適用の誤りは、彼が自らの諸規則を確立する際に一度に二つの声部しか考慮に入れなかったことにこそ由来するものである。そしてこのことはほぼ全般にわたって当てはまる。さらに同じ箇所で彼は長3度は通常5度へと上行すると述べるのだが、これは転回された和声にのみ起源があるものである。ここでこの長3度は7度へと上行するものである。この進行はもっとも自然な和声からは引き出されないものである。

ばならないと指摘しておいたとおりであるが、それがここではまったくみられない[33]。

さらに、3度に適用される自然な進行以外に、長調における不規則カデンツにおいては長3度が5度へと下行することを指摘しなければならない。なぜなら最初の和音に付加されうる6度と長3度は不協和音程を形成せず、この進行を制限するものはそれら3度にもっとも近い協和音程のみだからである。この場合それは5度である。

譜例Ⅱ-23

第2音上の完全和音に7度が付加された回避された不規則カデンツ。ここで長3度は7度へと上行している

回避されたカデンツの転回。ここで長3度は5度へと上行している

ここではたんに完全和音あるいは七の和音を、長3度に後続する5度となる音（ノット）にあてがうことができるが、これが成されうるのはただ許容（リサンス）を通じてのみである。なぜならそれはわれわれが自然な和声において基礎低音（バス・フォンダマンタル）の進行は協和的でなけれ

譜例Ⅱ-24

短3度が上行し、長3度が下行することを禁じてはいないこの規則（レーグル）の真の意味には十分な注意が払われるべきである。この規則はたんに、後者のもっとも適切で自然なのはオクターヴへの上行である、ということを述べているにすぎない。

基本和声に起源を有する諸規則は必ず、基本和声に由来する諸和音の中に存するものである。したがってこの規則によって決定される音程は、その規則の土台となる和音と関連するような音程のことである。それゆえ、3度、5度あるいはオク

33）〔訳注〕次の一文が左欄外に手書きで記されており、「補足」でも同様の追記が指示されている。「さらに、ディアトニックな進行の上での二つの完全和音の連続は良き横の並びの秩序においては何の役にも立たない。」

ターヴは転回された和音では6度、4度などになることが可能であり、この6度も4度ももはやその音程そのものとは見なされえず、上記の規則が打ち立てられたもととなった最初の諸音程を代わりに表すものとして見なされるのである。そしてひとたびこの規則が定着すると、われわれの導きとなるのは横の並び(モデュラスィヨン)のみであり、ここからある諸和音の連続は、他の諸和音の連続から引き出されるものであることが容易に把握される。したがって転回された諸音程は、それが代わりに表しているところの諸音程に割り当てられた進行にたえず従わなければならない。このことをわれわれは原理(プランスィップ)として提示してきた。そうでなければ次の和音の連続は不当なものだということになってしまうだろう。なぜならここでは短6度がオクターヴへと上行しているからだ。

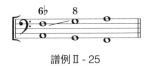

譜例II - 25

しかし基本和声に従えば、これはもはや6度ではなく、オクターヴが5度へと上行しているのだ。

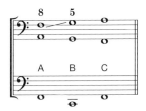

A、Bは不規則カデンツの、B、Cは完全カデンツの基礎低音

譜例II - 26

こうすれば、短3度がオクターヴへと上行することにこれ以上煩わされなくてすむ。

譜例II - 27

しかしながらこれは、基本和声に従えば3度ではなく、5度が3度へと上行しているのだ。

完全カデンツの基礎低音

譜例II - 28

この規則によって基本和音において割り当てられている音程を占めるべき固定音の場と同様に、横の並びも規範とされるべきである。なぜならもしラ調あるいはレ調において短3度からオクターヴへと上行する際には、こうなるからである。

譜例II - 29

これには何の価値もない。なぜならこの規則が打ち立てられるもととなる完全和音が実際のところそれぞれのバス音(ノット)の上で聞こえるからである。これに対して私はこれと同じことをファ♭調あるいはシ♭調で行うかもしれない。なぜなら完全和音の転回である六の和音がこのバス音(ノット)上で用いられるだろうからだ。ここで完全和音が暗(スー・ザンタンデュ)に聞かれ、したがってこれはもはや短3度ではなくなり、上行する5度であるのだ。この章の記述をまた再考するのが大変な人は、一番初めの短6度の譜例を確認しさえすればよい。そこではこの短6度はファ調あるいはウト調におけるオクターヴへと上行しているものである。この例は熟練した者であれば何のためらいもなく実践しているものであり、これはソ調では何の意味もなさないことに気づいている。そしてこうしたすべては、ここでわれわれが言及してきた根拠と合致し

第14章

ている[34]）。

　さらに、もし一つの和音に短3度あるいは短6度が重複して使用されているのであれば、それらの片方には自然な進行とは反する進行が与えられるだろう。その一方でもう片方の3度あるいは6度は規則と一致するものである。

譜例II - 31

　Aにおいては短3度はしかるべく下行している。また同様にBにおける短6度はまず同じ音度にとどまり、そして後続する7度を形成している。しかしこれらの対になっているもう片方の音程は必ず上行しなければならない。そうでなければ二つの連続するオクターヴを回避することができなくなってしまう。さらに、自然な進行に従う音程の方からわれわれが受け取る満足感はまったく完全なものなので、もう片方の音程はもはや定数外の音としてしか見えず、われわれの注意からはそれてしまう。しかしながら不協和音程は決して重複して使用されることはなく、3度は不協和音程を占める場においては同じ規定を受けることになる。特に長3度はそうである。そしてもし短3度がこの例外とされうるのであれば、それは三声部以上の楽曲においてのみ容認される。または主題がこの例外を絶対的に要求する際にも容認される。これは良き歌謡やフーガあるいはある種の模倣との関係を通じて成されるものであり、これらは音楽の美の一部を成すものであるからである。

34）〔訳注：左欄外に手書きで以下のように続く〕さらに短3度はオクターヴへと上行可能である。これは7度がオクターヴとともに暗に聞こえており、そして次の和音においてこの暗に聞こえる7度が自然に解決される協和音程に解決している場合である。「補足」9頁の譜例を見よ。〔訳注〕「補足」9頁には以下の譜例が掲載されており、その後に注釈文が続いている。）「（A）と記された諸音は、バスで数字付けが成されている暗に聞こえている7度を解決すべき音である。

譜例II - 30

ここでは以下のことが確認される。短3度について言及されると同時に、ここから派生する諸不協和音程についても言及されていることである。これは単にバスの異なる配置の仕方から生じるにすぎない。しかしこの点は歌謡の趣向が考慮していることが指摘されなければならない。すなわちこのオクターヴは下置によってしか容認されない、ということである。この点に関しては第3巻で言及される。」

第15章　7度が九の和音から差し引かれるべきケースについて

　われわれが第10章で考察したことに従えば、7度は九の和音の一部を必ず成すべきであるのだが、しかしこの考察はこの九の和音が主 音(ノット・トニック)上に成されるときには当てはまらない。その理由は以下のとおりである。

　9度は、これが導 音(ノット・サンシーブル)に先行されるのでなければ、主音上に形成されることはない。それは導音がバスにあろうが、あるいは和音のいずれかの位置にあろうが、どちらにしてもである。もし導音がバスにみられるなら、周知のようにこの音程は重複して使用されることはない。なぜならこの導音の進行は限定されているからだ。もし重複使用されれば、この重複音も同様に上行し、二つの連続するオクターヴを形成することになってしまう。そしてこの不協和音程がひとたび聞こえれば、導音の後にはこの導音が必ず進行すべきであるところのある音(ソン)が希求される。そしてたとえ導音の重複音が同じ音度にとどまってそしてそのあとで別の音に進行しようとしても、この掛 留(スュスバンスィヨン)は耳に際限なく不快に響く。なぜならこの進行は協和音程から受け取られるべき満足感を損なうからだ。協和音程はここで提示されている不協和音程のあとの第一番目の場所として後続すべきものだからである。しかし導音の重複音が、7度にとって適当であったように、下行するのであれば、導音はそれとは反対に上行するべきである。そうすると今まで主音と言われていたものはもはや主音ではなく、調(トン)が変化する。したがってこの進行は長調でのみ成されうるものである。なぜなら短調においては、任意の音の短3度は7度と同じような性質を見せ、それらの間で増5度の音程をつくりだす。この場合低 音(ソン・グラーヴ)は必ず他のすべての諸音の下にあらねばならない。それに反してこ

こで低音であるべき短3度は上声部に転回形において上声部に位置し、そうすることによって減4度の音程を形成する。この音程は和声(アルモニ)からは絶対に排除されるべきものである。なぜなら、増5度のような下 置(スュポズィシヨン)による音程というのはすべて転回が不可能だからである。これはオクターヴの範囲を超える和音で生じることであるのでなおさらであり、この和音において低音はその場を変えることはできない。

　もし導音がこれらの和音の中にあり、またソプラノ声部に位置するのだとすると、この導音は同じ音度にとどまり、主音の7度を形成することになる。ここで主音はバスにみられることになる。しかしここでの7度はいつも増音程であることに注意せよ。この音程を含む和音は九の和音ではなく、十一の和音である。ここでは3度は場を占めることがない。なぜならもし3度が11度の場を占めるなら、その結果九の和音が暗(スー・ザンタンデュ)に聞こえることになり、7度は増音程として受け取られえなくなる。7度が増音程として存在しえるのは十一の和音においてのみである。そうでなければこの音程は通常の7度として見なされ、下行を余儀なくされてしまう。しかしこのケースではいつも調が変化するのである。なぜなら主音は、九の和音あるいは七の和音を支えることになるので、主音ではなくなるからである。主音に割り当てられることが可能なのは、完全和音か増七の和音だけである。

　もし主音上に九の和音を聞かせたいのであれば、ここにおいては7度を付加することを避けなければならない。なぜならこの場合7度は増音程でなければならず、残りと調和しなくなるからである。

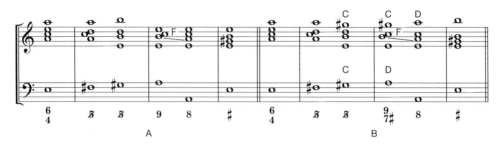

譜例 II - 32

譜例Aは良いが、譜例BはDへと上行すべき双方のCで導音が重複している箇所において体を成さなくなっている。そしてCとFとの間で増5度が形成されており、Fの下にCを置けば減4度が見てとれるだろう。もしこの例が長調で成されてF音（ノット）に♯がつけられるなら、調が変化することに注意せよ。そして主音とされていたものは第四音（ノット）となり、これは経験が示すとおりである。このように導音はもはや導音ではなくなり、D音（ノット）へと上行する増7度とは対照的に、下行を義務付けられた通常の7度となるのである。

第16章　不協和的協和音程について　ここでは4度と、見当違いな諸規則によって付け加えられた誤った考えについて言及される

　すべての不協和和音は、諸協和音程の統合によってのみ構成されうる。不協和音程を形成するのは任意の和音から個別に取り出された二つの協和音程をつきあわせてみることによる。七の和音には二つの5度の統合、あるいは三つの3度の統合から成り、この和音における両極にある二つの音（ソン）が不協和であることが見いだされるだろう。なぜなら、5度も3度もともに不協和ではなく、7度、あるいは転回された2度が不協和なのである。

　大部分の音楽家たちが判断を誤ったのがここであり、彼らは多くの場合任意の和音におけるバスと他の諸声部の間の諸音程しか確認せず、他の声部間で諸音が生み出しうるさまざまな音程を考慮に入れることはなかった。その結果彼らは、実際は不協和である音を協和として受け取ることになった。たとえば小六の和音においては三つの協和音程しか見いだされない。すなわち、3度、4度、そして6度である。しかしもし3度と4度をつきあわせるなら、これらの二つの音はそろって不協和音程を形成することが見いだされるだろう。同様に大六の和音においては三つの協和音程が見いだされるだろう。すなわち3度、5度、そして6度である。ここではまた不協和音程が5度と6度の間にみられる。それゆえに協和音程というのは互いの間の関係において不協和なのであり、残されているのは不協和音程を形成するのはどちらなのかの識別の仕方を知ることのみである。これは簡単なことであり、それぞれの和音をその基礎（フォンドマン）と対比させればよいのである。小六の和音において不協和音程を形成するのは3度であり、大六の和音において不協和音程を形成するの

は5度である。なぜならこの3度と5度というのは実際のところ、七の和音の基音(ソン・フォンダマンタル)から数えたところの7度であるからである。この二つの音程はここに由来する。

譜例Ⅱ-33

ソ音はつねに基音(ノット・プルミエール)であるラ音からの7度を形成する。そしてこの主要な七の和音を転回することが許されたとしても、この基本形に由来する和音は同じ諸音からのみ形成されていることが見てとられる。そしてこれらの音をその基礎とつきあわせるなら、不協和音程を成しているのはいつもソ音であることが分かるだろう。これは主要な七の和音と対置してみればなおさら明らかである。対置されるのが小六の和音でも、大六の和音でも、不協和音程として提示される音は必ず予備と解決が成されるだろう。なぜならこれらの起源は7度だからだ。そしてこのことは和声の基礎(アルモニ・フォン)にいかなる変更をももたらすものではない。

ここで大六の和音に関しては一つの例外がある。これは不規則(イレギュリエール)カデンツの主要な完全和音に6度が付加されて形成されるものであるが、この不規則カデンツにおいてはその主要要素として完全和音しか有することができず、七の和音ではありえない。なぜなら七の和音はこの不規則カデンツでは生じないからだ。したがってこの場合不協和音程は付加される6度によって形成される。これは以下でさらに説明される。第17章第3項と第18章を見よ[35]）。

これらの小六、大六の和音が慣用的に使われるようになるのに長い時間はかからなかった。と同時にまたこれらの和音を受け入れることをまったく望まない音楽家たちもおり、経験がもたらすものを彼らは放棄し、諸規則に服従するためにこれらの和音を誤ったものと呼んでいる。その一方で特に区別されることなく4度は不協和音程であると言われたり、またあるときは4度の下ではバスがシンコペーションで使用されうると言われたりする。これも4度をつねに不協和音程として受け取っているからであり、このことはあらゆる他の不協和音程のもとで成されているのと同じである。このことは数えきれないほどの誤りをもたらし、ここでその誤りを指摘しておくことは適切なことである。われわれはここで一般的にかなり流布した考えと対峙するものであるから、その各々の誤りを原理(プランシップ)へと立ち戻らせることなく済ますことはできない。これは到達しようとしているゴールへと首尾よくたどり着くためである。われわれは今からこの原理から正当な探求をするつもりである。このことは諸規則においては目新しいことのように見えることが、じつはこれらの諸規則から導き出そうとしていることからの続きでしかないことを証明するのに役立つだろう。これらの諸規則は不協和音程のさまざまな諸特性を基盤としてもっぱら打ち立てられたものであり、それぞれが異なる源(スルス)に由来する。それゆえにそれぞれが別個の規則を要するものである。以下の諸項で扱おうとすることは、それらの諸規則により明瞭な理解を与えようとすることである。

35）〔訳注〕この箇所は手書きの波線で消去されており、右欄外に手書きで以下のように続いている。また同様の追記が「補足」で指示されている。「この点に関しては『補足』における第7章で説明されており、またこの章の残りの部分でつねに暗に意図されていることである。」この「『補足』における第7章」は当邦訳では本文中に「改訂 第7章」として訳出されている。

第1項
不協和音程の原理について；
音程を形成する二つの音のうちいずれが不協和として受け取られるべきか
不協和音程の予備と解決の規則が打ち立てられたのはそれら二つの音のうちのいずれか

　協和音程を生み出すのと同じ原理が、不協和音程をも等しく生み出す。すべてが対比されるのは第一の音、つまり基音である。あらゆる音程が生み出されるのはその基音の分割からであり、あらゆる音程はこの第一の音との関係においてのみ音程なのである。3度、5度、7度という音程は、他のあらゆる音程を包含するものであるが（これは第1巻で十分理解されるようにされ、また第2巻第18章でさらに説明される）、これらは先の第一の音に源を有する。それゆえにこの第一の音は不協和音程の原理である。なぜなら7度はこの第一の音と生み出された音とを対比することによってのみ形成されるからである。また他のすべての不協和音程は（ここで問題とされているのは短音程としてわれわれが識別している不協和音程である）7度、あるいはその転回である2度からしか形成されえないからである。9度や11度またの名を4度といった音程は上記の定理を損なうものではない、なぜならこれらの音程がその内部の場を占める諸和音の定数外の音を還元すれば、不協和音程として残るのは7度と2度しかないからである。

　不協和音程にはたった一つの原理しかないという以外に、これまでの考察から引き出せる結論はない。なぜなら七の和音を構成する3度と5度は不協和音程の原理としては機能しえないからだ。つまり3度と5度は7度と対置されても新たな短不協和音程を形成することはなく、その反対にたんに同じ音程、つまり7度に対して3度と5度を生み出すだけであるからである。この注意点は以下で役に立つだろう。

　さらにわれわれは、この原理はそれ自体として完全なもので、協和音程にとっても、不協和音程にとっても等しく源であるが、不協和としては見なされえないと結論付ける。したがって不協和音程は、その源と対置される音においてのみ存在しうるのである。これが真実であることは、シンコペーションが成されることによる不協和音程の予備の規則、そしてその後下行することによるその解決の規則が高音にある7度に適用されるのであって、原理であるところの低音ではないことによって、さらに明らかになるだろう。また同時にこのことはこの7度が二の和音において転回されている際に、原理が高音を占め、この規則が適用されるところの音が低音を占めるときにも気付かれるだろう。ここではシンコペーションされてその後下行するべきなのは低音の方である。これがまさに、この規則が生じるのは不協和の音に対してであって、その原理に対してではないことの証明である。したがって、もしバスをシンコペーションさせる規則をもたらさなければならないのであれば、この場合においてでしかありえない。なぜならもしバスが他の箇所でシンコペーションさせられているなら、それは他の原理に由来するものであり、そう書かれる前には説明が成されなければならない。たとえば3度あるいは5度が7度を伴うときにシンコペーションしているのなら、これは協和音程に割り当てられた自然な進行に由来するものであり、不協和音程のために打ち立てられた規則からのものではない。同様に、任意の協和音程がわれわれの好みに応じてシンコペーションさせられているときには、それは趣向に依拠しているのであって規則にではない。規則に従うべきなのは不協和音程だけである。そのようなわけで、バスが2度の下でシンコペーションするときには、このバスの音が実は不協和の音なのである。そしてこの不協和の音が規則に従わなければならない。しかしここで、この不協和の音の源は上声部の2度の高音のうちに存在していることに注意せよ。この2度は、自然な配列に従えば、7度音程の低音のことである。そしてこの2度と共にある他の諸音には源はない。同様に、7度の源は、この音と7度音程にある低音にのみ存する。そしてこの低音と共にある他の諸音

には源はない。これらの他の音は作曲家の好み次第でシンコペーションされることが可能である。またそれらはバスとの関連において保持すべき進行に従ってシンコペーションされうる。したがって、低音にある2度は4度と6度との観点からシンコペーションされるのではない。これは、この不協和音程の源であるところの、この音と2度にある高音との観点からシンコペーションされるのだ。もしそうでないなら、音の数だけ源があることになってしまい、そのそれぞれとの関係における不協和音程はシンコペーションされるべき、ということになってしまう。そうではなくて、高音にある2度あるいは4度がここでは不協和の音だというように望まれるのであれば、一体どういったことになるであろうか。この誤った考えがわれわれをどれほどの間違いへと陥れるかを見てみるがよい。規則はもはやその確実さを有することができなくなるだろう。シンコペーションすべきなのは不協和の音ではなくなってしまう。そしてその人の好みに従って望みの音が確信のないままにシンコペーションされるようになるだろう。7度はもはやすべての不協和音程の主要要素ではなくなり、不協和音程の源はそれゆえに混乱させられることになるだろう。

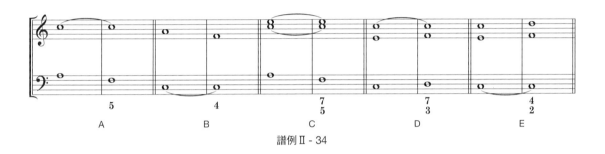

譜例II-34

（A）において5度がシンコペーションされているのは、協和音程の自然な連続に由来するものであり、これは作曲家が他の協和音程よりもまさにこの5度を良く聞かせようと思案したからである。しかしこれは、不協和音程に関する規則に従っているためとは認められない。そして（B）において4度の下でバスがシンコペーションしているのは、5度のシンコペーションが転回していることこそに由来するものである。また（C）において5度がシンコペーションしているのは、先に言及したばかりの理由によるものである。しかし7度が同時にシンコペーションしているのは、7度に規定された規則に強いられてのことである。またさらに（D）において7度がシンコペーションしているのは規則との関係のためであり、ここでは協和音程である3度がまったくシンコペーションしていないのが見てとれる。そして（E）においてバスがシンコペーションしているとき、このバスは7度の高音であることを示し、この7度が規則と関わる。しかしここにみられる4度はまったくシンコペーションしていない。なぜならこれは協和的であり、基本和声に従えばこれは（D）の和音の3度を表すからである。それゆえ同様に（D）においては、バスにある源との関連において7度がシンコペーションしている。これは（E）においてバスにある2度がその源との関連においてシンコペーションしているのと同じであり、この源は転回されてソプラノにあるわけである。この音は2度の高音を形成し、伴奏としてのみここで役立っている4度との関係において源であるわけではない。同様に（C）において7度は5度や3度との関わりからシンコペーションしていたわけではない。

以上のことを正しく判断するためには、あらゆる短不協和音程は7度あるいはその転回である2度からのみ形成されうる、ということが指摘されるだけでよい。このことは完全な和音における場合でも間違いを起こさずに済む。なぜならバスと

第16章　103

他の声部との間に見いだされないものは、他の上声二部の間に見いだされるものだからである。この規則は高音の7度にもっぱら関わるものであり、これはつまり低音においては2度となるものであることを覚えておけばよい。

■第2項
あらゆる不協和和音の起源となる和音とは何か
不協和音程の数量とその数量が含む音について；それらの範囲はいかなるものか

　7度がすべての不協和音程の起源であるから、同じように七の和音はすべての不協和和音の起源である。

　この和音は自らの構成において四つの異なる音(ソン)しか含まない。ここにはただ一つの短不協和音程しかみられず、それは7度である。この和音全体はオクターヴの範囲内に収められている。

　七の和音は完全和音に7度を付加することによってのみ形成される。したがって完全和音は七の和音の中に必ず存在していることになる。さて、完全和音の低音の基音(ソン・グラーヴ ソン・フォンダマンタル)が長3度も短3度も分け隔てなく有することができるのだから、われわれは以下のことに気がつくだろう。すなわち、完全和音が長3度をもつとき、概してこの長3度は付加される7度と新たな不協和音程を形成することになる。したがってこうした長3度は、われわれが長不協和音程と呼ぶすべての不協和音程の起源となる。しかし短不協和音程、つまりこれは懸案の7度であるわけだが、この音程に規則が課す進行は上述のことを踏まえてもいささかも変化を被るものではない。それゆえにこの新しい長不協和音程はわれわれを妨げることにはならない。なぜなら和音の音がすべて揃っていれば、そこには必ず7度あるいは2度の音程が見いだされるのであり、今では規則に従うべきなのがどの音(ソン)なのかをわれわれは知っている。なぜなら長3度は完全和音から引き離しえないものであり、不協和音程がその自然な流れに従うのをいさ

さかも妨げるものではない。そして長音程であるこの3度が7度と新たな不協和音程を生み出すのにもかかわらず、この長3度は源では絶対にありえない。なぜなら源はこの3度と7度の低音にして基音のうちに存するからである。

　あらゆる不協和和音の起源が七の和音にあることを確信するためには、七の和音の転回に由来するすべての和音が有する音や不協和音程の数の大小をしらべ、また同じ音程の範囲内に留められているのか、そしてそれらの和音がなんらかの仕方で横の並びに変化をもたらしているのか(モデュラシヨン)、を考えてみればよい。したがって正確な関係(ラポール)を見いだせば、われわれはもはや七の和音にすべての和音の起源があることを疑いえなくなる。七の和音は調和比(レゾン・アルモニク)がわれわれにもたらしうる最初の不協和音(プルミエ)だからである。そしてもし実際、二の和音、偽五の和音、そして三全音の和音というものがあらゆる音楽家たちに等しく認められており、これらの和音がすべて上述の規則性において七の和音に起源を有するのであれば、どうして小六の和音そして大六の和音も同様のものとして受け入れないだろうか。これらの和音は何の困難もなく同じ特権を共有するものである。なぜならこれらの転回された和音が形成されうるのは七の和音の諸音(ソン)のうちの一つをバスとして用いる自由があるわけなのだから、バスとして七の和音の低音から数えた3度や7度を使ってはならない理由を見いだすことはない。このようにして偽五の和音や大六の和音、二の和音や三全音の和音が形成されるのである。その一方で七の和音の低音から数えた5度をバスとして用いることもできる。こうして小六の長和音や短和音が形成される。ここで大六の和音と偽五の和音が混同されているが、それはそれらのもととなっている基本和音(アコール・フォンダマンタル)からしてみれば共通の低音を有しているからであり、ここには長和音と短和音の違いはないからである。同じことは二の和音と三全音の和音にも当てはまる。短不協和音程は7度音程あるいは2度音程にあり、高音の7度あるいは低音の2度から形成される。そしてこれらは規則によって定められた進行に必ず従うものである。

大六の和音や小六の和音を認めることが望ましいとされなかったのは、ザルリーノや他の著者たちがこれらの和音についてまったく言及せず、また小六の和音の中に4度が見いだせたからなのであろうか？　しかしザルリーノはそもそも七の和音について言及することがなかったのである。七の和音においては長3度が7度と新たな不協和音程を生み出すのだが、ザルリーノが述べるのは七の和音から派生する偽5度や三全音という不協和音程のことなのである。そしてこのことはこの新しい和音である七の和音が実践において使われることを妨げはしなかった。それは他の多くの諸和音がわれわれに知られるようになったのが、ただ時の経過によるものであったのと同じである。それゆえここでまた別の権威を引き合いに出すことは自己矛盾することになるだろう。小六の和音にみられる4度に関してだが、この音程の比〔レゾン〕は二の和音においては不協和ではないわけであり（これは前項の第1項で証明しようと努めたとおりである）、したがって小六の和音においても同じく不協和ではない。しかしさらに続ければ、もし不協和音程が7度の高音かあるいは2度の低音にあるのであれば、3度に付加されるこの4度はその配置次第で7度か2度を形成するものであり、したがって不協和音程を生み出すのは3度であって4度ではないことが指摘されなければならない。同様に二の和音において不協和音程を生み出すのはバスである。また大六の和音において6度に付加される5度は必ず不協和音程を生み出す。さらに十一の和音、またの名を四の和音において5度に付加される4度もこれまた不協和音程を生み出す。この正しい検討に従えば、今日に至るまで続けられている4度に関する誤った考えから抜け出すのは簡単なことである。

　付言すれば、あらゆる和音というのは3度の分割における七の和音に還元されうるものであることを指摘しておこう。例外は十一の和音であり、それゆえにわれわれはこの音程に名前を与えて十一の和音と呼ばなければならない。なぜなら3度による還元はバス音を踏まえることによってのみ可能になるのであり、自然な分割に従って和音が配置されるとバス音と高音は11度を構成するのであって、4度ではない。それに対して二の和音と小六の和音における4度はオクターヴの範囲内に含まれているものであり、作曲家の好み次第で転回〔グレ〕されうる。しかし九の和音と十一の和音の低音に同じことをすることはできない。この低音は自らの場を変えることができないからである。

　そもそも、二の和音が七の和音の転回であり、したがって2度が7度の転回であることを否定できないのであれば、同時にまた4度は5度の転回であることを認めなければならない。しかしより多くのことを保証するためには、これ以上派生和音のことを調べるのは止めにしよう。なぜならわれわれは派生和音の諸特性はその基本和音に見いだせるからである。そして互いの間で形成される諸音程に関して自信が持てなくても、それらが代わりに表しているところの音程を把握することでそれらが何に由来するものなのかを知ることができるようになる。それらの諸音程とはつまり3度、5度そして7度にあり、これらの音程から完全和音あるいは七の和音という基本和音は形成されるものである。またこれら基本和音の進行が決定されるのは、これら二つの和音の内の一つの低音〔ソン・グラーヴ〕の進行のみにかかっている。

譜例Ⅱ-35

　ここでは基礎低音において構成力を行使している完全和音と七の和音が他のすべての声部を形成していることが見てとられるであろう。ここでは不協和音程はすべて同じものであり、つねに同じ進行に従っている。またこれらの和音は同じ数量の音を有しており、オクターヴの範囲内に収まっている。例外は下置和音を支える定数外のバス音であり、あるときには9度が見られ、別のあるときは11度がみられる。そして横の並びはいかなるバスやいかなる諸和音が用いられようともいささかも変更を被ることはない。さらに不協和音においてはそれぞれのバスのオクターヴは、それが二つの連続するオクターヴ〔訳注：手書きで：あるいは5度〕を回避するために必要とされる際には、削除されなければならない。

　⌒と⌣の記号でつながれている諸音はシンコペーションによって予備されている不協和音程を表す。そしてそのあとに続く＼という線はそれらの不協和音程が下行によって解決される様子を示す。このようにして小六の和音の3度、大六の和音の5度、二の和音のバスが、基礎低音からの7度によって示される不協和音程をつねに形成していることに気づかれるだろう。この同じ7度は諸下置和音の不協和音程を、バスにおける定数外の音を削除することによって、同様に形成するものである。

第3項
バスがシンコペーションされている際の4度を不協和音程として扱うことは音楽に存するもっとも美しく、もっとも一般的な規則を損なうことについて

　あらゆる不協和音程を協和音程を通じて予備する規則は一般的なものであり、これは例外によって侵害されることはまったくない。しかしバスがシンコペーションされている際に4度を不協和であるとしたいのであれば、これは規則が誤っているということになってしまう。なぜならシンコペーションの後でバスはディアトニックに下行す

るのは自然に成される進行だが、この際に4度はつねに偽5度の、あるいは大六の和音の不協和の5度の予備を成すからである。

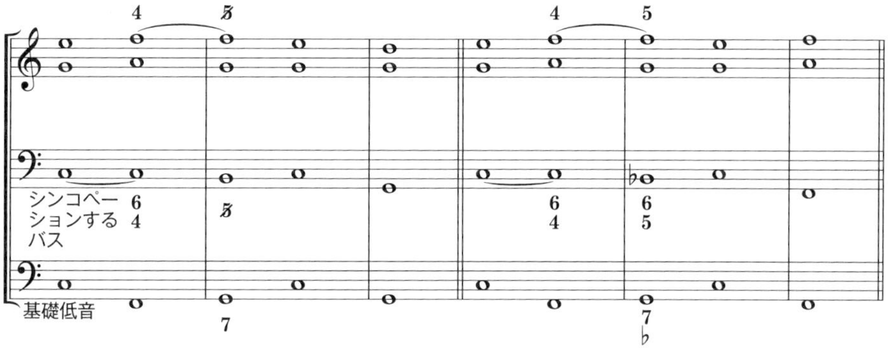

譜例II-36

　この和声の連続は極めて自然なものであり、ここで唯一成されうる反論というのは最初のシンコペーションの不完全性に関するものだけである。シンコペーションはここでは弱拍からは始まっていない。しかしこのように成されるためには、この二番目の和音は四六の和音の一部を成すか、あるいはそのようにほのめかされるように聞こえなければならない。なぜならこの場合、もしこの二番目の和音が不協和音程の対象であるのであれば、このシンコペーションは弱拍からはじめられ、強拍で終わるように成されなければならない。これは規則に従ってシンコペーションされるであろうようなまた別の不協和音程がその直前まで見当たらなければの話である。あらゆる不協和音程は協和音程を通じて予備されるべきであるといわれるとき、これは不協和音程すべてが予備されうるものであるというようには理解されるべきではないのである。

第4項
**和声の諸規則の確立における著者たちの欠陥について；
これらの規則の異なる諸原理とそれらがもたらす誤りについて**

　和声の諸規則を規定しようと望んだ者たちは、そのことによってその原理を手放してしまった。彼らにもたらされた最初の音と最初の和音というのは何の特権を有するものでもなく、すべてが同等であったというのであろうか？　彼らが協和音程の完全性の秩序について言及するとき、それは多数の和音において優先されるべきものを決定するためにそうされたのではなかったか？　3度や6度の進行に特別にあてがわれた進行に何らかの理由を与えようという彼らの望みは、それらの音程が比較されて初めて成されたのではなかったか？　そして最後に不協和音程の問題にたどり着いた際には、2度、7度、9度などはすべて混同されてしまったのだった。これらの音程は必ず予備されねばならないといわれる一方で、それとは正反対の規則が与えられたりする。これらの音程が協和音程によって予備され解決されるべきといわれながらも、別の場所では食い違うことが成される。なぜあるものは上行するのが望ましく、また別のあるものは下行するのが望ましいのか、その理由が述べられることはない。われわれには原理が隠されており、各人が自らの影響力に従って経験が教えるものを述べる。さて経験はわれわれを説得することのできる唯一のものであるが、音楽というものは他の多くの学とは事情が異なる。ここではわれわれの感覚が、これ以上疑いえないような仕方で、さまざまなことを知覚させるのである。目に依存することというのは耳に

依存することよりも錯覚の影響を受けにくい。ある者がある和音を承認しても、その和音は別の者には気に入らない。音楽家たちにおける見解の不一致というのはここに起因するのであり、各人は各々の想像力、あるいは各々のわずかな経験が彼らにもたらす事柄を支持して譲らない。そして彼らの間における権威(レゾン)が理性や経験に対して優位を占めることがほとんどなのである。しかしこの権威というのは何に基づいているものなのだろうか？　この権威は理性を確固たる原理の上に基づかせるものなのか？　さらにこの権威は、人間の感覚諸器官が経験と対応しているなどということを完全な正確さをもってわれわれに返答できるものなのか？　それとは反対に、理性も経験も音楽の諸規則をもたらしてきた者たちを首尾よく先導してこなかったことをわれわれは知っている。なぜならザルリーノ以来音楽家たちはそれぞれの音程に対して個別に注意を払ってきたのみであったからである。源(プランスィップ)は第一の音である基音(ソン・フォンダマンタル)の中に唯一存するものであり、そしてそれが支えとなる和音の中に存するものなのだから、ある音程の諸特性が決定される前に、基音の諸特性と基音とともにある完全(コンプレ)な和音の諸特性が前もって決せられていなければならない。そうした完全な和音を欠けば和声は不完全なものである。このようになされないのであれば、理性と経験が役に立つことはほとんどない。理性は原理から離れるやいなや次第に力を失い、こうした状況では経験はわれわれに判断を誤らせるだけである。もし音程を個別に調べるだけなら、われわれはその諸特性を明らかにすることは決してできない。その音程が含まれるさまざまな和音すべてを同時に調べなければならないのである。個別に調べるというのは次のようなことである。つまり、ここではその和音内の諸音の一つは下行し、別の場所では上行する。またここでは順次進行し、別の場所では跳躍進行する。ここではこの音は不協和であり、別の場所では協和である。ここではシンコペーションされるが、別の場所ではそれは不可能である、等のことである。まさにこれらが、われわれに与えられてきた諸規則の曖昧さの問題である。たとえば次のように言われる；すべての不協和音程はシンコペーションによって予備されなければならない。そして不協和音程の下にあるバスもまたシンコペーションされなければならない。ここに矛盾が見いだされる。なぜならここで、この不協和音程はシンコペーションによって予備されえないか、あるいはシンコペーションしているまさにそのバスが同じ不協和音程を形成しているかのどちらかなのだから。この相反する二つの規則から引き出しえるものとしては、この後者の取り決めの方がより正当性を有する。この点について思い惑うことのないように、ここで説明を加えておくのが適当であろう。

　1．一つあるいは複数の不協和音程が歌謡(シャングー)の趣向に沿って進行するときには、バスあるいは他の一声部は分け隔てなくシンコペーション可能である。しかしこの点に関してはさらに次に進まねばならない。

　2．完全和音に自然に備わっている長3度はこの和音から引き離しえない。それゆえにこの和音に付加される7度がシンコペーションするとき、この7度は基音との関係においてと同様に、この長3度との関係においても等しくシンコペーションする。したがってこの場合、この長3度がすべての長不協和音程と増不協和音程の主要要素であるから、もしこの長3度が転回和音の中に見いだされ、短不協和音程である7度が低音(ソン・グラーヴ)を占めこれが予備されるべきものなら、この短不協和音程は必ずシンコペーションする。それゆえにここでバスがシンコペーションするのは長不協和音程との関係においてのみだけではなく、完全な和音(アコール・コンプレ)内に存在する基音との関係においてもそうなのである。しかしながら、疑惑の余地を残さないためにも、これは例外の部類とされるのがよいだろう。その理由としてはさらに、下置和音(アコール・パル・スュポズィスィヨン)が存在することが挙げられる。この和音においてはバスに付加される定数外の音が他の音よりもさらに不協和なので、増7度を形成する長不協和音程が上声部に見いだされるときには、これはシンコペーションされねばならない。このことはアンジェロ・ベラルディの表において気付かれうるこ

とであったのだが、ド・ブロサール氏はこの点にまったく注意を払っていない[36]。ド・ブロサール氏は自らの辞典においてこの表を再掲しているが、その表ではバスがシンコペーションしているときには7度は増音程であると書かれている。なぜならこの場合オクターヴに自然な形で解決されうるのはこの7度しかないからだ。このことはそこで正しく指摘されているとおりである。ただしバスがシンコペーションしている際の4度に関してはベラルディは他の者たちと同様に誤りを犯している。なぜならこの場合この4度は決して不協和ではないからだ。

3．不協和音程が予備されえない場合、（第13章で述べたことに従えば）バスがしばしばシンコペーションするが、しかしそれは転回された和声においてのみそうなるのである。これはある協和音程をもたらす前にこの不協和音程を受け入れるためであり、これはマソンの77頁の例と一致している。

譜例Ⅱ-37

4．バスが望まれるだけシンコペーションするのは、バスの上方でシンコペーションを開始する最初の和音に含まれる諸音のみを用いることができる場合である。これはザルリーノの譜例と一致している。

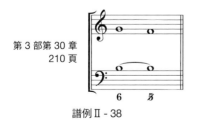

第3部第30章
210頁

譜例Ⅱ-38

この規則に関するさまざまな諸原理とは上述のようなものであり、この規則がバスをシンコペーションさせるものである。しかしこれらのことが明らかでないなら、われわれはつねに誤りに陥ることになる。シンコペーションすべきなのは不協和音程なのか協和音程なのかがもはや分からなくなってしまう。したがってシンコペーションされた音のその後に導くべきルートを無視してしまうなどということになってしまう。このようにこの規則を用いるときに感じる困惑というものはこの先、これらの諸原理の簡潔さの中で解消されていくのが見いだされるようになるだろう。そしてこれらの諸原理は二つの確実な規則へと集約され、例外はまったくない。第一の規則は一つの協和音程を通じて予備されうるすべての不協和音程を予備する仕方である。第二の規則は一つの協和音程の後に、それが下行にせよ上行にせよ、予備されうるあらゆる不協和音程を聞かせるという方法である。これら二つの規則は諸基本和音におけるバス・フォンダマンタル基礎低音の進行から引き出されるものである。残りのことはたんに趣向に依拠するものであり、それはなぜなら任意の和音のどの音がバスとして選択されるかは自由だからだ。したがって任意の協和和音の一部を成し、そして後続する不協和和音の一部でもあるこのバスは、後者の不協和音程が予備されえない場合にはシンコペーションされるか、あるいは同度に留まるべきであることがよく分かるだろう。これらはほとんど同じことである。それゆえに和音の基礎が変わらず、バスが同度に留まっているかシンコペーションしている間に、その和音の内の諸音が次々交代に使われる場合はなおさらそうである。こうした場合にはバスをシンコペーションさせるのは初歩である。なぜならそうするのはまったく自由なのだから。しかしながらこれらのさまざまな諸特性だけが、経験によっておぼろげながらに理解を可能にし、規則が打ち立てられる土台となるわけではない。だが、あらゆる不協和音程をシンコペーションさせる規則をまったく損なうことを望まなかったがゆ

36）ド・ブロサール氏、133頁。

えに、ある者たちは4度、7度などの下のバスをシンコペーションさせるという他の規則によってこの規則をほぼ全体にわたって台無しにしてきたのである。特に第一の規則に従えば、バスが不協和音程なのはそのバスがシンコペーションしているときなのだから、そうすると4度と7度はもはや不協和音程ではないということになる。このことはきちんと認識されていないけれども、しかしこのやり方は耳にされるように実施されている。もう一度繰り返して言うが、それゆえにバスのシンコペーションについては言及される必要があるのだ。特にバスが、2度、4度、三全音、そして増7度の下でシンコペーションしているならば、それは短不協和音程をシンコペーションさせるという第一の規則に従ってのことなのである。そしてもしこの短不協和音程が別の声部でシンコペーションしているのなら、これはもはやこの第一の規則の管轄内ではない。これはひとえに気まぐれな思いつきのなせる業であり、あるいは諸協和音程の自然な進行に従ったまでのことである。この進行は諸基本和音における基礎低音との関係(ラポール)において成されるものであり、たとえば5度や他のあらゆる協和音程をシンコペーションさせる、といったことである。こうしたシンコペーションへの隷属力があまりに強かったがために、シンコペーションへの依存はあまりに遠くまで推進させ

られてしまったのである。

これらの規則にはもう一つの欠陥がある。その欠陥とは、各声部が導くべき進行について十分正確に知らしめるものではない、ということである。それはたとえば6度は5度に後続すべきであるとか、7度は3度、5度、あるいは6度に解決されるべきである、という場合である。なぜならそれらの声部の内の一声部はあるときは同度に留まり、またあるときはすべての声部が動きを見せ、またあるときは一つの声部が上行したり下行したりするからである。こうしたことに反してわれわれはこれらすべての疑わしい点を、まず横の並び(モデュラスィヨン)に関する極めて正確で理解しやすい諸規則を提示することによって、取り除くであろう。この横の並びがわれわれを全般にわたって導くものであり、正確で理解しうるものであるがゆえに間違いを犯すことはありえない。そしてさらに、あらゆる短不協和音程はディアトニックに下行し、あらゆる長不協和音程は半音(セミ・トン)上行するということができるのだから、バスがどのような行程をたどろうとも、それらの不協和音程は元の位置に戻されれば容易に見分けがつくものである。しかしこの点については別の場所で説明されるので、ここではこの利点については言及しないものとする。

第17章　許容(リサンス)について

第1項
許容(リサンス)の起源について

われわれの結果が引き出されるのはつねに同一の原理(プランスィップ)からであり、それは基礎低音(バス・フォンダマンタル)の進行についても同様である。これについてはすでに学ばれ

たことだが、もし協和的と見なされるこの進行が協和和音にのみ限定されるのでなかったのだから、不協和音にも同様に限定されるものではない。基礎低音の進行は不協和音程を形成する新しい音程によって増加するものである。この不協和音程の源(プランスィップ)は完全和音にあり、不協和音程はこ

うした完全和音に付加されるものであり、完全和音なしに存することは不可能である。同じように完全和音の源(ソン・グラーヴ)はそのもっとも低い音にあるのであり、すなわちそれがその和音の基礎(フォンドマン)である。このことは付加された不協和音程についても当てはまる。それゆえにもっとも自然な和声(アルモニ)において以下のことに言及しておこう。すなわち、不協和音程が耳にされて解決されるべきであるときには、基礎低音は必ずその低音の方へと進行していくものである、ということである。それはちょうどこの不協和音程の耳触りさに対抗する力を有するために支えが必要とされるようなものである。もしこの原理(プランシップ)が不協和音程の中で見失われてしまうのであれば、基礎低音はさらなる注意力を持って自らの進行の中にこの原理を見いだそうとし、こうした場合3度あるいは5度下行するものである。さらには、この不協和音程が快い仕方で解決されるのは5度の進行においてのみである。なぜならオクターヴがたんなる複音程(レプリック)と見なされるものである以上、和声においては5度があらゆる音程の中の最初のものだからである。しかしバスが7度下行あるいは2度上行をした途端に、これは許容として認知されるようになる。たとえこの不協和音程が協和音程によって予備され解決されうるものだとしてもである。このことはたった今提示したばかりのことの正当性の証明となるだろう。つまりこの場合7度下行することによってバスはつねに自らの源(プランシップ)に近づくものである、ということである。しかしながらこの音程が源とするのは自然そのものというよりも良き趣向(ボン・グー)の方である。なぜならこの音程は和声の総体(コール・アルモニク)の中の一部に施されるもっとも自然な操作においては見いだされえないものだからである。このもっとも自然な操作を通じて完全和音を形成するすべての音程は見いだされるものである。それゆえに許容が生じるのはまさにこの音程からのみなのである。この点に関してこの許容をまさに良き趣向(ボン・グー)に帰するべきとする者は、理性(レゾン)にも経験(エクスペリヤーンス)にも耳を傾けずに自らの考えと合致しない許容をすべて拒絶する者よりも、適用能力に富んでいる。したがって基礎低音の7度下行あるいは2度上行というこ

の新たな進行において許容は認知され始めるものである。なぜなら中断カデンツ(ローンプ)はこれらから形成されるものだからである。この中断カデンツはある種の仕方で耳を不快に刺激する遮断のことであり、完全カデンツによって感知されるべきと期待される結末(コンクリュズィヨン)が生じるであろうまさにその場所で、この中断カデンツによって耳が驚かされるわけである。この驚きというのは自然さから遠ざかることによってのみ生じるものであり、許容によってのみわれわれは自然さから遠ざかってしまうものである。さらに言うならば、基礎低音にあてがわれる自然な進行というものが3度、5度、7度の下行であるのならば、不協和音程が予備され解決されるように聞こえるためには、これらの主要な(プルミエール)進行の転回の進行をこの許容に割り当てるべきである。この場合には不協和音程は予備(プランシップ)なしで耳にされうる。一言でいえば、自然な原理から遠く離れているあらゆることは、それが主要な進行においてであろうが、基音の下置(ソン・フォンダマンタル・スュポズィスィヨン)や借用(アンプラン)においてであろうが、二つの基本和音(アコール・フォンダマントー)のうちの一つに変化を及ぼすことにおいてであろうが、許容にのみ割り当てられうるものなのだ、ということを私は言っておこう。しかしまた同時に、和声をより自然なものに制限しようと望むことは、和声の境界をあまりに狭くしてしまうことになるだろう。そしてまた、和声のあらゆる諸特性に従わないという権利を奪うことにもなる。そして最後に、自らの感覚の慣例に従うことを自制してしまうことにもなり、理性から決定的に遠ざかることを望むことになるであろう。もし和声が自らの原理において提示するあらゆることを受け入れないならば、このようになってしまうであろう。そしてこの原理というは、基本和音を構成し、基礎低音の進行を形成する3度、5度、7度という音程にのみ存するものである。それゆえにこの源(スルス)に由来しない許容はいかなるものであろうと提示されるべきではない。

かつては音楽に関して理性を満足させることにもはや念頭されることのなかった時代があり、現代の偉大な芸術家たちは好評を博することだけで満足し、ある種の良心的な人たちの批評には

ほとんど関心を払わない。そしてその良心的な人というのも、作り手の感覚にあまりに囚われすぎてしまっているがゆえに、自らの理性に歯止めをかけ、自らの経験全体をその作り手に追随させようとする。たとえばある者たちは中断カデンツを認める一方で、その転回から生じる一連の派生和音の多くを拒絶する。転回というのはそうした人たちには知られていない状態だが、他方では六の和音、二の和音、三全音の和音、偽五の和音というのは認知されている。ザルリーノは九の和音を認める一方で、増5度のことは忘れてしまっている。この音程がなければ九の和音もそして七の和音も短調における中音の上に存することはできない。さらに彼は三全音の和音と偽五の和音を認めるが、他方では基礎(フォンドマン)のことを忘れてしまっている。というのはザルリーノは明らかに七の和音には同種の不協和音程が含まれていると思い描くことができないからだ。そしてまた別の七の和音に言及しているときには、その転回である小六の和音と大六の和音のことは彼の視界から消えている。二の和音、三全音の和音、偽五の和音も等しく七の和音の転回であるにもかかわらずである。そして大六の和音と偽五の和音の違いというのは、七の和音の低音に分け隔てなく付随する3度が長音程か短音程かということにしかない。以上のことからこれらの和音の基礎付けがしかるべく成されているか、そして同様の原理(プランシィプ)の影響下にある人々の批判が何らかの注目に値するものなのかどうか、吟味してみよ。根拠が求められると、そうした人々は権威ある諸規則を引き合いに出すだろう。そうした人々がその権威ある諸規則に付与してしまっている誤った考えや苦しみの原因となりかねない例外について当人たちにしかるべく理解させるために、上述の諸規則に反するように思われる音楽作品を実際に聞かせ、その効果をもう一度考えてみるように促すと、彼らは耳が聞こえなくなってしまうのである。まさにここにこうした良からぬ状況の本質があるのであり、こうした状況がこの世紀のあらゆる熟練した人々に反して進展してしまっているのである。あなた方が魅力的な音楽を見つけ出してもまったく無駄なことになるであろう。その音楽はそうした熟練した人々の意向に沿うことをまったく望まないのだから。

良き趣向(ボン・グー)を有する人々の方針を支持する際に、こうした学識者(サヴァン)たちだけを相手にすればいいというのはわれわれにとって幸運なことである。理性は彼らを確信に至らしめる真の方法である。それゆえにわれわれは次のことを言うことで満足しない。つまりこの章の以下で提示されるすべての許容はあらゆる最良の名士たちによって実践されてきたこと、したがって経験はこの実践を追認すべきであること、である。これに加えてわれわれは議論の余地なき原理から引き出される一つの証明を付け加える。この原理の簡潔さはこの上ない仕方で明白な真実を強調するものであり、それはわれわれがすでに見てきたとおりである。ここでは以下の諸章で述べられたことを繰り返すのは無益であろうから、その箇所のみをしるす。第6章と第7章の中断カデンツと不規則カデンツについての箇所、第13章の不協和音程を予備しなくてよい自由についての箇所、第10章と第12章の下置和音(アコール・パル・スュポズィスィヨン)と借用和音(アコール・パル・アンプラン)に関する箇所である。

第2項
中断カデンツ(ローンプ)から引き出される許容(リサンス)

転回において中断カデンツ(ローンプ)が生み出すことのできるすべての許容に加えて、さらに6度の連続(スュィット)というものがある。これは良き趣向(ボン・グー)にのみ帰せられていたものであり、そしてザルリーノがまさに禁じた連続である[37]。彼はこう言っている。連続する4度が耳にされると、それは多くの5度とほとんど同じ効果をもたらす、と。ここでザルリーノは、彼が提示する譜例に従って和音が転回された場合のことを言っている。しかしながらわれわれ

---

37)（ザルリーノ）『調和概論』第3部第61章291、292頁。

の規則に従えば、この6度の連続というのは中断カデンツに由来するものであり、（第13章で言及されたとおり）3度、5度、7度上行というバスの基本的な進行において不協和音程を予備しなくてよい自由に由来するものである。

譜例Ⅱ-39

それぞれの小節は中断カデンツを表す。ただし最後から二小節目では完全カデンツを表すところが（A）に6度が付加されることによって回避されている。この6度が不規則カデンツ（イレギュリエール）の前触れとなり、この不規則カデンツが（B）に7度が付加されることでまたしても回避されている。そしてここで完全カデンツの準備がなされ、最終音（ノット）で終止する。

この譜例の二つの上声部の上下の音を転回させると、元の状態における4度と同じ数だけ5度が聞こえるようになるだろう。しかしここでは無味乾燥な多くの5度が転回されることによって減じられているのであるから、5度とオクターヴにのみ関わることを4度に帰すべきではない。

第3項
不協和音程が別の不協和音程によっていかに解決されうるか

不協和音程は協和音程によって予備・解決されるのを好むことを把握しただけでは十分ではない。われわれはすでに不協和音程は予備なしに耳にされうることを言及したのであるから、さらに不協和音程が一般規則に反して解決されえないかどうかを吟味すべきである。もし諸基本和音（アコール・フォンダマントー）とバスの基本的な進行が3度、5度、7度という音程のみに存するのなら、これらの音程は基本音程として認識されるべきである。したがって、上行にせよ下行にせよこれらの音程とその転回から生じる音程はバスで耳にされうるのだから、残るはいかなるバスの進行において七の和音が聞こえうるのかを確かめることだけである。これは7度という不協和音程が別の不協和音程によっても解決されうるのではないかということを判断するために必要なことである。

規則（レーグル）が原理（プランスィップ）から引き出されるのであって、原理が規則から引き出されるのではない。であるから規則が作曲家の感覚から生じるなどということはなおさらありえない。たとえその作曲家の名声が誉れ高いものだとしても。諸学（スィアンス）における曖昧さというのはひとえに一貫性と見識の欠如から生じるものである。最良の著者たちは3度と5度を原理として提示してきたのだが、7度のことはいつも忘れてしまっていた。しかしながら7度は音程の種類において主要（プルミエ）なものである。5度がオクターヴの調和分割から生じ、3度が5度の調和分割から生じるのであれば、この7度も転回によって長3度の調和分割から生じるのであろうか？　そもそも7度というのは二つの4度の和、あるいは3度と5度の和として自然に形成されるものである。それゆえに7度は基本音程（フォンダマンタル）として認められるべきであり、また和声（アルモニ）における他のあらゆる不協和音程とは相容れないものとされねばならない。しかし現在に至るまで正確さと転回の力に対してあまり注意が払われてこなかったことが、和声に関する秘密が明らかにされるまさにその箇所を看過させてきたのである。実際和声に関するあらゆることにおいて、転回の大いなる正しさが試されている。それは諸数においてと、それらの分割と増加においても成されている。またさらに、右あるいは左に伸びるモノコルドの弦長においても、その弦長から引き出される諸音程においても調べられている。したがってここから生じるさまざまな進行の仕方についても同様である。

第17章

そして最後に、これらの音程から形成される諸和音とこれらの音程のさまざまな進行においてもである。それゆえにもはやわれわれはこの転回というものが和声にみられる膨大で無限の多様性の核心であることを否定することはできないのである。

　許容という用語は大多数の音楽家たちにおいては誤用という用語で理解されている。ド・ブロサール氏もまた自らの辞典においてこの点について何らの言及もしていない。しかし、次のことは正しく理解されなければならない。実践に還元することが望まれている他の諸学以上に、音楽はあらゆる点において隅から隅まで見通すことができるという特権を有するものである。それら諸学においては、厳格な諸規則の下に付随的なものである許容を単純化することはできない。音楽においてはすべてが同じ原理において理解されるのであり、そして許容はまさにわれわれの知識に最初に生じるものの明白な裏返しに他ならないのである。すべての協和和音と不協和和音の内、完全和音と七の和音が最初に生ずる。すべてのバスの基本的な進行の内、3度、5度、7度あるいは2度の進行がそれぞれ最初のものとして等しく生じる。なぜならこれらこそがわれわれの知識に最初に現れる進行だからだ。さてここで理性がこれら二つの和音と三つの音程より先に何も見いださないのであれば、すべてはこれらに基礎づけられて打ち立てられていることが認められなければならない。

　われわれがつねに追求しているテーマに戻り、先入観にとらわれた知性を説得するよう努めるためには何よりもまず以下の諸点が指摘されるのがよい。つまり不協和音程は協和音程の中のもっとも甘美なものによっては解決されず、その反対に、不協和音程の解決は、不完全協和音程である3度によるものであること。さらに、7度が自然な仕方で形成されるのは5度に3度を付加することによってであること。この7度の自然な進行はディアトニックな下行であること。基本和音（アコール・フォンダマンタル）というのは完全和音と七の和音しかないこと。基礎低音（バス・フォンダマンタル）のあらゆる進行は3度、5度、7度の進行にしか存せず、これらの音程から基本和音は形成されるものであること。これらのことを理解したなら、連続する二つの基本和音においてすべてが上記の諸点と一致するであろうことを認めるのは困難ではないだろう。例外は、7度が別の7度によって解決される場合である。それゆえに、この許容が読者を驚かせることがないように、われわれはことさらに、7度が不完全協和音程上で解決され、そしてこの7度があらゆる仕方で形成されるものであることに注意を促したのである。なぜなら、長3度の分割から生じる2度は転回された7度に他ならないからである。さらに耳は、経験が示すように、この小さな欠陥をよく耐え忍ぶものである。それはこの源（プランスィップ）が別の側に存するからである。

　懸案の許容の例を挙げる前に、次のことを知らせておくのが良いだろう。すなわち3度と5度上行の進行が、許容のもととなっている7度の進行よりも完全であるのにもかかわらず、しかし不協和音程の解決にとってはこれらの最初の二つの進行からはいかなる利点も引き出すことはできない。なぜならこの不協和音程は諸基本和音における自然な進行に従うことができないからだ。

7度が別の7度によって解決される例

譜例Ⅱ-40

これらのすべての声部はバスになりうる。ただし通奏低音が基礎低音の下には決して置かれない限りである。なぜならそのときは下置和音(アコール・パル・スュポジシォン)がそこに見いだされ、その和音の低音(ソン・グラーヴ)が基礎低音の下に必ず場を占めることになるからだ。またこれらの二つのバスは他の諸声部の上に置かれるべきではない[38]。

（C. D.）の両音(ノット)はそれぞれ基礎低音に対して7度である。これらはディアトニックに下行するか、（A. B.）のように7度上行する。したがって、不協和音程はここでもう一つ別の不協和音程に解決されている。

この基本和声(アルモニ・フォンダマンタル)から生じるもっとも快である連続(スュイット)は、9度が7度に解決されている和音の連続

（[C. D.]と[F. G.]）と、7度が偽5度に解決されている連続（[C. D.]と[H. J.]）、そして2度が三全音に解決されている連続（[H. J.]と[C. D.]）であり、これは最後の（C. D.）をもう一方の（H. J.）の下に置くことによって生ずる。

7度が偽5度に解決される例はド・ブロサール氏の辞典とマソンにも見ることができる[39]。さらにマソンにおいては三全音が同じ音の5度によって解決されているのが見いだせる。それゆえに、われわれの譜例の基礎低音（A. B.）を彼の譜例（D）に付け加えることにより、われわれは後者の例によく似た和声の連続を手にすることになる。違いはといえば、マソンの譜例では長不協和音程は最初の七の和音の方に生じており、本書の譜例では二番目の和音のみに生じている、ということだけである。これらの他にも注意を要する状況があるのだが、マソンは注意を払うべき責任を感じていなかった。なぜなら彼は基礎低音のことを考えていなかったからだ。

われわれの譜例に戻るが、基礎低音が姿を表しているときには（N.）音(ノット)は波線上へと移行させなければならないことに注意せよ。

（L. M.）が基礎低音にみられると、ここで不規則(イレギュリエール)カデンツが（M.）音(ノット)に7度が付加されることにより回避カデンツとなる。この点に関してはいくつかの考察を付け加えておくのが適切である。

1. 不規則カデンツはそれ自体がオリジナルなカデンツである。しかしながら基礎低音の諸音(ノット)は完全和音を支えるべきであることが前提となっている。というのは最初の和音に付加された6度は良き趣向(ボン・グー)によって容認される定数外の音(ソン)にすぎないからである。さらに、このようにして形成さ

---

38)〔訳注〕この段落は手書きの書き込みの修正と「補足」の当該箇所の記述を勘案して訳出した。また「譜例Ⅱ-40」には、最上部に「付加声部」として次の声部が置かれているが、手書きで全体に斜線が引かれ、「補足」でも削除が指示されている。

39) ド・ブロサール氏、131頁、第5項、A音。マソン、125頁（98頁）。

れた和音は基本和音(フォンダマンタル)ではなく、完全和音や七の和音と同じ利点を活用することはできない。たとえこの和音が七の和音の転回されたものであってもである。完全和音あるいは七の和音に基づくものはすべて、何らかの仕方でその向きが変わりうる。なぜならこれらの和音はオリジナルなものだからだ。しかしひとたびこれらの和音に新しい諸音による変化が許されるなら、それらの新しい諸音が場を変えることはもはやない。ただしそれらの諸音が主要な諸音の力を減じることもない。もとの和音はいつもその自然な転回に関与する。さらにまた、不規則カデンツにおけるこの付加6度はバスに対してまったく不協和音程ではなく、6度を付加することによって形成される和音は、この6度と5度の間に感じられる不協和音程がバスに対して不協和音程になるような仕方で転回されてはならない。したがって転回が生じうるのは小六の和音においてのみである。ここで不協和音程が聞こえるのは諸声部間のみである。なぜならこの小六の和音がその元である七の和音に還元されると、この場合完全和音のみがその源(プランスィプ)というわけではなくなり、七の和音もまた源ということになるからである。しかしここではそのようにはならない。なぜなら7度がバスの5度上行の進行において解決されえないからだ。またわれわれがカデンツ(シャン)と呼ぶのは歌謡がある種の仕方で終止するという考え方のことであり、このカデンツは諸基本和音のもとでバスが協和的な進行するときにおいてのみ感じられるものである。今ここでわれわれは、良き趣向(ボン・グー)に権威づけられた許容によってのみこの完全性に変更を加える。それゆえに諸基本和音と、それから派生する和音との相違を見分ける方法を知ることはまったく適切なことである。それはそれらの和音の諸特性を混同しないためにも必要とされる。

2. カデンツを終止する完全和音に不協和音程を付加することによりカデンツが回避され、ここにおいて諸基本和音の原理(プランスィプ)とまたバスの基本的な進行における原理が見いだされるとする。こ

の場合不協和音程の付加によって結末(コンクリュズィヨン)が中断されているのが分かるのだから、カデンツはもはや問題でないことが分かる。したがってここでは原理が、前掲の譜例の基礎低音において明らかであったのと同様に真であるということになろう。その譜例では基礎低音が支える諸基本和音が作曲家の好み(グレ)次第で転回可能であり、またさらに下に(一音を)置く(スュポズィスィヨン)ことも利用可能である。

~~これですべてというわけではなく、付加声部[40]に現れる和声の連続性はそれ以外の論点以上に厄介なものののように見受けられる。なぜならそこでは2度が自然な規則に反して解決されているからだ。しかし、われわれを統べるものは基礎低音であり、片方を欠いて片方のみを受け止めることはできない。またさらに、ここでみられる許容は不規則カデンツ内の許容と同じものである。ここでは不協和音程は3度上へと上行して解決している。しかし、このさまざまな進行の真の起源を今一度想起し、不規則カデンツの許容と原理とを混同しないこと[41]~~。

さらには、われわれの理性は経験に比べ弱く、経験はわれわれのことを考慮して語るものである。われわれの時代のもっとも優れた大家の諸作品を見てみよ。それらの作品はあなた方にまた新たな証言をもたらすことだろう。

先の譜例に含まれる許容がいささか難解であることには疑念の余地はない。そしてそれらの許容はごく稀にだけ、そして経験豊かな人が行使できるような細心の注意を払って使用されるべきである。これらの許容が不完全であることのもう一つの証拠は、それらの許容をまったく正確に、誤りを犯すことなく遵守することは極めて難しいということにある。さらに作曲家たちにとってここでわれわれが採用すべきだと書いている方法を見ておくことは無益なことではない。なぜならわれわれはまた同時に、自然な和声にしたがって耳にされるべき真の諸和音を書き留めておいたからである。

---

40)〔訳注〕前頁の譜例中の斜線が引かれた最上段のこと。訳注も参照のこと。
41)〔訳注〕この段落全体には手書きで斜線が引かれ、巻末の「補足」でも削除が指示されている。

第4項
7度がさらにオクターヴに解決されうるということ

　7度はあらゆる不協和音程の最初のものであり、あらゆる協和音程によって予備されうるということにとどまらず、あらゆる協和音程によって解決もされうるということによっても際立った存在である。例外は5度の転回である4度である。4度は7度の転回された和声においてもっぱら2度の解決に役立つ。この場合7度は5度に解決されうる。

　3度、5度、そしてオクターヴは7度の予備を成す。そして3度だけが自然な基本和声（アルモニ・フォンダマンタル）において7度の解決を成す。しかしながら中断カデンツ（ローンプ・リザンス）という許容は魅力的な多様性をもたらすものであり、7度をさらに5度によって解決させることを強いるのである。ここで指摘すべきことは、7度の解決のこの二つの方法はバスの5度と7度の下行進行において見いだされるものである、ということである。この結果、バスの3度下行の進行は7度下行するバスよりも完全であるため、この後者の進行においてこの7度がさらに何らかの新しい協和音程によって解決されえないかどうかを調べなければならない。われわれは7度がオクターヴによって首尾よく解決されうることを知っている。確かにこの場合には連続する二つのオクターヴが見てとれるのだが、しかし、このケースにおいては見せかけにすぎない二つのオクターヴに関して成される誤った考えを拒絶する前に、7度を解決するこの後者の解決の証明に努めることにしよう。

譜例 II - 41

　あらゆる音楽家たちは9度は3度に解決されうることを認めている。このときバスは3度下行する。それゆえに7度は、九の和音の一部を成すので、この場合はオクターヴにしか解決されえない。当面これらの和音の連続をその派生元と比べるなら、9度が7度に他ならず、7度が5度に他ならないことが分かるだろう。そして5度の進行は以下で明らかになる進行と一致するものである。というのはわれわれはまったく正確に以下のことを指摘しておいた。つまり、九の和音はバスに一つの音を付加することによってのみ生じるものであり、こうしてその真上にある基音（ソン・フォンダマンタル）の下に（一音を）置く（スュポゼ）のである。

2つの回避された完全カデンツの基礎低音
譜例 II - 42

　波線は9度の定数外の音（ノット）を表し、その上の音符が基音（ソン・フォンダマンタル）を表す。

　もし九の和音をそれ全体として受け入れ、その進行を確定しようとするなら、われわれはあるいは9度の3度による解決を禁ずるか、あるいは7度のオクターヴによる解決を認めることになるだろう。なぜなら一方が認められなければ、他方も不可能だからだ。しかしさらに、もしこの九の和音をそのおおもとの形において受け入れるなら、これら二つの進行を認めざるをえないということになる。なぜならそれらの進行はもっとも完全な進行だからだ。それゆえに7度はオクターヴに解決されるか、あるいは九の和音は容認されるべきではない、ということになる。

　さらに7度は、転回された和声においてもオクターヴに解決されうる。

譜例 II - 43

見かけ上のオクターヴ、あるいは見かけ上の5度への回帰のために、7度に関するこの規則は基本和声に基づいて打ち立てられた。これは他のあらゆる諸規則と同様である。しかししかるべく説明しなければ、容易に疑念に落ち込んでしまう。もはやこの疑念からは脱すべきときである。
　見かけ上のオクターヴや5度が禁じられているとするならば、それは諸声部に常軌を逸した進行を与えることを避けるためだけにそうされている。とりわけ不協和音程の実践に関してこのことはよく当てはまる。なぜなら協和音程の実践においてはこの欠陥は、諸声部に反行進行をさせることによって容易に避けられるからである。しかしながら、完全カデンツや不規則カデンツにおいてこの種のパッセージを耳にさせずに済まないことが頻繁にある。〔譜例Ⅱ-44〕ここで一方では見かけ上のオクターヴが、他方では見かけ上の5度がそれぞれみられる。なぜならバスをディアトニックな音度上で一音ずつ移行させていくと、確かに見かけ上のオクターヴと5度が聞こえるからである。それゆえにこの規則はこのケースにおいては誤ったものであり、もっぱらこの二つのカデンツの転回において適用されるものである。この転回においては実際、バスの進行は上声部の進行を保持するのであるが、バスの進行は上声部のものとしてはまったくふさわしくない。しかしわれわれはすでに上声部の進行は可能な限りはつねにディアトニックであるべきであることを指摘しておいた。特にこれは4度が生じるときにはそうである。なぜなら4度は諸声部をこのように転回することによって生じるものだからである；われわれはこのケースにおいてもこの規則を遵守する必要はない。

譜例Ⅱ-44

譜例Ⅱ-45

　不協和音程に関して言うと、それぞれの不協和音程に自然な進行を与えることによって過ちを犯すことは決してないであろうことは確実である。また協和音程には不協和音程が付随するものであるが、横の並びから逸れず、和音の基礎を変えない限り、適当と判断される他の協和音程へと移行する。こうした協和音程に不協和音程は解決されるべきである。したがって、7度がオクターヴに解決される際に見かけ上の二つのオクターヴがみられるということはありえない。なぜならここで7度と結びついているオクターヴ、あるいはその姿が見えないときにはほのめかされているオクターヴは、同じ音度にとどまっているか、あるいは別の場所へ移行するものだからである。最初のオクターヴはすでに聞こえており、2番目のオクターヴはこの進行からのみ生じるものであって、別の音程から生じるものではない。

譜例Ⅱ-46

　不協和音程の解決の無数の方法というのはここに由来するのであり、これについては第3巻で言及される。
　各和音に想定される基礎はたえずわれわれの導きであるはずである。これは長短3度や長短6度に自然な進行を与えなければいけないときでも、また連続するオクターヴや5度が聞こえるようにするのを恐れるときでも該当することである。なぜなら実際には二つの5度やオクターヴが聞こえていないのに、それらを目にしているように思い込んでいることがしばしばあるからである。たとえばマソン[42]や他の多くの著者たちは、6度が5度へ移行できることを望むが、しかしな

---

42) マソン、124頁。

がらそこでは二つの5度がみられるだろう。〔譜例Ⅱ-47〕ここでディアトニックな音度を考慮に入れるならば、この音度はファからレへ移行するものだからだ。しかしこの譜例の基礎低音はレ－ソであることが指摘されれば、完全カデンツの回避の進行と一致することが分かるだろう。〔譜例Ⅱ-48〕ここでは想像上の二つの5度を見いだすことはもはやない。この点を熟練の作曲家は次のように理由付けする：ここで私は見かけ上の5度を行うが、しかしここでこの音は別の音を想定しているのであり、それゆえにこの5度はもはや生じていないのである。それゆえにこの進行は良いとされる。それはこの想定がこの小節の主要な拍の間でのみ生じるものであってもである。しかし音楽には次のような特殊な事情がある。つまりわれわれはしばしば、成功裏にではあっても、際限なく音楽に変化を加える自由を乱用しすぎてしまうことがある、ということである。しかしながら理性が耳と一致するとき音楽に対してわれわれは、音楽がより完全になることに反しない形で、音楽にふさわしいあらゆる多様性を付与することができる。このように、理論上において目が把握する二つのオクターヴや5度というものは、耳にとっては必ずしも同様のものではないのである。このとき基礎はまさにその規則性のうちに存在しているからである。

譜例Ⅱ-47

譜例Ⅱ-48

このテーマについて多少長く言及するのは適切なことであった。これは先人たちの誤りから抜け出すためであり、これらの誤りはいくつかの用語の単純な意味に関わるものであり、その用語の効力をよく理解しないことがこうした誤りの原因である。

さらにわれわれは7度はあらゆる協和音程で解決されうると主張するのであるが、自然な基本和声に従えば、7度は3度によってのみ解決が可能であることに注意せよ。なぜなら、もし中断カデンツにおいて7度が5度に解決され、この中断カデンツのバスの通常の進行を転回させたものにおいて7度が別の7度に解決されるのであれば、その原因は完全和音に付加された7度によってもたらされる許容にのみ由来するものである。この許容から基礎低音は新たな進行を引き出すことができる。そしてさらにこの7度がオクターヴによって解決されうることが望まれるのであれば、それは下置の結果、あるいは転回の結果としてそのように成される。なぜなら自然な和声に従えば7度は必ず3度に解決されるのであって、これはわれわれの譜例において明らかなとおりである。

第5項
7度には6度が付随しうること

7度が6度とともに実践されることがあるが、これは実際極めて不快な和音を形成する。この和音が容認可能とされうる唯一の根拠は、この和音が経過的にのみ成され、この和音を形成する優雅でない諸音が恒常的であること、つまりその和音の前後でそれらの諸音が生じていることである。さらに、この場合のバス音は下置によってのみ認められる。

譜例Ⅱ-49

　ここで以下のことを指摘しておくことは妥当である。つまりこの保続音は何らかの仕方でわれわれの注意から抜け落ちるものである。それは多くの別の音をその保続音の上で経過させていく場合にそうなり、それら多数の音の多様な進行はもっとも自然な諸規則に合致している。ここにみられることは前項の譜例の付加声部におけると同じことである。そして同じことはフランスのcoliers de Musettesや Viellesその他にもあり、この点に関しては第3巻のクロマティックの諸規則に関する箇所と、第4巻のポワン・ドルグに関する箇所で触れられている。[43]

　ここでクロマティックや歌謡の趣向のための不協和音程や下置による不協和音程、そして誤った連関について言及すべきであろう。しかし次巻で与えられる諸規則は極めてシンプルかつ理解のしやすいものなので、当面のところはこれらを黙過することにする。

第6項
不協和音程が別の不協和音程に予備されているように思われるケースについて

　われわれはこの項を許容の内の一つとして位置付けたが、しかしながらこれからこの項に含まれることが自然な和声と一致することを見ていくことにしよう。以下では不協和音程が必ず、例外なしに協和音程によって予備されるべきことを主張するものである。しかしながら、経験はまったく反対のことを証明しているように思われるし、そのため大部分の音楽家たちはここから誤った結論を引き出しているので、われわれはこの項を彼らの考えのとおりに位置付けるべきこととした。それはつまり彼らがこの項目はここにあるべきだと考えるその場所にこの項目を見つけさせることができるようにしておくことである。

　ド・ブロサール氏はこう言っている（131頁）。不協和音程がシンコペーションした後にはしばしば偽5度が生じるものであり、さらにその後で4度のシンコペーションがしばしば生ずるものである。この4度のシンコペーションに対して偽5度は予備の役目を果たす、ということである。こう言うことによってド・ブロサール氏が満足させることができるのは、彼と同程度にこの予備について知っている人のみである。しかし同時にド・ブロサール氏は予備について知らない者たちを誤りに陥れてしまう。そして、あらゆる不協和音程は協和音程によって予備と解決が成されねばならないという規則を文字どおりに受け入れる者たちの

---

[43]〔訳注〕この横線の箇所には手書きで斜線が引かれ、「補足」でも削除が指示されている。

偏見を打ち砕くことができない。そうした者たちはその規則とは反対のことを理解することができず、またその反対のことを間違いの中に組み込むわけでもない。というのは一般規則と対立する事柄は説明するか、あるいはまったく提示しないかのいずれかにすべきであるからだ。もしこの著者が自らの称号に満足しきってしまい、これらの諸規則とその実践についての詳細に従事することがなかったなら、ここで彼を引用すること自体が誤りであったであろう。しかし彼は別の箇所で自分が伝えたいと思っていることとは相反する規則について提示しているので、われわれとしては以下で自らの考えを述べないわけにいかない。それはド・ブロサール氏が生じさせてしまった疑念を払拭するために必要なことである。

偽5度に解決される不協和音程に関しては第3項のテーマであった。4度のシンコペーションと、それに対して予備の役目を果たす偽5度に関しては、これら二つの不協和音程が同じ基本和音（アコール・フォンダマンタル）の内に含まれているものであることを以下で見ることにしよう。さらに言えば、偽5度という不協和音程は4度音程に他ならないのだ。したがってある不協和音程が同度に留まっている以上、バスの役目を果たす声部がこの不協和音程を含む和音を形成するさまざまな諸音を移行する間は、以下のように結論付けるべきである。すなわち、この場合には基礎（フォン）においては何の相違も存在せず、むしろ相違は別の声部との間の音程にあるのだ、ということである。この音程は自由に使用してよいものである。このような不協和音程は基礎低音（バス・フォンダマンタル）との関係においてはつねに同一であり、それはド・ブロサール氏の譜例に次のような基礎低音を付加することによって証明することができるだろう。

譜例 II - 50

（A. B.）間において、7度が同じ7度に先行しているのが見てとられる。さらにはこの7度（M.）は、（L.）にある協和音程によって予備されている。その結果通奏低音（バス・コンティニュ）に対しては偽5度と11度になっている。しかしこれはいずれも同じ7度であり、基礎低音に対して同じ和音である。

第17章　121

もはや繰り返すまでもないが、11度の定数外の音、つまり4度は基礎低音の下に聞こえているはずのものであり、問題点を明らかにするためには省略されるべきものである。それゆえにもうこれ以上不協和音程が別の不協和音程で予備されると想定することはない。なぜならそもそも基礎からしてみれば、ここで連なっている諸和音すべての中で不協和音程はたった一つであり、その不協和音程が予備されうる場合にはこの不協和音程は実は協和音程によって予備されているのである。つまり、同じ一つの和音内の諸音をバスの一部として自由に使用してよいということと、二つの異なる和音に関する規則とは、何の関係もないということである。

主要な諸規則に関して注釈者たちの犯した誤りというのは、たんに彼らが理性と経験を一致させる術を知らなかったということに原因がある。彼らは原理と、そこから引き出される事柄とを混同してしまっていた。しかし実際はこの原理こそがいたるところで、同じ効力を保ち続けているのである。なぜなら、自然な和声と許容を説明するためにわれわれが必要とするのは完全和音と七の和音のみだからである。また基礎低音の進行を形成するには、それらの和音を構成する諸音程だけが必要とされるのである。この基礎低音がわれわれの導きの役を果たすのであり、自然な和声においてはその主要な進行は3度、5度そして7度の下行である。実践において採用されうるあらゆる許容のためにこれらの進行が転回される場合に、下置や借用が付け加えられるのである。

第18章　基礎低音の書法を教授する諸規則を打ち立てることに関する諸注意

第1項
諸規則を打ち立てることに関して

人が音楽に関し判断を下すことができるのはひとえに聴覚との関連によるものであり、理性はそれが耳と一致を見いだす場合に限り権威を有するものである。しかしまた、われわれの判断においてそれらが一致すること以上に説得力のあるものはない。われわれが耳によって満足を得るのは自然なことであり、知性は理性によって満足を得る。それゆえにそれらの相互協力なくしては何に関しても判断を下すことはできない。

経験は無限の多様性を有する多くの和音をもたらす。それゆえにそれらの和音の原理を別の指針に見いだすことができなければ道に迷うであろうことは必至である。経験はいたるところで疑いをばらまくので、誰もが自らの耳が判断を誤っているのではないかと想定し、耳に頼ることを望まなくなる。それとは対照的に理性は両目の下にたった一つの和音のみを取り上げるので、その諸特性を特定するのは容易である。経験は理性の助けになりさえすればよいのである。さらに理性が許可するものを経験が受け付けないなら、理性こそが尊重されるべきである。なぜなら理性の諸決定よりも説得力に富むものはないからであり、それはとりわけそれらの決定が一つの原理から引き出されるときにはそうである。この原理とは、理性がもたらすものと同じく簡潔なものである。それゆえに、可能であるならばわれわれが自らを適合させようとするのは理性の方であり、経験に助けを求めるのはただ理性が証明するものをさらに強固なものにしようとするときである。

初期段階にある音楽家たち、一言でいえば、音楽の思弁面にのみ集中している者たちは完全和音

のみをすべての原理として認める。理論に実践を結合させたザルリーノは六の和音や四六の和音について言及するが、これらの和音はまさにこの原理から生じたものだということをわれわれはすでに知っている。さらに問題となるのは、不協和音程もまたこの原理と関連付けられることが可能なのか、ということだけである。この証明は容易である。なぜなら不協和音程はすべて、先の完全和音に新たな音(ソン)を一つ付加することによって生み出されているからである。一音が付加されても完全和音はつねに必ずそのまったき完全性において存在しているものである。したがって不協和音程の根拠づけとその実践を決するのには理性だけで十分なのである。新たに一音(ソン)を付加するということは三の規則[44]によって自然に成される。あるいは諸数を新たに増加させることによってこの主要な(プルミェ)和音がもたらされるわけだが、それは第1巻第7章47頁で考察したとおりである。さて、音楽の諸規則は実践することが可能な協和音程と不協和音程にもっぱら関係するものであり、また協和音程はすべて完全和音に含まれ、不協和音程はその同じ完全和音に7度が付加されたものに含まれるものである。それゆえに音楽の諸規則は主にこの主要な和音と、これに7度を付加することによって形成される和音を土台として基礎づけられるべきである。このように、こうした結論がこれほどまでに簡潔かつ自然な一つの原理の上に打ち立てられた後で、このジャンルにおいてもっとも熟練した人たちが言い、成してきた実践に逐一従い、それがつねに経験の認めるところと一致するのであれば、この原理こそがわれわれの諸規則の真の対象であることを一体誰が一瞬たりとも疑うことができるだろうか？

この点に関してはザルリーノが以下のテーマについて語っていることに注意せよ。つまりそれは基礎低音(バス・フォンダマンタル)とその進行のこと、その進行が他の諸声部に課す進行のありかた、3度とその進行、そして協和音程と不協和音程一般の進行について述べていることである。ここで指摘すべきことは、ザルリーノはわれわれが長音程と呼ぶ長不協和音程のことを忘れてしまっていることである。さらにザルリーノは中断(ロンプ)カデンツ(イレギュリエール)のことをしかるべく定義しなかったし、不規則カデンツや諸和音の転回については言及すらしていない。六の和音や二の和音における実践をザルリーノは教示しているにもかかわらずである。またザルリーノは九の和音を見境なく引用するが、われわれにとってこの和音は下置(スュポズィシォン)によるものでしかない。旋法(モード)に関してザルリーノの根拠づけは不出来であり(この点は第21章で見ることにする)、そのために彼の音楽はわれわれの音楽がまとっているような完全性を発揮することができない。そして最後に、彼の譜例は彼の文章と一致していないことを指摘しなければならない。ザルリーノが自らの説明や比較を引き出すもととなっている理由というのが理由になっているのか、それともたんなる言葉の羅列なのかを吟味せよ。ここにまた、彼の知識の限界もある。そうした吟味の後に、正しい結論が導き出されるべきである。そうすればあらゆる和声(アルモニ)とあらゆる旋律(メロディ)は提示された二つの和音上を巡って進んでいくはずのものであるということが見いだされるであろう。しかしこれだけではない。和声と旋律は各和音の低音(ソン・グラーヴ)とその進行の上を進んでいくものである。この低音はいずれの場合においても必ず同じであり、またその進行についてはここまで言及してきたとおりである。次に、もっとも熟達した大家の音楽に耳を傾け、それをよく調べてみよ。そうすることによって、この章の末尾までに与えられる説明に沿って、基礎低音を用いてわれわれが述べてきたことを立証してみよ。ここで見いだされるのは完全和音と七の和音しかない。さらに言えば、調(トン)のあらゆる転換(モデュラスィオン)の識別に役立つ横の並びの事情によく通じているなら、ここには主音(ノット・トニック)と属音(ドミナント)しかないことが見てとれるだろう。さらに指摘すべきは、短調においてのみであるが、第六音が属音の場を占めるこ

---

44)〔訳注〕英訳者によると、これは比の規則のことで、三つの項から成る比に四番目の項を付け加えることであり、中間項の和と両項の和が等しいことを指す。また、ラモーは第1巻第1章でもこの点に言及しているが、そこでは「四番目の比例項を加えること」と言っている。

とが多々あるということである。

　和声の原理は単に完全和音に存しているだけではない。七の和音はこの完全和音から形成されるものであるが、さらに正確を期すならば、和声の原理はこれら二つの和音の低音に存するのである。この低音とはいわば和声の中心であり、他のすべての音はこの低音に関連付けられるべきである。これはまた、われわれの体系がモノコルドの分割を土台として打ち立てられるべきであると信じてきた理由の一つである。低音をもたらすこのモノコルドは、その分割から生じるすべての源(プランスィップ)である。それはちょうど単位一(ユニテ)が、諸数の比較の際の源(プランスィップ)であるのと同じである。

　すべての和音とそのさまざまな諸特性の起源が完全和音と七の和音にあることを理解するだけでは十分ではない。さらに次のことを指摘しなければならない。つまりこれらの諸特性はこの和声の中心とその進行に完全に依拠している、ということである。これらの和音を構成する諸音程はこの和声の中心と関連付けられるものというにすぎず、そしてこの和声の中心が自らの進行をつくりだすためにこれらの音程を活用するのである。こうしてつくられた進行の上でのみこの二つの主要な和音の秩序と進行が決せられるのである。そしてこれらの音程とは3度、5度、そして7度のことである。というのも、もし他の音程があるとしてもそれらは6度、4度、2度のようにそれらから転回されたものであるか、あるいは9度や11度のような二重音程、さらには三全音や偽5度のような変形されたものであるからだ。ここでオクターヴについては言及しなかったが、オクターヴは複音程(レプリック)にすぎないことを知っていれば十分である。これらの音程を還元することと諸和音の還元には確固たる関係(ラポール)がある。転回音程から転回和音が形成され、複音程からは下置和音(アコール・パル・スュポズィシォン)が形成される。また変位音程からは借用和音(アコール・パル・アンプラン)が形成される。これらすべては例の三つの主要な音程から生じるものであり、これら三つの音程から諸基本和音(アコール・フォンダマントー)が形成されるものである。すべてはひとえに和声の中心に関連付けられているのである。

以上のことでもまだ十分ではない。耳はこれらの諸基本和音のみを受け入れているわけではない。さらに、それらの和音の進行がその低音である基音(ソン・フォンダマンタル)によってひとたび決せられると、その進行と一致するものはすべて必ず快となるのであり、例外はありえない。この基音がほのめかされる(スー・ザンタンデュ)ように聞こえたり、転回されたり、下に一音置かれたり、あるいは借用(アンプランテ)されているのであれば、理性と耳はこの点においてまさに一致するので、例外が見いだされることはありえない。

　この簡潔さにおいてこの原理(プランスィップ)がいかに素晴らしいものであることか！　これらの和音、そして美しい歌謡(シャン)、その無限の多様性、これほどまでに的確で美しい表現、これほどまでに行き届いた感情、これらすべては3度が配された二つあるいは三つの諸音程から生じるのである。そしてその原理はたった一つの音のうちに存するのである。それは以下のとおりである。1・3・5・7(基音 3度 5度 7度)。この点に関しては上で指摘してきた事柄からすでに十分説明済みに違いないが、この原理に基づいてこれから打ち立てる諸規則によってわれわれは最終的な確信にいたるであろう。

　1．協和音程からはじめると、これらは完全和音にすべて含まれており、基礎低音はこれらの協和音程を通じてのみ前に進むことができる（これは第1章と第2章で指摘したとおりであり、また第3巻第4章で扱われる）。基礎低音は上声部に対してある種のディアトニックな進行を割り当て、ここから協和音程に関するほとんどすべての規則が引き出されうるものである。ここでわれわれが「ほとんどすべての規則」と言い、「すべての規則」と言わないのは、不協和音程がもたらすある種の自由度を考慮してというにすぎない。しかしながら主要な諸規則に関しては、これらは必ずここに見いだされるものであり、古代の人々がそれ自体独自のものとして伝えてきた諸規則は特にそうである。

　次に和声について言うと、たとえば二つのオクターヴや5度の連続は自然な進行の中には決して見られないものである。もし各声部に規定された

秩序を乱すことなく、一つの協和音程からそれに後続する協和音程へと進んでいくなら、そこでは完全協和音程が通常の仕方で不完全協和音程へと、そしてそのまた逆の進行が見てとれるというにとどまらない。そこではさらに完全協和音程の連続も見てとれるだろう。ここからは次のように判断が下される。つまり3度の連続というのは限定を受けないのだから、3度の進行と、3度の転回である6度の進行もまた自由であるに違いない、と。また5度の転回である4度は、5度に関する規則に従うもののように思われる。しかし経験は実際にはディアトニックな進行における4度の連続を多数認めるものであるから、これは上記の指摘に優るものである。

また旋律に関して言うと、単旋律聖歌の進行はディアトニック音程あるいは協和音程によるものであること、さらに長6度音程の進行は禁じられていることは知られている。われわれの原理はここに存するものである。しかし同時に、完全な音楽におけるこの規則の見かけに惑わされることのないようにもするべきである。完全な音楽において不協和音程は素晴らしい効果を生み出すものであり、横の並びこそが不協和音程のあり方の決定因子であるからである。というのも、かつて音楽家はまったき美的表現である、ある種の不協和音程を鳴り響かせるのに困難を見いだしていたのであるが、われわれの横の並びの用い方は音楽家がこの困難を克服する手立てとなっているからである。

2. バスのあらゆる進行の中で、もっとも主要にして完全なものは5度下行である。なぜならわれわれが十分に満足感を得るのはこの5度下行で形成された最終カデンツが聞こえるときだけだからである。このときこの5度は、5度が生み出されるオクターヴの二音のいずれかに下行して到達することにより、その源に回帰するかのようである（というのは4度上行と5度下行は同じことだからである）。このカデンツの諸特性に主要な注意が払われ、ここから利点が引き出されようとされていることには疑いの余地はない。それゆえにわれわれの諸規則の頂点にこの原理が据えられるためにはこの主要な進行で十分なのだから、なおさらわれわれの根拠は十分であると言える。そのことは以下で証明されるだろう。

長3度上行させてオクターヴにいたる規則、そしてこれが決して短3度でないこと、これらは提示された原理にもっぱら由来するものである。なぜなら3度がディアトニックに上行してオクターヴへと至るのはこうした進行しかないからである。しかしここでこの規則への誤った適用によって過ちを犯さないように注意せよ。源との関係において存在しているのはただ一つの3度であって、二つの基本和音の一つがなければこの3度は存在しないであろう。ここでわれわれが言及している3度が、転回によってバスとして使用可能とされるあらゆる音に分け隔てなく関連付けうるものであると想定するのはまったく見当違いである。それとは反対に、このことは源にのみ制限されるべきである。つまりそれは、3度はこの源との関係において3度なのであり、完全和音か七の和音においてのみ3度とされる、という意味である。この点をさらに説明しなければならないのであれば、この同じ規則を6度に適用するのが良いであろう。6度は転回和音にしか生じえないものであり、3度の代わりとなる限りにおいて3度の特性を引き継ぐものである。このことは転回和音を二つの主要和音のうちの一つに還元することによって指摘されうることである。その結果、われわれの正しい解釈にしたがえば、ここで6度について言及することは無益である。なぜならわれわれが基音の3度に言及したことは、その3度の代わりとなるものにも同様に当てはまるはずだからである。このことはさらに不協和音程においても証明されるであろう。

3. 主要な不協和音程は完全和音に3度を付加することによって形成されるが、この和音の低音の5度と関連付けられたこの3度が自然な形で短音程を形成するものであり、この付加3度が同じ和音の基音の長3度と新たな不協和音程を形成することを踏まえよう。するとまず、この不協和音程の起源はこれらの3度にあることを理解することになる。その結果この不協和音程は二つの種に区別されることになる。一つは短不協和

第18章　125

音程と呼ばれる、短3度の付加によって生じるもの。もう一つは長不協和音程と呼ばれる、完全和音に自然に備わっている長3度から生じるものである。これ以上の区別は成されたことはなかったが、しかしこれは極めて正しい区別である。なぜならこうすることによってあらゆる不協和音程の進行が一挙に決せられるからだ。つまり長不協和音程は上行し、短不協和音程は下行すべき、ということである。この点に関して例外に悩まされることはまったくなく、また同時にこのことは基本和声は完全和音と七の和音の中にのみ存することを証明するものである。あらゆる長不協和音程は七の和音の低音の長3度に還元することができ、またあらゆる短不協和音程は7度に還元されうるものであることが想定されるが、この想定はいかなる困難にも見舞われることはない。

われわれはここまでで短3度の進行の起源を吟味してこなかったが、この短3度をもとにあらゆる短不協和音程の進行は打ち立てられるものである。ここまでに明らかにされた事柄を通じて以下のことはつねに断言されうる。つまり、われわれは何も間違ったことは提示してはおらず、このテーマについてさらに深く述べる機会が現れるのを待っていたのだ、ということである。

不規則カデンツにおいて言及されたクロマティックと許容に関しては、これらが先行する規則の重大な例外であるとする反対意見が出されるかもしれない。しかし、不規則カデンツにおける完全和音への6度の付加は定数外のものであることをここで指摘しなおすことはしない。この6度がなくとも和声の完全性はいささかも損なわれるものではない。6度を実践で用いるか否かは趣向の問題でしかない。しかし他の不協和音程がなかったならば和声は味気ないものとなったであろう。さらにクロマティックについて言うと、ここでは長不協和音程が上行する代わりに半音下行しうるのであるが、これはいかなる仕方においてもわれわれの規則を乱すものではない。なぜなら、1）この場合の長不協和音程が上行して到達すべき音というのは、別の声部で聞かれていなくても、ほのめかされるように聞こえているからである。さらに言えばこの音というのは基音に他ならず、したがってバスにその場を占めるのが自然であるからである。2）長不協和音程というのはそれ自身で不協和というわけではない。それとは対照的に、短不協和音程はそれ自身として不協和である。短不協和音程を除外してしまえば、長不協和音程というものはもはや存在しなくなってしまう。このことは経験が示すとおりである。3）長不協和音は長3度に由来するが、これは完全和音に自然に備わっているものである。この長3度は上行すべきと言われるとき、このことはこの音程が同度にとどまることを禁ずるものではまったくない。4）長不協和音程が形成されるのはドミナント・トニックの長3度のみによるということは、この不協和音程は後続する調に対してはもはや偶発的なものにすぎない。そして5）この長不協和音程は、後続する短不協和音程の予備のために同度にとどまるものと見なされている。なぜならこのとき音程の類はまったく変更されないからだ。このことはバス音を、この短不協和音程が聞こえる際のバス音と同度にとどめることによって指摘されうることである。したがって3度あるいは7度が形成されたなら、さらにまた3度あるいは7度が生じる、ということである。ここにおける違いは長音程から短音程へ、あるいは増音程から純正音程へということでしかない。また同様に見いだされる違いはそれらの音程を示す諸音にあるが、それはその同度の音に付加されるフラットやシャープという記号によってもたらされるものにすぎない。

これらの事例に熟練の人々が気付いていないということは考えにくい。われわれはそうした人々のことを長々と扱ってこなかったが、それは退屈な反復を避けるためであった。しかしこの点を除けば、クロマティックは調和の新たな類であり、別種の諸特性を有するはずのものである。この諸特性は原理からはかけ離れているように思われるが、しかし実際は深く依拠しているものであり、その説明にはわずかな注釈が必要とされるだけである。

4．上声部の進行はディアトニックが自然であ

り、短3度は上行してオクターヴへ至ることができないのであるから、諸規則に従う必要性ゆえに短3度は最終あるいは完全カデンツの動きにおいて同度にとどまらねばならない。これは同じカデンツの残りの部分で引き続いてディアトニックに下行することができるようにするためであり、このことはこの道に通じた人には明らかである。この指摘は和声における不協和音程の導入と不協和音程にかかわる諸規則の樹立の契機となりうる。なぜならこうした仕方で同度にとどまる短3度は、それとは異なる別の3度へと下行する7度を形成するものだからだ。協和音程による不協和音程の**予備**と**解決**の規則は明らかにここに由来するものである。この規則が他の場所からではなく完全カデンツの動きから引き出されているのはゆえなきことではない。なぜならそれは一般的な考えと一致するようにという意図が働いているからである。それはすなわち、基礎低音の三つの主要な進行にのみ注意が払われているということをわれわれはよく知っているから、ということである。この三つの進行とは下行する3度、5度、そして7度のことである。まさにこの点を一般規則として土台とし、不協和音程は必ず**予備**・**解決**されなければならない、とされてきた。なぜなら7度が解決されうるのはこれら三つの基本進行の内のいずれかでしかないからである。そしてこれらの進行の中では5度の進行がもっとも主要(プレミエール)なものである。さらに第2章で指摘されてきたことに従えば、不協和音程の起源は完全カデンツにあるということになる。であればすなわち、われわれの諸規則すべては同じ原理にその源(スルス)があるということになる。この点に以下が加わる。すべての短不協和音程は7度に由来するものであるが、この7度の解決が基本和声にしたがって自然に成されるのは3度によるものでしかない。この点は第17章第4項で言及されたとおりである。

　以上の考察は次のような結論をもたらすはずである。すなわちこれらの諸規則を記した者は、その者を導いたのが、たんにわれわれが上で提示した原理だったかもしれないにしても、和声の諸特性の知識に深く通じていたであろう、ということである。というのは、ザルリーノが明らかにしようと努めるところによれば、最初期の音楽家たちは完全和音しか知らなかったということだからである。そしてザルリーノ自身もわれわれがいま実践しているすべての和音を知っていたわけではない。ザルリーノを筆頭として、あらゆる著者はもっぱら音程にのみ注意を払い、その音程の諸特性を規定することを望んだがために、原理についてはあいまいな考えしかもたらすことができなかった。その証拠に、転回和音についての知識は時の経過とともにもたらされたにすぎない。しかもこの知識はもっぱら経験のみに帰され、原理は視界から消えていた。転回和音はそれ自身がオリジナルなものと見なされていた。こうしたことは際限のない遠回りや例外、不明瞭さの端緒となってしまい、ここに用語や音程、和音、そしてそれらの進行や特性の混乱の原因があった。その最たるものは**旋法**(モード)であった。ここにおいてはあたかも世界でもっとも簡潔にして自然な**学**(スィアンス)が喜んであいまいなものとして見なされていたかのようである。**良き感覚**(ボン・サーンス)の持ち主であれば誰でもこのことは理解できる。それは新旧の規則を通じても理解されるし、われわれがそうするように原理へと正しく還元することを通じても理解されうることである。幾何学者によるこの原理の提示は無意味であった。彼の限られた経験ではわれわれがしたような説明はできなかったし、無知が無知によって疑われていた。そしてこの幾何学者はこの原理から派生する多数の諸和音の中で道を見失ってしまっている。しかし現在ではこの誤りから抜け出すのは簡単なことである。そのためには一度これらの和音を3度によって還元すること、そしてこれらの和音がオクターヴの範囲を超えないことが認められさえすればよい[45]。この点には適切な経験によって導かれることであろう。そうすればオリジナルな和音として見いだされるのは完全和音と七の和音しかないことが分かるはずである。完

45）ザルリーノは以下の箇所でこの還元と範囲について規定している。『調和概論』第3部第3章174頁。第31章210頁。第66章323頁。

全和音は六の和音の中に見いだされ、七の和音は二の和音の中に見いだされるだろう。これらの和音についてわれわれは転回されたものと言うのであり、それらの和音では基音が下に聞こえているのである。また七の和音は九の和音や増二の和音の中にも見いだされる。こうした和音については下置(スュポズィスィオン)や借用(アンプラン)から生じるものと言われるのであり、これらの和音においては基音は下に一音置かれている(スュポゼ)あるいは借用されている(アンプランテ)ものである。まさにここに諸和音のさまざまな類が存するものであり、すでに明らかなように、こうした和音は諸基本和音から派生しているものである。これらの和音は低音である基音によって生み出されるものであるが、派生和音のためにこの基音のオクターヴの助けを借用するものである。オクターヴは基音が生み出す最初のものである。このオクターヴから実践可能なあらゆる協和音程と不協和音程が導き出される。理論家たちが中途半端にしか理解しておらず、大部分の実践家たちが異議を唱えている真実を何度も繰り返して言うには及ばない。

5. 主要かつ基本的諸規則によってわれわれが言及したことは十分明らかになった。それはつまりそれらの諸規則は下行するバスの主要な諸進行からのみ汲み取られるものだ、ということである。なぜならあらゆる不協和音程は予備されなければならないと言われるからである。この規則には当然例外があることを強調しておくのが良いだろう。それらに反する進行においては反対のことがみられるからである。しかしこのテーマを手短に済ますためには、第13章を参照されたい。そこで述べられていることで十分である。

6. 長不協和音程は完全和音に自然に備わっている長3度に由来するのだから、この長不協和音程にはいかなる注意も必要でないことと、この長3度が半音上行することは十分明らかである。半音上行は長3度にふさわしい。したがってこの長不協和音程の予備は強制されないのだから、短不協和音程が自らの基礎低音に割り振られた進行において長不協和音程と同じ利点を行使するとわれわれが述べることができるのは、この点を考慮してのことである。

7. 歌謡(シャン・グー)の趣向のための不協和音程やシンコペーション等に関する他の諸規則についてはここでは無言のうちに済ますことができる。なぜならこれらは、われわれの例の原理(プランスィプ)から引き出されるものであるけれども、もっぱら良き趣向に基づいているからである。

8. ここで横の並びについて言及されるべきである。これはある意味で前述の諸規則の核心であり、あらゆる事柄の結び目あるいは要(かなめ)の部分とみられている。この役割のおかげでわれわれは原理の正しさを疑わずに済むものである。しかしこのテーマに関してわれわれはこの結び目の重要性を強調するために多少長く言及すべきであるので(この点においてザルリーノや他の著者たちはこのテーマから遠ざかっていた)、第21章、第22章、第23章で検討に付すことにしよう。

9. 下置和音における定数外の諸音(ソン)と不規則カデンツに関してはさらに新たな反論が可能である。また同じ基音の基礎(フォンドマン)を借用することに関しても同様である。なぜならそれらの定数外の音や借用された音(ソン)というのはわれわれの規則に含まれておらず、独自の扱いが必要とされるように思われるからである。注意すべきは、この点に立ち止まることには何のメリットもない、ということである。それらの音が意図的に付加されたものであると言ったようなコメントをする必要はない。それらの音は原理には少しも関係がなく、他の著作で与えられている説明にしたがってそれらの実践は容易に成される。さらに確信を持ってそれらの音(ソン)について意見するためには、以下に続く説明にしたがって、任意の音楽の下に基礎低音を追加する以外に方法はない。

第2項
あらゆる種類の音楽の下に基礎低音(バス・フォンダマンタル)を書く方法について

1. 和声(アルモニ)はたいてい小節の各拍の最初においてしか感じられない。確かに時に一拍は均等な二拍

に分割可能だが、それでも和声はそのそれぞれ半分のうちの最初において感じられるものである。さてすべての声部が共に調和するのはこの各々の最初の拍の瞬間であり、したがって基礎低音(バス・フォンダマンタル)も同様である。ここで指摘されるべきは、それぞれの拍と拍の間では多くの音(ノット)がみられることであり、それは最初の拍においても同様である（この点にはよく注意しなければならない）。こうしたケースは和声の体系には含まれておらず、歌謡(シャンソン)の趣向(グー)のためだけにそれらの音(ノット)は付け加えられているにすぎない。

2．基礎低音は、他の諸声部の下に位置しているのでなければ、存在することは不可能である。また完全和音や七の和音は基礎低音に対して形成されねばならない。この場合、定数外の諸音や借用による諸音(ソン)は除外されるべきである。

3．九の和音あるいは増五の和音が現れたなら、基礎低音はすでに書かれたバスの3度上に見いだされねばならない。そして十一の和音、またの名を四の和音や増七の和音が現れた場合は、すでに書かれたバスの5度上に見いだされねばならない。このようにして他のすべての声部はこの基礎低音と共に七の和音を形成する。十一の和音の定数外の音(ソン)のオクターヴもまた定数外と見なされるべきであることを想起せよ。ただしこの場合でも所定の位置に割り当てられた際にはすべて良き効果をもたらす。

4．借用和音(アコール・パル・アンプラン)が現れたなら、ドミナントは基礎低音の第六音(ノット)の位置へ置き換えられなければならない。この第六音(ノット)はドミナントの長3度に対して増2度を、あるいは転回においては減7度を必ず形成するものである。そうするとこの和音の残りの部分は基礎低音に対して七の和音を形成することになる。この点については第8項でさらに言及しよう。

5．不規則(イレギュリエール)カデンツの動きに対しては特に注意が必要である。このカデンツにおいては七の和音の低音(ソン・グラーヴ)と見なされるべき音(ソン)は省略されねばならない。この場合聞こえてくるのは完全和音のみであり、この完全和音は七の和音の残りの部分に存しているものである。この点については以下の

8、9、10でさらに言及しよう。

6．もし偶然にも、第17章第5項で言及された7度と6度の双方を有する和音が見いだされたとしても、これには注意を払う必要はない。この場合でも基礎低音はそれ以前に見いだされていた音度上にとどまっているはずである。

7．当面のところこのバスは証明のためだけに付加されるものであるから、二つの連続するオクターヴのようにある種の誤った進行にこだわり続ける必要はない。バスに対して生じるこの連続は、すでに作曲済みの上声部間においてはまったく見いだされないものである。

8．横の並びの知識(モデュラシィオン)はこの証明のための大きな助けとなる。なぜならこの横の並びはまず第一に使用されている調を知らしめるものであり、したがってこの調において任意の音(ノット)が占める場、この音が支えるべき和音の占める場、またこの調において基音(ソン・フォンダマンタル・スー・ザンタンデュ)がほのめかされ、下に(一音)置かれ(スュポゼ・アンプランテ)、借用される場を示すからである。さらにここで、借用和音が生じるのはもっぱら短調におけるのみであり、第六音(ノット)は短調においてドミナント・トニックの基礎(フォンドマン)を借用するものであることが知られる。たとえ下置(スュポズィスィオン)が借用と共に生じるときでも、第六音は必ず基礎低音の役割を果たすものである。またさらには、不規則カデンツが生じるのはもっぱら主音(ノット・トニック)によって先行される属音(ドミナント)上か、あるいは第四音によって先行される主音上でしかないことも認められている。この場合これらの音(ノット)のそれぞれは完全和音を支える基礎低音の内に必ずみられるものである。ここから不協和な音程である低音は省略されるべきことが想定される。

9．バスが良く書かれるためには、可能な限り協和的な音程を通じてバスが前に進行するようにしなければならない。この例外は以下の場合だけである。つまり7度が5度に解決されるか、あるいは別の7度に解決されるか、あるいはオクターヴによって予備されている場合である。われわれがいつも想定しているのは、基礎低音に対して諸声部は、3度、5度、オクターヴ、そして7度以外の音程からは形成されないということである。

第18章　129

そして和音というのは必ずしもその和音を構成する諸音(ソン)すべてに満たされているわけではない。この点を明らかにするには注意を要する。なぜならたとえある和音が完全な姿でなくとも、和音の基礎(フォンダメン)自体は必ず存在しているからである。歌謡の趣向のために、和音を完全なものとする音(ソン)を使用する代わりに、一つの音を二重に用いることを強いられることもある。すべての声部は基礎低音に対して3度、5度等を形成すべきであるというとき、ここでは(周知のように)下置和音(アコール・パル・スュポズィスィヨン)の定数外の音は除外されている。この定数外の音(ソン)というのは必ず基礎低音の下に見いだされるはずのものであり、不規則カデンツにおける最初の完全和音に付加され、ドミナント・トニックの基礎(フォンドマン)を借用する音(ソン)のことである。これら定数外の音(ソン)は証明の際には必ず省略されるべきであり、そこにはまったく存在しないものと想定される。さらに短調における第二音の上の5度は、その調の自然な配列からすると、誤ったものとしてしばしば見いだされる。しかしこの第二音(ノット)上の5度は正しいものとして見なされるべきであり、単に偶然によって変化されるにすぎない。というのもこの5度が基礎低音に対してみられるのは完全和音と七の和音においてのみだからである。以上のことが想定された上で、次の点を指摘しよう。

10. 基礎低音との関係においてつねに7度を形成する短不協和音程は、規定の進行においてしかるべく予備と解決が成される。ここでこの基礎低音について言えば、4度上行と5度下行は同じことであることを想起せよ。またこの他の諸音程も同様の関係にあるものである。そして時に、その作品内には現れない不協和音程が暗に聞こえる(スー・ザンタンドル)ということもありうる。それは基礎低音に協和的な進行を与えるためか、またその基礎低音が支え諸和音だけが見てとられるようにするためのどちらかである。それゆえに、この暗に聞こえる不協和音程の進行の誤りの責任はその作曲家に帰されるべきではない。なぜならこの基礎低音がなければこの不協和音程はまったく生じることがないからだ。また基礎低音に対してのみ生じる他の誤った進行に関しては、作曲家自身がそこに基礎低音を加えようと意図したものでは必ずしもないということが考慮されるべきである。これに対してもしこれらの誤りがこの基礎低音がなくても明らかな場合は、作曲家がミスを犯しているのである。しかし上述のことが和声の基礎(フォン)を損なうということはありえない。この基礎(フォン)はすでに示された二つの和音の内に必ず存在するものだからである。さらにまず以下のことが理解されるだろう。すなわち、2度音程あるいは7度音程を共に成す二つの音(ソン)のうち、2度の高音(エギュ)、あるいは7度の低音(グラーヴ)の方が上行し、もう片方の音(ソン)は同度にとどまるということである。まさにこれが不規則カデンツの動きを示すものである。この動きにおいては(すでに指摘したように)、この上行する音(ソン)は定数外のもののようであり、決してバスに場を占めるべきでないことが想定される。また長不協和音程について言えば、これは必ず導音(ノット・サンシーブル)あるいはドミナント・トニックの長3度を含むものであり、これに短音程が付加された場合にのみ不協和音程となるものであるが、この点についても同様にこの不協和音程は半音(セミ・トン)上行することによってしかるべく解決されるべきである。

11. 不協和音程の解決の仕方に関して成されるべきいくつかの考察がある。1) 同度にとどまりその後しかるべく解決されるような不協和音程は、その音程がその基本和音(アコール・フォンダマンタル)と共にある限り、首尾よく解決されていると見なされる。2) 基礎低音に対して短3度を成す通常のバスに関してはここで立ち止まって考えるべきではない。3) 同一の基本和音が存在している間は、その和音内の希望する音(ソン)へと移行してよい。しかし通常は不協和音程はその直後に続いていく音(ソン)へと経過していくべきものである。ただし長・短不協和音程が最後のものとして聞かれるときには、これら長・短不協和音程はしかるべく解決されるという特権を行使せずに取っておくことができる。4) 長不協和音程は協和音程へと解決することができる。そしてこの協和音程には自然な仕方で短不協和音程が続く。そしてこの短不協和音程が協和音程へと解決され、この協和音程は自然な仕方で長不協和音程へと続く。このような続き方は自然和声(アルモニ・ナテュレル)にお

いて生じるものであり、上行すべきとされた場所では上行し、下行すべきとされた場所では下行することによって成されるものである。これはザルリーノの譜例と一致するところである[46]。

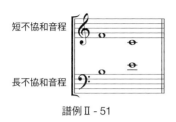

譜例Ⅱ-51

5）クロマティックにおいては長不協和音程は上行する代わりに半音下行するか、あるいは同度にとどまるものと見なされる。この点はすでに言及したとおりである。

上で述べたばかりの状況を伴いながら、前述したようなバスを書きくわえることのできる音楽というのは必ずや良い音楽であることは確実である。もしこうした音楽に誤りがみられるとしても、それはせいぜい諸協和音程や旋律、横の並びのある種の配列においてであったり、あるいは不協和音程を予備し、形成し、解決する諸音の音価に関することにおいてにすぎない。さらにまた不協和音程が予備され耳にされるべき場所においても誤りがみられるかもしれない。しかしそれでも音楽は和声の基礎に反する過ちを犯すものではない。この基礎こそが主要なのであって、その他のことは簡単に遵守できる。良き趣向は大部分の諸規則をわれわれに告げ知らせてくれるが、また時に過ちを取り除く助けにも時になってくれる点でも恩恵があるものである。

この基礎低音は音楽の合唱において極めて良い効果を発揮する。しかしこのバスが実際に耳にされることが望まれるなら、すべての声部間で諸規則が厳格に守られねばならない。その一方で通奏低音はこの基礎低音に対して多くのユニソンやオクターヴを形成することができる。特にそれは $\frac{7}{6}$ の和音や下置和音、借用和音においてそうであるが、このとき基音については心配する必要はない。

前述の諸規則を説明するのに払われた苦労というものは、原理に言及される際にはいつも忘れられてしまう。それゆえにわれわれはこのテーマについて多少長く言及すべきと信じたものである。それはこの原理の明白さのおかげでわれわれがさまざまな疑いや異論を克服できるからである。

第19章　前章の続き　旋律が和声から生じること

この点に関しては何よりもまず、和声のほうが旋律から生じるもののように思われる。なぜなら各々の声が生み出す旋律が一緒になることによって和声になるからである。しかしそれらの声の個々の行程は前もって決定されていなければならない。それはそれらの声がともに調和することができるようにするためである。いかなる旋律の秩序がそれぞれの声部においてみられたとしても、もしその秩序が和声の諸規則に従って課されるのでなければ、それらの声部が一緒になって良

---

[46]（『調和概論』）第3部第30章210頁。

き和声を形成するのは、不可能だとは言わないまでも、困難である。しかしながら和声に関すること全体をより分かりやすくするために、歌曲の作法の教授からはじめよう。ここである声部の何らかの声部進行が意図されているとする。この意図は、この声部に別の声部を書き足すことが問題になった途端に消え失せてしまう。こうなるともはやその者は歌曲の支配者ではない。また他の声部と適切な関係にあるもう一つの声部を引き出そうと模索する間に、すでに書きあげておいた声部を見失ってしまうことがしばしばある。あるいは、見失うまでいかなくとも、すでにできた声部の変更を余儀なくされてしまう。そうしなければ、最初の声部を書くのに引き出してきた強制力のせいで、他の声部に対しても同様に望ましい完全な歌曲を与えることができなくなってしまうからだ。それゆえに、われわれの導きとなるものは和声なのであり、旋律ではない。確かに、学識ある音楽家が和声と適合した美しい歌曲を提示できるというのは真実である。しかしこの幸運な才能は一体どこからやってくるのか？　自然(ナテュール)はここにおいて何らかの貢献をしているのであろうか？　これは疑念の余地なくそうである。もし自然が音楽家にこの天賦の才を拒絶したなら、一体どうやったらこの音楽家は成功を収めることができるのだろうか？　それは諸規則を通じて成される以外に方法はない。この諸規則はどこからもたらされるのだろうか？　この点は確認する必要がある。

　まず、モノコルドの最初の分割がもたらす二つの音(ソン)から、旋律を形成することはできるであろうか？　これは疑いなく否である。なぜならある人がオクターヴからオクターヴへと歌っていくなら、力強く美しい歌曲というのは形成されないからである。和声全体が生じるのはモノコルドの第2、第3の分割からであるが、これらの分割も旋律によりふさわしい諸音(ソン)をもたらすわけではない。なぜなら3度、4度、5度、6度、そしてオクターヴといった音程からのみなる歌曲がさらに完全であるというわけではないからだ。それゆえに和声が第一のものとして生み出され、ここから旋律の諸規則が必ず引き出されなければならない。これらの諸規則を引き出すには、直前で言及した和声的な諸音程については脇に置いておく。それらの音程から基本的進行(プログレスィヨン・フォンダマンタル)は形成されるのであるが、これは少しも旋律ではないからだ。しかしこれらの音程が、その内に含まれる一音(ソン)の上にまとまって置かれると、それらはディアトニックな行程を自然にたどるようになる。この行程は、その個々の音が他の音と相互に基礎(フォンドマン)の役割を果たすときに、それらの音が従う進行によって決定される。したがって、協和的でディアトニックな進行から必要とされるあらゆる旋律が引き出される。その結果、旋律的な諸音程以前に、和声的な諸音程が知られていなければならなかった。もしこれを歌曲と呼んでいいとするならば、初学者に教えることのできる歌曲というのは協和的な音程の内に存するのである。第21章において、古代の人々が横の並び(モデュラスィヨン)を引き出してきたのは旋律からのみであった、ということを見ることにしよう。ただし実際はこの横の並びは和声から生じるものなのだが。

　この協和的な進行の知識をひとたび得てしまえば、バスの役目を果たす一音の上に三つの音を付加するのは、たった一つの音を付加するのと難しさにおいて違いはない。なぜならこれは次のように二つの方法から説明されるからである。バスの上には3度、5度、そしてオクターヴを置くことができるし、また置かなければならない。それらのいずれかを使用するためには、それらについてよく知っていなければならない。そしてよく知っているのであれば、それらを一緒に使うのも別々に使うのも大変さはたいして変わらない。そして3度を形成していた声部は、バスが3度下行すると、5度を成すはずである。このことは別の仕方では説明されえない。しかしバスの異なる進行において、ある場所では3度、別の場所ではオクターヴ、またさらに別の場所では5度がみられるのであれば、バスの異なる進行に応じてそれらの音程がいかに続いていくかを必ず知っておかなければならない。したがって気付かぬうちに、二声部として理解されていたにもかかわらず、四声部の作曲を教えていたことになるわけである。それ

ゆえに、バスの異なる進行に応じた個々の協和音程の連続が知られているのだから、それらの協和音程のそれぞれが交互に見てとられることになる。それらの音程を同時に用いるのは、別々に用いることよりも困難ではない。もしもそれらすべてを同時に識別することができないのであれば、それぞれを個別に注視すればよいのであるから、同時にでも別々にでも困難さが変わらないのはなおさらである。このように、それぞれの方法から四声部における完全な和声の書法が見いだされるのである。ここから必要とされるあらゆる知識が引き出され、完全性へと達するに至る。さらにはわれわれがここに付け加える説明によって過ちを犯すことができなくなる。ここで多くの人々が体験した事例を挙げるべきであろう。その人たちが知っていたことといえば音価のみで、諸規則に関する説明を二度ほど読んだだけであったのだが、にもかかわらず望みとするような完全な和声を作曲したのである。さらに、もし作曲家が自らの作品が耳にされることで満足感を得ることができるのであれば[47]、その人の耳は次第に形成されていくだろう。そうした初学者用の教えが導く完全な和声にひとたび鋭敏になってしまえば、こうした人には成功が約束されたと同じであり、この成功はひとえにこれらの初歩的な原理に依拠するものである。

そして以下の点に関しては疑念の余地はない。すなわち、四声部にひとたび慣れ親しんでしまえば、それを三声あるいは二声に還元するのは可能なことである。しかしどのような知識がわれわれに二声部作曲を与えるというのか。これは極めてありえないことであるが、たとえわれわれがその知識を完全に有していたとしても、ここにおいては何らかの基礎に導かれているわけではないのであるから、このような仕方で教えられることは間違いなく内容に乏しい。これはあるいはわれわれの記憶力が十分でないためであるか、あるいはわれわれの記憶にすべてを収めてしまおうとするのがただ困難か、ということにその理由があるだろう。最後に次の言葉を加えておく必要があるだろう。**Catera docebit usus.**[48] 三声部あるいは四声部に話を移すことは望ましいことなのだろうか？　ここでわれわれが述べていることはあまりにわずかなことでしかないので、かつての大芸術家たちがわれわれに伝えようとしたことを理解するためには、彼らと同じ趣向と才能を有さなければならないことは周知のとおりである。ザルリーノは四声部の問題に関して次のように語っている[49]。四声部について教えることは紙の上においてはほとんど不可能であり、二声部そして三声部について与えられた前述の諸規則に従って作曲することのできる者たちが節度を持って四声部をするように望みを託してしまっている。われわれの意見はまったく正反対である。なぜならわれわれが述べたように、和声が教示されうるのは四声部においてのみであり、和声におけるすべてはたった二つの和音に見いだされるからである（これはことあるごとに言及してきたことである）。そして四声部から三声部そして二声部に還元するのはまったく容易なことである。それに対してザルリーノは二声部にも三声部にも明確な説明をまったく付け加えず、四声部に関しては定義することができないと告白している。完全な和声というものは四声部に存し、それを四大[50]と結び付けているにもかかわらずである（第58章281頁）。それゆえわれわれは結語として次のように言う。現在に至るまでもたらされてきた和声に関する諸規則の完全な知識が引き出されえなかったとしても、われわれが提示してきた原理はこの完全な知識にたどり着くための確かな道しるべであり、この知識があればなにものをも取り逃すことはない。

47）われわれが伴奏の諸規則を提示するのは、ある意味ではこのためである。
48）〔訳注〕「序文」3頁を参照
49）（ザルリーノ、『調和概論』）第3部第65章320頁
50）〔訳注〕物質界を構成するとされる四つの元素、すなわち地、水、火、風のこと。

第20章　和音の諸特性について

　和声(アルモニ)というものは確かに、使用される諸和音に応じて、さまざまな感情(パスィヨン)をわれわれの内に引き起こしうる。和音の中には物悲しいものや活気のないもの、優しいものや快いもの、明るいものや驚かせるものなどがある。またさらにはある種の和音の連続(スュイット)というものがあり、これらも上述の性質を表現するものである。これは私の力量を超えることであるけれども、この点に関し経験によってもたらされた説明を以下で試みよう。

　協和和音というのは至るところで目にされるものであるが、歓喜の歌曲(シャン)と壮麗な歌曲においてもっとも頻繁に使用されるべきものである。そして不協和和音を混在させることなく済ますことはできないのだから、これらの歌曲においては不協和音程が自然な仕方で生じるのでなければならない。不協和音程は可能な限り予備され、もっとも目立つ諸声部、つまり最上声部とバスは互いにとって必ず協和的でなければならない。

　甘美さと優しさは予備された短不協和音程によって十分に首尾よく表現されることがある。

　繊細な嘆きは時に借用あるいは下置(アンプラン)(スュポズィスィヨン)による不協和音程を要求する。この場合は長音程よりもむしろ短音程である。ここで使用される長音程は両外声よりも内声部に位置するようにされる。

　物憂さや苦悩は借用による不協和音程によって、特にクロマティックを伴うことによって完璧に表現される。この点については第3巻で言及される。

　絶望感、そして憤怒に至らしめるあらゆる感情、あるいはある種の驚愕、これらはあらゆる種類の、予備されていない不協和音程を要求する。とりわけ長音程は最上声部に位置するものである。同じく、上述の性質のある種の表現において予備されていない長不協和音程を介してある調から別の調へ移行するのもまた良い。しかしこれはもちろんこれら二つの調の間にみられる不均衡があまりに大きいがために耳が害されるのでなければの話である。この移行は、他のこと同様、多大な配慮が払われるときにのみ遂行されるべきである。なぜなら不協和音程が生じうるいずれの箇所でも、不協和音程に不協和音程を重ねるのは、協和音程だけが聞こえるようにするのと比べて、比較にならないほど大きな欠陥となるからである。それゆえに不協和音程が使用されるのは多大な慎み深さが示されるときのみでなければならない。いくつかの和音において、ある不協和音程がそれらの和音の不可分の構成要素であったとしても、その不協和音程が聞こえるのを回避することさえ必要な場合がある。それはたとえば不協和音程の厳しい響きが曲の表現と一致しないときであり、その場合には巧みな仕方でその不協和音程を取り除かねばならない。またその和音を構成する残りの部分の諸協和音程を分散させて全声部に配置させるという方法もある。というのも以下のことが想起されるべきだからである。つまり7度とはすべての不協和音程の起源であり、完全和音に一音(ソン)が付加されたものにすぎないことである。そしてこの付加される一音は完全和音の基礎(フォンドマン)を損なうことはいささかもない。それゆえに、それが適切と判断される際には、この一音はつねに削除されうるのである。

　表現という点において旋律(メロディ)の有する効力は和声に劣るわけではない。しかし旋律に確固たる諸規則を与えることはほとんど不可能である。なぜならここで何にもまして大きな役割を演ずるのは良き趣向(ボン・グー)だからだ。したがって、ほとんどすべての感情の力は旋律の領域に属するものであり、この領域で突出した才能を発揮する喜びは幸運な天才たちのものである。そしてそのような才能の持ち主に関してはもはや新たに付け加えて言うこと

はないが、秘訣が開示されたことに関して彼らがわれわれに対して悪意を持たないでくれることを祈ろう。というのもおそらく彼らは自分たちのみがその秘訣の保有者であることを望んでいたであろうから。われわれには導きとなる光(リュミエール)がほとんど無かったために、そうした天才たちと完璧さの最後の詰めを争うことはできない。その詰めの部分を欠いては、最高度に美しい和声もときに生気を失う。この点に関しては彼らはつねに他の者たちを凌駕する状態にあった。しかしこれは、諸和音の連続の適切な配置の仕方が知られている際に、その主題にふさわしい旋律をその配置から引き出すことができないことを意味しない。この点は以下で見ていくことになる。しかし趣向(グー)はつねに旋律の主要な動力源である。

　旋律ということに関しては、まさに古代の人々のほうが上手であるように思われる。もし彼らの言うことを信じればの話だが。たとえば旋律はユリシーズに涙させたということだし、また他方ではアレキサンダー大王に軍の旗揚げを決意させたという。さらには怒り狂う若者を優しく人間味のあるようにする。このようにあらゆる側面から音楽の驚くべき効果が見てとられる。この点に関しザルリーノが決然とした態度をとって以下のようにまず述べているのには正当な理由がある。つまり調和(アルモニ)という言葉はしばしば彼の時代において単旋律(サンプル・メロディ)を意味していたということである。そし

てそのあらゆる効果は、旋律そのものからというよりも、むしろ力強い話法から生じるものだとザルリーノは続ける。その話法の力は歌うかのごとく朗誦されるその朗読の仕方によって増幅されるのである。彼の時代の旋律が、その時代には知られていなかった完全な和声(アルモニ)が今日われわれにもたらすあらゆる多様性を活用することができなかったのは確かである。彼はさらに続けて言うが[51]、彼の時代の調和(アルモニ)は完全和音の中に存し、その完全和音上であらゆる種類のエールが特に区別されることなく歌われていた。それはちょうどわれわれの時代のミュゼットやヴィエールにおいて耳にされるようなものであったと思われ、それをザルリーノはシンフォニア[52]と呼んでいる。

　そもそも良き音楽家は自らが描写しようとするすべての性格付けに注意を集中すべきである。そして、熟練の俳優のように、自分自身が台詞を話す者の場を占め、自らが表現しようとしている一連の出来事の中に自らがいるのだと信じ込まねばならない。さらに、その出来事にもっとも深く関係した人と同じようにその出来事に参加しなければならない。良き音楽家は良き朗読者でなければならない。少なくとも自分自身に対して。そしてその声がいつ強まり、いつ弱まるべきなのかについて鋭敏に察知できなくてはならない。それは旋律、和声、横の並び(モデュラシィヨン)、動き(ムヴマン)を一致させるためである。

第21章　音階(モード)について

　われわれの時代の著者たちは音階(モード)としてあるのは二種類だけだと確かに教えてきている。しかし彼らは他人から引き出してきた諸規則にあまりに

も囚われてしまっている状態なので、一体どこからこれほど幸運な発見がもたらされるのかについては感覚が麻痺してしまったのである。彼らが話

---

51)（ザルリーノ、『調和概論』）第3部第79章356頁。
52)〔訳注〕英訳の注によれば、これはハーディ・ガーディを指すとされる。

すことといえば恣意的な諸和音のことばかりで、それら恣意的な和音の導きとなるのが唯一音階（ギッド）であるときに、それらの和音の扱いをすべてわれわれの分別に委ねてしまうのである。

音階と呼ばれるものについては十分よく知られているが、この音階はある単一の音（ソン）のオクターヴ（シャン）内に存するもので、このオクターヴ内に歌謡と和音の役目を果たす諸音（ゾン）すべてが含まれるものである。古代の人たちが認めていたのは歌謡だけであったが、ここに彼らの誤りがあった。というのはこの歌謡は音階によって固定される諸和音に完全に依拠するものだからだ。

われわれはこの音階を二種類に識別する。それらの音階の名称は、上述の単一の音（ソン）と3度を成すその音程が長音程か短音程かによる。この単一の音（ソン）はオクターヴ上の音と共にこの音階の主要要素である。これらの3度には二種類しかない。一つは長3度で、もう一つが短3度である。それゆえにわれわれはこう言う。音階には二種類しかない。一つは長音階であり、もう一つは短音階である。ここで長と短という言葉で暗に言及されているのは、この音階の基音（ソン・フォンダマンタル）に付随する3度のことである。

われわれの知識にもたらされる最初の音階は完全ディアトニック体系から引き出されたものである。この体系においてウトのオクターヴは他の六つの音（ノット）を内包している。これら六つの音がウトの音と形成する音程は、音階を同時に変えることなしには、変化させることはできない。この音階の主要な音はまず第一にこのウトの音の完全和音から引き出されてきた。すなわち中音（メディアント）と呼ばれる3度と、属音（ドミナント）と呼ばれる5度である。さらにこの中音には五の和音53)より六の和音の方がより良く適するものであることが気づかれた。しかし中音が必ず主音（ノット・プランシパル）あるいはトニックの代わりの役目を果たすという点に関しては言及されずにきた。なぜ代わりの役目を果たせるかといえば、中音が支える六の和音は、その主音（ノット・トニック）の完全和音を転回したものであるからである。同様に気づかれた点

として、属音が完全和音の支えとなるべきである、ということがあった。このとき属音の3度は必ず長音程でなければならない。さらに偽5度が含まれる7度は、主音の直前に先行するときにのみ属音の上に配置される。完全カデンツが形成されるのはもっぱらこの二つの音（ノット）によるものだからである。しかし偽五の和音や三全音の和音が七の和音から派生したものだということは言及されてこなかった。またこの七の和音は主音上の完全和音に先行するためにだけ使用されるのだから、七の和音の派生和音も同様に完全和音か完全和音の派生和音に先行すべきであることも言及されてこなかった。これらの点は経験によって気づかれてはいたが、規則によって言及されてはこなかった。上述の考察から以下の結論が導き出される。任意の音階において七の和音がそれ自体としてであれ派生和音としてであれ姿を現すのは、その直後に主音上の完全和音がそれ自体としてであれ派生和音としてであれ後続する場合のみであることである。こうすると物事が明瞭に見えはじめてくる。まず第一に、ある音階の（第六音（ノット）を除く）すべての音は上述の二つの和音内に含まれていることをわれわれは見いだす。6度は3度の特徴を引き継ぐものであり、簡単に見いだされる。そして第二に、それらの諸音が主音あるいは中音に先行する際、それら諸音が支えている諸和音が確認される。すると後はもう、属音に先行する諸音にいかなる諸和音があてがわれているのかを見るだけでよい、ということになる。これらをまとめると以下のようになる。もしある音の完全和音が、その音の5度上にある別の音の七の和音に先行されるとする。この属音は通常完全和音を支えるものであり、自らの基礎（フォンダマン）を損なうことなく7度が付加されるものであるが、この属音もまたその5度上の別の音の七の和音に先行されなければならない。そしてここで扱われている音階をいささかも侵害することのないように、この属音の5度上の音の3度は短音程でなければならない。これはドミナント・トニックの7度あるいは主音からの4

---

53)〔訳注〕すなわち完全和音のこと。

度であることが見てとられるとおりである。この新たな七の和音の中に第六音が確認される。このようにして判断されるのはこの音階の主音あるいは基本音(ノット・フォンダマンタル)のオクターヴ内に含まれる諸音程の特性だけではない。さらにはそれらの音程が支える諸和音についても判断が下されるのである。これらの和音は上述の諸音程が含まれる諸基本和音(アコール・フォンダマントー)を転回することからも引き出されるものである。短音階に関して言うと、長音階との違いは3度と6度が短音程であるということだけである。6度にまつわるいくつかの点については続く第3巻で説明が加えられる。

　この原理(プランシップ)を遵守することができるなら、次のようなマソンの言葉を述べる必要はないはずである[54]。「もしバスが半音上行するなら、われわれはまず短6度を用いてから5度を、あるいは二つの長6度を使用しなければならない。」こう述べる必要がないのは、ここでの違いは二つの異なる音階における異なる諸音を問題としているからである。このように、音階が考慮されなければこの規則は何も定めたことにならない。マソンがさらに歌謡の趣向のための不協和音程や下置(スュポズィスィヨン)による不協和音程について述べるとき、彼は多くの不協和音程を引き合いに出す。それらの不協和音程はそれら自身に先行あるいは後続する諸協和音程から形成される和音の中に含められているものである。したがってここにみられる協和音程と不協和音程は同じ和音を形成するものでしかないのだから、ここでの不協和音程が何かを前提とすることはない。なぜならここでこの不協和音程はこの和音の一部を成しているはずであることが暗にほのめかされて(スー・ザンタンデュ)いるからだ。この種の軽率さに関しては無視して先に進もう。

　人が規則をもたらそうとするときには、あまりに尊大な仕方で他の者たちの規則を書きうつすことがしばしばである。そして良いと言われていることに矛盾が判明してしまうことが時々ある。それは他の場所から規則が引き出されていることによるものである。

　古代の人々はまったく非の打ちどころなく旋法(モード)の諸特性を定義していた。その中にはそれらの旋法が生み出すさまざまな効果や、和声(アルモニ)や旋律(メロディ)がいかにそれらの旋法の支配下から導き出されるのか、といった点も含まれていた。しかし彼らは旋法の真の特性は無視し続けた。なぜなら彼らはそれら旋法の力は旋律に帰せられると考えたからだ。その人たちは旋律は完全ディアトニック体系の七つの音の中に含まれるのだと、特段の断りもなく主張した。当時はこの体系の個々の音が主音(プランシパル)の役目を果たすと考えられたので、この体系内の音と同じ数だけ異なる効果が生み出されることとなり、規範となるべきことが見失われてしまったのである。模倣されるということが問題になると、この完全体系はもはや完全ではなくなるのだろうか？　なぜ完全体系にみられる諸協和音程において模倣がなされて、ファの音の4度(ノット)を見いだすためにシの音にフラットが付けられたのか？　そしてなぜ不協和音程においては、これが上行であれ下行であれ主音(ノット・トニック)に先行するものであるとき、完全体系は放棄されたのか？　ウトとレの間にあるのは全音であって、ウトとシの間にあるのは半音(セミ・トン)ではないのだろうか？　しかしながらミの音がトニックとされるときには、半音はミとファに見いだされ、全音がレとミの間に見いだされる。これは完全体系の進行とは相容れない。そこでファとレの音にはシャープが付けられたが、これはシの音にフラットがつけられたのと同じである。しかしまさにこのようにして、昔の人たちは旋法の区別をしていたのだ、と主張されるかもしれない。これこそが誤りであり、これに関しては経験にしたがえば疑念の余地はない。この点をザルリーノの考察と関連付けてみよう。彼は自らが述べる諸規則と矛盾してしまうのであり、彼が旋法に関しては根拠薄弱だったことが分かるだろう。彼は次のように述べる。バスは他の諸声部に対して源(プランシップ)であり、基礎(フォンダマン)である[55]。完全カデ

---

54)（ザルリーノ、『調和概論』）第3章、36、37、38頁。
55)（ザルリーノ、『調和概論』）第3部第58章282、283頁。

第21章　137

ンツにおけるバスの自然な進行は5度下行である[56]。ここで指摘すべきことは、ザルリーノのいくつかの譜例においては最終音に先行する音と最終音の間には必ず半音上行が含まれている、ということである。また他の譜例においては、この半音上行がみられる箇所で、同じ最終音へとむかう全音下行がみられることも指摘すべきである。あらゆる方角から最終音へと続く音を集計してみれば、ここで半音上行するのは属音の上の長3度であり、全音下行するのは同じ属音の上の5度であることが理解されるだろう。あらゆる完全な結　末(コンクリュズィヨン)は主音へと向かうその前の5度、すなわち属音からのみ達成される。そしてこの属音上の完全和音は、その属音上の5度と長3度からのみ形成されるものである。ゆえにこの5度と主音との間に必ず全音が存在し、この長3度と主音との間に半音が存在することが見てとれる。このように、こうした特徴が看取されない音階というのは提示されえない。なぜなら、完全カデンツにおけるバスの自然な進行が5度下行であるのだから、一つの声部で半音上行し、また別の声部で全音下行しないのであれば、この完全カデンツを聞こえるようにすることは不可能だからである。そしてもしわれわれが楽曲を終止させることができるのは音階のノット・プランシパル(主　音)上への完全カデンツによるものでしかないのであれば、この終止なくして心が満足感を得ることはない。しかるべく確立させることのできない諸音階を提示するのはまったく愚かなことではないだろうか？　この同じ原　理(プランスィップ)から、ザルリーノは短3度と短6度がオクターヴへと上行することを禁ずる規則を引き出しているのである。このことはドミナント・トニックが必ず長3度に支えられ、この長3度がノット・プランシパル(主　音)のオクターヴの半音下に位置するものであることの証明でもある。これは完全体系においてシとウトの音の間にみられるのと同じことである。しかしながら、古代の人たちの言うことに従えば、この半音はレ、ミ、ソ、ラの調(トン)ではまったくみられない。それゆえに、彼らがもっぱら旋律にのみ導かれていたのだというのも十分根拠のあることである。というのは、もし彼らが多少なりとも和声に配慮していたのであれば、これほどまでに大きな過ちに陥ることはなかったはずだからだ。ザルリーノは彼以前の人々よりも知識に富んでいたのだからこの真実に気づきえたはずなのだが、自らが一致しなければならない事柄についてあまりに尊大すぎたためにそうすることができなかった。ここで私が話題としたいのは単旋律聖歌のことであり、これはザルリーノ以前に長く存在していたものである。それゆえに、それらの聖歌が和声と一致するのは完全体系と一致したいくつかの調においてのみであるのだが、しきたりや慣例のためにそれらの聖歌を作り替えるのはまったく困難である。古代の人々の諸規則の真の意味というのは当人たちには分かっていなかったわけだが、そうした人たちが趣向(グー)を持ち合わせないままに歌謡の力に合わせるように快い和声をつくりだそうと努力しても空しいことであったことをわれわれは知っている。しかしながらこの点はわれわれの毎晩の勤めに関することであるはずである。なぜなら音楽はもっぱら神の賛美が歌われるために書かれるからである。この真実を十分理解している人にとって、これほどまでに大きな課題のために自らの才能を駆使できないというのはどれほど不快なことであろうか。そのような人は歌謡に応じて和音を積み上げることができるのであり、誤りを犯すことなく最後まで遂行できるのである。しかし確かに、間違いのない音楽と完全な音楽との間には違いがある。当初の知見の支配下にあまりにも囚われてしまっていた古代の人々はある旋律から歌謡を作曲していたのであるが、彼らにその旋律の歌謡をもたらしていたのは完全体系だったのである。したがって彼らは開始すべきところで終了してしまっていたのである。換言すれば彼らは旋律の上に和声の規則を打ち立てているのであるが、実際には最初に姿を見せていたもの、つまり和声から始めなければならないのであり（モノコルドの分割がその証拠である）、和

声の上に旋律の諸規則が確立されるべきなのである。ここから歌謡が生み出されるのであり、そうした歌謡は今日われわれの教会で使用されているものよりも端正で流麗である。またかつての人々が思慮分別を欠いていたことは彼らが正格旋法と変格旋法(モード)の区別をしていたことからも明らかである。

　調和比(プロポルスィヨン・アルモニク)と算術比(アリスメティク)の相違は昔の人々の関心にとって極めて大きな問題となったので、彼らはもっぱら5度の分割に適合していたものをオクターヴの分割に適用している。これからわれわれは和声にのみ適用されるべきこれらの比(プロポルスィヨン)の相違がかつてはもっぱら旋律にのみ用いられていたことを見るであろう。

　ザルリーノがオクターヴを4度で分割してここから新たな旋法をつくりだそうとしたとき、彼は5度によって分割されたこのオクターヴを構成する諸音の場をたんに移し換えたにすぎない。これをわれわれは転回(ソン)と呼ぶ。その結果、5度によってオクターヴが分割される正格旋法と、4度によってオクターヴが分割される変格旋法は、同じ一つの旋法にすぎないことになる。いずれの旋法においても主音(プランシパル)あるいはトニックとされる音(ノット)は同じであり、中音と属音もまた必ず同じである。ここで生じうる相違が関係するのは旋律の方のみである。これがザルリーノがこの点に関して引き合いに出す譜例である[57]。1番目が正格であり、2番目が変格である。そしてCは「C-Sol-Ut」[58]を表し、先の二つの音の主音(ノット・トニック)の役目を果たす。そうするとウトは中音としてミ以外は有せず、属音としてソ以外は有さない。これら二つの旋法の違いは正格旋法におけるウトからウトの中で歌謡が展開するか、変格旋法におけるソからソの中で歌謡が展開するかということに存する。しかしこの区別は無意味である。なぜなら歌謡というものはその境界範囲ということに関して声域以外に他の基準は持たず、それは自然な経験に従って即座に分かることである。

譜例Ⅱ-52

　そして次にザルリーノが5度を低音(ソン・グラーヴ)からの長3度と短3度によって分割したとき、彼はここからそれまでの旋法と一致するような二つの音階を作り出す能力を持たなかった。その二つの音階において中音は別々のものであり、したがって6度も同様である。まさにここに横の並び(モデュラスィヨン)の相違のすべてが存するのであって、2度、4度、5度にではない。さらにはオクターヴへと上行する増7度にもない。これら後者の音程が変化されることはない。ゆえになおさら、ある歌謡の範囲内においても同様である。その曲の中のオクターヴ上あるいは下で使用される諸音程は、オクターヴの範囲内にある諸音程と異なるものではないからである。プラトンの言うところに従うならば、旋律(メロディ)は調和(アルモニ)から生じると彼は考えている（と彼は述べている）わけだが、このとき彼は横の並び(モデュラスィヨン)の基礎を調和の中に求めているのである。この調和がプラトンに完璧さへと至る確かな行程を告げ知らせるのであり、プラトンはその完璧さに自らが到達したものと信じていた。というのも、主音(ノット・トニック)上の完全和音、属音上の完全和音、適切な際にはこれに7度を加えた七の和音、そして第二音(ノット)上の七の和音、これらの和音においてのみ真の横の並びは可能であり、したがって良き和声と旋律の連鎖も同様である。上述のわれわれの諸規則は原理(プランスィップ)と一致しているので、原理と同じ力を伴いながら至るところで維持されているのである。

57）（ザルリーノ、『調和概論』）第4部第13章384頁。
58）〔訳注〕これはグイード・ダレッツォ（991頃 - 1033以降）が考案したとされるヘクサコルドの階名唱法に基づいている。

第22章　ある音階あるいは調から別の音階あるいは調へ移行する自由はどこから生じるか

　基礎低音(バス・フォンダマンタル)の協和的な進行においては完全和音のみが聞こえるわけだが、その進行によってバスに見いだされる異なる音と同じ数だけ異なる調(トン)がもたらされる。なぜなら完全和音は主音(ノット・トニック)にのみあてがわれるものであるから、調の決定はその完全和音内の各音(ノット)上で必ず成されるものであることは確実だからである。したがってモノコルドの最初の数分割から引き出されるのは和音、旋律(メロディ)、同一の調における進行の仕方だけではない。さらにある調から別の調への移行の仕方も引き出される（この点は第3巻で説明される）。ここで問題となる調が長調か短調かは心配する必要はない。なぜなら移行する前の調によっていつもわれわれは調整されているからだ。ここで音階(モード)という用語と調という用語が同時に使用されていることに注意せよ。長と短の区別は主音(ノット・トニック)上では察知されない。なぜなら長から短へあるいは短から長へは、その音階のトニックあるいは主音(プランシパル)を変えることなく移行することができるからである。たとえば明るいテーマから悲しいテーマへ、あるいは悲しいテーマから明るいテーマへの移行というのは、多くのシャコンヌやパッサカリア、また同じジャンルの二つの連続する楽曲(エール)でみられるものである。こうした場合において、確かに音階は変わっているが、調はまったく変わっていない、と言うことができる。なぜならウトの音がこの長音階のトニックであるなら、このウトの音は短音階においてもトニックであるからだ。たんに長調、短調と言われるのは、これらの用語を混同することを目的としたものでは決してない。ある調が長から短あるいは短から長へと変化するのはもっぱら横の並びとの関連においてである。なぜなら主音(ノット・トニック)に関して言えば、主音はクロマティック体系の二十四の異なる音の上に場を占めうる[59]。しかしこれは楽曲の後段において見境なく成されるわけではない。なぜなら曲の開始と結末に好ましいと思われる音が提示されたなら、その音から離れるのはたんにまた別の音に移行するためだけに成されうることである。その移行先の音は移行前の音と、あるいはその移行前の音上の和音内の諸音と関連している音である。このような連続性を通じて進行し、結末あるいは終止に至らねばならなくなった際に当初の音へ戻らなければならない。

---

[59]〔訳注〕これは音階の12個の半音階(クロマティック)の音高のそれぞれの上に確立される長調と短調のことが意図されていると思われる。

第23章[60] 音階と調の特性について

　音階にはたった二つ、つまり長音階と短音階しかないことはすでに言及した。そしてこれらの音階の各々はクロマティック体系のそれぞれの音を通ってよいことになっている。調の名称はその音階の主音の役を果たす音に委ねられるのだから、調は二十四あることになる。
　長音階は長3度の特性に従い、短音階は短3度の特性に従うものである。しかし半音というものが主音あるいはトニックとされる各音のオクターヴ内に散在するものであり、これらの半音の異なる位置がオクターヴにおける横の並びのある種の相違の原因となっている。ここでこの特性を説明しておくのが適切であろう。

　ウト、レ、ラの音のオクターヴ内に設けられる長音階は歓喜や祝典の歌謡に適している。ファとシ♭の長音階は嵐や怒り、そしてその他のこれに類する主題に適している。ソとミの長音階は優しい歌謡と明るい歌謡の双方に適している。さらに壮大さと華麗さはレ、ラ、ミのオクターヴに生じる。
　レ、ソ、シ、ミのオクターヴ内に設けられる短音階は甘美さや優雅さに適している。ウトとファの短音階は優雅さと嘆きに適している。ファとシ♭の短音階は憂鬱な歌謡に適している。その他の調はあまり使われておらず、その特性を知るのには経験に従うのがもっともよい。

第24章　拍節について

　拍節は音楽において極めて大きな力を有しており、われわれの中のさまざまな感情を刺激する能力を持っている。それらの感情をわれわれはこの技芸の他の部位に帰していたのだが、拍節がなければわれわれの表現はすべて衰弱し実りのないものとなるであろう。拍節はわれわれ個々人に自然に備わっているものだということができる。そして、それがわれわれの意志に反する場合でも、拍節は自らの動きにつき従うようにわれわれを訓練する。ゆえに何らかの異常な事態でも生じなければわれわれは拍節に無感覚のままでいることになる。「ここから明らかなように、」とデカルトは58頁で述べている。「動物たちは拍節に合わせて踊ることができるようである。そのためにはそれ以前から動物たちをしつけ、慣れさせなければならないだろうが。そのために必要とされることはもっぱら努力と自然な動作だけである。」それゆえに耳を持たない人が非難されることがあるのは誤りである。なぜならそうした人はある種の動きに慣れていないか、彼らが払うべき注意は舞踏や歌謡あるいは楽器の演奏に向けることを強制されてしまっているために、拍節に注意を払うことか

60）〔訳注〕ラモーは「補足」において第23章と第24章を入れ替えているので、当翻訳ではその順番に従った。

ら遠ざけられてしまっているためである。

われわれは和声の原理(アルモニ プランスィップ)から拍節を引き出す。なぜなら拍節はもっぱら２、３、４という数字に存するものであり、これらの数はオクターヴの算術分割あるいは調和分割をもたらすものであった。さらに拍節は均等な動きにのみ存するものであるから、二つの拍に還元することができる。それは第一の動きと第二の動きの間に取られる拍の空間が自然な形で均等に続いていくのと同じである。われわれが実際に経験していることはわれわれに自然に備わっているあらゆる動きの証拠とされうるだろう。それはたとえば歩くであるとか手で何度も拍手すること、また頭を何度も振ることである。するとわれわれの動きは、故意にそれを変えるのでなければ、最初の二拍に均等であることが分かる。それゆえに拍節は、単旋律聖歌におけるように一つの拍に一つの音(ソン)あるいは音だけ(ノット)が聞こえるようにすればよい場合には、音楽において小さな問題でしかない。またさらに、もし一拍の間に使用される諸音(ノット)がすべて等しいなら、この問題を取り除くのは至って簡単である。なぜなら動きが等価であるというのはわれわれにはいつも自然なことであり、このようにして使用される諸音の数は新たな比(プロポルスィョン)を生み出すことがないからだ。この諸音(ノット)の数はあらゆる和音(レゾン)の比を含む諸数と同じようなもので、４、６、８、10、12、15、16、20といった数字は最初の諸数である２、３、５の中に含まれているからである。しかし付点やシンコペーション、またこの種の別のパッセージと出くわすと、それらに対して鋭敏になることができるようになるにはもっぱら長年の熟練によるのみということになる。

適切な成され方は以下のようであろう。つまりある人の耳を鍛えるためには、慎ましい仕方の均等な動きが選ばれるようにする。そしてその動きはいくぶん遅めのもので、まずはそれぞれの拍に一つの音だけが置かれて前に進むようにされる。その際、歌を歌ってであろうが、楽器を演奏してであろうが構わない。このやり方に完全に慣れたならば、続いて一つの拍に２、４、８、16の音が置かれるようにされる。これは動き自体には変化を与えずに成される。その人は必要とされるだけの十分な時間その各々のパッセージでとどまらなければならない。それはたんなるお遊びになってしまわないためである。そしてそれから以前とまったく同じ仕方で一つの拍に３そして６の音が置かれるようにされる。付点やシンコペーション、またこの種の別のパッセージは最後にとって置かれる。この最後の訓練に至るまでにこの人がより軽快な、あるいはより緩慢な動きにおいて同じことを繰り返し行うのは困難ではなくなっているだろう。同様に、それぞれの拍節のどちらが強拍でどちらが弱拍なのか、そして手やつま先のある種の動きによってそれらの拍を示すことは容易になっているだろう。すべては教師と生徒の忍耐強さにかかっているのである。

おそらく上述のこの見解はある人たちには明らかに場違いに思われるだろうが、しかし他の人たちには気に入られることであろう。なぜなら私は気がついたのだが、多くの人たちは実際音楽に嫌気がさしてしまっている。それはなぜなら、自然は熟練にしか基づかないことを拒絶する（と彼らは考えている）ものだと、そうした人々が信じているからである。

音楽における拍節をよく知るためには、各楽曲の冒頭に置かれる数字と、音符(ノット)、休符(スピール)などと呼ばれるさまざまな記号の意味するところの知識を得なければならない。これらの点のまったく完璧な説明がド・ブロサール氏、ルリエ氏、ラフィラール氏等の諸著作に見いだされるだろう。また、音楽家の中にはこの点を教えることができない者などはほとんどいない。ゆえにここで繰り返して譜例を載せるようなことはしない。作曲や伴奏の学習が望ましいとされる頃には、これらの点は教え込まれているはずだと考えるからである。しかしながらある人たちにとっては以下の点が困難であることに私は気がついた。それは拍節を表示する役目を果たす数字の異なる配置によって拍節そのものの違いを識別することである。ここでは次のようにこの困難を除去することができるだろう。つまり２、３、４という数字のみを用いて実践されうる異なる拍節すべてを区別させるという方法

である。

　まずはじめに想定されるべきことは、拍節はもっぱら2、3、4の拍で識別されるのだから、拍節の表示のためには他の数字は必要とされない、ということである。そして拍節の遅さあるいは速さを識別させるのには、各拍節が内に収めることのできる音価がもっとも適切である。なぜなら全音符の動きは二分音符よりも遅く、同様に二分音符は四分音符よりも、四分音符は八分音符よりも、八分音符は十六分音符よりも遅いからである。全音符が一拍のみに相当する拍節が、二分音符が一拍に相当する拍節よりも遅いであるとか、同様に二分音符と四分音符の対応関係などはその場を見ているだけでは分からない。

　全音符が一拍のみに相当する拍節はもっとも遅いものである。これをイタリア人はアダージョやラルゴといった用語で区別している。

　二分音符が一拍のみに相当する拍節はそれよりも若干速い。これは優しく気品ある曲に適している。ゆえにイタリア人がアンダンテやグラティオーソといった用語で区別しているものである。

　四分音符が一拍に相当する拍節は快活さや陽気さと等しい。これをイタリア人はヴィヴァーチェやアレグロといった用語で区別している。

　八分音符が一拍に相当する拍節はもっとも速く、イタリア人はこれをプレストという用語で区別している。そしてさらに三拍の拍節においては十六分音符が各拍として使用されうる。これは極めて速い動きを明示するためであり、これをイタリア人はプレスティッシモと呼んでいる。なぜなら一つの拍節が二拍であればこの動きは各拍に八分音符をあてがうことで明示されうるからである。このように遅い歌曲、少し遅い歌曲、快活な歌曲、陽気で非常に快活な歌曲が、各拍に収められる音価によって区別され、あとはさらに表情豊かなある種の用語を加えれば十分ということになる。つまり、「優しく」「優雅に」「スタッカートで」「レガートで」「厳かに」といった用語はこれらの表現が適合する動きに用いられる。

　楽曲の冒頭に置かれる数字は各小節の拍の数量を表す。こうすれば、残る問題は各拍が自らに収めるべき音価の識別の仕方のみ、ということになる。作曲家は、（演奏者によく分かるように）音部記号の直前に適切な音符を書いておくことができる。これは各拍が形成する音の数量をわざわざ数える必要をなくすためであり、またそこに書かれた音価が一拍に相当する音価と等価であることを示すためである。さらにこの冒頭の音符はこの楽曲が書かれている調(トン)を示す線に置かれる。以上のことは次の譜例に見てとることができる。

譜例Ⅱ-53

「ゆっくりと」「快活に」等の言葉を置くのは無益でもあるだろう。なぜならそのことは各楽曲の冒頭の音符に自然に備わっている遅さや速さによって明示されているからだ。ただし、悲しさや憂鬱さは遅い楽章に、優雅さや気品は遅くて明るい楽章に、怒りの感情は極めて速い楽章に適している。これらの表現が必要とされるときには、これらの言葉を付け加えることができる。

この譜例の四拍の例の最初の拍節に、八つの四分音符、二つの二分音符、一つの全音符がみられるが、これらは四つの全音符に相当する。こうした計算をしなくてもよいように、(すでに述べたとおりに)この楽曲の冒頭に全音符が置かれているのである。他の楽曲でも同じように、四分音符や二分音符などは一拍を形成するものとされる。

ここで以下のことを想起されたい。通常一拍の分割というのはもっぱら四つに成されるものであり、全音符が一拍に相当するときこの全音符の音価には四つの四分音符があてがわれうる、ということである。しかし稀に八つの八分音符が用いられることがある。ただしこれは歌謡の趣向のために部分的に成されうるものである。一拍を八つに分割するということはたんに偶発的なパッセージにおいてのみ生じうるか、あるいは頭の中だけで成される。なぜなら一拍に相当する音価のみを構成する諸音は、その音価が対応するところの一つの拍の時間の間に進んでいかなければならないからである。

動きが速くなればなるほど、拍は細かく分割される。

一つの拍において同じ音価を有する三つの音を用いたい場合には、その拍節を表示するために音部記号の前に付点付きの音符を置きさえすればよい。その付点音符は同じ音価を有する三つの音に相当する。

譜例 II-54

　さらには不均等な二拍、四拍、六拍の動きがある。次の譜例が直前の譜例と異なる点は、次の譜例においては一拍が二つに分割されているということである。こうして分割された一拍目は、二拍目の二倍に相当する。この種の動きを識別するためには、等価な諸音によって各拍節を分割し、その最初の二拍分の音価を明示するという方法が採られうるだろう。

譜例 II - 55

　不均等な拍の動きを同じ数字で表したり、各拍に三つの均等な音価の音符を置いたりする習慣のために、それぞれを区別するのが困難になってしまっており、しばしば混同されてしまっている。ここから導き出されることとして、ある楽曲に対してはそれにふさわしい動きが必ずしも与えられていないことがある、ということになる。なぜなら不均等な拍は、二拍目、四拍目、六拍目に多少の強調を置くことを強いるからだ。こうすることによって一拍目、三拍目、五拍目に優雅さをもたらすようになる。この効果は、均等に割り振られた同じ動きが生み出す効果とはまったく異なるものである。不均等な四拍の拍節の配置は、二拍の拍節においてそのそれぞれの拍に均等な音価の三つの音符を割り当てたものと同じであるが、その効果は異なるものである。不均等な六拍の拍節と各拍に同等な音価を持つ三つの音があてがわれた三拍の拍節の関係も同様であり、不均等な二拍の拍節と通常の三拍の拍節の関係もまた同様である。しかし以上のことを各楽曲の冒頭に置かれた諸音符の相違から見分けるのは簡単なことである。

　不均等な六拍の拍節はそれほど頻繁には使われない。この拍を刻むのはなかなか難しいからだ。しかしこれを使用してみたいと思う者は（というのは、これがいくつかの特殊な表現には適合することは確かだからだ）、まず一拍目を叩き、二拍目の際に手首の動きに合わせて手を下げ、三拍目の際に今度は腕の動きに合わせてさらに手を下げる。こうした後にこの腕は他の残りの拍ごとに上げられる。それはちょうど四拍の拍節と同じである。

第 25 章　異なる拍節を明示するこの新たな方法から引き出されうる有用性について

まず第一に、たとえ熟練の人たちにとってこの新しい方法が有益でないように見受けられるとしても、この方法が初心者たちにとっては極めて有益であることを否定することはできない。なぜならそうした初心者たちは、楽曲の冒頭に置かれた数字が各拍節を形成する拍の数量を示すことと、そして音部記号の前に置かれた音符（ノット）が各拍の音価を示すことに注意を促されるならば、即座にあらゆる種類の拍節を認識するからである。初心者たちはそれらの拍節同士の違いを理解し、拍節の数が彼らを惑わせることはない。なぜならその拍節の数を表記するのに使われる音符の記号は彼らにとってたんに馴染みあるものというにとどまらず、それはごく少数であり、それによって状況が変わってしまうというものではないからである。もし任意の楽曲が書かれた調（エール）を知りたいのであれば、それはその音（ノット）が置かれている場によってすぐに見てとれるものである。調は長か短のどちらかであるのだが、長調を示すためにはシャープ印を、短調を示すためにはフラット印をその音符の上下のいずれかに置きさえすればよい。それは次のように成される。

譜例 II - 56

この表記はシャープやフラットの数をわざわざ数える労から音楽家たちを解放する。それらの記号は音部記号の直後に見られ、シあるいはファを識別するためのものである。なぜならシャープが伴われる音をウトと呼び、フラットが付される音をレと呼ぶことによって、間違いを犯すことなくあらゆる種類の音楽を階名で歌えるようになるからである。というのも、シャープやフラットの配置や数が至るところで正確であるようには必ずしも見受けられないからだ。このように♯や♭の数に困惑させられる必要はもはやないし、シやファと呼ばれるべき音を見いだすためにそれらの数を数えたりする必要もない。なぜならシとファを見いだすためにはシャープとフラットの違いだけで十分だからである。

拍の数量を示すシンプルな数字と、その音価を示す音符を用いることによって、作曲家は大胆にも自らの楽曲の指示を放っておいてもよいだろう。この際、その指示の実施がときに成されないのではないかと心配することはない。このよくある欠陥はこうして回避してしまう方が、ルリエ氏のクロノメートルを用いるよりも簡単である。この装置は扱いが難しかったためになおざりにされてしまった。しかしその他の点についてはこの装置は巧妙にできており、極めて厳格な正確さを持って作曲に割りあてられた動きのさまざまな程度を決定するのに適したものである。

〔訳注：手書きで〕この続きは「補足」の 11 頁を見よ。

〔訳注：以下に「補足」11 頁に掲載されている第 25 章の残りの部分を訳出する。〕

ここには指摘すべきことが二点ある。第一点は、もし楽曲の途中で動きが変わるのであれば、この変化を記すべき音符が五線の上に二つの括弧に入れて置かれるべきである。これは小節の各拍を満たすべき音（ノット）の音価が、それ以前と異なると想定される場合である。もしそうでないなら、こうすることは無益であろう。**譜例を見よ。**

譜例 II - 57

　指摘すべき第二点は以下のことである。移置されたモード音階における自然な音程を明示するために音部記号の後ろに置かれる♯と♭の数において遵守される正確性が不十分であるために、われわれはしばしばウトと呼ぶべき音をソと名付けることを強いられ、ラと呼ぶべき音をレと名付けることを強いられることがある。したがってここで、これらすべての移置がいかにあるべきかについて言及し、それらの位置が同じように記されていないときには何が成されるべきかを説明するのは適切なことである。

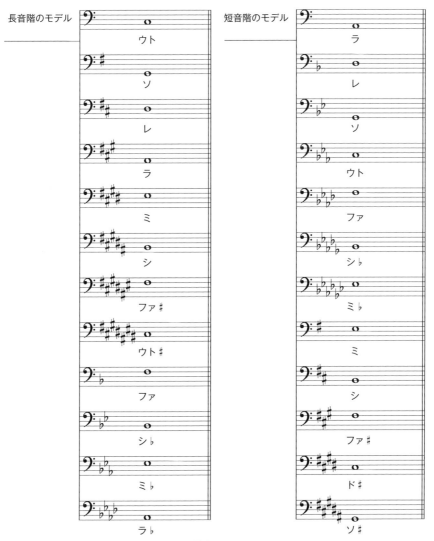

譜例 Ⅱ-58

説　明

　いかなる♯あるいは♭も音部記号に伴うことのない長調がたった一つしかないのと同じように、そうした種類の短調も一つしかないに違いない。しかしながらわれわれフランス人は調をそのようには扱わない。なぜなら短音階においてはフランス人はレの調とラの調をまったく区別しないからだ。したがって、モデルとしてこれら二つの調の一つを見境なく選ぶことができるので、ここでの主音(ノット・トニック)はあるときはレと、あるときはラと呼ばれるのである。かつてこの誤りがあえて正されることなく認められていたときがあった。それは、明らかに、音楽がそのように書かれていたからであろう。フレール氏[61]はこのケースにおい

---

61) フレール氏の『音楽の移置』。35頁。

て、もし氏がある誤りを回避するために別の誤りに陥ることがなかったならば、音楽家たちをより的確にさせることに成功していたかもしれない。というのはレの短調において音部記号の後に置かれる♭は短6度を示し、短調においてはつねにそうしたものとして見なされるべきものであるのだが、フレール氏はそれとは対照的に短調の音部記号の後に通常見いだされる記号に♯を付け加えることを望んでいるからである。この♯は長6度を示すものであるから、短の横の並び（モデュラスィオン）の秩序を壊してしまう。しかしながらこの著者にはいくつかの根拠があったのである。彼の考えとはこうすることによって、移置された短音階のそれぞれの主音を同じ名前で呼ばせられる、というものであった。しかしラに対してレに対するのと同じ取り扱いが成されたのであれば、それは自然な秩序を壊してしまうどころか、その秩序を必ず保存するものであったであろう。ともかくわれわれは氏にこの点を考察したことで感謝の念を抱くものである。それゆえに、（この点に首尾よく注意が払われることが望ましいとされるのに十分な影響力があることが明らかであると想定されるなら）ラのオクターヴの調にすべての移置された短調の秩序を含めることの方がはるかに良かったであろう。その結果これらの短調のそれぞれの主音がラと呼ばれるのであり、それは移置された長調のそれぞれの主音がウトと呼ばれるのと同じである。

　この著作の続きにおいて、この考察がもっぱら後になって成されたものであることが明らかになるであろう。なぜなら147頁ですでに、短調の主音はつねにレと呼ばれるべきであると言及されているからである。しかしわれわれの誤りの真の原因はわれわれの最初のもくろみに由来するものである。そのもくろみとはわれわれが可能な限り慣例と一致すること、そしてまったく重要でないと思われる事柄においてわれわれが退屈な改革者と見なされないようにすることであった。そしてもしわれわれが、レの調から最後に♭を有している調に至るまでのすべての短調の音部記号の後で一つの♭を省略するという悪しき慣例とわれわれの規則が矛盾しているのが見いだされることを

指摘してこなかったのであれば、この点についてわれわれは沈黙を守り続けていたであろう。なぜなら大部分の音楽家たちがこれらの点をより簡潔かつ知的に見なす方法にもっぱら関わるこれらの新たな注意点にあまり配慮しないことをわれわれはあらかじめ知っていたからである。そしてもし自分自身の経験にのみ導かれている者たちを信じるべきであれば（この例外となる者はあまりいない）、彼らの考え方についての説明のすべては、おそらく良くないものとして見なされるであろう。しかしこの点の詳細はあまりに長くなるので、われわれのテーマに戻ろう。

　フランス人たちが移置された短調において一つの♭を忘れてしまうのに対して、イタリア人は移置された長調においてほとんどつねに一つの♯を忘れる。これはその調から、♯を有する最後の調に至るまでそうである。

　これらの誤りをあらかじめ防ぐためには、われわれのソルフェージュの方法が使用されることが望ましいであろう。あらゆる長調の主音をウトと呼び、あらゆる短調の主音をラと呼ぶことで失敗することが決してないのは確実なことである。そしてそれらの諸調の音部記号は、前掲の譜例の秩序で守られているような数の♯あるいは♭に伴われるものである。もし長調においてこれらの♯のうちの一つが偶然にも忘れられているのであれば、その場合の主音はソと呼ばれなければならないであろう。それと同じように、短調においてこれらの♭のうちの一つが忘れられているのが見いだされれば、その場合の主音はレと呼ばれなければならないであろう。しかしながらこれらの注意点は、長調と短調の区別の仕方が分からないのであれば無益となるであろう。そうした場合には最後の♯をシと呼び、最後の♭をファと呼ぶ方が良いであろう。ただしこれらの♯あるいは♭のうちの一つが掛けているときには、最後の♯あるいは♭を見いだす小さな困難に加えて、依然としてこれは厄介なままであろう。しかしわれわれが規定した♯と♭の秩序が遵守されるやいなや、これには利点があることがより良く見いだされるであろう。

第26章　楽曲が作曲されるべき拍節(エール)の数量と、その特殊な動きについて

　一つの小節が内に収めるべき拍の数量を示す諸数は、踊りに適した楽曲(エール)が書かれるべき拍節数をも表示する。とりわけ、2と4は主要な数である。カデンツは四小節目で感じられるように成されており、また二小節目におかれることも多々ある。三小節目に置かれることは稀である。

　この種の楽曲は通常二部に分けられ、もっとも完璧なのはそれぞれの部分が四、八、十二、十六小節で書かれているものである。稀には五あるいは六小節であることもあるが、三小節以下のことはそれ以上に稀である。ここで数字4に何か他の数を掛け合わせたものがこのケースにおいてはもっとも完全であることは確実である。それに対して7、9、11、13、14、15、17といった数は良き効果をまったく生み出さない。

　各楽曲に自然な動きを例示するために、以下に列挙する。

譜例 II - 59

譜例Ⅱ-59 つづき

　リゴードンやブーレは通常、ガボットと同じ動きを通じて表される。フランス風ジーグはさらに頻繁にルールの動きを通じて表される。これはオペラ《ローラン[62]》の序曲の中にあるもののようなことである。これらの指摘はすでに書かれた音楽よりも、これから書かれるであろう音楽のことを考慮してのことである。

　極めて厳粛な楽曲は、四拍の拍節のそれぞれの拍の二分音符によって、あるいは二拍または三拍の拍節の全音符によって表されうる。

　それぞれの性格、それぞれの情念は自らに特有の動きを有する。しかしこれは諸規則にというよりも趣向に依拠することである。

62）〔訳注〕《ローラン》はリュリの最後のオペラ（1685年）。

第27章　歌謡(シャン)に歌詞をあてがうために守られねばならないこと

　歌謡(シャン)に歌詞をあてがうことを望む初心者は、すでに慣例として定着しているように、散文よりも韻文を選ぶべきである。なぜなら韻文はある種のカデンツを有しており、それが歌謡と一致するように仕向ける。このカデンツが適切な動きと休止が成されるべき場所を前もって知らせるのである。

　エール・ド・ムヴマン[63]に適した韻文は音節や脚の均等な量を保っているものである。そしてそれぞれの詩行の最後で意味のまとまりが何らかの仕方で終止しているものが良い。そうした韻文を歌謡に当てはめる際には以下のように成されねばならない。それぞれの韻文の最後の音節が、小節の最初の拍の最初の瞬間に聞かれるようにされるべきである。このとき以下の二点に注意せよ。第一点は、女性韻の場合には韻文の最後から二番目の音節が上述の規則に従うこと。第二点は、フレーズの意味が完全には終わっていない詩行の最後の音節上で最終カデンツが聞こえるようにすることは、可能な限り避けるべきである、ということである。

譜例 II - 60

　このように各韻文の最後で耳にされるこの種のカデンツは、初心者にとって大きな救いである。もしフレーズの意味が必ずしも完結していない際に完全カデンツが耳にされるのが避けられないなら、初心者はバスにディアトニック進行を与えることによってこっそりとその処理をしてしまうことができる。つまり完全カデンツの基礎低音(バス・フォンダマンタル)とともに進行する諸和音に含まれる諸音を組み合わせ、このバスに不完全カデンツかあるいは中断カデンツの進行を与えることである。

　歌曲におけるレチタチーヴォにおいてはさらに用心深さが要求される。なぜならここで問題なのはある種の歴史の語りまたは叙述、あるいはこの種のほかの事柄であり、ここでは歌謡が話術(パロール)を模倣しなければならないからである。したがって人はここで歌っているのではなく、話しているように思われるのである。ここでも同様に完全カデンツは、意味が完結している箇所でのみ使用されるべきである。まさにここで良き音楽家が授かるべきであるとわれわれが述べてきたあらゆる知識が必要とされるのである。話の中の長い音節にはそれに適した音価(ノット)の音をあてがい、短い音節にはそれより小さな音価(ノット)の音を割り当てるように注意を集中しなければならない。その結果、それらの音節の数までもが詩の朗読者の発音によるものと同じぐらい明瞭に聞き分けられるようになるのである。確かに均等な音価を有する諸音(ノット)の上で多数の長い音節や短い音節を進行させることができるのであるが、こうした場合長い音節が各拍の、特に一拍目の最初の瞬間に聞こえるようにしさえすればよいのである。

　オペラやほかの良い音楽作品において、われわれがここで述べていることの正当性が見いだされ

---

63)〔訳注〕ド・ブロサールの『音楽辞典』には以下の記載がある。「このムヴマン（動き）は拍節における音符の速さあるいは遅さを意味する。したがってわれわれは「活気のある動き」とか「緩慢な動き」、「敏速で鼓舞された動き」などと言う。この語義においてこの言葉は同時に小節内のすべての拍が明確に等価であることを示す。それゆえにメヌエットやガボット、サラバンドなどはエール・ド・ムヴマンであるが、レチタチーヴォはムヴマンと共には歌われない、と言われる。」〈motto〉の項目を参照のこと。

ることであろう。これは、諸規則を土台としてと言うよりも、むしろたくさんの音楽作品を聞き、確認することによって趣向(グー)が形成されることがしばしばある。

第28章　作品の構想(デサン)、模倣、フーガ、そしてこれらの諸特性について

　音楽で用いられる歌詞は、悲しいとか陽気な等のある種の表現をつねに有している。その表現は歌謡(シャン)や和声(アルモニ)と同様に曲の動きを通じて表すより他ないものである。そして歌詞を導きとしないような人は、ほとんど同じような従属力をもってその人を捉える主題をいつも頭に思い描いているのである。ゆえに楽曲の構想(ピエス)全体は歌謡、和声、曲の動き(ムヴマン)に基づいて展開される。まず表現にみあった調(トン)、音階(モード)、動き(ムヴマン)、歌謡が選び出され、そしてそれからその主題に合わせて作曲された歌謡に和声が合致するようにつくられる。このように曲の動きは、歌詞の意味が要求しない限り、変更されることはない。また調と音階の変更も、歌謡と和声に多様性をもたらそうとするときのみ、成されるものである。上述の点は主に、曲の構想全体で展開される歌謡の連続性と進行に関わることである。

　ある歌謡が選び出されたならば、続く歌詞において以下の諸点が確認されるべきである。そこでほとんど同じ表現を要求する感情(サンティマン)が見いだされるかどうか。同じ歌詞が繰り返されていないか。あるいは同じ歌詞を繰り返すことが妥当かどうか。なぜなら曲の構想の部分を成す模倣やフーガが極めてふさわしいケースというのはこうした場合においてだからである。

　歌詞の多くの箇所で感情(パスィヨン)の一致がみられるのであれば、その感情を表現するための歌謡においても同じ一致がみられるようにするのは適切なことである。これをわれわれは模倣と呼ぶ。この模倣には、その長さやあまりにも大きな頻繁な繰り返しによって少しも聴衆を退屈させないという点以外には限界はない。歌謡の一部を模倣しようが、あるいは全体を模倣しようが自由であり、これは作曲家の正しい思慮深さに従って成されるものである。どのような行程(ルート)でこの模倣が展開されるべきかはまったくわれわれの趣向(グー)次第であり、作曲家がここで聞かせたいと望む歌謡の同一性が認められるのであれば、その模倣は可能である。

　もし同じ歌詞が時々繰り返されるなら、あるいは繰り返してよいなら、そのときにはいつも同じ歌謡が聞こえるようにすることは良いことである。このケースは新たな種類の模倣を生み出し、この新しい模倣は前述のものよりも制約が厳しい。これはフーガと呼ばれる。フーガに関する諸規則については第3巻で規定される。

　フーガと模倣との違いは、模倣が生じうるのはある一つの声部においてのみであるということにある。これは通常主題(スュジェ)と呼ばれるものである。それに対してフーガはそれぞれの声部において順次耳にされるべきものであり、すでに開始された声部が、それに後続する声部によってさらに続いていくかのようであり、鎖状に次々に進んでいくもののことである。

第29章　長と短、純正あるいは完全、増と減で識別されるべき音程について

あらゆる音程の源であるオクターヴは、和声においていかなる変位も受け付けるものではない。

5度と4度はオクターヴの分割から生じるものであり、しかるべく変位されうるものである。このとき同時にこれらの音程はその起源から受け取る完全性を失うものである。この変位においてもこれらの音程が自らの名称を保持するのは、たんにそれらの音程が形成する音程幅を確定するためにすぎない。減5度あるいは偽5度は二つの短3度の和から生じ、増5度は二つの長3度の和から生じる。増4度あるいは三全音は偽5度の転回によって形成され、減4度は和声においては生じえず、この比については別の場所で言及済みであるが、これは増5度の転回から生じる。このように変位された音程は、変位前に明らかであった元の音程とはもはや見なされず、不完全性を保有しているものとして示される。

5度を分割することによって異なる種類の二つの3度がもたらされる。これらの3度なしに長と短の区別をすることはできない。なぜなら長にせよ短にせよそこには必ず3度が存するからである。それに対して5度と4度はこの区別を受ける力を有さない。なぜならそれらの音程は変位を被ることにより、自らの起源の性質を傷つけているからだ。5度と4度は純正あるいは完全、増、減と区別され、その完全性は自らの元々の起源に由来する。この起源はこれらの音程を自らとは独立した別個のものとする。増や減といった用語は音程の変位に関与するものであり、変位を加えられたあらゆる音程の形成にあずかる3度に見いだされる長と短に関連付けられたものである。

さらに長3度の分割は、長と短に区別されるべき異なる種類の二つの全音を生み出すだろう。しかし両者の差は耳では感知されないものであり、実践において用いられるのは一種類の全音、2度、7度しかないと言うことが可能である。習慣としてこれらの音程は長と短に区別されているのであるが、7度が形成されるのは2度の転回によるものである。

長半音と短半音は長全音の分割から生じるものであるが、両者間にある関係は長3度と短3度の間にある関係とは同じではない。なぜなら、全音の起源はこれらの半音の起源とは異なるからである。これとは対照的に3度は5度の分割からのみ唯一生み出されるものである。それゆえに、短半音が長3度と短3度の差を成すといわれるとき、ここからは次のような帰結が引き出されるべきである。つまりこの短半音分の音程を上げたり下げたりして3度がもう一方の3度に変更されうるのであれば、このことは3度の力と能力にもっぱら由来するものである。なぜならこれらの3度というのはこの差を有した状態で生み出されたものだからだ。しかしながら長7度と短7度の違いというのは、5度と偽5度の間にあるのと同じ半音によってのみ引き起こされるものである。この偽5度のことを短5度とあえて呼ぶ者はいなかったし、増5度のことが長5度と呼ばれなかったのも同様である。ここで明らかに証明されることは、長と短の相違というのは必ず二つの3度に存するものであるということである。したがって**長と短**という形容辞は3度にのみ適しているか、あるいは3度に直接依拠したものにのみ適している、ということになる。ゆえにこの長と短は6度にも適用される。なぜなら6度は3度の転回から生じるからである。また長と短は音階にも適用される。音階における差異というのはもっぱら3度の違いからのみ生じるからである。しかし5度と4度に半音の変位を加えることが問題となる場合は、これらは3度から生じるのではなく、むしろ反対に3度によって生み出されるものであるから、5

度と4度は増と減で区別するものである。このようにして増と減の付いた5度と4度が純正の比(プロポルスィヨン)にないことを知らしめることができる。

さらに、それぞれの音程がオクターヴの範囲内の場を占めるべきということを考慮に入れるならば、良き横の並び(モデュラスィヨン)に従う限りは5度、4度、7度、2度はオクターヴにおいて不動であるということが気づかれる。そして可動なものとしてあるのは3度と6度である。それゆえに3度と6度だけが長と短に識別されうる。したがって5度と4度に成されるのと同じ区別が7度と2度にも成されるべきである。実際に言えることであるが、短調において7度は変位を加えられるものである。しかしこれはもっぱら下行形においてのみであり、上行形において6度が上行するのと同じである。なぜこのようにされるかと言えば、この6度と7度の進行がその音階の主要な音(ノット・プランシパル)、つまりトニックとドミナントのいずれかにしかるべく通じていく音程を保っておけるような進行と一致させるためである。しかし2度が変位を被ると言うことはできない。2度と7度というのは互いに転回された二つの音程であるのだから、一方が関与していない事柄をもう片方に適用することはできないのである。

それぞれの音程から引き出されうる区別をさらに考慮に入れるなら、長と短に区別されるものはさらに増と減にも区別可能だということに気づかされる[64]。

譜例Ⅱ-61

この譜例は3度と6度には四種類あることの証拠となる。これは他のいかなる音程にもみられないことである。

譜例Ⅱ-62

もし7度と増7度を長7度と短7度として区別してしまうと、3度と6度におけるような増音程はもはや見いだせなくなる。それと同じように、短2度と言ってしまうと減2度は見いだせなくなってしまう。したがって2度と7度は、5度と4度がそうであるように、三つの種別にしか識別されえない。なぜこれらの双方に同じ用語を当てはめることができないのだろうか? 7度と2度を長と短に区別するということは、3度と6度の特性をそれらの音程にも適用してしまうことになるからだ。確かにド・ブロサール氏は実際には増7度である音程に長の名称を与えようとして、シ♭とラ♯の間でできる別の増7度に言及している。それは次のようなものである〔譜例Ⅱ-63〕[65]。

---

[64]〔訳注〕原書ではこの譜例にはいくつかの誤りがあり、「補足」で訂正が指示されているので本書では修正を施して掲載した。
[65]ド・ブロサール氏の辞典の「Settima」の項を見よ。

しかしながらド・ブロサール氏自身この音程がまったく使用されていないことを認めており、大多数の人はこれをオクターヴと混同してしまう。このように、ド・ブロサール氏がいかにして間違いを犯したのかを見るためでなければ、この音程に必要以上に関わり合うべきではない。またさらに彼が言うには、減2度はウトとウト♯の間に含まれている[66]。これは彼が言うところの増7度とは何の関係もない。なぜならド・ブロサール氏もよく知っているとおり、互いに転回である二つの音程は同じ諸音から形成されているはずだからである。このことは前掲の譜例と第1巻第5章の表から明らかである。さらに、シャープとフラットの変位を受ける諸音の名称を有している音程は、その音程の大枠としては同じ名称をつねに持ち続けているはずであり、状況に応じてこれに長か短、増か減の形容辞が付くだけのことである。このようにウトとウト♯の間にある減2度は増ユニソン以外の何ものでもない。しかしシ♭とラ♯の間にある増7度は減オクターヴよりも広い音程であり、これをオクターヴと言ってしまわないように注意が必要である。なぜならオルガンの鍵盤上や他の多くの楽器ではシ♭とラ♯はまったく同一だからだ。ここでいくつかの困難が指摘されるかもしれないが、簡潔さを考慮してここではそれらを取り上げない。なぜならそれらの困難は解決が極めて簡単だからである。

譜例Ⅱ-63

ド・ブロサール氏は七の和音とその解決の仕方に関する考えをわれわれに提示するが、しかしそこで氏は必ずしも上手くいっていない。なぜなら彼は増七の和音のことを話しているのか否かを明らかにすることなく、この和音は次のように実践されていると述べているからだ〔譜例Ⅱ-64〕[67]。確実なことはド・ブロサール氏がこの和音を判断するにあたって自分の耳はまったく当てにしていなかったであろうということだ。しかしながらもし彼が数字6の音に♭を付けていたなら、あるいはもし彼がこれは短調においてのみ使用されると言っていたのであれば、まだ弁解の余地もあったであろう。これは一般的な使用法ではないという説明抜きにこの規則を提示するべきではなかったのだ。あるいは何らかの仕方でこの和音が一般的なものであるとするのであれば、彼は6度の場所に5度を置くべきだったのだ。

譜例Ⅱ-64

こうした細かい点に問題があるにもかかわらず、やはり7度と2度は長と短で区別されることが望まれるかもしれない。なぜならそう考えながらこれらの音程を実際に使用することも可能だからだ。しかし長3度から生じる長と呼ばれる不協和音程と、短3度から生じる短と呼ばれる不協和音程とに関してわれわれが成してきた正確な区別にいま少しの注意が払われるならば、以下のことが理解されるであろう。つまり、これらの長・短不協和音程は長・短3度の本質と特性に従うのだから、前者は後者に依存しているとされるのである。では一体どうやったら短3度の特性に従う音程に長の名称を与えることができるというのだろうか？　いかなる特性を有した7度であろうとも、それが増音程でない限り、7度は必ず下行しなければならない。長と呼ばれている7度が、われわれが増と呼ぶ7度と同じ音程幅で捉えられうるのであれば、しかるべき選択がなされねばならない。比においては、どちらの音程も数字8と15の間に見いだされるものであった。このうち増音程は上行し、ここにおいて長3度の特性に従っている。実際に増7度は長3度から形成されていることが確認される。なぜなら基本和声に従えば、これはドミナン

---

66)「Seconda」の項を見よ。
67)「Settima」の項を見よ。

ト・トニックの長3度以外の何ものでもないからだ。これとは対照的に長7度は必ず下行するものであり、ここにおいて短3度の特性に従っている。われわれはすでに九の和音が、短3度から派生する7度が場を占めている七の和音において、ほのめかされるように聞こえていることを強調しておいた。したがって基本和声に従えばこれが表すのは5度以外の何ものでもない。以上のことを踏まえれば、以下のように言うことに何の不都合があるだろうか？　すなわち、あらゆる不協和音程のうちの最初のものである7度が完全あるいは純正不協和音程である、ということである。これはたとえ完全あるいは純正という言葉の意味がこの不協和音程の範囲内に行き渡っていなくてもそう言えるのであり、こうすることによってさらに減音程と増音程が区別されるのである。これ以外に適切な方法があるだろうか？

　さらにこの点は、5度と4度にみられる同じ不都合さによって確認されうる。短調の第二音(ノット)に七の和音を置こうとすると、そこに自然に見いだされる偽5度は実際われわれが通常実践で用いる偽5度であろうか？　この和音の低音(ソン・グラーヴ)は、長3度から生じたものの特性に従って半音上行するのをわれわれは目にするだろうか？　それとは対照的にわれわれはこの低音が同度に留まるのに気づくだろう。あるいは、この偽5度の高音が下行するのに対して、低音は5度下行するのがよいだろう。なぜならここでこの偽5度はこの和音の主要要素ではないからだ。そしてここでは7度が決定する進行の仕方にすべてが従う。またさらに、短調の第六音(ノット)上に置かれた小六の和音において三全音が聞こえたならば、この三全音が上行するのをわれわれは目にするだろうか？　それとは対照的にわれわれはこれが同度に留まるのを見いだす。なぜならそれは（第1巻ですでに言及したように）、それらの音程はそれらが自然にあるべき場を占めているのであり、横の並びとの関係によってのみ容認されるものだからだ。しかしこの場合、偽5度を短5度というべきであるとか、三全音を長4度と呼ぶべきだなどとは誰も言ってこなかった。増や減といった形容辞は実際は完全あるいは純正であった音程が格下げされたもののために使用されるのである。それゆえにこれらの形容辞を7度に使用することはできない。7度が長になるのはただ横の並びとの関係においてのみである。そうでないなら、これらの形容辞はすべての音程に等しく当てはめられねばならないことになる。

　3度は横の並び、5度、4度、7度の決定因子である。長あるいは短として見いだされうる5度、4度、7度というのは、われわれが直前に述べたことに従えば、横の並びが決定することに付き従うのみであって、これらの音程が何かを決するということはない。それゆえにもし音階が長と短に区別されるのであれば、これらの用語は音階の秩序と進行を決する音程にのみふさわしいものであるはずである。

　7度に関してわれわれが述べてきたことは、2度と9度にも同様に当てはまることである。2度は7度の転回であり、9度は2度の複音程にすぎないからである。あるいは基本和声に従えば、9度はいつも7度に相当するものであるからである。

　11度、あるいはまたの名を4度に関していえば、この音程はまったく変位を受けることがない。

第2巻：完

第 3 巻

作曲の諸原理

第1章　実践音楽への導入

音階(ガム)について

ディアトニックな音(ソン)[1]には七つある。つまり自然な声における七つの連続する音度のことである。音楽においても同様に存在するのは七つの音(ノット)だけであり、それはウト・レ・ミ・ファ・ソ・ラ・シであり、これを音階(ガム)と呼ぶ。これらの音の数はこれ以上増やすことはできず、一番最後の音の後にまた最初の音からはじめられ、上に書かれたように規定された順序に従って続けられる。このように再び繰り返され、互いに複音程(レプリック)の関係にあるにすぎない音のことをオクターヴという。

最初の音を音階の最後に付け加えて、このオクターヴの識別に慣れるのは良いことである。するとこうなる。ウト・レ・ミ・ファ・ソ・ラ・シ・ウト。ここでは上行になっているこの諸音(ノット)の進行は同様に下行においても知られるべきである。するとこうなる。ウト・シ・ラ・ソ・ファ・ミ・レ・ウト。

ウトとは別の音で音階を始めたり終わらせたりしたい場合は（これを実践してみることは良いことである。ただしディアトニックな配列には反するのだが）、その別の音のオクターヴを等しく追加するだけでよいことが理解される。したがってソから始めるのであれば、次のようにいえば良い。上行形はソ・ラ・シ・ウト・レ・ミ・ファ・ソ。下行形はソ・ファ・ミ・レ・ウト・シ・ラ・ソ。他の諸音についても同じことである。

音程について

音階(ガム)の読み方を上行、下行の両方で知り、またどの音(ノット)からも始められるようにしておくだけでは不十分である。さらに一つ一つの音同士の距離を知っておかなければならない。それは諸数の並びに従ってなされるものであり、この距離を知るべきという注意点はもっぱら上行においてなされるものであることに留意しなければならない。

音楽のあらゆる音程を形成するのはこの距離である。そしてこれらの音程は自らの名称を算術の諸数から引き出し、次のように呼ばれる。
$\overset{2}{2}$度、$\overset{3}{3}$度、$\overset{4}{4}$度、$\overset{5}{5}$度、$\overset{6}{6}$度、$\overset{7}{7}$度、そして$\overset{8}{オクターヴ}$。

ここでは名称の上に数字が置かれている。これらの数から音程の名称は付けられている。なぜなら今後はこれらの数だけが話題の対象となる音程を指示するのに用いられることになるからだ。それゆえに2が$\overset{2}{2}$度を、3が$\overset{3}{3}$度を、4が$\overset{4}{4}$度を、と続き、オクターヴの指示には8が使用されるまで続くことを覚えておかなければならない。

これらの音程を見いだすためには、まずある音が原点(プランシップ)として、あるいは最初の音度として提示される。そしてその音からもう一つの音までを数え上げることにより、そこに見いだされる諸音と同じ数量が音程を指し示すことになる。この音程が第一の音と問題となっている音の間に見いだされるのである。たとえば、ウトを第1度として選ぶのであれば、レは$\overset{2}{2}$度として、ミは$\overset{3}{3}$度として、ファは$\overset{4}{4}$度として、ソは$\overset{5}{5}$度として、等のように続いていく。もしレを第1度として選ぶのであれば、ミは$\overset{2}{2}$度として、シは$\overset{6}{6}$度として、ウトは$\overset{7}{7}$度として、等のように続いていく。このように望まれる他のいかなる音にもこの方式は当てはまり、これらのどの音も第一の音度として提示されるべきである。これらの音程の実情によく通ずるためには、以下のことが即座に言えるようにな

---

[1] 冒頭の「用語一覧」を見よ。

らなければならない。つまりミはラから5度であり、シはミから5度であり、レはソから5度である、等のことである。この目的に資するように次の音階の図を用いることができる。

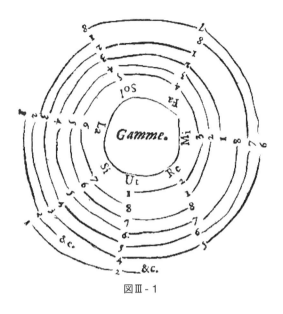

図Ⅲ-1

ウトを第一音あるいは第一の音度とするならば、この音階の図において1からレの下の2へ、そしてミの下の3へ、といったように8まで続く線が見いだされるだろう。この8は第一音と同じウトのオクターヴを表すものである。なぜならオクターヴというのは（われわれがすでに言及したように）、同じ音によって表されるものの複音程（レプリック）にすぎないからである。同様の仕方で、もしレを第一音とするならば、その下にある1がミの下の2へと導き、さらにファの下の3へと続いていく。ここでこれらの数字は、1が記された開始音と、音名の下に書かれたそれらの数字との間に形成される音程を示すものである。この1から2、3、4というように線分に沿って進行し、それらが共になって1から8までの一つの円を形成するものである。

ここで次のことをよく想起せよ。われわれが単に3度、4度などというときには、これはいつもこの音階の図において第一の音度として提示された音から上行で数えられた音程である。なぜなら

この第一の音度の音がつねにもっとも完全なバスとして見なされるからだ。

またこの音階の図ではこれらの音程を下行においても捉えられるように訓練されなければならない。ウトの4度下はソであるが、これはソの4度上がウトであるのと同じである。この点を理解するのは困難ではなく、また時によっては極めて有用でありうる。

音程の転回について

オクターヴを形成する音（フォン）というのは基礎においては一つの同じ音にすぎないのであるが、その両端の二音はあらゆる音程の境界の役目を果たす。なぜなら音階（ガム）内のすべての音は実際にオクターヴの範囲内で形成されるからだ。それゆえに二つのウトが音階を開始し終止する同じ単一のものとして見受けられるのであれば、他のどんな音も、それがその二つのウトのそれぞれと比べられた際に、二つの異なる音程を生み出しえないということが即座に理解されるだろう。しかしまた以下のことも指摘されねばならない。つまりまた同時に、最初のウトは対照される音の下にあり、第二のウトはその音の上にあるということからして、ここで相違が認められることになる。この点に関しては説明が必要である。

この図〔図Ⅲ-2〕のように音階を捉えてみると以下の点が確認される。すなわちレは最初のウトからの2度を形成し、二番目のウトはこのレから7度を形成する。ミは最初のウトからの3度を形成し、二番目のウトはこのミから6度を形成する。ファは最初のウトからの4度を形成し、二番目のウトはこのファと5度を形成する。そして最後に、ソは最初のウトと5度を形成し、二番目のウトからは4度を形成する。この先はまだ書き表すことができる。したがってこの方法から、われわれは音程というものはつねに別の音程から生まれることを知る。なぜなら、もし別の音を第一の音度として選んで音階の最初と最後に置いても、なすべきことは、たった今われわれがウトに関して見てきたことを別の音でするだけだからであ

第1章　161

る。そうすれば同じことが見てとられるだろう。つまり、第一音からできる2度はこの第一音のオクターヴからは必ず7度になる、等ということである。

うすれば3度が6度に、5度が4度に、7度が2度になるのが分かる。これら後者の音程、つまり6度、4度、2度は主要音程あるいは基本音程の転回されたものである。

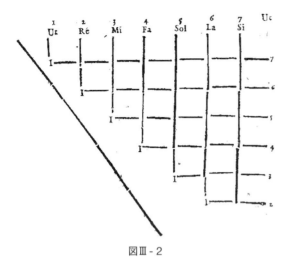

図Ⅲ-2

この項の記述をあまりに軽く読みとばしてはならない。なぜなら適切な経験によってわれわれがここで述べる真実に確信を深めれば深めるほど、残りのことは簡単に理解されるようになるからだ。

図Ⅲ-3

より包括的な知識を得るためには、オクターヴというものが第一の音度として選ばれた音と不可分であることをたえず念頭に置いておかなければならない。したがって、ある音をこの第1度と比べたならば、続いてこの音はこの第1度のオクターヴと比べられることになる。ここから二つの音程が生まれ、最初の音程が基本音程あるいは主要音程と呼ばれ、二番目の音程が転回音程と呼ばれる。なぜなら実際にウトをミと比べ、それからミをウトと比べるならば、見いだされるものはもっぱら対比関係の転回であるからである。この対比関係はまず1と3でなされ、その後3と8の間でなされる。

あらゆる音程の中で、基本音程であるのは三つしかない。それゆえにこれらの音程は記憶されるべきであろう。それは、3、5、7の諸音程であり、この表のように配列されうる。最初の各音は1に対応し、3、5、7はそれぞれの音程を表示する数字と対応している。ひとたびこれら三つの音程と、第一の音度として選ばれた七つの音のうちの一音の関係を知ってしまえば、残るはその第一の音度のオクターヴを追加するだけである。そ

五線譜、つまり音符を配置する線について

音楽における音についてすでにわれわれは知っているが、これはさまざまな記号で表される。それらの記号は長さを表示し、音度を識別するために水平に配された5本のライン上あるいは間に置かれる。

譜例Ⅲ-1

これらの五本のラインはまとまって五線譜と呼ばれる。それぞれのラインは　線　と呼ばれ、それらの間は線間と呼ばれる。

これらの線で一番低いのは第一の線であり、したがって一番高いのは第五の線である。

音部記号について

音楽の音部記号には三つある。次に掲げるのはそれらの異なる記号と、それぞれの記号が表示する音(ノット)の名前である。

譜例Ⅲ-2

音部記号は必ず五線譜の線上にあり、線と交錯しているものと見なされる。そしてこの線が音部記号の名のもととなる。音部記号は一度だけ書かれるか、あるいは各五線の初めに置かれる。しかし望まれる時と場所においては別の音部記号に置きかえられることが可能である。ただし五線上になければならないが。置きかえられた音部記号が、自らが交錯する線に音名を与える。

譜例Ⅲ-3

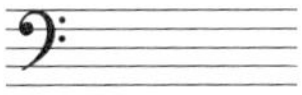

ヘ音記号はこれらの中でもっとも低く、通常は第四線上かあるいは第三線上に置かれる。

ハ音記号はこの記号が表すところのウトの位置を判断するためのものだが、このウトは前述のヘ音記号が表示するファの5度上に位置するはずのものである。そして第五線上以外はいずれの線上にも置かれる。

譜例Ⅲ-4

ト音記号は前述のハ音記号が表示するウトのさらに5度上のソを指すものだが、これは通常第一線上か第二線上に置かれる。

譜例Ⅲ-5

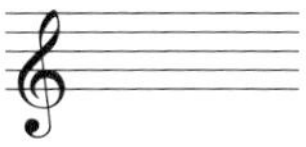

各音部記号はそれが交錯する線に自らの名前を付ける。したがって同じ線と交錯している音(ノット)は音部記号の名称と同じ音を有しているはずだと判断されねばならない。それゆえに音部記号の名前の音が線あるいは音に等しく与えられるようになる。さて音符の形についてはまったく言及されてこなかった。以下で当面用いられる音符(ノット)はアルファベットの大文字のOのような形をしている。あるものは線上に交錯するように置かれ、あるものは線間に置かれる。したがって音階(ガム)の配列に従って音部記号の名前から取られた音からはじめて音の数を数え、第一線から第五線までを上行で確認し、あるいは第五線から第一線まで下行で確認し、さらに線間にも線上と同じように音名が配されていることを注視するなら、間違いは起こりようがない。この点は次の譜例で確認されるべきである。

譜例Ⅲ-6

ここで音部記号の名称が示す線上の音が第一音として置かれているのと同じく、第一音は線上でも線間でもどこにでも等しく置かれうる。その場合でも任意の音の名称を知るためには、音部記号の音から数え直せばいいだけである。

どの箇所であろうとも、線上あるいは線間の音

第1章　163

の名称を知ることは絶対的に必要なことである。そして作曲すること自体が問題とされるときにあまりに小さな事柄に心を奪われないように、音部記号は一つだけ提示されるべきである。その音部記号は五線のうちでふさわしい一つの線上に置かれ、その音部記号との関係によって線上と線間の名称が暗記できるように習得されなければならない。たとえばヘ音記号が第四線上に置かれると、まず第三線はレ、第二線はシ、第一線はミ[2)]、第五線はラと呼ばれる。またこのヘ音記号のすぐ上の線間はソ、すぐ下の線間はミと呼ばれる。このように線上と線間に対して、そこに置かれうる音（ノット）の名称が与えられるのである。

ラ　レ　ソ　ファ　シ　ミ　ラ　ソ　ウト　シ　ファ

譜例Ⅲ-7

これらの名称を完璧に覚えたなら、同じ音部記号を別の箇所に置いてみる。その場合でも注意点は同じである。そしてこれは他の音部記号についても当てはまる。

通常の五本線の上下に新たに線を追加することができる。そこでも従うべき配列は同じである。

声部について

和声（アルモニ）というのは複数の異なる音（ソン）の調和した統合に存するのであり、またそれらの音はもっぱら人の声か楽器によって表現されるものであるから、それぞれの声あるいはそれぞれの楽器は声部と呼ばれる。さらに各声部はそれぞれ固有の名を有している。この声部についてはつねに必ず言及されるものではないが、各声部は音部記号の相違あるいは音部記号の位置の相違によって見分けられるものである。

---

2)〔訳注〕原文は「ミ」となっているが「ソ」の間違いであろう。

譜例Ⅲ-8[3]

　人の声に適した六つの主要な声部は、われわれが諸音に関して的確に指摘した境界範囲を有している。したがってそれぞれの音部記号において上下に書かれた二つの音符の間に含まれる諸音程を通じて各声部を進行させることができる。それら二つの音符の横の波線等の記号は、その境界範囲を超えてよい限界点を示す。しかし超えることは稀であって、その範囲の真っただ中で声を保持しようとする作曲家の思慮深さからなされることである。なぜなら声はその範囲の両端において過度に負担が掛るからだ。

　楽器に関して言うと、個々の楽器はそれぞれ異なる境界範囲を有する。たとえばヴァイオリンは自らの音部記号のオクターヴ下が境界づけられているが、上に関してはほとんど境界づけられていない。ただしこの楽器に関する適切な経験によって導かれていないのであれば、波線で記された音を超えるべきではない。通常のバスの音域は諸音によって印されているが、そのバスよりもさらに下に向かっていけるのは basse de Violle だけである。他の楽器の境界範囲に関することは黙過することにしよう。なぜならあらゆる音楽全般はヴァイオリン上で実演可能なので、他の楽器なしでも済ましてしまうことができるからである。そうした他の楽器についての必要な知識は、その楽器の実践に精通している人の話からもっぱら獲得されるものである。

ユニソンについて

　ユニソンと呼ばれるのは同度にある二つの音のことであり、あるいは何度も繰り返される同じ一つの音のことである。各声部においてこれらの音が置かれるべき場を知り、もっとも高い声部がもっとも低い声部の上にあるようにするには、これらの声部の各々において一つの音を線上に置き、それらがすべてユニソンの状態にあるようにするであろう。

3）〔訳注〕右欄の「ヴァイオリンのQuinteカント」について：Quinteは主に「5度」を表す語であるが、ルソーの『音楽辞典』の「Quinte」の項目ではこれがヴィオラに相当する楽器であると説明されている。

譜例Ⅲ - 9

譜例Ⅲ - 10

　これら諸声部の多様性はこれらの音の違いに存するのみであって、その数量にあるわけではないのだから、これらの声部すべてはたった一つのことしか表していないということができる。ユニソンが作曲において禁止されるのはここに由来する。しかしながら初心者は、より良く作曲ができるようになるまでは、オクターヴの代わりにこのユニソンを利用することができる。

拍節について

　拍節を何かにたとえるなら、われわれに自然に備わっている動き以上に簡潔なものはないであろう。そうした動きと言うのは何度も繰り返されながらもつねに均等なものであり、その自然さに変更を加えないのであれば、たとえば行進しているときに指摘できるような動きのことである。

　拍節は複数の拍で識別されるものであるので、行進するときになされる一歩一歩を拍として捉えることができる。それらの足取りによって行進をより速くあるいはより遅くすることができるように、拍も緩急の速度を有することができる。

　拍節は垂直の線分によって分節される。この線のことは小節線（バール）と呼ばれ、各小節はもっぱら二、三、四の拍を含むものである。これらの拍はたいてい手あるいはつま先の動きで識別される。第一拍は手を叩いたり、あるいは手を下げたりすることで強調される。最後の拍でその手は上げられ、中間の拍はその手を右あるいは左に運ぶことによって示される。

　第一拍は強拍（ボン/プランシパル）と呼ばれ、残りの拍は弱拍（モヴェ）と呼ばれる。ただし四拍の拍節は例外であり、この場合第一拍と第三拍は等しく強拍（ボン）である。

　各小節が含む拍の数量を示すために数字が用いられるべきであろう。たとえば「2」は二拍の小節を表す印であり、「3」は三拍の小節を表す印、「4」は四拍の小節を表す印、というように。しかしこれらの印は簡潔にすぎたので却下され、別のまぎらわしい記号にとって代わられたようである。

　四拍の拍節を表すためには、Ｃという記号が用いられる。

　二拍の拍節を表すためには、₡という記号が用いられる、などである。

　われわれの技芸（アール）はすでにそれ自体が非常に抽象的であり、新たにあいまいな点を生み出すことをよしとしない。確かにさまざまな音楽があいまいな記号で満たされているということは真実である。それゆえにそれらの記号の諸特性を知っておくのは良いことであるが、しかしこれはそれらの記号を判断するためであって、見習うためのものではない。これがこの点についての言及をなしで

済ませられるとわれわれが考える理由であり、この方法に関しては二次的な著者に十分見いだせることである。この点に関しては第2巻第23章を見よ。そもそも二拍の拍節の用法を知っている者であれば、他の動きの実践は容易に獲得されるものである。これはもっぱら才能(ジェニー)と趣向(グー)に依拠するものである。

拍節記号はつねに音部記号の直後に置かれる。ただし音部記号と結びついているシャープとフラットがあるが（これについては別の場所で論じる）、これらは拍節記号に先行するものでなければならない。さらに音楽の動きが楽曲の途中で変化するなら、その変化を印すべき音部記号はその変化が生じる小節の冒頭に置かれることになる。

音符と休止の形、名称、音価について

譜例Ⅲ-11

二分音符や八分音符は半分に短縮された音価として関連付けることができる。

これらの音符のさまざまな形は、さまざまな名称によって識別される。それらの名称は上部に書かれている。ここで音符の下の記述によって全音符は二分音符の二倍に相当するということが理解されなければならない。そして二分音符は四分音符の二倍、四分音符は八分音符の二倍、というように続いていく。あるいは、逆の方向からたどれば、三十二分音符は十六分音符の半分であり、十六分音符は八分音符の半分、というように続いていく。したがって一つの全音符に対して、二つの二分音符、四つの四分音符、八つの八分音符、十六の十六分音符、三十二の三十二分音符を用いることができる。同様に全音符は、ともに全音符の正確な音価を形成する他のすべての諸音符の場を保持することができる。なぜなら全音符は任意の小節がいかなる音符によって満たされるかに関わらず、そこにある多くのさまざまな音価を束ねることができるからである。ただし、小節の各拍の音価は必ず満たされなければならない。

各音符の下に書かれた記号と、同じくその下に書かれている名称は、一般に休符(ポーズ)と呼ばれており、ある声部の休止あるいは沈黙を表示するために用いられる。したがって、しばらくの間ある声部を止(と)めたい、あるいは一拍の八分の一、四分の一、二分の一、あるいは一小節分その声部の開始を遅らせたいとする。一言でいえば、思い描くような構想にしたがって拍や小節を休止させた後から開始するということである。この場合は音符が置かれる場所に休符が使用されなければならない。

それぞれの小節は、すでに言及したように、小節線によって区切られる。拍節記号は小節が含む

第1章　167

べき拍の数量を明示する。その数量の分の必要とされる音符あるいは休符によって小節は満たされる。それはその拍節記号が明示する拍の数量が識別されえたからである。しかし、確かに一般的には全音符が一小節に相当し、二分音符は一小節の半分に相当するのだが、それでもやはり一拍の音価をこれらの音符のそれぞれに適用することが可能である。この場合、その他の音符はこの音価と対応する形で短いものとなる。なぜなら全音符はつねに二つの二分音符、四つの四分音符、八つの八分音符に相当し、残りに関しても同様である。休符に関して言えば、休符はつねにそれが対応する音符の休止を指示するために用いられる。例外は、小節全体を表す休符がいかなる相関関係も有さずに、各拍を構成する音符から二拍、三拍、四拍の小節に無差別にその休符が用いられることである。ただし全音符はこれには当てはまらない。

こうして二拍の一小節を満たすためには、二つの二分音符、二つの四分音符、あるいはまた二つの八分音符を用いることができるということになる。ここではこれらの二つの音符のそれぞれが一拍に相当することが想定されているのである。あるいはまた同様に、たった一つの拍に対して同等な音価の二つ、三つ、四つ、六つ、さらに八つの音符を使用することもできる。そしてさらに節度をもってあらゆる種類の音価を有する音符を混合して用いることもできる。ただし一拍を構成するために選ばれた諸音符の音価は一拍の音価と等価であることが条件である。しかしここで指摘しなければならないのは、一拍に対してより多くの音符を使えば使うほど、それらの音符の音価は減少することである。したがって全音符が一拍以下に相当することはありえない。そしてこれは残りのことに関しても同様である。

譜例 III - 12

ここで全音符の場所に四分音符あるいは八分音符を用いることが可能である。また三拍の拍節においてはさらに十六分音符を用いることもできる。こうしたすべては音楽の動きの速さあるいは遅さを識別させるためである。この点は第2巻第23章で説明したとおりである。

音符の上に記された数字は拍を表す。「1」は第一拍を、「2」は第二拍を、「3」は第三拍を、「4」は第四拍を表す。したがってここから一拍を明示する音符の一つに替えて、希望される他の音符や休符を用いることのできる自由が理解されるであろう。こうすることができるのは、この拍

の音価が、それらの他の音符や休符に含まれている場合である。もし含まれているのなら、各拍に相当するものとして選んだのと別の音符によって開始し続けることができるのである。

付点(ボワン)と連結(リエゾン)について

　付点は音符の右側に置かれ、その音符の音価を半分増加させるものである。それはある音符の後にその半分に相当する音価を有するもう一つの音符を同度に置くのと同じである。しかし、この二番目の音(ノット)は新たな分節化を要求するものであるから、こうした場合には付点を用いたり、あるいは半円を用いて最初の音と二番目の音を結びつけるものである。その半円の各々の両端はそれら二つの音のそれぞれと対応している。

点を伴う諸音は下に位置する、二つに結びつけられたものと同じ音価を有する

結びつけられた諸音はもっぱら単一の音として連結される

譜例Ⅲ-13

全音(トン)、半音(セミ・トン)、シャープ、ナチュラル、フラット、長、短、増、減について

　この章の冒頭で知られていた最小の音程は2度という名称であるが、これは全音(トン)あるいは半音(セミ・トン)として識別されるものである。半音はミとファ、そしてシとウトの間にみられる。それに対して全音は音階(ガム)における他のすべての諸音(ノット)の間にみられる。これらが互いの間で2度という音程を形成するものである。

　ここまでのところで以下の点が指摘されなければならない。実践において必要とされる最小の音程を形成する半音が、音階のすべての諸音間にみられないにもかかわらず、この半音はやはり数種の記号によって使用されるものである。この記号というのは音符に付随するものであり、それらの音符に半音分の増減をもたらす。この手段を用いることによってミとファ、シとウトの間にも全音が見いだせるようになるものである。

　これらの記号は、シャープ、ナチュラル、フラットと呼ばれる。

　シャープは♯という記号で表され、ナチュラルは♮、フラットは♭で表される。各記号は、下の譜例にみられるように、音符の左側に置かれなければならない。

　♯は後続する音符を半音増加させる。それに対して♭は後続する音符を半音減少させる。♮にはときに♯の属性が与えられるものであるが、さらには、ある音にそれ以前に割り当てられていた♯あるいは♭を削除する属性を有する。このようにしてその音は自然な配列における音へと戻される。

　これらの記号は自らが付随する音の名称を変えることはない。ただし、歌い方を学習している人たちへの便宜のために、♯が先行している音をすべてシと呼び、♭が先行している音をすべてファと呼ぶことがある。なぜなら♯と♭の後ではディアトニックに上下するのであり、それは音階におけるシとファと同じだからである。しかし作曲家にとってはこれらの言葉上の実践はこの知識自体ほどには重要ではないので、この♯、♮、♭による半音が原因となって引き起こされうる諸音程とその変位については必要以上に心配すべきではない。

第1章

譜例Ⅲ-14

譜例Ⅲ-15

と戻す。

全音と半音の差異が強調される音程（ただしこのことによって音名は変わらない）は長と短、あるいは増と減で識別される。たとえば、ウトからミの3度は長と呼ばれる。なぜならこれはレからファの3度よりも半音を一つ多く含むからである。レからファの3度はしたがって短と呼ばれる。同様にミからウトの6度は短と呼ばれる。なぜならこれはファからレの6度よりも半音を一つ少なく含むからである。このように、同じ名称を有する他の諸音程に関しても同じであり、相異は半音が多いか少ないかということにしかない。そのような音程にはさらに増と減で識別されうるものもある。しかしこの点に関しては以下ではこれ以上言及されない。なぜならこの点は以下で全般にわたって説明されていることが見いだされるであろうからだ。

♯と♭に戻ると、長と短あるいは増と減の相違が認識されるのは、ほとんどつねにこれらの記号によるものであることを、知っておくことは良いことである。このようにして二つの音は対比されるのであり、音程はこれら二つの音から形成されるものである。低音の（F）に付けられた♯は通常の仕方でこの音程を短にする。そして高音の（G）に付けられた♯はこの音程を長にする。そしてこの反対に、低音の（H）に付けられた♭はこの音程を長にし、高音の（J）に付けられた♭はこの音程を短にする。増というのは長と結びついており、減というのは短と結びついているものである。

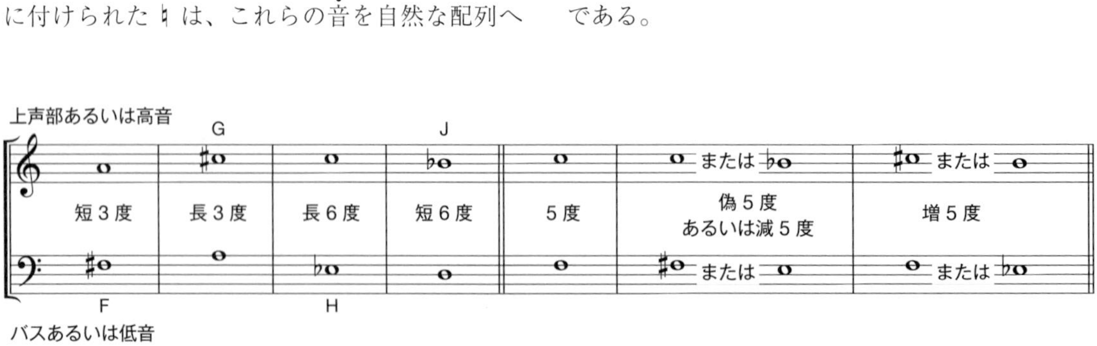

ファ（A）に付けられた♯はこの音を半音増加させ、ミとこのファの音程は、レとミの音程と等しいものとされる。つまりどちらにおいても全音の音程が存するものであり、したがって半音はこのファとソの間にある。レ、ミ、ファ（A）、ソという最初の四つの音はソ、ラ、シ（D）、ウトの音階と同じ配列であることが見てとられる。最後に、シ（C）に付けられた♭はこの音を半音減少させる。こうしてウトからシ（C）へは全音があり、シからラにかけて半音がある。したがってこれらのウト、シ、ラ、ソの四つの音はソ、ファ、ミ、レの音階と同じ配列であることが見てとられる。しかし二つ目のファ（B）と二つ目のシ（D）に付けられた♮は、これらの音を自然な配列へと戻す。

譜例Ⅲ-16

170　第3巻　作曲の諸原理

この譜例で明記されている長と短の音程を見いだせるようになるのは、一対になっている上声部と低声部の諸音を対比することによってである。

　♯と♭がバスの音の上あるいは下にみられる際には、これはこのバスを変異させるものではまったくない。これはそこでの音程が長なのか短なのかを明示するのみである。この点についてはしかるべき場で言及することにする。

二重音程について

　第1度として選ばれた任意の音(ノット)のオクターヴは複音程(レプリック)にすぎない。これと同じことはオクターヴを超える諸音すべてにも当てはまる。オクターヴを超える音はこの第1度からそのオクターヴの間に見いだされる諸音の複音程でしかない。したがって音程を決めるためにはそれら諸音の名称で十分なのであり、それが二重、三重あるいはそれ以上であるかは気に病む必要はない。たとえばヘ音記号の下にあるウトからはじめてト音記号上のソの音までを数えるとき、そこには十九の階梯が見てとられるだろう。しかしソはウトと5度を成すことをひとたび知ってしまえば、もはや一々数える必要はない。ソがウトの上に見いだされれば、それで十分なのである。これは他の諸音程についても同様である。大なり小なりの音程の隔たりが問題となるのは、バスとその上の各声部がその自然な範囲において取り上げられるときだけである。そのことが良く分かるように、すでに言及されたような仕方で、その自然な範囲のあり方を示しておいた。

　諸声部が対比されるのはたいてい、もっとも低い声部とである。こうすることによってあらゆる音程が形成される。こうしてここにオクターヴ、5度、3度の短音程、二重音程、三重音程、四重音程がみられるものであり、これらを15度や22度などと識別することもできる。しかしオクターヴがウトで、5度がソ、3度がミということで十分なのであり、現段階では残りのことは無用と見なされてよい。

譜例Ⅲ-17

第2章　基礎低音(バス・フォンダマンタル)について

　和声(アルモニ)にとっても旋律(メロディ)にとっても、作曲の偉大な核心というのは主に、とりわけ現在は、バスに存するものである。これをわれわれは基礎低音(バス・フォンダマンタル)と呼ぶ。これは協和的な音程を通じて進行するものであり、これは3度、4度、5度、6度である。したがってこの基礎低音にあるそれぞれの音(ノット)が上

行あるいは下行できるのは、これらの音程の内の一つを通じてのみということになる。この際、より大きな音程よりもより小さな音程の方がつねに好ましいものとされる。つまり、もしこのバスを6度上行あるいは下行が望まれるのであれば、これは3度上行あるいは下行される方がよいとされる。というのは、3度上行と6度下行は同じことであることが指摘されなければならない。これは、6度上行と3度下行、5度上行と4度下行、4度上行と5度下行についても同様である。これらの音程が提示されるのは、それが上行であれ下行であれ、ただ一通りでなされる必要がある。というのは一方は他方と結局は同じことだからだ。

譜例Ⅲ-18

ここでの音の名称は（すでに言及されたように）、提示されている音程の判別に十分であり、ウトからの3度はミであることは知られているから、このバスの進行においてミがウトの上にあるか下にあるかは重要ではない。これは他の音程についても同様である。この点は首尾よく記憶されるべきである。なぜなら今後われわれが3度上行、4度上行、5度上行、6度上行というとき、これらはつねに6度下行、5度下行、4度下行、3度下行が暗に意図されることになるからである。またあるいは、3度下行と今後言われるならば、6度上行が暗にほのめかされるであろうということであり、この点はもっぱらバスの進行に関係することであることに注意する必要がある。

われわれはオクターヴを協和音程の数の中には含めてこなかった。バスの進行は確かにオクターヴによって構成されるはずのものであるが、オクターヴを含めなかったその理由はオクターヴが「1」の複音程でしかない、ということによる。したがってオクターヴ上行あるいは下行するということは、「1」の音度上に留まることに相当するからである。しかしながらバスをオクターヴ下行させるべき場合がときにはある。それは他の諸声部により大きな自由を与えるためであり、とりわけ諸声部がつねにバスの上にしかるべく見いだされるようにするためである。

第3章　完全和音について　ここから四声部の作曲がはじまる

和音と呼ばれるのは、同時に耳にされる多数の音の配置のことである。それらの音の各々は提示される諸声部の一つにおける一つの音によって明記される。

目下のところ必要とされるであろう唯一の和音は完全和音である。この和音はバスに置かれる音とその3度、5度、そしてオクターヴから構成される。これらの音が諸声部に配される。

第1章で提示された音階(ガム)はこれらの音程を見いだすのに役立つはずである。どの音あるいは音をバスとして選び出したとしても、このバスは数字1(ノット)で表されるものである。すると次のようになる。

ウト		ミ		ソ			ウト	ウト
1		3		5			1または8	
1	2	3	4	5	6	7	8	

ここで1と8が記されているが、なぜならオクターヴ(ノット)はつねにバスとして選ばれたのと同じ音によって表されるからである。これらの数は右に向かって数えられるべきことを想起せよ。これは音階が含まれている循環の一巡りの順に記された諸数の配列に従っているものである。

　3度、5度、オクターヴはいずれの声部にも分け隔てなく配される。3度が5度やオクターヴの上に置かれることも、5度がオクターヴの上に置かれることも可能であり、そのときの利便性次第である。これらの音程がバスの上にあるときには、このバスは望まれるだけ下行させられることが可能である。それは他の諸声部が窮屈にならないようにするためである。しかし諸声部の扱いが巧みになるにつれて、各声部が自然な領域を保持できるように注視しなければならない。したがってテノールはバスの上に、アルトはテノールの上に、ソプラノはアルトの上に聞こえるようにされる、ということである。

第4章　和音の連続(スュイット)について

　バスが協和的な音程を通じて進行すべきであれば、他の諸声部はそれとは対照的にディアトニックな進行を通じて進行しなければならない。したがってそれらの他の諸声部はもっとも近隣にある音程(ノット)を通じてある音から別の音へと進行させることができる。たとえばウトが進行できるのはレに対してか、あるいはシに対して、ということになる。これはウトが同度に留まらない場合であり、同度に留まることはしばしば生じる。これは他の音に関しても同様である。進行の仕方は以下のとおりである。

　1．まず主音(トニック)と呼ばれる一つの音が選ばれる。この音によってバスは開始され、終止されるべきである。この音がそのオクターヴの範囲内に含まれるすべての音の進行を決する。それゆえウトを主音として選べば、バスだけでなく他の諸声部にも用いることができる諸音というのはウト、レ、ミ、ファ、ソ、ラ、シの音だけである。これらの音はいかなるシャープやフラットによっても変位させることは認められない。

　このウトの音はバスに置かれると、完全和音を他の諸声部において形成するにはそのウトのオクターヴを成す音と、5度を成す音と、3度を成す音を記すことが必要である。

　2．もしこのウトの後でバスが3度上行する（A）か、あるいは4度上行する（B）なら、たとえばテノールTailleはバスのウトとオクターヴを形成していたものが、次にウトの後で3度上行あるいは4度上行した音と5度を形成することになるはずである。

　アルトは最初のウトと3度を形成するものであるが、3度上行あるいは4度上行した音とオクターヴを形成するはずである。

　そしてソプラノは最初のウトと5度を形成するものであるが、続いて3度上行あるいは4度上行した音と3度を形成するはずである。

173

3．もしこのウトの後でバスが5度上行する（C）か、あるいは6度上行する（D）なら、最初にオクターヴを形成していたテノールは次に3度を、最初に3度を形成していたアルトは次に5度を、最初に5度を形成していたソプラノはオクターヴを形成するようになるはずである。

　4．最後に、バスの進行と対応関係にある各上声部の限定進行のあり方を記憶に留めておくことを望まない者は、以下のことを覚えておくだけでよい。つまり各声部が完全和音を構成する三つの音程の一つを形成しうるには、三つの方法しかない、ということである。すなわち、同音あるいは同度に留まる、ディアトニックに上行する、ディアトニックに下行する、の三つである。これはバスがいかなる行程を保持しようとも関係ない。それゆえに、もしある声部の一音がその場を変えることなく3度、5度、オクターヴを形成しうるなら、その音が同度に留まることは確実である。しかし同度に留まることによってこれらの音程のどれ一つとして形成することができないなら、その音をディアトニックに上行あるいは下行させることによって不可避的にその音を見いだせるようになるであろう。

　もし偶然にも二つの声部が同じ一つの音にあるのが見いだされ、そのことによって完全和音内の一つの音程が足りないようになるのであれば、それは上行にせよ下行にせよそれら二声部の内の一つが、完全和音の三つの音程の内の一つを形成することが可能であることに由来するものである。したがって、上行してそうなってしまったのであれば、その声部は下行されるべきである。あるいは下行してそうなってしまったのであれば、その声部は上行されるべきである。これはバスの音と5度を成す声部には自然なことであり、この場合このバス音は再び4度上行する別のバス音に後続される。この声部とこのバス音は下行するとオクターヴを、上行すると3度を形成しうるものである。したがってこの声部は上行すべきである。また同じことは、さらにバス音とオクターヴを成す声部にも自然なことであり、この場合このバス音は5度上行する別のバス音に後続される。この声部は、5度上行したバスの第三音へと下行すべきである。

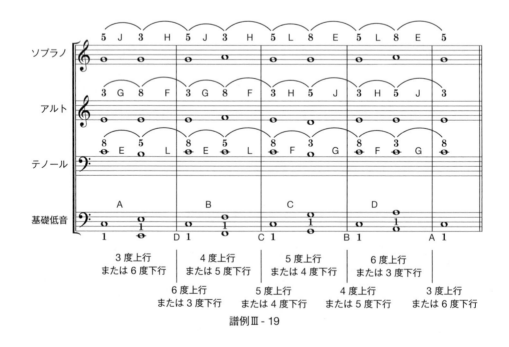

譜例Ⅲ-19

上声部の進行を記憶に留めるのは困難ではない。これは、EFには8・5と8・3、GHには3・8と3・5、JLには5・3と5・8しか見いだされないのだから、なおさらである。バスが3度上行する場合（A）と4度上行する場合（B）は、8が5に至り（E）、5が3に至り（J）、3が8に至る（G）のが見てとられる。バスが5度上行する場合（C）と6度上行する場合（D）は、8が3に至り（F）、3が5に至り（H）、5が8に至る（L）のが見てとられる。したがってバスがいかなる行程を保持しようとも、バスと諸声部が形成する3、5、8という最初の音程によって、バスで後続していく音と上声部の音が形成するはずの音程を知ることができるであろう。このようにして最後まで続いていく。これはまだ十分に頭がついていかず、バスのそれぞれの音の上にすべての音をいっぺんに置くことができない場合には、それぞれの声部に個別に同じことを当てはめることによってできるようになる。

　ここではとりわけ、三つの上声部につねに3、5、8が含まれていることに気がつかれるであろう。最初のバスの音との関係において、これらの3、5、8がいずれの声部に与えられるかは重要ではない。しかし諸和音の連続においては、3度、5度、あるいはオクターヴが形成されることになっている各声部に規定された配列に従わないわけにはいかない。この点は譜例において、規定されたこの配列の秩序が単に各小節の第一音と第二音の間のみならず、ある小節の第二音と次の小節の第一音の間にも見てとられるものである。したがって、バスの進行が等しく同様であるところでは全般にわたって、各声部の進行も同じ関係を保つものである。それゆえに、第一小節目の二つの音の間でAと印された音程は、この譜例の最後の二つの音の間でAと印された音程と同じなのだから、上声部の進行も同様の関係を有しているはずである。これはB、C、Dと印されたバスの他の諸音程についても同じであり、これらの記号はバスの上にも下にも印されている。しかし、同じ一つの上声部の中における統一性を見いだすことにこだわるべきではない。なぜなら和音の連続が、ある箇所では3度、別の箇所では5度を形成するようになどと強いるものだからだ。ただし、これらの3度、5度、オクターヴを成す声部がつねに従う進行というのは、バスの進行によって決定されたものであることが今後全般にわたって見いだされるようになるだろう。

　ここから次のように結論される。バスの最初の二音の進行との関わりによって諸声部から成る和音が決定されると、続いて和音の進行はバスの二番目の音から三番目の音への進行に基づいて決定されなければならないこと、そしてさらに四番目のバス音、五番目のバス音への進行が続いていき、このようにして最後まで続いていく。バスの各音は、それに先行あるいは後続するバス音との間の進行に割り当てられた協和的な音程の内の一つを必ず形成するものである。そしてバスの個々の音程が諸声部の進行を決定する。

　われわれは各バスの音の上下に数字1を書き留めておいた。これは各和音における1、3、5、8を見分けられるようにするためのものである。

　目下のところわれわれは適当と思われる仕方でバスを作曲することができるが、しかしやはりウトの音でバスを開始し、また終止させるのがよいであろう。このバスは思い浮かべられる限りの協和的な音程を通じて自由に進行させることができる。ただし、ウト、レ、ミ、ファ、ソ、ラ、シの七つの音の配置はいかなるシャープやフラットによっても変位されることはない。またバスにおいてのみはシの音がみられるようにされることは避けられる。これは今までの譜例においても配慮されていたことである。最初の完全和音が各声部に配されると、その後になすべきことといえば、3度、5度、オクターヴを成す諸声部のそれぞれにバスの進行によって決せられた進行を与えることだけである。

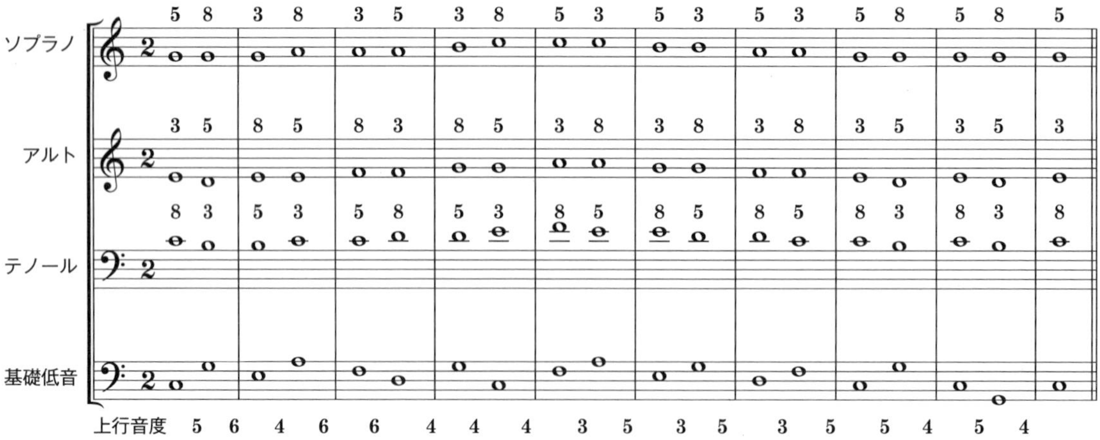

譜例Ⅲ-20

　手始めには二拍の拍節が用いられるべきである。そしてこの拍節では各拍に相当するものとして二分音符か四分音符を使用することができる。それはここでわれわれが全音符を選んだのと同じことである。

　6度上行と3度下行は同じことであり、4度上行と5度下行も同様であることが想起されなければならない。

　ここではバスの配置はもっぱら想像力(ファンテズィグレ)と趣向に依拠していることが見てとれる。しかし初心者においてはバスはこの譜例にあるようなものに付き従うことができる。それは上に置かれるであろう諸声部がわれわれの例と一致しているかどうかを確認するためであり、そうした後に自らの好みに従って異なるバスを書くことができるようになる。ここで注意されるべきは、終止に用いられるバスの音はつねに4度下か、5度上のバス音に先行されていなければならないことである。つまり換言すれば、終止が問題とされる際にはウト音はソ音に先行されていなければいけない、ということである。

第5章　遵守されるべきいくつかの規則について

　1．二つのオクターヴと二つの5度の連続(スュイット)は決して形成されるべきではない。これは数字の連続によって容易に知られるものであり、二つのオクターヴの連続である**88**と、二つの5度の連続である**55**が同一声部にみられてはならない。この誤りは、すでに周知のように、特別な注意を払わずとも避けることができる。しかしながら四声部の楽曲においては、これらの進行が実践されることもありうる。それは二つのオクターヴあるいは5度になっている二つの声部の進行が反行させられている場合、すなわち、片方の声部が上行しているときにもう片方が下行するような場合のことである。

転回された二つのオクターヴと二つの5度の例

譜例Ⅲ-21

2．一つの声部が短3度からオクターヴへと上行することは避けられなければならない。この点は前掲の諸譜例においては理解されえなかったであろう。なぜならそれらにおいては長と短が問題ではなかったからだ。しかしこれから言及されるであろう不協和音程の論点は、われわれにこの規則を遵守させることであろう。この点にはさらに注意を払う必要はない。

第6章　七の和音について

第1項

　完全和音とバスの進行を構成する協和的な諸音程についての十分な知識には達せられたとしよう。次にそれらの音程が同時に織りなす関係性を吟味しなければならない。ここでオクターヴは考察から除外される。オクターヴは数字1で表されるバスの複音程として見なされうるからである。すると完全和音は三つの異なる音から構成されていることに気が付かれるだろう。その三音の内、第一音から第二音への距離は第二音から第三音への距離に等しい。それは**1**、**3**、**5**の三つの数字にみられるとおりである。**1**から**3**へは**3**度であり、**3**から**5**も**3**度である。さて七の和音を得るためには、同じ 割 合 にあるもう一つ別の音を完全和音に付加すればよい。すると**1**、**3**、**5**、**7**となり、**5**から**7**にさらに**3**度がみられるようになる。この和音が完全和音と異なるのは、完全和音に付加される**7**度にしかその違いはない。

　完全和音に付加されるこの音程は不協和であり、この不協和が生じる和音も不協和と呼ばれる。この不協和音において、完全和音においてなしたのと同じように、オクターヴを加えることができる。こうすることによって五声部の作曲ができるようになり、あるいは上声部にディアトニックな進行を割り当てるのが容易にできるようになる。ここでこのオクターヴが5度の場を占めることが多々あることが見てとれるだろう。オクターヴや5度が七の和音内に見てとれることは問題ではない。ただしそれは、この和音の諸声部が自然な流れに付き従っていればの話であり、その流れとはつねにディアトニックに進行するということである。3度に関して言えば、3度を七の和音から切り離すことはできない。

　七の和音を使用することができるのは、4度上行あるいは5度下行によって先行あるいは後続されるバスの音上のみであるだろう。

　この和音の不協和な音程は7度であるが、これは協和的な音程によって予備と解決がなされるべきである。つまり、バスに対して7度を成す音は3度によって予備と解決がなされるであろうということである。7度に先行し予備を成す3度は同度に留まっているか、別の言い方をすれば、後続する7度と同じ線上に留まるのがみられるはずである。そして7度に後続し解決を成す3度は、この7度の後ではディアトニックに下行しているのが必ずみられるはずである。

したがって、最初の7度は小節の一拍目に聞こえるようにされなければならず、そのためには先行する小節の二拍目で予備されていなければならない。ここで最初の7度と呼ばれるのは、その直前で別の7度が先行していないもののことを指すことを想起せよ。まず初めに、バスの音上に7度が置かれる。このバスの音は4度上行あるいは5度下行の音程に先行されているものとする。このバスは主音(ノット・トニック)に至るまでは同様の音程を通じて進行していかなければならない。ここでは主音はウトである。七の和音は、ウトとファを除いては、各音上にもたらされるものである。ウトが除外されるのは、主音は完全和音とともにしか存する ことができないからである。ファが除外されるのは、バスにおいてシの音が見いだされるようにすることは禁じられていることが理由である。七の和音を支えるファの音は、4度上行あるいは5度下行するとシの音にたどり着くことになってしまうからである。ここでさらにミの音も除外されるべきである。なぜなら、七の和音におけるバスの限定進行に照らし合わせれば、シの音に先行されることなしにミの音に七の和音をあてがうことはできないからだ。したがって、目下のところこの七の和音の実践はラ、レ、ソの諸音上に限られることになる。

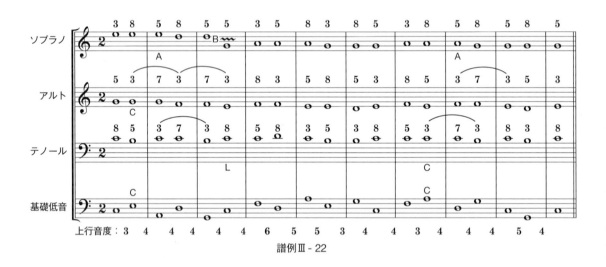

譜例Ⅲ-22

上声部においては7度が二つの3に挟まれているのが見てとれる。つまり3̂ 7̂ 3̂となっており、最初の7度は小節Cの第二拍目あるいは第二音目によって予備されている。

すでに言及されたことだが、7度が解決のために3度へ下行しなければならないという進行の義務は、バスが4度上行の際に5度から3度へと上行しなければならない声部の進行を妨げることになる。しかしこの声部はオクターヴへと下行することもできるので、7度がみられるときには必ずこの下行の進行が与えられなければならない。なぜなら7度が3度に下行するのは義務だからだ。それゆえ7度の進行は変更されてはならず、変更されるのはAの5度の方である。この5度に関しては上で述べられたことに従い、七の和音においては5度の代わりにオクターヴを導入すべき場合が時にある。これは上声部のディアトニックな進行と関連してのことである。また第4章で述べられたことにも従う。つまり同じ一つの音上に二つの声部がみられるような場合には、上行にせよ下行にせよ、この和音の三つの音程の内の一つを構成することのできる声部の方に変更が加えられなければならない。

5度を形成していたまさにその声部が、さらにまた別の5度を成すこともあり得る。これはその箇所において5度を成す声部とバスとが反行して

いればの話である。この点は前章で言及されたとおりである。このようになされるのは、これらの和音がより完全（コンプレ）であると思われるようにするためであり、また諸声部を自然にあるべき音域に再び戻すためであり、良き歌謡（シャン）と関係づけるためでもある。波線Bに注目せよ。この箇所では波線は避けられたオクターヴを示している。なぜならもう一方の箇所であるLでオクターヴが見てとれるためである。しかしこの点は作曲家の良き趣向（ボン・グー）次第である。こうした場合は作曲家は和声（アルモニ）というよりも歌謡（シャン）に導かれるままになっているからである。

■第2項

7度というのはあらゆる不協和音程の内の最初のものであり、そしていわば原理（プランシップ）であり、あらゆる協和音程によって予備と解決がなされる。しかし7度の解決のさまざまな方法というのは7度に先行するものに由来するので、この点について言及するのはまだ止めておこう。ここでわれわれは単に、7度は5度とオクターヴによっても予備されうるとだけ言っておこう。したがってバスが3度下行するのは5度によって予備された7度が聞こえるようにされるためであり、バスがディアトニックに上行するのはオクターヴによって予備された7度が聞こえるようにされるためである。バスがディアトニックに上行するとき、上声部はすべて下行する。例外は7度を成す声部であり、これはしかるべく同度に留まり、その後3度へ下行する。

またさらに、7度は6度によっても予備されうる。しかしまだこの点については語るべきときではない。なぜなら今問題なのはもっぱら基本和声（アルモニ・フォンダマンタル）であり、これはひとえにバスと3度、5度、7度から成るものだからである。それは1、3、5、7という数字に見てとられるとおりである。

第1項で規定しておいた七の和音のバスの進行は最初の7度との関連においてのみ変更可能であることに注意せよ。そして7度がオクターヴと5度によって予備されうるのもこの最初の7度に関する場合のみである。なぜなら最初の7度以降は、7度が二つの3に挟まれているのが見いだされるであろうからである。そしてどのような仕方で予備されていようとも、7度はつねに3度に解決されるであろう。

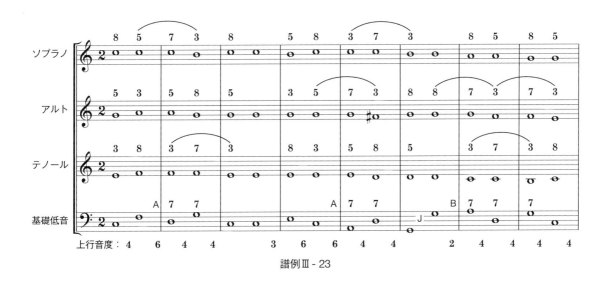

譜例Ⅲ-23

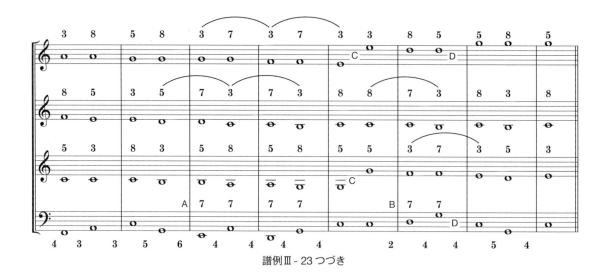

譜例Ⅲ-23 つづき

　この譜例においては7度がミ、ラ、レ、ソという四つの音の上で形成されていることが見てとられる。この際、5度が7度の予備となるようにバスを3度下げるのも、オクターヴが7度の予備となるようにバスを2度上げるのも、自由である。（C）の箇所では二つの声部が同時にオクターヴ上行しているが、これはこれらの声部がそれぞれの自然な音域に再び戻るためになされうることである。ただしこれらの声部は互いの間で5度の連続も、オクターヴの連続も聞こえるようにされてはならない。なぜならバスと対比された一つの声部について述べられたことは、別箇に選び出された二つの声部にも当てはまるからである。この点に関しては言及されてこなかったが、それは現前する諸声部の配置は特にわれわれの注意を喚起するものではなかったからだ。

　もし二つの声部をオクターヴ上行させることが可能であるのならば、ある単独の声部を上行させることができるのはなおさらである。それは（J）のバスにみられるとおりである。ここでは同度に留まる代わりにバスが上行している。しかしながら不協和音程が予備されているのがみられる箇所では、上声部はオクターヴ上行はできないであろう。その場合はその声部は同度に留まるべきである。

　またさらにファに付けられたシャープにも注意を払うべきではない。初心者たちは自分たちがあまりよく知らないシャープやフラットを用いる必要性はないからである。

　もしバスが自らの音域を超えてしまい、またテノールがアルトの上に見いだされることがあるならば、それは上声部のディアトニックな秩序を乱したくないと思われたからである。この秩序にわれわれは基本的に従わなければならない。

　こうした初歩的な諸原理に関わることとしてはもうこれ以上言うべきことはない。これらの原理に精通すればするほど、残りのことを理解するのは困難ではなくなっていくであろう。

第7章　不協和音程に関する考察

　作曲において不協和音程というのは困惑の原因となるどころか、むしろ作曲の方法を容易にするものである。というのは、バスの進行全般においてバスが2度、4度、あるいは6度上行するとき、上声の一つの声部において最初のバスの音と協和的な音程を形成していた音が、二番目のバス音の7度をそのまま場を変えることなく形成することができるであろうからだ。これは可能な限り実践されてみるべきである。なぜならこうすることによってわれわれは短3度がオクターヴに上行する誤りをしばしば避けるからである。そしてこれは、別の場所でまた見ることにするが、その逆を通じて短6度からオクターヴへの上行に関しても同様である。しかしながらここで指摘されなければならないのは、7度を形成させたいと思っているバスの音はこの7度を3度で解決させることのできる別のバスの音によって後続される、ということである。そうでなければ、完全和音が用いられることになるだろう。

譜例Ⅲ-24

　ここで私は（B）音の上に7度を形成させることはできない。確かにこの7度は（A）音の5度によって予備される。しかしこの7度は（C）音の3度で解決されえないから（B）音上の7度は不可能なのである。しかし（C）音の代わりに（D）音を用いるならば、（B）音上に7度を聞かせることが確かにできる。なぜなら（D）音の3度上で自然な形でこの7度が解決されるからだ。ただし主音（ノット・トニック）は七の和音を支えることができず、ここでは基本和声（アルモニ・フォンダマンタル）のことのみが話題であることが想起されるべきである。

第8章　調（トン）と音階（モード）について

　まず以下の二点がここで想起されるであろう。すなわち主音（ノット・トニック）と呼ばれるのはバスが開始しまた終止する音であること。そして主音（ノット・トニック）がそのオクターヴの範囲内に含まれる他の諸音すべての進行を決定するであろうことである。したがって主音（トニック）としてウトの音を選ぶのであれば、ウト、レ、ミ、ファ、ソ、ラ、シの並びとなり、これはいかなるシャープやフラットによっても変位させることはできず、この配置が損なわれることはない。なぜならこれは音階（ガム）がウトのオクターヴの範囲内において表示する音の並びと同じだからである。ここから以下のように結論される。Tonとい

う言葉は、通常は２度の音程に適用されるものであるが、ここでは楽曲がある特定の調(トン)に基づいて作曲されるために選択される一つの音に主として適用されるべきものである。この特定の調はこの音の名称によって決定されるものであり、それゆえにこの音は主音(ノット・トニック)と呼ばれるのである。この音はすべてのディアトニック音程を決定する特権を有する。あるいは、主音からそのオクターヴまでの間の連続する諸音間にみられるすべての全音(トン)と半音(セミ・トン)を決する特権、と言うこともできる。これが横の並びの確定(モデュレ)と呼ばれる。以上が音階(モード)と調(トン)の違いである。

音階(モード)の本質はトニックとして選ばれた音の３度の音に存する。この３度は長か短のどちらかでしかない。したがって音階(モード)もこの二つの種別によってのみ識別されるものである。音階(モード)という言葉がたいてい調(トン)という言葉に含められてしまうのはここに根拠がある。それは長調(トン・マジュール)や短調(トン・ミヌール)という言い方に端的に表れている。ウトの音に対して長３度が与えられると、それはウトの長調と言われ、ウト調長音階とは言われない。同様にウトの音に対して短３度が与えられると、それはウトの短調と言われる。この横の並び(モデュラスィヨン)全体は長と短の二つの種別に存する。この長と短は、トニックとして選ばれた音に対して与えられた３度にひとえに依拠するものである。ウト音とそのオクターヴの範囲内において実践可能なすべての長調が示されている。そして長と短の違いは極めて小さなものであるので、まず長に関して完璧に精通するまではその違いには注意を払わないでおくことにしよう。

ウト調の知識が他のすべての調に役立つようにするためには、今後はそのオクターヴの範囲内に含まれる諸音の名称を用いられるべきではなく、任意の音のそれぞれに特別に割り当てられた名称で呼ばれるべきである。たとえば、主音と言われるときには、これはレ、ミ、ファ、ソ、等のすべての音に通じるべきであり、これらはみなウトと同じように主音になりうる。しかしひとたびある音がトニックであると想定されたならば、その後は他の諸音に関してはその主音との関係においてのみ言及されうる。すなわち、第二音、第三音、第四音、第五音といったように、これらは想定される主音(ノット・トニック)と関係づけられることによってのみ名称が与えられ、この想定される主音が必ず第一音である。したがってウト調においては第二音はレ、第三音はミ、第四音はファ、などというようになる。

ウトの各調における各音の名称

ウト	・・・・・・	オクターヴ
シ	・・・・・・	導音
ラ	・・・・・・	第六音
ソ	・・・・・・	ドミナント・トニック
ファ	・・・・・・	第四音
ミ	・・・・・・	中音
レ	・・・・・・	第二音
ウト	・・・・・・	主音

図Ⅲ-4

ここで、主音(トニック)を除く三つの音が適切な名称を有していることに気が付かれるであろう。一つ目は中音(メディアント)、二つ目は属音(ドミナント)、三番目は導音(ノット・サンシーブル)である。最初の二つは主音(ノット・トニック)における完全和音を構成する諸音であり、他の諸音から別箇に識別されるべき特権を有するものである。

中音(メディアント)と呼ばれるのは、これが主音と属音を二つの３度によって分割するからである。したがって中音はこれらの中間に見いだされる。さらに中音は音階(モード)をも決定するものである。中音が長なら、その音階(モード)は長である。中音が短なら、その音階(モード)は短である。なぜならこの属性が与えられたこの３度というのが中音のことだからである。

ドミナント・トニックと呼ばれるのは、あらゆる終止においてドミナント・トニックが主音の直前に必ず先行するからである。このことは前掲の諸譜例において指摘されうるとおりである。たとえばソはウトのドミナントであるが、いたるところでしかるべく聞こえるようにウトに先行していた。特に終止の際にはそうであった。

導音(ノット・サンシーブル)と呼ばれるのは、任意の声部で導音が聞こえたならば、その直後に主音(ノット・トニック)が必ず後続するからである。導音は現在進行している調を感じさせる(サンティール)ものであるということができるのは

ここにその理由がある。以上のように、ウト調においては中音はミであり、属音はソ、導音はシである。これらの中音、属音、導音は主音に対して、ミ、ソ、シがウトに対して形成するのと同じ音程を成すものである。ここで例外とされるのは短調における中音のみである。短調の中音は、長調の中音が長3度であるのに対し、短3度を形成するものである。

第9章　バスにディアトニックな進行が割り当てられている際の和声的な横の配列（モデュレ）の仕方について

　ウトのオクターヴを例として取り上げるならば、長と短の識別をすることのできる諸音程が容易に見分けられるようになるだろう。それはつまり3度と6度のことであり、ミがウトから長3度を形成する、等のことである。この点については、第4巻第2章でなされる列挙を参照しさえすればよい。
　主音（ノット・トニック）として見なされるのは完全和音を支えるあらゆる音であり、属音（ノット）として見なされるのは七の和音を支えるあらゆる音である。七の和音に関しては、ドミナント・トニックが単なるドミナントから識別されなければならないという相違がある。ここで、ドミナント・トニックの3度は必ず長でなければならないのに対し、他のドミナントの3度は短であることがしばしばである。ウト調においては、このウト以外に他の主音（トニック）というのはありえないので、完全和音はこのウトに対してのみ付与されるものである。
　この調においてはソ以外に他のドミナント・トニックというのはありえないので、長3度の七の和音というのはしたがってこのソに対してのみ付与されるものである。
　これら二つの和音、すなわち完全和音と七の和音は、言ってみれば、和声（アルモニ）において単独に存在するものとしてはこの二つしかないものである。なぜなら、他のすべての和音はこれら二つの最初の和音から形成されるからである。これら二つの和音がバスの進行に付されるのであるが、その進行については今までのところで言及されてきたとおりである。もしもその進行を変えることになるのであれば、そのためにわれわれが変更を加えるのは和音ではなく、単にその配置を変えるのみである。つまり、それらの和音を構成する諸音（ソン）の一つをオクターヴ上あるいはオクターヴ下に置くことによって配置を変えるということである。このようにしてできたものには新しい名前を与えて、その派生元の和音とは区別がなされるようにされなければならない。

完全和音から派生する諸協和和音のリスト

　ここで以下のことが想起されなければならない。つまり数字1はつねにバスを表し、他の諸数は任意の音（ノット）とバスとの距離を明示するものであったことである。8、10、12の諸数は1、3、5の複製（レプリック）でしかない。なぜならもし8が1の複製であるのであれば、同じ割合によって10と12も3と5の複製ということになるからだ。
　さらにまた以下のことが想起されるべきである。すべての数はより小さい数に還元可能であり、その小さい数のそれぞれと音程とが等しいものとして対応しているということである。たとえば4、5、6は1、2、3に還元されうる。なぜなら4から5への距離は、1から2と同じであ

るからだ。同様に **6**、**8**、**10**、**12** は **1**、**3**、**5**、**7** に還元されうるだろう。なぜなら **6** から **8** への距離は **1** から **3** と同じだからだ。これは他の諸数についても同じである。そしてこれらの諸数の最初のものを単位(ユニテ)とするまで還元される必要がある。なぜならこの単位が完全和音あるいは七の

和音のバスをつねに表すものだからである。あらゆる協和和音と不協和音はこの二つの和音に由来する。

これらの和音においてわれわれは **8** に言及することはしないでおく。なぜなら **8** はつねにバスである **1** の複製だからだ。

バス音の上あるいは下に置かれた数字は和音を構成する諸音を表すためのものである。 { 完全和音は以下の諸音から構成される。 ウト ミ ソ ･･･**1**、**3**、**5**

この和音はつねに**主音**上に、あるいは時に**属音**上に形成される。

完全和音の転回によって派生する諸和音

6･･･六の和音は以下から構成される。 ミ ソ ウト ･･･**1**、**3**、**6** これは以下の転回である。 ウト ミ ソ **6**、**8**、**10** / **1**、**3**、**5**
この和音はつねに**中音**上に形成される。

⁴⁄₆･･･四六の和音は以下から形成される。 ソ ウト ミ ･･･**1**、**4**、**6** これは以下の転回である。 ウト ミ ソ **4**、**6**、**8** / **1**、**3**、**5**
この和音は**属音**上でのみ形成されるが、完全和音や七の和音に比べればあまり使われない。

図Ⅲ-5

七の和音から派生する不協和音のリスト

7･･･ドミナント・トニックの七の和音は以下から構成される。 ソ シ レ ファ ･･･**1**、**3**、**5**、**7**

転回によって派生する諸和音

5･･･偽五の和音は、 シ レ ファ ソ **1**、**3**、**5**♭、**6** から構成される。 これは以下の転回である。 ソ シ レ ファ **6**、**8**、**10**、**12** / **1**、**3**、**5**、**7**
この和音は**導音**上以外には決して形成されない。

6♯･･･小六の和音は、 レ ファ ソ シ **1**、**3**、**4**、**6** から構成される。 これは以下の転回である。 ソ シ レ ファ **4**、**6**、**8**、**10** / **1**、**3**、**5**、**7**
この和音はたいてい任意の調の**第二音**上に形成される。

4♯･･･三全音の和音は、 ファ ソ シ レ **1**、**2**、**4**♯、**6** から構成される。 これは以下の転回である。 ソ シ レ ファ **2**、**4**、**6**、**8** / **1**、**3**、**5**、**7**
この和音は**第四音**上でのみ形成される。

図Ⅲ-6

ここでまず以下のことが指摘されねばならない。つまり、主音(ノット・トニック)が完全和音を取りだすことができるのはその中音(メディアント)と属音(ドミナント)からによるもののみである、ということである。中音は六の和音を支え、また属音は四六の和音を支える。したがって、任意の調において中音と属音の識別の仕方を知るということは、そのそれぞれに対してはいかなる和音が使用されるべきかを同時に知ることになる。ただし、ドミナント・トニックに対しては完全和音の方が四六の和音よりも適している。そして七の和音はドミナント・トニックに対してのみ割り当てられているように思われる。特にドミナント・トニックが主音に先行している場合はそうである。しかし完全和音と七の和音の相違に関わり合うことはない。なぜなら七の和音というのは完全和音に一音(ソン)を付加したにすぎないからであり、完全和音に還元するかどうかは作曲家の自由である。したがって七の和音が生じるはずの場の至るところで、完全和音のみを聞かせることは可能である。しかしながら自らが何をしているのかを知っておくことは良いことであるのと同様に、何も知らずに、あるいは根拠も知らずに還元されるべきではない。七の和音はすべての不協和和音の起源であるのだから、なおさらである。和音の進行、つまり七の和音に後続すべき和音についての知識は、和音の構造、つまり和音の構成する諸音(ソン)あるいは諸音(ノット)についての知識に劣らず必要とされるものである。なぜなら他のすべての不協和和音を続べるのはそうした構造と進行だからである。

　われわれはすでに、属音が七の和音を支えるのは属音が主音に先行するときだけであると述べた。このことは主音上の完全和音の構成する諸音に関しても理解されるべきことである。その諸音とはつまり中音と属音のことであり、これらの音が完全和音の派生和音を支えるときのことである。これらの派生和音は中音や属音にとっては自然なものである。もし音価に支障がなければ、属音は七の和音に続いて四六の和音を支えることができる。こうしたすべては作曲家の好み(グレ)次第である。主音の派生音が主音として先行される特権を有するのと同じように、ドミナント・トニックの派生音も主音あるいはその派生音に先行しないのであればドミナント・トニックとして姿を表すことはありえない。したがって和音についての判断は、その構造においてだけでも、あるいは和音の自然な進行においてだけでもなされてはならない。さらにその和音を構成する諸音に割り当てられるさまざまな配置においても判断されるべきなのである。それは下声部にみられるような音を上声部に置いたり、あるいは下声部に上声部にみられるような音を置いたりすることである。こうした異なる配置に従って同じ一つの和音に異なる名称が与えられるべきである。それは同時にそれらの名称によってバスを占めるべき諸音を識別できるようにするためである。同様に、主音上の完全和音を構成する中音と属音がバスにみられる際にこれらが主音の代わりとしてこの完全和音の派生和音を支えることができることが知られたならば、同じことがドミナント・トニック上の七の和音を構成する諸音にも当てはまることにも注意を払わなければならない。それらの諸音が主音あるいはその派生音の直前にみられるならば、それらの音はドミナント・トニックにあてがわれた七の和音の派生和音を支えている、ということである。したがって、以下のことが想起されなければならない。ウトの調(トン)において、ソ、シ、レ、ファの諸音の内の一つがバスにおけるウトあるいはミに先行しているなら(ここでソは除くことにする。なぜならソは七の和音のソ、シ、レ、ファにおける主要要素であるからだ)、残りの三音はその一音とともにあるべきである。

　以下の点に注意せよ。われわれは属音は七の和音と同様に完全和音を支えることができると述べた。そしてさらに完全和音はつねに七の和音の中に存するとも述べた。したがって七の和音も完全和音と同じように先行されなければならない。つまり七の和音を支えるすべての音に属音をあてがう必要があるということである。そして属音はつねにその属音が支配する音(ドミュヌ)の5度上あるいは4度下に位置しなければならないことを知っていれば、次のことを理解するのは困難ではない。た

第9章　185

とえばソの音が属音として持つことができるのはレの音だけである、ということである。またさらに、属音と呼ばれる音は4度上あるいは5度下に位置する音に先行する音だけであることを知っていれば、その音が支えることができるのは七の和音のみであることも分かるであろう。そして、ソ音上の七の和音にあてがったのと同じ配置に従えば、レ、ファ、ラ、ウトの諸音の中のレ音上の七の和音が見いだされる。ここからわれわれは次のように結論する。このレ音、あるいはこの七の和音に含まれる諸音がソ音の直前のバスに見いだされるのは、この和音がレ、ファ、ラ、ウトの諸音以外の音から構成されている場合にはありえない、ということである。同様に、ソ、シ、レ、ファの諸音が七の和音を形成するのは、ウト音がそれらの音に後続するときである。不協和音程のあらゆる和声的な進行はもっぱらドミナントの鎖によるものであり、この鎖の基礎(フォンドマン)を理解することは困難なことではない。この点は7度に関する譜例が明らかにしているとおりである。しかしこの基本はさまざまな別の進行と関連付けてやらなければならない。そうしたさまざまな進行というのは基本和音(アコール・フォンダマントー)であるところの完全和音と七の和音に含まれる諸音の一つを無作為に用いてよい自由に由来するものである。われわれの注意はこの関連付けに傾注されればそれで十分である。しかしながら、われわれの注意を1オクターヴの範囲のみに限定すれば、協和和音の先行のされ方についてだけ知ればよいことに気づかれるだろう。それはすでにわれわれが、不協和和音は異なる仕方では先行されないことを強調しておいたとおりである。まさにそれゆえに今まで諸音の名称は用いられず、トニックに対して形成される各音程の名称だけが使われてきたことが論理的に理解されなければならない。そしてこの理解がすべての調(トン)一般に該当するように意図されてのことであったわけである。なぜなら、主音の識別の仕方だけが問題ということになれば、あらゆる困難は即座に克服されるであろうからだ。

主音が支えるのはつねに完全和音である。その中音が支えるのはつねに六の和音である。その属音が支えるのはつねに完全和音であり、これは主音の直前に属音が先行しない場合である。もし主音に先行するなら、完全和音であるソ、シ、レに7度であるファが付加されるべきである。

第二音というのはディアトニックな進行において主音と中音の間に必ずみられるものである。現在のケースでは、この音が支えることができるのは小六の和音、つまりレ、ファ、ソ、シのみである。

導音(ノット・サンシーブル)というのは主音に先行して上行する音である。この音は偽五の和音、つまりシ、レ、ファ、ソの和音を支えているはずである。しかし主音上の和音内に存在しない音に先行して下行する場合には、導音は属音の中音と見なされる。なぜなら導音は属音の3度であり、六の和音であるシ、レ、ソを支えるべきであるからだ。この六の和音は完全和音であるソ、シ、レの転回である。

第四音というのは属音に先行して上行する音である。この音は導音が支えていたのと同種の和音を支えるものである。それは第四音が主音に先行して上行する場合である。なぜなら主音と属音は同様の仕方で先行されるべきものだからだ。さらに、現在のケースでは導音がドミナント・トニックの派生和音を支えていたのと同じように、この属音を支配する音が支えるべき和音の派生和音を支えることになるだろう。つまり、ソがウトを支配する(ドミヌ)のであれば、同じ論理によってレがソを支配する(ドミヌ)ことになり、ウトの調(トン)においてはファが今問題となっている第四音なのだから、この第四音は大六の和音であるファ、ラ、ウト、レを支えるものである。これは七の和音であるレ、ファ、ラ、ウトの派生和音である。

大六の和音という名称に驚かされることはない。この和音が偽五の和音と異なる点は、5度が片方においては純正(ジュスト)で、もう片方においては偽であるということにしかない。この相違は3度の異なる種別、すなわちソとシの間の長3度と、レとファの間の短3度に由来するものである。あるいは以下のように指摘できるからである。すなわちこの二つの和音の配置はそもそも同一のものであり、この七の和音が形成されている基本音(ノット・フォンダマンタル)の

3度をもとにして等しく構成されているからである。こうした区別が派生和音においてなされて、基本和音の方ではなされない理由については別の箇所で言及することにしよう。

この第四音は中音に先行して下行することがある。この場合には三全音の和音であるファ、ソ、シ、レを支えるものである。

第六音は一方では属音に、他方では中音に先行するものであり、小六の和音であるラ、ウト、レ、ファの和音を支えているはずである。この和音は、ソを支配するレ音上の七の和音の転回あるいは派生和音である。これはちょうど第二音が主音あるいは中音に先行する際に同様の和音を支えていたのと同じである。

以上の点の詳細についてはこれらの和音を列挙することによって照合することができる。そしてこの点に関する一貫性は全体に関するより明確な理解をわれわれにもたらすことであろう。その一貫性というのは属音を主音として見なすことによって指摘できるものである。なぜならこの二音は同じ和音によって等しく先行されるからであり、このことが一貫性を確固としたものとする。するとディアトニックな進行において主音と属音に割り当てられた諸和音から派生する諸音と、それらに続く諸音が見いだされるだろう。なぜなら同じ一つの音が異なる二つの基本和音の中にみられるので、後続する方の音上で支えられている和音を確定するには、完全和音と七の和音を構成する三つないし四つの音をつねに考慮する必要があるのである。そしてそれらの音が上声部においてバスの音に付随すべき音なのである。

第10章　通奏低音について

ここでは今から話そうとしているバスのディアトニックな進行と、完全和音と七の和音（この二つが基本和音である）に関する譜例で挙げられていた協和的な進行とが混同されてはならない。この点を証明するためにそれらの譜例の下にバスを据えることにしよう。このバスは基礎低音と呼ばれ、このバスにある諸音は完全和音と七の和音しか支えることができない。それに対して通常のバスの諸音は、通奏低音と呼ばれるものであり、あらゆる種類の和音を支えるものである。こうしたすべてが一緒になって完全な和声を形成するものである。この基礎低音がわれわれの作品の解明に役立つものである。なぜならわれわれが説明してきたことに従えばそうした作品において、そこで使用されているさまざまな諸和音が、この基礎低音の進行とは相異なる進行からもっぱら生じていることが分かるようになるからである。ここでそれぞれのバスと照合される諸和音はその基礎においてはつねに同じものであるわけなのだが、それらの間にある違いというのは基本和音を形成する諸音のいずれをバスとして選ぶかというその選択の自由にしかないものである。しかし、共に和音を構成する諸音というのはつねに同じものであるし、基本和音において決定されている諸音の進行もバスのいかんによって変更されるものではない。

第 11 章　バスの進行について　バスの進行が諸和音の進行をも決定する
そして派生和音をいかにその基礎(フォンドマン)と関連付けるか

協和和音を支えるバスの諸音(ノット)、つまりそれは主音(ノット・トニック)、中音(メディアント)、属音(ドミナント)のことであるが、これらの進行は使用されている調と関連付けられている限りにおいては制限を受けない。ここでは一つの調のことだけが問題となっているのだから、ウト、レ、ミ、ファ、ソ、ラ、シの諸音のみを使用していれば間違いを犯すことはありえない。

不協和和音を支えるバスの諸音の進行は制限を受ける。そうした諸音とは属音のことであり、これは属音が七の和音とそのすべての派生和音を支えている場合である。より正確に言えば、完全和音とその派生和音のどれ一つとして支えていない音である。なぜならある音が不協和和音を支えるや否や、その音は確実に別のもう一つの音を支配する(ドミネ)からである。そしてもしこの不協和和音が七の和音でないのであれば、その和音は七の和音の派生和音であることも確実である。それゆえに、バスにいかなる音が見いだされようとも、この和音がその基礎(フォンドマン)と関連付けられることによって次に後続する和音が疑念の余地なく知られるようになるのである。

不協和和音がその基礎(フォンドマン)と関連付けられる際には、二つの結び付けられた音あるいは数が必ず見てとられるということが指摘されなければならない。それは3、4:5、6などであり(ファ、ソウト、レ)、これらは7度においては等しくみられるものである。たとえばバスの音をオクターヴ高く上げると7、8となり、また同様に2度においては1、2となる(ウト、レ)。このことを踏まえれば、これら二つの音の内の高い方、あるいはこれら二つの数の内の大きい方を取り出して、それを基礎低音(バス・フォンダマンタル)に据えれば、一番低い音あるいは一番小さな数が見いだされ、その音あるいは数がもう片方とつねに7度を形成していることが分かるだろう。このようにして派生和音は基本的な分割である1、3、5、7に還元されることになる。これは184頁のリストに正確に記されているとおりである。したがって、このように還元された後でソ音がバスにあることが見いだされたのであれば、次にはウト音が後続することは確実である。そしてもしバスにこのウト音が見いだされないのであれば、その完全和音を構成する諸音の内の一つが必ず見いだされるはずである。あるいは、別の調にいると仮定するならば、七の和音を構成する諸音の内の一つが見いだされるであろう。同じように基礎低音にレ音が見いだされるのであれば、ソ音かその派生音が後続するものである。これは他の諸音についても同様である。ここで、七の和音の後では基礎低音は必ず5度下行するものであることが指摘されなければならない。

今述べたばかりの定められた進行と一致しないバスは絶対に変更されなければならないだろう。しかしながらこの定められた進行を遵守することは容易なことである。その進行は任意の調(トン)における各音にあてがわれた諸和音がそれぞれの進行に従うことによってもなされるし、また同様にまず基礎低音に対して明らかにされた進行に従うことによってもなされることである。基礎低音が支えることができるのは完全和音と七の和音のみであり、七の和音を支える音は必ず次に5度下行しなければならない。すでに作曲されたバスについてわれわれが述べることは、これからバスが作曲されるべき方法についても適用されるべき事柄である。そして中断カデンツや不規則カデンツにおけるように、もしこの規則が何らかの例外に見舞われるとしても、この点にはまだ注意を払うには及ばない。

今述べたことに関する例を挙げる前に、以下の

点が留意されなければならない。すなわち、完全和音を支える音へと自然な進行が導く諸音から成る和音は、必ず後続する和音と関連付けられるのであって、先行する和音とではない、ということである。そしてこの自然な進行とは通常、主音から属音へ、あるいは属音から主音へとなされるものである。なぜなら属音はつねに主音として受け入れられるものだからであり、この点はすでに何度も言及してきたとおりである。したがってディアトニックな進行においてこれらの音の片方に諸和音が導かれることを知っていれば、もう片方の音(ノット)に通じる諸和音のことも知っていることになる。ここから一般規則が引き出される。

1. 全音(トン)あるいは半音(セミ・トン)上行して完全和音を形成する音に先行するすべての音は大六の和音か、あるいは偽五の和音を支えているはずの音である。

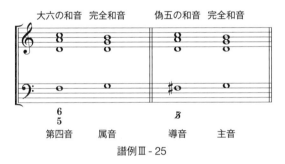

譜例Ⅲ-25

ここで二つの和音の違いはバスにしかないことに注意せよ。なぜなら全音あるいは半音上行して完全和音を支える音に達しているのに対し、上声部の和音はまったく同一であるからだ。ここで作曲家がバスを進行させるのは全音を通じてでも、半音を通じてでも自由である。たとえこの半音がふさわしくない調(トン)にいるとしてもである。半音を通じての場合は、属音は主音として受け取られうる。したがって主音に自然な仕方で先行する諸音が主音の前触れとなるのであり、譜例にみられるとおり、第四音(ノット)にシャープが付けられる。こうして第四音は導音(ノット・サンシーブル)となる。全音あるいは半音上行して完全和音を支える音へと達するこの進行を通じて、属音と主音の区別がなされるものである。バスは全音上行すれば必ず属音へと至り、半音上行すれば主音へと至る。そしてこの半音の進行を通じて属音に主音のあらゆる属性が付与されると仮定されたとしても、それでもやはりこの属音、あるいはこの場合の主音の後でも、開始当初の調が継続されうるものである。なぜなら、完全和音の後ではどこへでも望むところへ進行してよいからだ。

2. 完全和音を形成する諸音へと下行するすべての先行音は、小六の和音を支えているはずの音である。

譜例Ⅲ-26

波線はバスの進行可能な音を示しており、完全和音を支えているそれぞれの音の中音を指している。中音に進行したとしても和音の基礎は変更を被らない。こうして中音も同じように六の和音を支えることになる。

この譜例では第二音と第六音、そして主音と属音の間に違いを見いだすことはできない。なぜなら主音と属音が支える完全和音は同様の仕方で先行されており、長調においては見分けがつかないからである。短調においては、属音へと下行して至る第六音は属音よりも半音だけ高いのに対し、第二音は変わらずトニックの全音上に位置している。さらに属音は必ず長3度を支えるが、トニックは短調においては短3度を有するものである。しかし、長調において属音の見分けがつかないとしても、困惑するにはあたらない。なぜならその場合には属音をトニックとして扱えばよいのである。そのためにはその音に先行する諸音から成る和音をその調と一致するようにすればよい。そしてその続きがどうなるかを見ることによって、その音が実際にはトニックなのか属音なのかを判別するのは容易なことである。

第11章

譜例Ⅲ - 27

　最初の音から（A）音に至るまでの進行では、（A）がトニックなのか属音なのかは分からない。この点が重要でないのは、（A）がいずれにしてもこの進行においてはあてがわれる和音は同じだからだ。しかし（A）から（B）に至る進行は主音に通ずるものであることが分かる。したがって（A）は属音である。そして（B）から（C）への進行がふたたび判別に困るものだとしても、それに続く（D）によって（C）は属音であることが分かる。同じように（F）がさらにこの属音が（G）に対しても当てはまることに気づかせるものである。なぜならあらゆる調において、トニックの真下に位置する音というのはトニックから半音だけ隔たっているものだからである。これとは対照的に、属音とその真下にある音の間には全音が必ずみられるものである。
　もし短調において、その調のトニックから属音へ、あるいは少なくとも第六音へ下行する際、主音の下の音が全音隔たっているならば、ここでトニックが支えているはずの短３度が何よりもその識別に役立つものである。なぜなら属音はつねに長３度を有するはずのものだからだ。
　３．トニックあるいは属音の上あるいは下にみられる３度は、バスの進行がそれらの音のいずれかに通じていくとき、六の和音を支えているはずである。

譜例Ⅲ - 28

　完全和音が形成されている（B）、（D）、（G）、（L）の諸音へと通じていくバスの進行からすれば、（A）、（C）、（F）、（J）の諸音には六の和音が付与されるべきと判断されるだろう。
　４．中音というのは六の和音を自然な仕方で支えるものであり、六の和音においてはトニックの代わりとなるものである。したがって中音上の六の和音は、トニック上の完全和音に他ならないことになる。第四音がこの中音へと下行して達する際には、この第四音には三全音の和音が与えられなければならない。確かに第四音には大六の和音も与えることができるが、この点に関しては別の箇所で言及することにしよう。

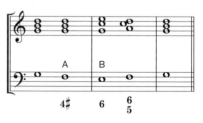

第四音（A）が中音（B）へと下行している。
譜例Ⅲ - 29

　これら五つの譜例からわれわれは極めて有益な結論を引き出すことができる。それはバスの異なる進行に従って基本和音を構成する諸音がさまざまに配置されることから引き出される見解によるものである。それはたとえば、大六の和音を支える第四音が上行して属音に至るとき、あるいは三

全音の和音を支える第四音が下行してトニックの代わりとなる中音に至るとき、偽五の和音を支える導音(ノット・サンシーブル)が上行してトニックに至るとき、小六の和音を支える第二音あるいは第六音が下行してトニック(ドミヌ)あるいは属音へと至るとき、これらの七の和音の派生和音を構成する諸音が、後続する諸音を支配している、ということである。以上の点は基礎低音によって明らかとなるであろう。それはちょうど上で検討されてきたことすべてを含む総括的な譜例の中で基礎低音を下部にあてがうことによってなされる。そうすると導音というのは上行して主音へと達するものでしかないことに気づかれるだろう。なぜならその音が下行するなら、その音はもはや属音の中音としてしか見なされなくなるからである。そしてこの属音の中音は、間違いのないように言っておけば、この場合主音として受け取られることの可能なものである。

上行と下行のオクターヴの全体例

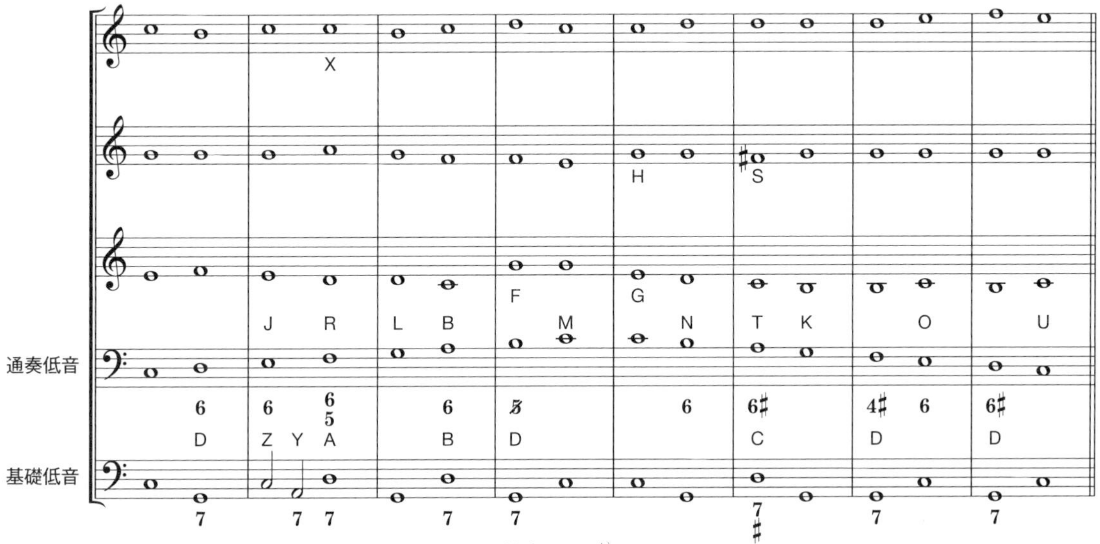

譜例Ⅲ - 30 [4]

　基礎低音が他の諸声部の下に置かれるのは、和声(アルモニ)全体が完全和音と七の和音の内に包含されていることを証明するためである。ここで基礎低音にとっての自然な進行からの逸脱はない。したがってこの基礎低音と他の諸声部との間で諸規則が厳格に遵守されているかどうかを確かめる必要はない。それぞれのバスで数字付けされているのとは別の和音がそこに見いだされるかどうかを確認しさえすればよいのである。なぜなら、バスのディアトニックな進行が問題とされるときには、諸音の連続(ソン・スュイット)は通奏低音(バス・コンティニュ)にのみ関連付けられているからである。

　1．まず以下の点が指摘されるべきである。通奏低音において、JからLとBからMへは属音あるいは主音へと上行する動きは諸和音の連続としては同じものであり、またNからKとOからUは属音あるいは主音への下行する動きとして同じものである。この点が確認されれば、すべてはこれらの二音と関連付けられていることが判断されるはずである。これらの二音だけが任意の調において完全和音を自然な形で支えることができるものだからである。また、中音と見なされるのは3度上にみられる諸音であることを想起せよ。特にそれは中音からこれらの主要な音(プルミエール)へとバスが下行す

4）〔訳注〕原書においてこの譜例には不備があるが、文脈を踏まえて修正を加えたものをここに掲載した。

るときであり、メディアント・トニックはバスがどんな行程を辿ろうともメディアント・トニックであり続ける。さらに次のように言われる。もしもメディアント・トニックからでないのであれば、完全和音はこの和音を支配する不協和音（ド・ミ・ヌ）によってのみ先行されうるものである。すると以下の点は明らかであろう。すなわち、小六の和音、大六の和音、偽五の和音、三全音の和音は七の和音に他ならず、これらの和音を構成する諸音の内で基礎低音に位置づけられた音が後続する和音を自然な仕方で支配するものである。第二音上の小六の和音、導音上の偽五の和音、第四音上の三全音の和音は、ドミナント・トニックであるD上の七の和音から派生したものである。そしてこのドミナント・トニックであるDの直後に主音が後続する。第四音上の大六の和音と第六音上の小六の和音は第二音であるAとC上の七の和音から派生したものである。このケースにおいてはこの第二音がドミナント・トニック（ド・ミ・ヌ）を支配しており、第二音の直後にドミナント・トニックが後続するものである。そして中音、第六音、導音が支える六の和音が適切とされるのはもっぱら、譜例を見て分かるとおり、これらの音がトニックあるいは属音の3度上あるいは3度下にみられるものだからという理由によるものである。なぜならバスの進行はトニックあるいは属音へとわれわれを先導するものだからである。

2．第六音であるBが支えている和音は小六の和音であるように見受けられる。これは基礎低音に位置するB音が支えている七の和音に照らし合わせてみるとよく分かる。しかしここでは不協和音程を成す諸音の内の一つが削除されている。これにはいくつかの理由がある。まず第一に、ここでこの不協和音程は不要だからである。第二に、バスにおいてBに後続する音は導音（ノット・ノット・サンシーブル）であり、したがってそこでは長不協和音程が形成されている（この点は以下で見ることにする）。不協和音程というのは重複されることを好まないために、こうした場合には第六音に小六の和音を与えることはできないであろう。なぜならこの第六音の3度が下行してこの同じ長不協和音程に到達せざる

をえなくなるからである。そして最後の理由は以下のようなものである。完全和音を支える3度上あるいは3度下に見いだされる諸音に先行するあらゆる音の上に六の和音を形成してよいとされるわれわれの規則は、どこにおいても有効であるからである。

3．第四音であるRが通奏低音において見られず、その場所に第二音であるAやCがある場合、あるいは第六音であるTが属音であるLやKの直前にある場合、第四音にはシャープが加えられるべきであろう。それはSに対してなされているようにである。なぜなら、完全和音を形成するあらゆる音は導音（ノット・サンシーブル）によって先行されることを好むからだ。例外は短調であるが、この場合は第六音は属音へと半音だけ下行し、属音へと向かう導音は耳にされることはありえない。これはバスにおいてこの属音にいかなる音が先行しようともである。なぜならもしこの属音が導音に先行されてしまうと、属音は主音になってしまい、そこで実際に扱われている調が何なのかの判別がこの属音に後続する諸音を聞くまで不可能となってしまうからである。この譜例において主音として受け取られうる属音というものが実際に何であるかはそれに続く音において初めて明らかとなるものである。それゆえに三全音の和音は同じ属音の七の和音から派生するものであるが、この属音は基礎低音におけるDに見いだされるのである。

4．通奏低音のディアトニックな進行は、他の諸声部における（F）、（G）、（H）への進行を乱している。これらの箇所を別の仕方で進行させることはできない。これはあるいは連続する二つのオクターヴあるいは5度を回避するためであり、またあるいはバスの上で自然な音域に声部を取り戻すためである。またさらには和音を構成する音すべてが聞こえるようにするためでもある。

諸上声部がディアトニックな進行に従わなければならないのであれば、協和的な進行に従わなければならないのは他ならぬバスである。そしてもし、バスがその進行を変えるのであれば、諸上声部も同じく進行を変えることが可能である。さらには、任意のディアトニックな秩序を乱れさせる

というのはしばしば良いことである。それは歌謡(シャン)を多様化させることになるからである。それゆえに、いかなる誤りに落ち込むこともなく、通奏低音の上に位置する諸声部の秩序と進行を変化させることは可能である。しかしこの点にはまだ取り掛かるべきではない。

5．上掲の譜例においては、予備されていない7度が多数みられる。これはわれわれの主要規則と反する。しかし今はこの点について言及すべき場ではない。ここでは単にこのオクターヴ内の秩序に従って定められた諸和音の進行を注視することにしよう。そうすれば協和和音の後では、横の並び(モデュラスィヨン)の諸規則を遵守する限り、望むところへ自由に移行してよいことが見てとれるであろう。

6．ここで本書第2巻の指摘が想起されるであろう。そこではわれわれはこう言っている。もし基礎低音が全音あるいは半音上行することが認められるなら、そこでは3度あるいは5度の進行がつねにほのかに聞こえているものである(スー・ザンタンデュ)。この譜例ではこの指摘は（Z）、（Y）、（A）の諸音(ノット)間にみられる。ここでは（Y）音が追加され、第七音が（Z）音の5度によって予備されるのが見てとられる。そして3度が（A）音の7度を予備している。以上の点はこれらの和音の基礎(フォン)をいささかも変えるものではない。さらにここでは、（Y）音は、（Z）と（A）の諸音間に見られる全音あるいは2度の音程を消し去り、この同じ諸音から（A）と（X）の間にある7度が形成されていることが分かるであろう。

第12章　前掲の譜例から引き出される諸規則に関する続き

　あるバス音が七の和音を支えるべきときに、その7度(ノット)を成す音はつねに削除可能であったことをまず想起せよ。これは先行する和音における協和音程によって予備されている際は例外である。ただし、もしこの協和音程が、3度と6度に生じるように、長音程であれば、この3度あるいは6度は半音(セミ・トン)上行させるのが良い。しかしバス音が七の和音の派生和音のみを支えている場合には、この和音からは不協和音程を形成している二音(ソン)の内の片方を削除可能である。この二音の内の片方というのを識別するのは容易である。なぜならそれらの二音はつねに第11章で言及された仕方で結びつけられているからである。

　バスにおいては同じ一つの音(ノット)を、良き趣向(ボン・グー)が認める限り反復されることが可能である。この際には同じ和音をあてがっても良いし、異なる和音を付与しても良い。これがいかにしてなされうるかは次第に分かっていくであろう。

　またさらに、ある音から別の音に移行する際に、名称だけが異なる和音の音に移行することも可能である。たとえば七の和音から偽五の和音へという移行の際に、7度が聞こえていた音から3度を成す音へ移ることである。また5度を成す音へ移行するのであれば、小六の和音を用いることができる。同じように三全音の和音も用いることができ、その際には7度を成していた音へと移行する。なぜならこれらの和音はすべて基礎(フォン)において同じものであり、同様のケースにおいては他の諸和音にも当てはまることである。次の譜例を見よ。

193

譜例Ⅲ-31

　完全和音あるいは七の和音を支えている直後の音の3度上にみられる諸音は、たいていはその後続する和音の派生和音を支えているはずである。それはたとえば（A）において、この六の和音が後続する完全和音から派生するものであり、（B）においてこの大六の和音あるいは偽五の和音が後続する七の和音から派生するものであることが明らかであるとおりである。

　バスの諸音が場を変えても、そのことによって和音の存在そのものは変わらないとき、それが協和和音である場合には諸声部においては何も変える必要はない。しかしそれが不協和和音である場合には、その和音を構成する異なる四つの音がつねに耳にされうるようにされなければならない。これはたとえば（D）のように、離れようとしている音のオクターヴを付加することによってなされうる。この際には（D）は先行する和音における基礎低音には生じていないわけである。あるいは、Jで提示されている音のオクターヴを離れて、バスにおいて離れようとしているCのオクターヴの音をその場に置くことによってもなされるものである。

第13章　完全カデンツについて

　完全カデンツと呼ばれるのは、先行する属音から主音へと至る歌謡の結末のことである。この主音は小節の第一拍目で必ず聞かれるべきものである。それはこの終止がしかるべく強調されるためである。そしてこのケースにおいて主音に先行する属音は必ず七の和音を支えるべきものでなければならない。あるいは少なくとも完全和音を支えていなければならないが、それはなぜなら7度はその際にほのめかされることが可能だからだ。次の譜例を見よ。

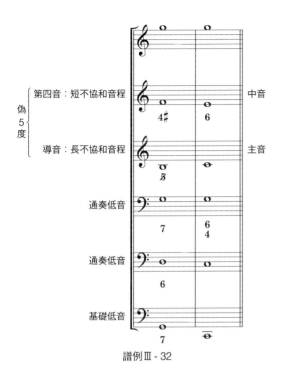

譜例Ⅲ-32

完全和音を支えているはずのバス音を判断できるのは、この完全カデンツによる。なぜなら歌謡が休止すると感じられる箇所ではどこでも、完全和音が聞こえるであろうことは確実だからだ。この休止はこのカデンツにもっとも自然な進行においてのみでなく、さらに伴奏の役目も果たす諸音から成る進行においても感知される。そうした諸音の配置はここにみられるとおりである。ここで各声部はそれぞれがバスに置かれた場合に支えるべき和音に従って数字付けされており、バスとともにみられれば、大六の和音の後には完全和音が聞かれうることが分かる。偽五の和音の後でも同様である。そして今扱われている調から逸脱しない限り、歌謡が休止するのは主音上か属音上でしかない。このように状況が確定されるので、通奏低音にいかなる進行が与えられるかによって歌謡が休止できる諸音を感知し、また同時に知ることができる。そしてバスのさまざまな進行に従って、この休止に先行する和音も知ることができる。それは各声部に記されているとおりである。なぜならどの声部をバスに選んだとしても、他の諸声部は伴奏としての役目をつねに果たすものだからである。

より明確な概観を得るために、このケースにおいて導音が有している効力を見てみることにしよう。われわれは導音によって不協和音程を識別するのであり、諸和音の配列において導音はわれわれに責務を課すものだからである。

第14章　導音について　そしてすべての不協和音程の解決のされ方について

不協和和音において導音が姿を現すと、その導音が即座に歌謡の結末を決定することは確実である。したがって導音は主音上あるいはその派生音上の完全和音に後続されるべきものである。これとは対照的に不協和和音において導音が生じていないなら、結末は決定されず、この不協和和音は別の不協和和音に後続されるべきものである。こうして鎖となって導音が聞こえるまで続く。そしてこの導音が終止を決定する。あるいは少なくともその結末の模倣を定めるのだが、それはたとえば主音の代わりに中音に達するような場合である。7度に関する前掲のいくつかの譜例はわれわれの主張を証明するものとなっているだろう。なぜなら、最初の七の和音以降はドミナント・トニックが現れるまで別の七の和音が続き、ドミナント・トニックにおいてこの導音が耳

にされるものだからである。

　いま提起したばかりの規則と反する以下の点に留意せよ。すなわちドミナント上の完全和音は第四音上の大六の和音に後続しうる。確かに後者の和音には導音は生じないのであるが、にもかかわらずこの和音はやはり不協和である。

　さしあたって不協和音における導音を判別するためには、偽5度あるいは三全音の音程が絶対的に見いだされなければならない。それは諸声部間においてでもよいし、あるいはある上声部とバスとの間ででもよい。そしてまた諸声部間の音程は七の和音の基本音から数えた長3度と7度から形成されていなければならない。この基本音はつねにドミナント・トニックである。もしそうでないなら、規則の方が間違っていることになってしまう。ウトの調においてはこの偽5度あるいは三全音はその配置のされ方によってシ音とファ音の間に見いだされるものである。そしてドミナント・トニックであるソ音に対して、シ音は長3度を形成し、ファ音は7度を形成するものである。

譜例Ⅲ-33

　これと同じことは完全カデンツの譜例で見たばかりである。したがって、このカデンツのどの声部をバスとして選んだとしても、他の諸声部がそのバスとともに和音を構成するのだから、上の譜例の二つの音程の内のいずれかが必ず見いだされることになる。なぜなら、ここにある違いとは双方の音程を形成するこれら二つの音の異なる配置にしかないからである。

　これら双方の音程の続きに置かれている波線はこれらの音程の自然な進行を示すものであり、これは完全カデンツの譜例では音符によって書かれているものである。ここからあらゆる不協和音程の進行に関する確固たる規則が引き出されるべきである。それは解決と呼ばれるものである。

　3度が長と短で区別されるのと同じように、あらゆる不協和音程も長と短で区別されるものである。

　あらゆる長不協和音程というのは導音から形成されるようなもののことである。導音は自然な仕方で半音上行して主音へと至るものであり、これは前掲のいくつかの譜例で見たとおりだが、あらゆる長不協和音程も同じことを同様の仕方でなすべきものである。

　長不協和音程を判別するためには、もしその際に使用されている調が分かっているならば、トニックの半音下にある音が不協和音に含まれているたびに、その音こそが長不協和音程を成すものであることに気づかれるようになるであろう。もし調が分からないようであれば、和音をその和音の基礎と関連付けてみることによって、七の和音を支えているドミナント・トニックの長3度から長不協和音程が形成されていることに気が付かれるであろう。このようにしてドミナント・トニックの長3度が七の和音をもたらすのであり、長不協和音程として見なされうるものである。したがって偽五の和音を支える導音、第二音上の長6度、第四音上の三全音、これらの音もまた長不協和音程である。

　あらゆる短不協和音程というのは、基礎低音に対して7度を成す音から形成されるものである。そしてこの不協和音程はディアトニックに下行して解決されなければならないものである。そうした不協和音程の中には7度や偽5度がある。

　不協和音の中に長不協和音程がまったく見いだせない場合は、その和音においては短不協和音程のみが場を占めているのは確実である。しかしこの長不協和音程とともに短不協和音程は必ず見いだされるものである。この点がそれらの音程にあてがわれている進行を損なうことは決してない。

　このように不協和音程のさまざまな解決の仕方は一挙に把握されるものである。こうしたさまざまな解決はそれらの不協和音程の進行にではなく、ただバスの進行にのみ存するものである。バスの進行をもとにして、自然に聞かれるべき和音

に含まれるそれぞれの音に、不協和音程は移行することが可能とされる。この点が知られるのはつねに和音をその基礎に関連付けることによってなされるものである。

第15章　İİ度、またの名を４̇度について

　完全カデンツは通常、不協和和音に先行されるものである。今までのところその中には４̇度⁵⁾と呼ばれるものがあったが、しかしこれはむしろİİ度と呼ばれるべきものであろう。この和音が完全和音と異なる点は、この和音においては３度の代わりに４度が聞こえるようにされていることにしかない。それゆえに、この和音は完全和音あるいは七の和音を自然な仕方で支える諸音(ノット)上でしか形成されず、すでに耳にされている同音上で完全和音あるいは七の和音のいずれかにつねに後続されるものである。この和音内で形成される４̇度の不協和音程もこの仕方で解決されるものである。つまりディアトニックに下行して、３̇度へと至る。この３度の場をこの場合４̇度が占めていたものであった。それゆえに４̇度は**短不協和音程**の数の中に数えられるべきである。それは**基音**(ソン・フォンダマンタル)の７度から他の不協和音程が形成されたのと同じである。しかしこの点の説明は**下置**(ディソナンス・パル・スュポズィスィヨン)**による不協和音程**の話になったときにすることにしよう。次はもっぱらこの４̇度が**予備と解決**をされるあらゆる仕方についての譜例である。

譜例Ⅲ-34

---

5) 第2巻第11章を見よ。

ここにみられるのは11度であるわけだが、しかしながらこれにわれわれが4と数字付けしているのは慣例に従ってのことである。この11度の予備があらゆる協和音程によって、さらには偽5度や7度によってなされている。ここで以下の点に気が付かれるであろう。⌒の半円の記号で結びつけられている二つの音は、つねに小節の弱拍で予備され、続く小節の第一拍まで耳にされる、ということである。

　このウト(トン)の調において、これらのすべてのさまざまな予備を識別できるようにならなければならない。この予備はもっぱらバスの異なる進行にのみ由来するものである。というのも、これは他のすべての調でも同じことだからである。まだここではこの不協和音程について言及する場としては早いのだが、完全カデンツというものはこの不協和音程によって先行されずになされることはあまりないので、多くの著者たちはこの音程もこの論点に含めてしまっており、それゆえにわれわれもそうした著者たちに従って、この不協和音程をこの章に含めるのがよいと考えた次第である。

第16章　不規則(イレギュリエール)カデンツについて

　不規則(イレギュリエール)カデンツ[6]というのは通常主音(ノット・トニック)によって先行される属音(ドミナント)上に形成される。これは完全カデンツが属音によって先行される主音(ノット・トニック)上に形成されるのとは対照的である。完全カデンツが5度下行によってなされる一方で、不規則カデンツは5度上行する。したがって不規則カデンツは第四音によって先行される主音(ノット)上にも形成されうることになる。なぜなら4度下行と5度上行というのは同じことだからである。この不規則カデンツを終止させる二つの音は自然な仕方で完全和音を支えるものであるべきである。しかし第四音上の完全和音には6度が付加されることによって、この結末(コンクリュズィヨン)はより良く感知されるものである。ここから極めて快である和声(アルモニ)と旋律(メロディ)の連続(スュイット)が引き出されるものである。

　完全和音に付加されるこの6度によって、大六の和音が形成される。この和音を自然な仕方で支えるのは第四音である。特に第四音がドミナント・トニックの直前に先行する際はそうである。このように第四音からトニックへの移行が、この第四音が自然な仕方で支えているはずの和音が上行して属音へと至る際の第四音上の和音と、そしてトニックが自然な仕方で支えているはずの和音を通じてなされるとき、不規則カデンツが形成される。同じことは主音から属音への移行にも当てはまる。この際は前者の完全和音に6度が付加されるものである。

---

[6] 第2巻第7章を見よ。

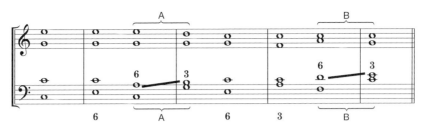

(A) 主音から属音への不規則カデンツ
(B) 第四音からトニックへの不規則カデンツ

譜例Ⅲ-35

　ここでは不協和音程が5度と付加6度の間に見てとられる。したがって、このような不協和音程はこの6度から形成されるものである。それゆえにこの6度は下行して5度へと達することはできず、上行して3度に達するのが責務である。前掲の譜例において先行音の6度と、後続音の3度の間に／の記号が置かれていることが確認されるであろう。

　完全和音に付加されたこの6度は、転回されることによって一つの技法をもたらす。その技法は四声部あるいは五声部において、バスにおいて連続的に続く多くの音を聞かせることを容易にするものである。このバスに対してある声部はつねに6度の間隔で進行するものであり、これは諸規則に反するいかなる誤りをも犯すものではない。この技法の正しさは基礎低音（バス・フォンダマンタル）によってもたらされるものである。〔訳注：以下の一文は手書きで〕「補足」の14頁を見よ[7]。

7）〔訳注〕「補足」14頁では譜例の差し替えが指示されているので、本文中に差し替えて譜例を掲載し、下に元の譜例を置く。

第16章　199

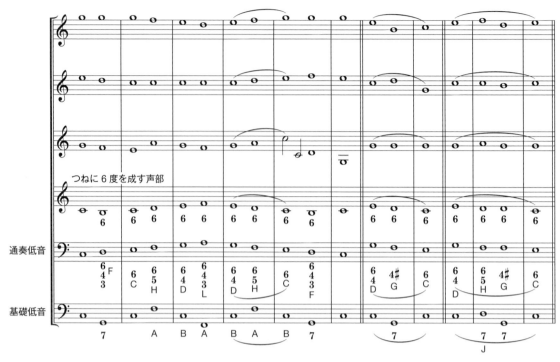

(A)(B)は不規則カデンツであり、(A)音上の完全和音に6度が付加されている。

譜例Ⅲ-36

　これらの六声部は同時に耳にされうるものである。ただし例外は基礎低音が2度上行する箇所であり、そこではJ音上で7度が支えられている。この箇所ではバスに対して二つの5度の連続を成している声部に変更が加えられなければならないだろう。しかし以下の点に気が付かれるはずである。すなわち、この譜例の進行全体は三つの異なる和音からしか構成されていないにもかかわらず、上行にせよ下行にせよ完全和音に付加された6度を介在させることによってつねに6度間隔を通じて進行する二声部が、他の三声部を容易に聞くことができるようにする手段をもたらしている、ということである。
　ここでまずCは主音の完全和音であるが、中音上で六の和音を形成している。そしてDは属音上の四六の和音である。そしてさらにFはドミナント・トニックの七の和音であり、それが第二音上の小六の和音の形成している。そしてGは第四音上の三全音の和音である。
　そして最後に、Hは第四音上の完全和音に6度が付加されたものである。これはLの第六音上では小六の和音を形成している。しかしこの和音は必ずしも不規則カデンツにあてがわれるわけではなく、第二音Jにおいては七の和音に由来するものであり、ここでは七の和音の自然な進行に従っていることが見てとられる。
　これらの小六の和音と大六の和音というのはこの和声の連続において輝きを放つものであるが、これらの和音の知識を得ずしてこれらの6度を成す諸声部に二声部を付け加えることはほぼ不可能であった。それに対してわれわれにとっては三声部を付け加えることは容易であり、さらに基礎低音をも合わせることができる。したがって和声の転回ということによく注意しなければならない。転回の本質というのは希望する音をバスに置くことにある。ただしその音というのはそこで耳にされるべき基本和音の中に含まれる音でなければならず、それに対してその和音を構成する他の諸音はその音の上に置かれるものである。このようにして和声は二つのカデンツの内のどちらか一

方と一致するものである。これらの二つのカデンツと基礎低音の自然な進行についてはすでに言及済みであり、この第2巻の最初のいくつかの譜例に見てとれるとおりである。協和和音の後ではバスの進行はまったく限定されないとしても、その協和和音の次に耳にされるはずの和音というのはバスの異なる進行によって制限を受けるものである。また、バスの何らかの進行をこの基礎と関連付けることが容易でなかったとすれば、そこで使われている調においてその音が第何音を占めているのか、その場を指摘すればよいだけの話なのである。したがって、当面はウトの調のみに集中し、バスの異なる進行に従ってどの音がどの和音を支えるのかを知っていれば、過ちを犯すことはありえない。なぜならこの際にはそれぞれの音にふさわしい和音が各音に与えられるからである。経験というものは実践によって増大していくものであり、そうすると人は同音上で耳にされうる異なる二つの和音に関しての裁定者となる。それは前掲の譜例において指摘されうる。そこでは第四音上で、大六の和音の代わりに三全音の和音が聞こえるようにされ、あるいはそのまた逆もあり、順番に用いられているものもある。その際は必ず大六の和音が先になっている。これらすべては第四音が中音あるいは主音に達する場合であり、拍節によって分かたれているか、あるいは諸声部の上下が半円で囲われているのが分かるであろう。

それは次のようである。 H C ; G C ; H G.

バスの進行が基礎低音と一致するときには、この進行の各音に基本和音をあてがわなければならない。ただし、第六音から中音へと移行する場合は例外である。この際は不規則カデンツの転回和声が見事に適合する。

譜例Ⅲ-37

　私は第二音Aには七の和音を与える。なぜならAからBへの進行は基本的なものだからだ。
　Bに対して私は七の和音を与える。なぜならここでこの七の和音がA音の短3度によって予備されているからだ。それゆえにここではオクターヴへと上行するよりも、この短3度上で留まるべきである。オクターヴへの上行は、三声部以上の作曲においてはオクターヴ重複が見られない限りは絶対的に禁止である。オクターヴ重複がある場合には片方の声部は上行し、もう片方は不動のままであるので規則は遵守されている。Bにおいて導音が耳にされるので、その導音を上行させて主音へと到達させなければならない。そしてその主音の完全和音が耳にされるはずである。しかしこの主音がこのバスにおいてはまったく姿を表さず、属音しか見当たらないので、ここで私はこの完全和音のかわりに四六の和音を用いて、この属音Cにあてがわなければならない。
　第四音Dに対して私は大六の和音も、三全音の和音も与えることができるであろう。そしてこの第四音は中音へと下行する。
　そしてこの中音に対しては六の和音をあてがわざるを得ない。なぜならそれ以前に生じていた不協和音程はもっぱらこの六の和音によってのみ解決されうるからだ。ただしこれはこの中音から第六音への移行が基本進行であればの話である。しかしこの場合はこの不協和音程は絶対的に解決が望まれる、というのがここでの主要な点である。

H音とJ音の間では不規則カデンツが転回されている。その下に書かれた基礎低音を見よ。
　L音は大六の和音を支えるものであり、M音が支える七の和音と同じものである。そして、第12章で言及したとおり、MはLの3度下に見いだされる。

　M音は七の和音を支えるものだが、その理由はA音が七の和音を支えるのと同じである。
　Mによって予備されるNは十一の和音であり、この和音は自らに後続する完全カデンツの準備をするものである。

第17章　互いに関係し合うバスの異なる進行について
そしてバスの進行が異なっても、上声部において和声には変わりはないこと

　主音、中音、属音のそれぞれが、それら同じ諸音から構成される和音をそれぞれ支えることができることを踏まえれば、以下の点が留意されなければならない。すなわちバスの自然な進行というのは諸音の中の主要な音、つまりトニックによって導かれているのだが、そのトニックは残りの二音によって取って代わられることが可能であるということである。同様にバスの進行が中音に導かれているならば、その中音は主音に取って代わられることが可能である。そして同じ理由から属音は、七の和音を支えているのであれば、その3度、5度、7度によって取って代わられることが可能である。あるいは完全和音のみを支えているのであれば、3度と5度に取って代わられる。

　　　　　　　　　　　　　次の譜例を見よ。

譜例Ⅲ-38

前の譜例の最後の終止の四つと、次の四つ〔訳注：三つの誤りと思われる〕は属音にはまったく向いていない。なぜならこの場合、属音は主音へと移行する音だからだ。

属音に先行される主音 | あるいは第四音に先行される主音 | あるいは導音に先行される主音 | あるいは第二音に先行される主音

譜例III - 39

これらの譜例においては主音から始められているが、しかし同様に中音や属音によっても開始されることは可能である。次の譜例の波線を見よ。

譜例III - 40

主音が必ず冒頭にあるべき楽曲の開始部についてはわれわれはまだ言及することを望まない。フーガなどとの関連においてはこの規則に違反する可能性があるのだが、しかしわれわれはまだこの論点には達していない。

第二音がドミナント・トニックの直前に先行するとき、この第二音がドミナント・トニックを支配しており、それゆえにこのケースではこの第二音は七の和音を支えなければならない。それゆえにこの第二音はその3度と5度によって代用が可能であるが、しかし7度がその代用となるのは稀である。なぜならこの7度は主音であり、当面のところは、主音はもっぱら完全和音としてのみ姿を表しうるものであるからである。

第二音に先行されるドミナント・トニック。このとき第二音Fがドミナント・トニックを支配している。 | または第四音Gに先行される。Gは第二音Fの3である。 | または第六音Hに先行される。Hは第二音Fの5である。

譜例III - 41

この和声（アルモニ）の連続（スュイット）に変更が加えられない限り、これらの諸音は互いに場を変えることが可能である。ここでの和声がどうなっているのかを知るためには、基礎（フォンドマン）と関連付けてみればよいのである。

次の譜例を見よ。

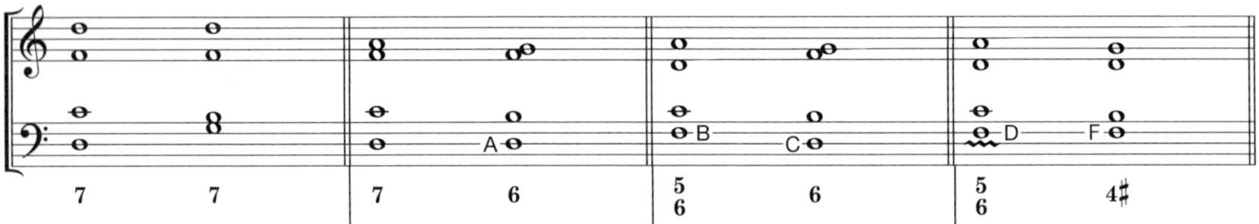

第二音はここでドミナント・トニックを支配し、他の諸音の基礎低音の役を果たしている。	第二音Aはドミナント・トニックの代わりとなっている。	第四音Bは第二音の場を占め、他方第二音はドミナント・トニックの代わりとなっている。	第四音Dは第二音の場を占め、Fではドミナント・トニックの代わりとなっている。

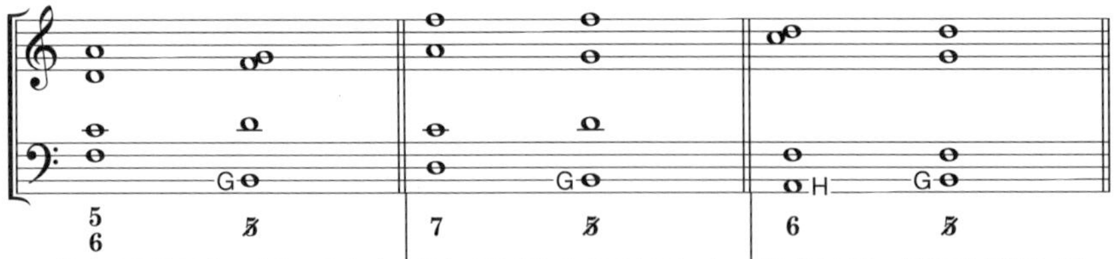

導音Gは第四音のあとでドミナント・トニックの代わりとなっている。	異なる進行における同じこと。	第六音Hは、第二音がドミナント・トニックを支配しているとき、第二音の代わりとなり、さらに導音Gである3♯がドミナント・トニックの代理となっている。

譜例Ⅲ-42

　属音に対しては四六の和音の方が完全和音よりもふさわしいことがしばしばある。これはディアトニックな進行においてそうであり、特に属音が小節の弱拍(タン・フォー)にみられるときに当てはまることである。

　まとめて言うならば、これらがもっとも自然な和声において実践されるあらゆるバスの異なる進行であり、ここにはこの第3章の冒頭以降われわれが言及してきたことが含まれている。なぜなら、まだわれわれが言及していないその他のいかなる不協和音程に関しても、それらの不協和音程の進行はさまざまな理由から制限を受けるものだからである。それゆえに、ここまでで述べられてきたことすべてを完璧に習得しさえすれば、その使用法の知識を得るのに困難は生じないであろう。

第18章　不協和音程の予備の仕方について

　われわれが7度の予備と解決の仕方を説明した際に、われわれは同時にあらゆる不協和音程についても言及していた。なぜなら7度があらゆる不協和音程の起源であるからだ。確かにこれらの不協和音程は長と短に区別されていたわけであるが、短不協和音程のみがあらゆる点において7度と一致すべきものである。なぜなら長不協和音程(ノット・サンシーブル)は導音に由来するものであり、導音もまた七の和音の一部を成すものである。導音が予備されることを望まないことをふまえると、ここから以

下のように結論されなければならない。すなわち、すべての長不協和音程（第2巻第13章を見よ）はこの前段階の処置をもはや要求するものではない、ということである。しかしもし7度が何らかの協和音程によって予備されなければならないとすれば、これはすべての短不協和音程についてもそう言わなければならない。したがって使用中の調（トン）から離れないときには、不協和音程を耳にさせるのは困難ではない。その不協和音程を形成する音（ノット）は先行する和音において協和音程を成しているだろう。これはある調から別の調へ移行する際にもなされうるだろう。その際にはそうした連鎖が快のものであると見なされるためにはどうしたらよいのかが理解されることであろう。また読者の中には以下の点にも言及されていたことを想起される方がいるかもしれない。つまり、ある同じ一つの音が連続する多くの不協和音程の形成に役立ちうるということである。これはその不協和音程がみられる和音がその基礎（フォン）においてはまったく同じ和音であるときに生じることである。またさらに11度は7度や偽5度によって予備されうることにも言及されていた。ただし7度や偽5度というのも不協和音程である。したがって以上のことからわれわれは以下のように理解しなければならない。不協和音程を形成するある一つの音は、何らかの仕方で、まったく別ものと判明する和音の中においてまた別の不協和音程を形成しうるということである。これはこのケースにおいて調が変化しなくてもの話である。

7度の予備はもっぱら3度、5度、オクターヴによるものであると述べられていた。ただしこれはバスがその基本進行と一致する場合においてのみ理解されるべき事柄である。バスのもっとも自然な進行とは3度、5度、7度の下行である。ここで2度上行と7度下行は同じことであることが想起されるべきである。これは同じ関係にある他の諸音程についても当てはまることである。そしてこのように同じ関係にある諸音程からはより小さいほうの音程がバスの進行として選ばれなければならない。したがって2度上行する方が7度下行よりも適している、ということになる。これは残りの諸音程においても同様である。しかし諸和音の転回ということになると（というのはバスには分け隔てなく基本和音（アコール・フォンダマンタル）に含まれる諸音のうちの一つが聞かれるようにされることが可能であり、その音に応じてその基本和音は名前を変えるものである。その名前の変更はバスを占める音（ノット）と、その和音を構成する他の諸音（ソン）とが成すさまざまな音程との関係においてなされるものである）、3度と5度の代わりに6度と4度が7度の予備を成しているのが見いだされるであろう。ここではこれらの3度、4度、5度、6度、さらにはオクターヴまでもが、偽5度の予備を成しているのが見いだされる。なぜなら七の和音は、この偽五の和音の形で代わりに表されるものだからである。これは七の和音が他の不協和音程の形でも表されることがあるのと同じである。したがって不協和音程を予備するいかなる協和音程に関しても間違いを犯すことはありえない。つまり自然なあり方を回避しようと意図的に努めるのでなければ誤りはありえないということである。たとえば、主音（ノット・トニック）をバスに置く代わりに私は中音（メディアント）と属音（ドミナント）を用い、このそれぞれが主音上の完全和音からの派生和音を支えるものとする。そして7度がこの主音のオクターヴ、5度、3度によって予備されているように聞こえることを欲するとする。そうするとこのオクターヴは中音上では6度に、属音上では4度になるであろう。というのはそれらは5度と3度との対応関係でそうなるからだ。そしてこの対応関係においてわれわれの主要な（プルミエール）規則はあらゆる短不協和音程に対して一般的に当てはまることである。さらに同じことは次のようにも言える。つまり主音上の完全和音かあるいはこの和音が中音上と属音上にあるとき、その次に7度を聞かせようとする代わりに（というのはこの完全和音内の諸協和音程がこの7度を予備すべきなのだから）偽5度、三全音、大6度あるいは小6度を聞かせるようにする、ということである。こうしたことはこの七の和音の諸音の内の一つを、その和音の基礎（フォンダマンタル）である音の場であるバスに代用することに由来するものである。

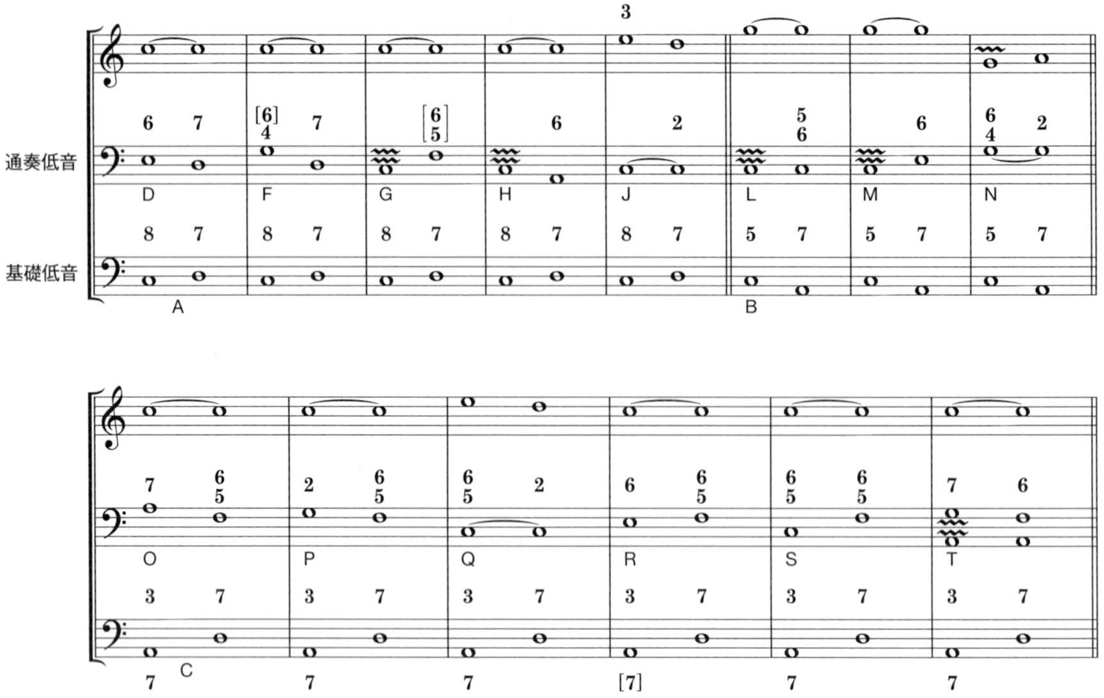

譜例Ⅲ-43

1. Aは基本和声（アルモニ・フォンダマンタル）に従ったオクターヴによる7度の予備である。D[8]は基礎低音（バス・フォンダマンタル）のオクターヴが6度となる中音である。Fは基礎低音のオクターヴが4度となる属音である。

このように7度はオクターヴ、6度、4度によって予備されているのが見受けられる。

Gは大六の和音において7度に相当する5度がオクターヴによって予備されたものである。ここで波線が中音上と属音上に印されているのは、この5度がこれら両者のいずれからも6度あるいは4度によって等しく予備されうることを見えるようにするためである。これは他の箇所にみられる波線についても同様である。

Hは小六の和音において、7度に相当する3度がオクターヴ、6度、4度によって予備されたものである。

Jの2度はバスにおいて予備されているが、上声の3度によって先行されている。

2. Bは基本和声に従った5度による7度の予備である。

Lは大六の和音において7度に相当する5度が5度、3度、オクターヴによって予備されたものである。

Mは小六の和音において7度に相当する3度が5度、3度、オクターヴによって予備されたものである。

Nは2度がオクターヴによって予備されているか、あるいは波線で記された4度によって予備されている。

3. Cは基本和声に従った3度による7度の予備である。

Oは大六の和音において、5度が基本音（ノット・フォンダマンタル）の3度によって予備されたものであり、この付け足された7度は基本音に対して7度である。

Pの5度は、基礎低音の7度を成す音（ノット）上の4度によって予備されている。この7度を成す音は二の和音を支えるはずの音である。

Qの2度の予備のされ方は、Jにおけると同じ

8）〔訳注〕「補足」でPではなくDに訂正されている。

である。
　Rの5度は、基礎低音にみられる音を支配する音上の6度によって予備されている。ここで、他の音を支配する音はすべてその代わりとなりうることに注意せよ。そのようにして他の音上にある完全和音や七の和音の転回和音を支えるものである。この転回和音とは四六の和音あるいは小六の和音である。
　Sの5度は基礎低音と3度を成す音あるいは中音である音のオクターヴによって予備されている。
　Tの小六の和音においては3度が3度、6度、オクターヴによって予備されている。そして先行する3度7度[9]は、この7度が聞こえていた際に下にあったのと同じ音上の6度によって解決されている。
　われわれは2度については言及してこなかったが、しかし2度について述べる前に、2度はもっぱら前述の仕方でのみ予備されることを好むものであることに注意せよ。
　不協和音程の予備のさまざまな仕方というものが7度の予備の仕方に由来するものであることが十分見てとられるであろう。ここでの唯一困難な点は和音を構成する諸音と、その和音の基礎になっている音（ノット・フォンダマンタル）とを判別することにあり、この判別には意識を完全に集中させなければならない。そうでなければすべてが疑わしくなってしまい、何をもとに判断すればいいのかが分からなくなる。それゆえに以下のことに留意することにしよう。最初に耳にされうる不協和音はつねに協和音によって先行されているはずであり、この協和音というのは主音上、属音上、あるいは第四音上の完全和音に他ならない、ということである。このような完全和音はさらに各音の中音上の六の和音と、ドミナント・トニック上の四六の和音においても代わりに表されうる。

　二あるいは三声部のみの作曲の際には、不協和音程が含まれている和音の協和音程だけを用いることがしばしばある。したがってバスを考慮する必要がなく、使用中の調が分からないなら、われわれの諸規則は無益となる。われわれがウトの調のみに限定しておいたのは、これらの規則に十分注意が払われるようにするためである。なぜならウトの調に関する知識で他の諸調に関しても十分であり、ウトの調の知識を完全に習得してしまえば、これらの規則を見定めることは大した問題とはならないからだ。
　楽曲を始めるにあたってはもっぱら協和音によってなされるべきであるのだから、不協和音を用いることができるのは協和音の後だけであることは理解されるであろう。しかし時にこの不協和音の後に別の不協和音が続くことがある。なぜなら、すでに言及されたように、導音が見いだされない不協和音の後では協和音は姿を現わすことができないからだ。もし協和音が現れないのであれば、不協和音はつねに別の不協和音へと、7度の諸規則に従って移行していくものである。これは二あるいは三声部の楽曲では非常に困難なことである。なぜなら不協和音というのはつねに少なくとも二つの協和音程、つまり3度と5度を含んでいるからである。そしてこれは転回されれば6度と4度になる。そしてオクターヴもみられるであろうことは言うまでもない。したがって知らず知らずのうちに不協和音から別の不協和音へと移行していることもしばしばある。それゆえに、もしわれわれが自らがなしていることを知りたいのであれば、主要な諸原理（プランシップ）はいささかも軽視されるべきではない。なぜなら、手にすることができるであろうもっとも大きな満足というのは、完全な知識の中に存するはずのものであるからである。

9）〔訳注〕手書きで「3度」が「7度」に訂正されている。

第 19 章　不協和音程を予備しえないケースについて

　基礎低音を 3 度、5 度、7 度下行させる代わりに、同じ音程だけ上行させるとすると、7 度はもはや予備されえないことが見いだされるであろう。しかしながらこの 7 度が同じような進行をしながら耳にされるような力が働いていることをわれわれは感知する。第 11 章におけるディアトニックな進行におけるオクターヴというのはその一例となる。そこでは主音から属音へと移り、そして属音から直接この主音に回帰していた（第 2 巻第 13 章を見よ）。これはあらゆる大家の人たちが気づいていた事柄であり、さらに耳もこのことで害されることはまったくない。

　もしバスが 3 度上行して、その直後に 5 度下行するなら、上行させられた音上で聞こえる 7 度はもう予備されることはない。

譜例 III - 44

　A の例は 5 度上行の進行を表している。なぜならここでは開始が中音からとなっているが、中音は主音の代わりを表すものだからである。しかし B の例は 7 度が予備されないことの証明となっている。ここで基礎低音は 3 度上行しているが、バスの二番目の音と 7 度を成している音は、一番目の音と協和音程を成すことができないからだ。

　この B 例において二番目の音に長 3 度を与えることも可能ではあろうが、しかしそうすると調が変わるであろう。この仕方は極めて頻繁に実践されるものであり、特に転回和声においてはそうである。それは次の譜例に見てとられるとおりである。

譜例 III - 45

各声部は順次、上声部でもバスでも用いられうる。ここで偽5度、三全音、7度が予備されなくてもよい様子が見てとられるであろう。

7度上行あるいは2度下行の進行に関しては、この進行においては7度は予備されえぬものであり、この点は第2巻第13章の記述を参照することができる。

不協和音程が予備されなくてもよいのは、もっぱら協和和音の後だけであることに注意せよ。なぜなら、前述の諸規則に従えば、不協和和音の後では不協和音程は必ず予備されなければならないからだ。

予備された、あるいは予備されないこれらのさまざまな不協和音程に、導音（ノット・サンシーブル）が紛れ込んでいなかったことに注意が払われねばならない。なぜならここで問題となっているのは短不協和音程だけであり、導音に由来する長不協和音程はこれらの諸規則にはまったく関与しないからである。短不協和音程が予備されずに耳にされることがしばしばあるのは、この長不協和音程を慮ってのことである。それは基礎低音がまず3度あるいは5度上行して、次に5度下行する完全カデンツの進行にみられるとおりである。ここで完全カデンツは、5度下行する最初の音の上の和音において導音が耳にされずに形成されることはありえない。したがって、ここからはいくつかの美しい帰結が引き出されるのであるが、この点に関して言及するのはある調から別の調への移行の仕方を説明した後にすることにしよう。

第20章　使用されるさまざまな不協和音程に応じた
バスのさまざまな進行の正確なリスト

不協和音程に関わる諸規則が引き出されるべきなのはつねにわれわれの基礎低音（バス・フォンダマンタル）と、基本和音（アコール・フォンダマンタル）である七の和音からである。さらにわれわれは七の和音のみが、使用しうるさまざまな不協和和音において支配力を行使するものであることをこれから見るであろう。バスの異なる進行というのはこの七の和音に含まれる諸音の進行から形成されるものであり、諸上声部とこのバスが形成する諸音程と合致した名称を諸和音にもたらすことになるのは、このバスの異なる進行なのである。

ここでわれわれは7度に関する主要な（プルミエール）規則の適用を拡大するが、それは七の和音が任意の調の各音（ノット）に付与された場合のみであり、バスが5度上行あるいは4度下行する際のことである。

最初の7度は望まれる協和音程によって予備されても、あるいはまったく予備されなくてもよい。これは前諸章においてこのテーマについて述べられたところに従うものである。しかしその後では、7度が予備されてそして3度に解決されることをよしとする規則に従わなければならない。

次の譜例を見よ。

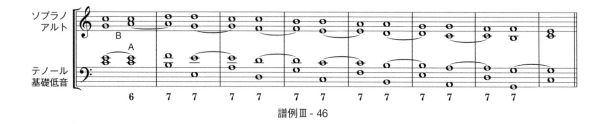

譜例Ⅲ-46

　以下の諸点に注意せよ。すべての声部がつねに下行しながら進行していること。そして7度に同伴する音程が3度と5度、そして3度とオクターヴというように順次交代していることである。これは1、3、5、7と1、3、7、8というようにである。
　この和声をさらに完全なものと見なすためには、五声部にされる必要があるであろう。それは後ほど見ることにする。
　ここでは以下の点に気が付かれるはずである。つまりいくつかの7度が自然な均衡関係にない、ということである。それはウトとファの上にみられるようなものであり、これはわれわれの主要な諸規則においてまさしく禁じられていたことであった。しかし不協和音程の同様の連続の仕方においてこの点にこれ以上困惑すべきではない。この原因は横の並びにあるのであり、この並びの中ではいかなる音にもシャープやフラットを付けることは認められていないからである。また以下においてもまた別の誤った諸音程が見いだされるであろうが、それもこの横の並びに由来するものである。こうしたことが生じてしまうのは不可抗力であり、それらの音程は正当な仕方で書かれなければならない。なぜなら、開始当初の調から離れることを望まないのであれば、和声においてこの種の音程を介在させるのは避けられないことだからである。このことで耳が害されることは決してない。というのは、耳はその横の並びにあてがわれた諸音に意識が集中しているからである。
　ここでAと印されたテノール声部をバスに用いるとしよう。すると最初の7度に対応する最初の音が小六の和音を支えていることが分かるであろう。そして続く和音が七の和音を支えている。ここからバスの新たな進行が引き出される。これは新たに表れた諸和音によって生じたもので、この点は次の譜例でさらに見ることにしよう。そこでも同様にテノール声部にはAと印されている。
　次に、もしBと印されたアルト声部をバスとして選ぶのであれば、最初の7度に対応する音が二の和音を支えるであろうことが分かるであろう。そして続く和音は大六の和音を支えている。ここからもまた新たなバスの進行が引き出され、この点も次の譜例で見ることとする。そこでもこのアルト声部にはBと印されている。ここで二の和音と三全音の和音というのは共に同じ音程から構成されていることが気づかれるであろう。ただし4度は例外で、一方においては純正4度で、他方においては増4度である点が異なる。これが後者の和音に三全音という名称が付与される理由であり、この増4度が三つの全音から構成されるからである。また大六の和音と偽五の和音の相違の原因も、これらの和音を成すそれぞれの音程にあるものである。
　小六の長和音と小六の短和音というのはこの二つの名称では区別されることはないが、この小六の和音も上述の相違に関係する。これらも双方とも七の和音に由来するものであり、バス上の3度が一方では長3度、他方では短3度である。しかしこの違いは異なる名称で識別されてはいない。ドミナント・トニックに適用される和音とされるのは、属音上の長3度と7度が偽5度あるいは三全音を形成する和音のみである。そしてその他の属音に適用されるのは属音上の3度が短音程で、この短3度と7度の間で偽5度も三全音も生じないような和音である。なぜならこれらの他の属音というのは次々に続いていくべきものであり、これはドミナント・トニックが姿を現すまで続く。これは諸属音自身においてもそうであるように、

その派生音においても当てはまることである。

次の譜例において、バスのさまざまな進行に由来する諸和音のあり方を見ることができるであろう。各声部はそれぞれが互いに上声にもバスにもなることができるが、基礎低音とその下のバスは例外であり、これらの声部はバスとしてしか役目を果たすことはできない。

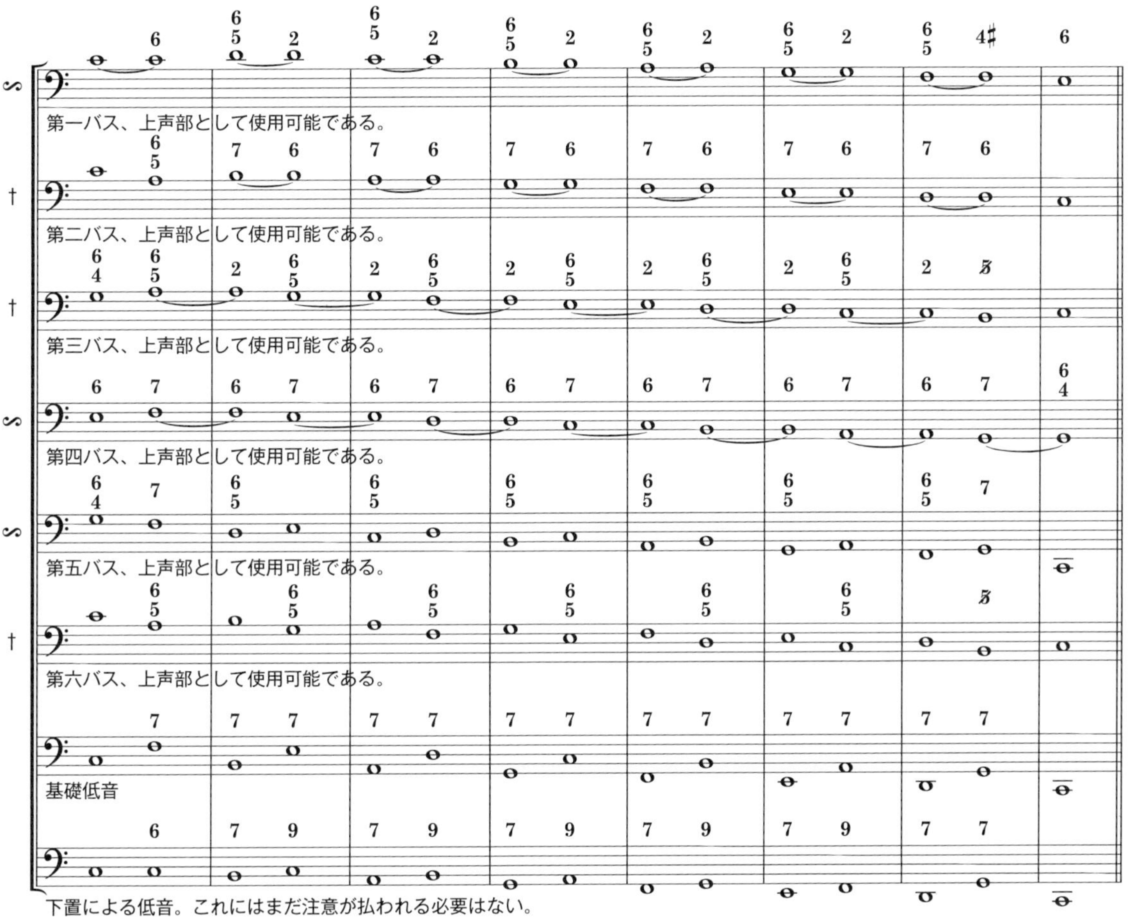

譜例Ⅲ-47

1．まず次の点に注意。第一から第四バスまでの進行は基礎低音との関係においてもっとも自然な進行である。そして第五、第六バスは、最初の第四バスまでの借用（アンプラン）である。

第五バスの進行は第一バスそして第四バスから引き出されている。これらの三声部には∽の印が付けられている。

第六バスの進行は第二バスそして第三バスから引き出されている。これらの三つには†の十字の印が付けられている。ここで明らかなことは、第五、第六バスの各小節は以上のバスの各々の声部の一つの音（ノット）から構成されており、ここからそれらのバスの進行が引き出されていることである。そこで用いられている和音はそれらの異なるバスにおいて同度にある音の上で数字付けがなされている。第五、第六バスのすべての音符（ノット）に数字7が書かれていないのは、その書かれていない音も七（ノット）の和音を支えるべきものであるが、その数字なしの音上では完全和音しか用いることができないことを知らしめるためである。つまりこの音上にみられる7度は削除されなければならない。このようにしてそれに先行する諸音から成る和音におけ

第20章　211

るオクターヴが耳にされることを回避することができる。なぜならここで7度の予備を成しているのがこのオクターヴだからだ。

2. 第一から第四バスまでの自然な進行において、第一と第二、そして第三と第四が3度の間隔で対置されていることに注意すべきである。後者のバスは下行しているが、前者のバスは同度に留まっており、順次交代しながら最後まで続いている。なぜなら、短不協和音程が下行するというのは適切なことであるから、少なくとも短不協和音程を形成している諸声部においては下行進行をあてがわずに済ますわけにはいかないからだ。そして和声の同様の連続において、3度下にみられる協和音程はこれと同じ進行に従わなければならない。ここで6度上と3度下は同じことであることを想起せよ。それは次のようなものである。

譜例Ⅲ-48

協和音程の進行が限定されるのはもっぱら基礎低音の進行との関係においてのみであるというのは真実である。というのは協和音程は同度に留まって不協和音程を形成することができるからである。たとえばバスがこの譜例のように進行していくなら、上声部はこうなる。

譜例Ⅲ-49

AからBへバスは5度下行する代わりに3度下行している。そのため協和音程Cは不協和音程Fの3度下にあり、そのまま同度に留まり、不協和音程Dを形成する。

3. これらすべての声部の同時的効果を聞いてみるためには、第五、第六バスは削除されなければならない。この二声部を聞いてみたいときには、上声四部が削除されなければならない。少なくとも第一、第三バスは削除必須である。というのも、この後者の場合はたえずユニソンあるいはオクターヴがみられるものであり、これは良い効果ではない。

4. 最初の四つのバスを個別に調べてみると、最初の三つに、第四バス上に構成されている数字付けされた諸音程の諸音すべてが含まれていることに気が付かれるであろう。同様に他の声部をバスとするために、その声部をオクターヴ低くして他の声部の下にあるようにするか、あるいはそれら他の諸声部をオクターヴ高くするなら、そのバス上の数字付き和音がそれらの声部の内につねに含まれていることに気づかれるであろう。そして次に第五声部をバスとしたいのであれば、その上で聞こえるのは第二、第三、第四声部だけでなければならない。なぜなら第一バスは第五バスとあまりに近しい関係にあるからだ。そしてもし第六声部をバスとしたいのであれば、その上で聞こえるのは第一、第二、第四だけであるべきである。ただし、第一小節目で聞こえる二つのオクターヴの連続を成す一音だけは変更されなければならない。

このようにたった一つの譜例があらゆる不協和音のさまざまな構成や、不協和音程の進行、そしてそれらの和音の差異について教示するものであり、これはバスの異なる進行と関連付けられている。こうしたすべては、もうすでに理解されているように、転回にその本質があるのである。

5. 第五バスと第六バスは、別々に用いられるならば、効果としては良い。さらにこれらをシンコペーションさせることもできる。

このように。

譜例Ⅲ-50

または転回形ではこうなる。

譜例Ⅲ-51

この譜例に別の二声部を付け加えるのはかなり困難なことである。なぜならここでこの転回はある種の想定(スュポズィスィヨン)を導入しているからだ。この想定は和声に関する深い知識を要求するものである[10]。したがって当面のところこの実践は上で書かれたとおりに、つまり、二声部のみでなされるべきものである。

ある声部をバスとして用いる際には、その声部の開始と終止は主音(ノット・トニック)によってなされねばならない。したがって終止する際にはこの主音が属音(ドミナント)によって先行されていなければならない。そしてこの基礎低音の上で他の諸声部が聞かれるとき、それらの上声部はそれぞれの進行に従っているべきで、何らかの変更が必要だとしてもそれはごく小さなものでなければならない。

第21章　二の和音について

2度は7度音程の転回音程である。同様に二の和音は七の和音の転回である。

譜例Ⅲ-52

この転回は、不協和音程の予備と解決が問題となるときには、類似のケースをもたらす。

あらゆる短不協和音程が上声部において予備と解決をされるべきものであるのであれば、それとは対照的に2度はその短不協和音程をバスにおいて耳にさせ、このバスにおいて予備と解決がなされるべきものである。これはこの短不協和音程に定められた進行に従ってのことである。バスの二拍目においてある音(ノット)が聞こえ、次の小節の一拍目でその音の上に2度を形成するようにされ、そして次にこの音は下行しなければならない。したがってバスを同じような仕方で進行させようとする限り、次の譜例において各音が支えているのと同様の和音をそれぞれの音に与えることが可能となるであろう。これは長不協和音程が姿を表すまで続き、その次に協和音程が後続する。

次の譜例にみられるような同種の和声(アルモニ)の進行において、長不協和音程は特に配慮されることもなく姿を現しうるものであることに注意されなけれ

---

10)〔訳注〕ここでの「想定(スュポズィスィヨン)」はラモー独自の「下置(スュポズィスィヨン)」ではなく、"4度が次の3度を想定(スュポズィスィヨン)している"という当時の慣例的な意味合いで用いられていると思われる。

ばならない。それはバスの歌謡（シャン）が同じ度数を通じて続いていき、中音（メディアント）へと至るときにも結末（コンクリュズィヨン）として聞きとられることはなく、この結末が主音（ノット・トニック）のために取っておかれるような場合である。この主音が姿を現すのは一つあるいは複数の小節後のことであり、主音そのものかもしれないし、あるいはその派生音かもしれない。この点は次の譜例で見てとられるであろう。ここで長不協和音程は自らの自然な進行に従っていないので、短不協和音程として見なされている。これが容認されるのはひとえに横の並び（モデュラスィヨン）との関連においてのみであり、このようになされるのは結末をしばらく先延ばしにすることが望まれる場合である。しかし導音（ノット・サンシーブル）の後ではやはり主音上の完全和音に留まるか、あるいは中音上の六の和音に留まるのがよいであろう。

上声の７度の予備と解決の例

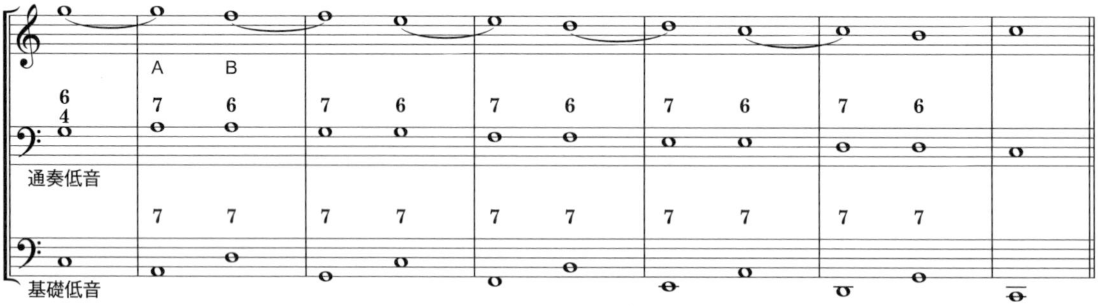

バスの２度の予備と解決の例

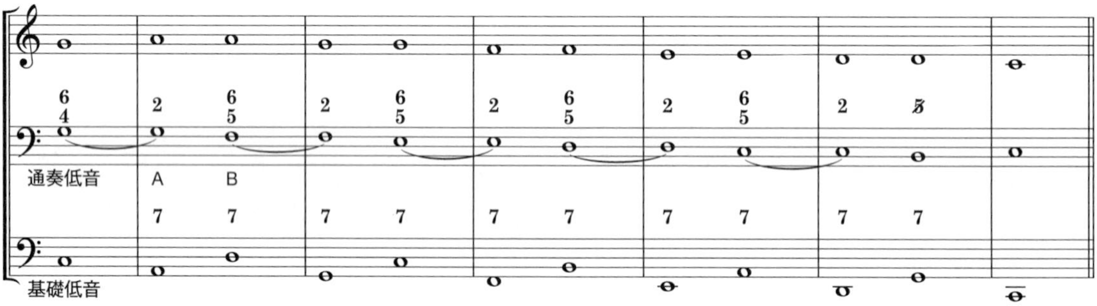

譜例Ⅲ-53

ここではバスにおける２度に予備と解決がなされていることが分かるであろう。それはABが上声部に置かれて基礎低音（バス・フォンダマンタル）に対して７度を成しているのと同じであり、双方における諸和音は同じ諸音（ノット）から構成されていることも確認されるであろう。

双方の譜例においてバスの進行はほとんど同じであり、同度の同じ音が２回耳にされながらディアトニックに下行しているが、ここでの諸和音の選択についての知識を得るためには、以下の点に注意しなければならない。すなわち一方においては同度の二つの音が同じ小節内に収まっているのに対して、他方では小節を分かつ小節線でそれら二つの音が隔てられていることである。このように、あなたのバスがこれらの譜例のいずれかと同じような進行をするのであれば、この譜例に含まれているのと同じ諸和音を聞かせることができるのである。そしてこの譜例に従うのであればあなたは決して誤りを犯すことがないことを確信せよ。

前章の譜例においてもバスの進行が諸和音を支えていたわけだが、その進行がこれらの譜例と一致しないことが見てとれるのであれば、その理由は前章の譜例では単に上声部だけが表されていたことにある。しかし首尾よくなすためには、それ以外の点においてわれわれの規則から逸脱してはならない。

　2度は3度によって予備されることを強く望む。ただし2度は上声にあってはあらゆる協和音程によって予備されうる。バスに関しては、このケースではバスはつねにシンコペーションされるべきである。

　ここで以下の点に注意せよ。バスのさまざまな進行によって、不協和音程は何らかの協和音程によって予備と解決がなされるようになるということである。そして、誤りを犯すことのないように、つねにあなたの作曲のその下にある基礎低音と関連付けるようにせよ。そうすればこの基礎低音とつねに7度を成す短不協和音程に関しては、その予備はオクターヴ、5度、3度によってしか、そして解決は3度によってしかなされないものであることを確認することであろう。もしそうなっていないのであれば、あなたの作曲は正しくもないし、規則的でもないことになる。

　ここでまた以下のことを繰り返そう。協和和音に先行する最初の不協和音程は基本音(ノット・フォンダマンタル)のオクターヴ、5度、3度によってしかるべく予備されうる。また同時に、この最初の不協和音程に連続して後続する不協和音程は、何らの協和音程によっても予備されないよりは、むしろこの基本音の3度によって予備されている必要がある。なぜなら、このようにして生み出される和声の連続(スュイット)がもっとも自然なものであるからだ。しかしながら多様性を生み出すためにわれわれは時に7度を基本音(ノット・フォンダマンタル)の5度あるいはオクターヴで予備することを強いられることがある。これはこの7度が和声の連続の中間にみられるときや、あるいは多くの不協和音程の後で生じているときでもそうである。ただしこれは歌謡あるいは和声を多様化するためだけになされることによく注意せよ。このことが実践されるのは極めて稀であるべきであり、あるいは分別を持ってなされなければならない。7度についてここで述べられていることは、他の短不協和音程すべてに当てはめて理解されるべきである。短不協和音程には必ず7度が位置しており、この7度をその基礎(フォンドマン)と関連付けることが必要である。

　7度がさらに基本音の3度のみに解決されるというのは、5度やオクターヴでその解決がなされえないことを意味しない。しかしこれは許容(リサンス)であって、残りのことが完璧に習得された後に初めて用いられるべきことである。ゆえにこの点についてさらに言及されることはない。

第22章 調(トン)と音階(モード)一般について

第8章ですでに言及された調(トン)と音階(モード)に関してしかるべく確信しているのであれば、残されているのは以下の点の知識を得ることだけである。

第1項
長調(トン)について

望む音(ノット)はなんでもトニックとして選ぶことができるのであるから、その音のオクターヴの進行がウトからの進行と一致する限り、そして調が長であるのであれば、シャープやフラットを用いて諸音程の半音(セミ・トン)の増減に役立てることができる。そうした諸音程が上記の進行の一致を妨げるものだからである。問題となるのはシャープやフラットの数量を知ることだけなのであるが、これらはたいてい音部記号の後に置かれる。このようにすることで、これらのシャープやフラットと同度に見いだされる諸音が半音の差で増減されるべきことが示されるわけである。たとえばレ音をトニックとして選び、この調をウトの調と一致させたいと望むとき、われわれはまずファ音がこのレから短3度を成していることに気が付く。それゆえにこのファにシャープを付加することによって、レからの3度が長音程となるのである。これはミがウトから長3度を成すのと同じである。同様にファの4度はシ♭であり、それゆえにファの調においてはこのシ音に♭が付加されなければならない。こうすることでウトの調と一致させるためである。

移高されたすべての長調の例
ここではオクターヴの横の並びがウトのオクターヴの横の並びと一致している

譜例III - 54

ここには十一の長調があり、ウトの調を加えれば十二となる。なぜならオクターヴ体系には十二のクロマティックの音しかないからだ。第1巻第5章を見よ。

ここでシャープの位置の秩序が以下のように変遷していることが知られなければならない:ファ、ウト、ソ、レ、ラ、ミ、シ。このことはわれわれに以下の知識を与える。すなわちシャープが一つしかないときは、それはファのシャープだけであること。もしシャープが二つならば、それはファとウトのシャープになること。三つであれば、ファとウトとソとなること、等である。このように最初のシャープであるファからはじめてつねに5度を通じて上に数えていき、そして最後まで至るものである。

ある長調を表示するためにいくつのシャープが必要とされるのかを知りたいのであれば、その調の導音(ノット・サンシーブル)がその数量を決定することに気が付

かれるであろう。なぜなら最後のシャープは必ず導音上に置かれるからである。それゆえにレの長調においては音部記号の後に二つのシャープが要求される。なぜならレの導音はウトのシャープだからであり、ウトの線上にシャープを置くためには、ファの線上にそれとは別のシャープが置かれていなければならず、このファのシャープがつねに最初のものとして目にされるものである。このように続けると、ミの長調は四つのシャープを要求する。なぜならレのシャープがこの調の導音であるからである。他の調についても同様である。この識別の仕方は、シャープを一つだけ有する長調からはじめて5度を順次数えていくことによってもなされる。シャープ一つの調はソの調であるから、ソ、レ、ラ、ミ、シ、…等となる。
　　　　　　　　　　１　２　３　４　５シャープ

　フラットの位置の秩序は順次4度上へと変遷していく。これはシから始まるので、シ、ミ、ラ、レ、ソ、のように続いていく。そして長調においては第四音がフラットの数を決定する。たとえばファの4度はシ♭なので、ファの長調においてはシの線上にフラットが一つ置かれる。これは他の調についても同じであり、フラットが印される長調というのはファからはじまることに注意しなければならない。したがって、シャープの場合に5度を順次数えたように、4度を順次数えていけ

ば、求めているものは見いだされるであろう。

第2項
短調について

　すべての短調のモデルとしては、レ音のオクターヴが通常例にとられる。

次の例を見よ。

レ	・・・・・	オクターヴ
ウト♯	・・・・・	導音
シ♭	・・・・・	第六音
ラ	・・・・・	ドミナント・トニック
ソ	・・・・・	第四音
ファ	・・・・・	中音
ミ	・・・・・	第二音
レ	・・・・・	主音

図Ⅲ-7

　短調の進行が上行において長調と異なる点は、3度が一方においては短音程で、他方においては長音程であることにしかない。しかし下行においてはシ音の場所にシ♭を戻し、導音であるウト音のシャープは取り去らなければならない。

譜例Ⅲ-55

　この進行に従えば、あらゆる短調において過ちを犯すことはありえないであろう。

第22章　　217

移置されたすべての短調の例
ここではオクターヴの横の並びは前例のレのオクターヴと一致している。

ラの調

シャープによる

ミの調　　シの調　　ファ♯の調　　ウト♯の調　　ソ♯の調　　レ♯の調＊

フラットによる

ソの調　　ウトの調　　ファの調　　シ♭の調　　ミ♭の調＊

＊これら二つの調は同一のものにすぎない

譜例Ⅲ-56

　レの調を含めれば、ここでもまた十二の短調がみられる。レの調は、ラの調とともに、シャープもフラットもなしに表されるものである。
　音部記号の後にシャープが付く最初の調はミの調である。それぞれの短調が要求するシャープの数量を知るためにはミから始めて順次5度を数える必要がある。すると次のようになる。ミ、シ、ファ♯、ウト♯……　等。それゆえにシの短調は、二番目の調であるから、二つのシャープを持つ。任意の調の第二音がシャープの数量を決定する。なぜならその第二音が最後のシャープを有するからだ。
　音部記号の後にフラットを持つ最初の短調はソの短調である。これは4度を通じて順次数えていくことによってなされるので、ソ、ウト、ファ、シ♭、ミ♭……となる[11]。こうして各調にあてがわれるフラットの数量が知られるであろう。最後のフラットを有するのは短3度であるので、この短3度がフラットの数量を決定する。
　それぞれの長調と短調が要求するシャープとフラットの異なる数量をよく心に留めておかなければならない。それは単に音部記号の後に置かれるべき数量を知るためのみならず、それぞれの音の脇にあるべきそれらのシャープやフラットの置き方あるいは取り去り方を知るためでもある。これは楽曲の続きにおいて調が変化するときに必要とされる知識である。それはなぜなら、その知識が作曲する際に他の調ではなくまさにその調で作曲がなされるのに有用なだけではなく、移行しようとする調を識別し、それが演奏者にも分かるようにするのに役立つからでもあるからだ。
　以下の点に注意せよ。すべての長調における主音（ノット・トニック）をウトと名付けることによって、そのオクターヴ内の進行は必ずウトからの進行と一致するものである。またすべての短調における主音をレと名付けることによって、そのオクターヴ内の進行は必ずレからの進行と一致するものである。これは上行においても下行においても同様である。このようにされても任意の長調において使用されるべき諸音程と諸和音に変化が生じることは決してない。それは短調においても同様である。ただし短調においてはいずれの声部においても上行と下行では遵守されるべき変化があることが想起されねばならない。
　この点に関しては第4巻第6章ですべての調のオクターヴの上行と下行が、シャープとフラット付きで見いだされるであろう。

11）〔訳注〕最後の「ミ」には♭が必要であるはずである。

第23章　ある調から別の調への移行の仕方について
これもまた転調と呼ばれる

1．完全和音を支える音はすべて主音として見なされるべきである。それゆえに冒頭のいくつかの完全和音に関する譜例において、その音の数だけ異なる調が存在することを指摘できる。それらの譜例は、この章の後段におけるモデルとして役立つはずである。なぜならある主音から別の主音へと自然な仕方で移行するためには、協和的な音程を通じてなされる他ないからである。したがって、楽曲をある調で始めたのであれば、別の調に移行するためには3度、4度、5度、6度上あるいは下の調へとなされるものである。そうすると楽曲が開始された主音は、移行される調の主音の中音、属音、第四音、第六音となりうる。このようにある調から別の調へと鎖状となって移行していく。

2．上で述べたことに加えて、さらに長調の主音は時に第七音、また第二音になることもある。しかしこれは決して導音になるということではない。短調の主音は第二音にしかなることはできない。

ここで以下の点に注意せよ。上でわれわれが言及した第七音とはオクターヴの全音下のことであり、半音下の導音と呼ばれる、すべての調に自然に備わっている音のことではない。

3．楽曲の中ほどにおいて主音をある長調の属音と見なしたいときには、その属音の調は自然な仕方では長調であるはずである。ただし時に短調とすることも可能ではあるが、これは適切な判断力を伴ってなされるものである。ある短調の属音の調は、短調にしかなりえない。

自らがなしていることを適切に判断できるときには、これらの諸規則に従わないことも可能である。しかしこの場合道を踏み外す恐れがあることにはつねに自覚的であるべきである。もっとも経験豊かな人たちでさえこの恐れから自由であるわけではない。

4．いずれの調から始めたとしても、その調において少なくとも三ないし四小節の間に転調がなされるのが良い。この小節数は、才能と良き趣向が指示する限りは、超えることも可能である。

5．移行するのであれば、その開始時の調の属音の調に移行する方が、別の調に移行するよりも良い。こうすると、最初の主音は第四音となる。この移行の仕方は不規則カデンツという手段によって実践が可能である。

6．調を変えることになったならば、まずその調の主要な音、つまりトニックが知られねばならない。われわれの認識するところでは、この音はもっぱらウトあるいはレの音で表されるものであり、それらの音のオクターヴ内に含まれる諸音すべての続きと進行を即座に決定するものである。そしてそこで用いられるべき諸和音についても分かるようになる。その当該の調の諸音程と、ウトあるいはレからの諸音程を関連付けるのはただシャープとフラットを通じてなされる他ない。もし私がウトの調からソの長調へ移行するなら、私はファ音に一つのシャープを付加しなければならない。これはいずれの声部であろうともファ音が姿をみせる度にはすべてなされるべきことであり、こうすることによってウトの調における導音であるシ音の音程と一致させ、ソの調におけるファのシャープが導音になるのと同じである。これとは対照的に、もし私がこのソの調を短調と見なすのであれば、ファ音にシャープを付けるのは上行のときだけであり、さらに下行の際にはミ音にフラットを加えなければならない。ミ音はソの調の第六音であり、レの調の第六音と一致されなければならず、下行の際にはフラットが付けられ

る。同様に私はシ音にフラットを一つ付けなければならない。これはこのシ音がソと短3度を形成するためであり、レからの3度と一致させるためである。これらのことは他の調についても当てはまる。

7．頻繁に聞こえる調を耳は快であるとは受け取らないであろう。開始時の調というのは時折り耳にされても耐えられうる。しかしそれ以外の調に関して言えば、今しがた離れたばかりの調に即座に戻るのは良いことではない。たとえば私がウトの調から開始したとすると、その調に戻ることができるのは別の調に移行した後のことである。しかしそのようにしてウトの調を離れた後に別の調へさらに入って行き、その中でウトの調を取り戻し、そしてまたそこから別の調へと移る、というのは良くないであろう。それゆえにより良いとされるのはまったく新しい調へと移ってしまい、そして節度を持って次々に移行していくことである。そして気付かぬうちに開始時の調にもっとも近い調へと戻って行き、開始時の調で終わることができるようにする。これはあたかも開始時の調を離れていなかったかのように思われるような仕方でなされるのが良い。このように、終止部においては開始時よりも多少長く主要な調の横の配列がなされるべきである。特に別の多くの調を通じて移行してきた場合はそうである。

8．長調は中音の調よりも第六音の調へ移行する方が望ましい。それに対して短調は第六音の調よりも中音の調へ移行するのが望ましい。しかしこれらより良好でない移行も禁止されているわけではない。長調の中音と第六音は長と見なされ、同様に短調の中音と第六音は短と見なされることを想起せよ。

9．移行しようとしている調が長であるべきか短であるべきかを判別するためには、離れようとしている調の主音に後続する主音、3度、5度が、その先行する調のオクターヴ内に含まれる諸音から形成されうるかどうかを確認しなければならない。またさらに（楽曲の長さのためにさらに遠ざかっていかなければならないわけでないなら）これらの異なる主音の完全和音は楽曲の続きにおいて使用されうるものであるが、これらの和音が開始時の調におけるオクターヴの範囲内に含まれる諸音から形成されるものであるようにされねばならない。この際これらの諸音が新たにいかなるシャープやフラットによっても変位されてはならない。たとえばウトの調から始めるとすると、ミ、ファ、ソ、ラ、そして時にレと、これらの3度と5度の諸音は、ウトの調の横の並び内に含まれるのと同じ諸音から形成されていることが見てとられる。それゆえに長調から短調、また短調から長調へと分け隔てなく移行されるものであり、3度が開始時の調、あるいは少なくとも離れようとしている調のディアトニックな配列と一致しているのが見いだされる。もしウトの長調からラの調へ移行しようとするなら、このラの調は短調となるであろう。なぜならウト音がラから短3度を形成するからだ。この点は他のケースについても同様である。短調においてこの規則を遵守するためには、それら短調のオクターヴの横の並びは下行においてのみ考慮されなければならない。下行において導音はシャープを外し、自然な音となる。これと同じ理由から、長調においても導音にフラットが付加されることがありうる。なぜなら、われわれが主音は2度になることがあると述べた際に、それはこの主音と第二音との間に全音の音程が必ずみられるべきであればこそのことであったからである。この種の横の並びについては「2」ですでに言及されていた。

10．ある調から別の調への移行は感知されないような仕方でなされるべきであり、そうすることによって耳は特にその移行に気が付かないであろう。上で規定されている秩序に従うならば、成功を収めるであろう。

11．ある調から別の調への移行に際しては、離れようとする調の最後の音は必ず協和和音を支えていなければならない。したがってこの最後の音はトニック、中音、属音でしかありえない。また時に第六音もありえるが、これは六の和音を支えるものであろう。まず注意が集中されるべきは主音から属音への移行であり、ここで属音は主音になるわけであるが、しかしそれに続いて次の

譜例の中で規定されているすべての行程に従うことができる。ここに書かれている諸音のそれぞれの調において数小節にわたって転調がなされる。バスはこれらの諸音上を移行するものである。

　バスは一小節目からでも二小節目からでも開始されうる。ここで以下の点を再び想起せよ。開始時の音に後続する音の調には、開始時の調におけるほどには長く留まる必要はない。そして他の諸調においてはさらに短い。それらの諸調の一つが別の調に移行するに際して、一つ、二つ、三つあるいは四つの音だけが用いられることも時にある。これは諸規則にというよりも、趣向(グー)に依拠することである。

譜例Ⅲ-57

第24章　前章に含まれる諸規則の続き

　まず第一に、調の転換の習得はカデンツ(トン)を通じてなされるものである。カデンツは楽曲にある種の休止(ルポ)をもたらし、その休止のあとに望む調へと移行がなされる。そしてその新しい調でまた別のカデンツが耳にされることになり、鎖状に続いていく。なぜなら、すべてのカデンツを終止させる完全カデンツの後では望みの和音へと自由に移行してよいからだ。

　あるカデンツが主音(ノット・トニック)上で形成されたら、この主音は時に繰り返して用いられる。その繰り返される音(ノット)にはこれから入ろうとする調にふさわしい和音があてがわれる。

　この繰り返される音に七の和音あるいは四六の和音が与えられると、それは属音(ドミナント)と見なされる。A。

　この音に三全音の和音あるいは大六の和音が与えられると、それは第四音と見なされる。B。

　この音に六の和音が与えられると、それは中音(メディアント)と見なされる。C。あるいは導音(ノット・サンシーブル)へと上行する第六音と見なされる。D。

　この音に小六の和音が与えられると、ドミナント・トニックに下行する第六音と見なされる。F。そして時に第二音と見なされる。G。

　さらにこの主音を半音(セミ・トン)上行させることもでき

る。これはこの音を繰り返す代わりに、この上行する音に偽五の和音をあたえ、この上行する音が導音となる。H。

主音が長３度を支えるとき、主音は何も変えることなく属音となりうる。J。

譜例Ⅲ-58

完全和音はここでは単に（${}^6_5$）と数字付けされた音すべてにあてがわれており、そこにはBと印されている。なぜならここで聞こえる不規則カデンツは完全和音のみを絶対的に必要とするからである。

中音は第六音になることができるが、これは第六音が中音になりうるのと同じである。この点は次の譜例において、Tと印された箇所に指摘できることである。

譜例Ⅲ-59

ラ音はウトの第六音であるが、ファの調の中音となる。S。

ファの中音であるラ音はTにおいて第六音となる。ここにおいて和音自体はいずれにおいても変化はない。中音にも第六音にも等しくなることができるこの音は、互いに５度離れている二つの音の間につねに見いだされ、この５度を二つの３度に分ける。たとえばファとウトの間にあるラがその中間にあるということである。

またさらに調の転換は７、７と６、２、４♯、${}^6_5$、５を用いることによってなされる。したがって、バスにおいてこれらの種別の諸和音のもとで一つあるいは多数の音を進行させることによって、三全音あるいは偽５度の音程が見いだされる

ようにすればよいことになる。このようにして移行しようとする調を確定することができる。この三全音あるいは偽5度はドミナント・トニックの長3度と7度から形成されるはずのものであることに注意せよ。

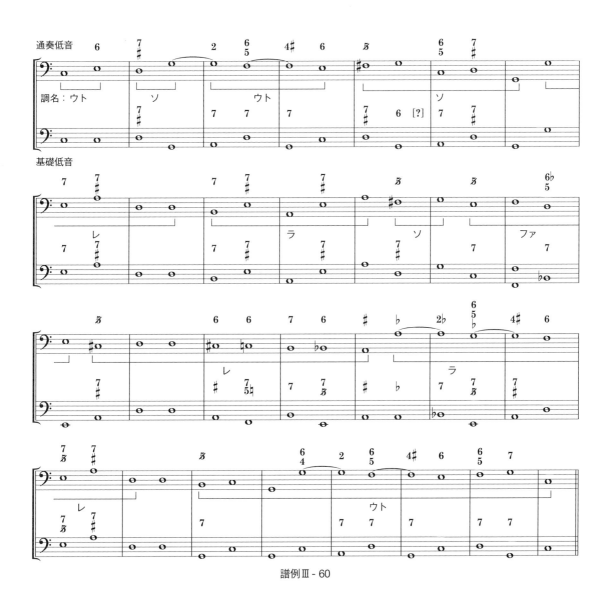

譜例Ⅲ-60

以下に注意せよ。別の調に移行しようとする際の不協和音程は、離れようとしている調を終結させている和音の協和音程によって予備が必ずなされていなければならない。

以上の点は、自身が使用を望む諸和音と一致した形でバスを作曲することに役立つはずである。しかし自らの好みに従ってバスを作曲する自由を利用して、他の方法も合わせて状況をよく検討することができるであろう。バスの進行はわれわれに、そのバスが支えるべき諸和音についての知識をもたらすものである。

第24章　223

第25章　バスの進行に関わらず、バスの諸音に与えられるべき諸和音についての知識をいかにして得ることができるか

■第1項
・カデンツと歌謡の終止に関係するすべてのことについて

1．まず第一に注意が集中されるべきはあらゆるカデンツと、歌謡の結末と関連のあることがらすべてである。初心者はこの点に関して即座にバスの問題へと立ち入らざるをえなくなる。特に調を転換したいと望まれるときにはそうであり、この点を指摘するのは難しいことではない。なぜなら結末というのは必ず小節の一拍目にあるものだからだ。たとえわずかなりとも趣向が形成されたのであれば、そうした結末にはすぐ気が付かれるものである。したがって小節の第一拍目に見いだされる諸音というのは歌謡がある種の仕方で休止をする場であり、そこでは必ず完全和音が支えられていなければならない。そしてそれらの諸音は主音として見なされるものである。

2．この主音の後でバスが協和的な音程を通じて進行していくのであれば、このバスの各音には完全和音をあてがうことができる。そしてこれはバスがディアトニックな音程に連なるまで続く。例外は、完全和音を支えている音の3度上あるいは3度下にみられる音であり、最初に置かれる音は六の和音を支えることができ、この場合六の和音は完全和音と同じぐらい、あるいはそれ以上に望ましい。これとは対照的に、最初の音が完全和音を支えるべきと認められるなら、その次に3度上あるいは3度下にみられる音が六の和音を支えるべきである。これはこの後者の音の後に協和的な進行で別の音が後続しない場合である。なぜならこの進行は各音上に完全和音あるいは七の和音を自然な仕方で要求するものだからである。このことは以下で明らかになるであろう。

そもそも、上で言及されたケースにおける音は六の和音を支えることができるものであるから、中音が第六音であることになり、確かにこれらの音のそれぞれにも単に完全和音をあてがうことはできるが、その場合はミスを犯すことが懸念される。

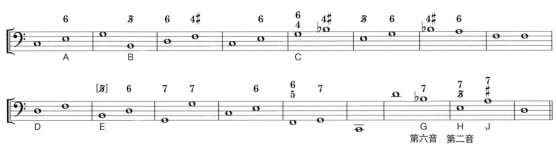

譜例Ⅲ-61

この譜例はウトの調にあるのだから、このウトの3度上にあり、そしてそれに後続する属音の下にある音は六の和音を支えているはずであることが分かる。A。

B。この属音の3度上、あるいはこれは6度下と同じことであるが、その位置にある音は六の和音を支えることができる。しかしこの音には偽五の和音がよりよく適合することはすでに周

知のことである。なぜならこの音はウトの調の導音(ノット・サンシーブル)であり、まだここではウトの調から離れておらず、Cまでは存続し続けている。さらに六の和音と偽五の和音の違いというのはこの六の和音に付加された偽5度にしかないのであり、これは完全和音と七の和音の違いが完全和音に付加された7度にしかないのと同じである。それゆえに偽五の和音を支える音の直前を先行する属音にこの7度は付加されうるものである。これは第12章で述べられたことと合致している。

それから四つの音が主音から3度で順次上行していくのがみられる。中音は六の和音を支え、属音は四六の和音を支えている。それがCであるが、ここでは完全和音よりも四六の和音がふさわしいであろう。なぜならシ音にみられるフラットは異なる調を決定づけるものだからである。偽5度の音程を通じたバスの進行においてこうした変位は既知のことであり、このシのフラット音が後続するミと偽5度(ソン・グラーヴ)を形成している。それゆえにこのミが偽5度の低音であり、導音となる。したがってこのシのフラットの和音はこの導音が設定する調と一致しなければならない。なぜならシのフラットはウトの調には含まれていないからであり、この調を離れねばならず、ウトの属音は同時に自らの上に形成される和音を後続する調と一致させる。それゆえに属音はウトの調から出ることなく四六の和音を支え、この和音がシのフラット上の三全音の和音を形成する。なぜならもしこの属音が完全和音を支えているとするならば、いわゆる誤った関係(ルラシィヨン)を回避するためにはこの完全和音の3度は短音程でなければならないはずである。この誤った関係というのは、二つの異なる声部においてシャープやフラットが付け加えられることによってのみ名称が異なる二つの音の連続(スュイット)を聞かせる、というものである。つまり、ある一つの声部でソの長3度であるシが聞こえたとすると、私は別の声部でシにシャープやフラットを付けて聞かせることはできない、ということである。この点については別の箇所でさらに詳しく言及することにしよう。以上のような理由で、Cの音に四六の和音を与えるのは、この和音の和声(アルモニ)を後続する和音の和声と適合させるためにのみなされるものである。なぜならこの同じCの音に短3度の完全和音を与えることもできるし、その直前の先行音に偽五の和音をあてがうことによってC音に小六の和音を与えることもできる。なぜならミと後続するシのフラットの間に偽5度の音程が見いだされるからである。このような音程がバスにおいて明らかになるのであれば、即座に調(トン)が設定されて、この偽5度の低音が必ず(すでに言及されたように)導音になるものである。ここで偽5度について述べられていることは三全音にも当てはめて理解されねばならない。三全音の和音においては高音(ソン・エギュ)が導音である。しかしながらもし、偽五あるいは三全音の和音の同じような音程の後にバスが4度上行あるいは5度下行するなら、そのような音はもはや導音とは見なされず、そうしたバスの音はそれぞれが属音として見なされうるものである。そして属音はドミナント・トニックを求め続け、偽5度あるいは三全音の音程を形成する属音のその直後にドミナント・トニックが後続するのである。これはG、H、Jの諸音にみられるとおりである。ただしこれは短調の第二音と第六音の間のみにみられうることであり、これらが偽5度あるいは三全音の音程を形成するものである。

先述の規則に従えば、D音は六の和音を支えるはずのものである。しかしここでの6度は短音程でしかありえない。これは前後の音の調に照らし合わせて言えることである。ここでこの直後のシはフラットが外されていることに注意しよう。足並みが揃えられるべきなのはそれ以前よりもそれ以後の方であるのだから、このD音には完全和音が与えられる方がよい。これは後続する事柄との誤った関係を避けるためである。このように歩調を合わせることで同時にバスの協和的な進行の規則とも一致することができる。

E音は偽五の和音を支えているが、これは先ほど主張した理由に基づくものである。なぜなら偽5度の音程がE音とその先行音の間に見てとれるからである。調の変化という点においては、諸和音の和声は後続する調に一致させられるべきこ

とをよく想起せよ。これは離れようとしている調と一致させるよりも好ましいとされることである。特にある音が二つの和音を支えることが可能であり、そのどちらの和音でもわれわれには構わない場合には特に当てはまることである。

第2項
不完全カデンツ(アンパルフェ)について

完全カデンツにおけるバスの自然な進行の他に、この進行と関係のある別のカデンツがある。これは不完全カデンツ(アンパルフェ)と呼ばれる(第2巻第8章を見よ)。

不完全カデンツは完全カデンツと関係があると言われるが、それはバスの進行における点にではなく、和声(アルモニ)の相同性という点においてである。このことを理解するには、完全カデンツを構成するすべての諸音(ソン)を配置し、各声部の進行を別個に調べてみさえすればよい。このようにしてバス声部を作り上げることができ、ここにおいて諸和音はその配置のされ方が異なるにすぎない。

譜例III-62

すべての声部を同時に聞いてみたいときには、AとCの声部はここから削除されるべきである。これらの声部は一番上の声部とあまりに多くの相同性を有し過ぎている。短不協和音程を解決(レブリック)する音(ノット)はこのケースにおいては自らの複製音を好まない。しかしこの最上声部が削除される際には、これらAとCの声部が聞かれることは可能である。これらが共に扱われるのは異なる進行が識別できるようにするためであり、不協和音程を成す諸声部には決められた進行があること、またそうでない他の諸声部は上行あるいは下行が可能であることが見てとられるであろう。なぜなら基礎低音(バス・フォンダマンタル)の音は下の三声部にみられるが、同度に留まるか、あるいは3度下行するか、さらにはまた自然な仕方で5度下行する。注意すべきは、Aのように3度下行の際はこの和音から7度が削除される

のが普通である。なぜならある種の連続する二つのオクターヴが聞こえるからであるが、ただしこれは、特に四声部では、容認されうることである。

すべての声部の進行は第11章のオクターヴの譜例において明確にされているのを見ることができる。そこでは、ここでの譜例におけるのと同じ和音が用いられている。さらによりよく確信を深めるためには、望みの声部をバスとして使用してみさえすればよい。その際には下の二段の声部は他の声部よりも上に置かれることは避けられなければならない。残りの声部はどのように配置されたとしても共に良い効果を生み出す。そしてある声部において数字付けがなされている諸和音は他の声部において含まれていることが見いだされるであろう。

ここまでの大部分の譜例においてこの種の不完全カデンツは見分けることのできるものであった。しかしこれらのカデンツを終止させる諸音は必ずしも小節の第一拍目に見られていたわけではなかった。なぜなら不完全カデンツはディアトニックな進行において生じるものであり、ディアトニックな進行が完全な結末（コンクリュズィヨン）を決定づけることは不可能だからである。

第3項
不完全カデンツ(アンパルフェ)が生じている進行における調(トン)をいかにして識別するか

確かにディアトニックな進行は多くの異なる調(トン)へとわれわれを導く。しかしこのわれわれを導く進行が生じている調を識別するためには、指摘するべきことが多々ある。

1. 導音(ノット・サンシーブル)がまず第一の決定要素である。バスにおいて導音を見分けることができるかどうかを確認せよ。

開始時の調が分かっているなら、同時にその調の導音も知られている。そしてその調が支配力を行使しうるのは、ウトの長調あるいはレの短調に相当するところのオクターヴの範囲内に含まれる定まった諸音に対してだけであることも理解されている。もしそれらの諸音の内の一音がシャープやフラットによって変位されているなら、調が確かに変わったのである。

最初に見いだされる新しいシャープは、確実に導音を示す。そしてシャープが二つ、三つと続いていくなら、導音を示すために使用されるのはつねに最後のシャープである。それゆえに、ファ音の脇に付けられたシャープはこの音を導音とし、そして同時に調がソの調であることを明示する。もしこのファのシャープとともに、ソの脇にもシャープがあるのが見いだされるなら、ファのシャープはもはや導音ではなく、ソのシャープがそれに相当し、そして同時にラの調であることを明示する。このようにシャープの位置はファ、ウト、ソ、レ、ラ等の配列に従うので、間違えることはないであろう。これらのシャープの中に紛れ込んでいるフラットについては注意を払う必要はまったくない。しかしシャープが一つもみられないのであれば、フラットが新たな調を示すものである。そして導音は、さらにもう一つのフラットを置かなければいけないと想定したとして、そのさらなるフラットが置かれるべき音上に設定されるべきものである。たとえばシ音の脇にフラットが一つあり、シャープは一つも見あたらないとすれば、ミ音が次の新しいフラットが加えられる音であり、このミ音が導音となる。同様にもしミ音にフラットが付いているのであれば、ラ音が導音となる。このようにフラットの位置はシ、ミ、ラ、レ、等の配列に従い、その音自身にはフラットはまったく付いておらず、フラットが一つ付いている音に続く音が必ず導音である。ここで第1項で言及されたことが想起されるべきである。すなわち、偽5度あるいは三全音の音程がバスの進行においてさらに感知されるであろう、ということである。なぜなら付加されたフラットを持つことができる音というのは、この最後のフラットを有している音の上に三全音を、あるいはその音の下に偽5度をまさに形成するからである。ここで誤りを犯さないためには、ナチュラルは決して用いられるべきではない。

2．バスは必ずしも導音(ノット・サンシーブル)上を進行するとは限らず、調の転換はその転換が生じている箇所で知覚されることなく遂行されうるものである。さらにバスにおいては極めて頻繁に偽5度と三全音の音程がみられるものである。これは短調の第二音から第六音へ、あるいはそのまた逆への進行で形成される。ただしこの際にはシャープは一つも生じない。なぜならシャープはつねに決定要因となるからだ。ここでまず以下の点に注意しなければならない。上記の諸音程あるいは別の何らかの記号が表す調が、離れようとしている調と適切な関係にあるのかどうか[12]、またディアトニック進行において何らかの形で決せられた休止のあとで他の別の調よりもある調とより関係の深い音が後続するかどうかが確認されるべきである。とりわけディアトニック進行におけるこの最後の音のあとに協和的な進行において別の音が後続する場合には特にこの点は当てはまる。この音がしばしばいくつかの最終カデンツ(カダンス・フィナル)へと導くのであり、そこで調が確定されるものである。

譜例Ⅲ-63

最初の導音を指摘するのは容易であるが、その後A音からディアトニックな進行が続いているのが見てとれる。この進行はB音で中断され、ここでは七の規則に従わなければならない。そしてこの中断はウト音上のカデンツ(ドミナント)へと導くものであるから、ラの属音以降のディアトニックな進行における諸音をウトの調と一致させなければならない。このラの属音より後ではわれわれはラの調に留まりうるようには見えない。ここで繰り返されている属音には四六の和音が与えられている。これは何よりもこの和声(アルモニ)を後続する諸和音に結びつけるためである。さらにBの箇所にふさわしいソ

---

12)〔訳注〕この箇所は「補足」の中の訂正を反映して訳出した。

は、この音がもはや導音ではないことを知らしめる。またウトのカデンツに至るまでにはシャープもフラットも見られないのだから、われわれはA音以降にウトの調が明示されているのをはっきりと見る。なぜならつねに払われるべき注意は今いる調よりも後続する調に集中されるべきである。とりわけシャープもフラットもみられず、協和的な進行も、また別の道程を決定づけるいかなる休止もみられず、後続する調に諸和音を合致させることに配慮がみられないときには特に注意が必要である。

ソにシャープがなく、その後のウトにシャープが生じていることは、新たな調を明示している。C音上で休止が示され、その後には協和的な音程が後続するので、C音上には7度が要求される。このことはラの調に復帰したことを決定づけるものである。なぜなら4度上行の進行を終止させているのはこのラ音上であるからだ。

ファのシャープは新たな調を明示している。なぜならこのファ以降、別の音にはシャープはまったくみられないからだ。

Fのフラットは、その先行音において短3度を与えるように強いる。それは和声とより一致させるためである。するとフラットはシ音とミ音上にみられ、ラ音が導音に違いないと判断することになる。そしてミ音からフラットが取れると、そのミ音自身が導音になる。なぜならフラットは依然としてシ音上に留まり、シャープはまったくみられないからだ。

偽5度の音程がDにおける諸音の間にみられるが、この音程がこの箇所の導音を知らしめることができるようになっている。なぜならここで導音として選ばれるであろう音がJで半音上行しているからである（これは導音の自然な進行である）。しかしL音以降で実践されている協和的な諸音程はファの調で終止しており、L音以降に後続する諸音に完全和音か七の和音を与えることを余儀なくされる。これはバスの異なる諸音程に従ってなされるが、同時にまた後続する導音によって決定される調を明らかにするようにわれわれを仕向ける。しかしだからと言ってこれは3度の進行の規則に従えば次のようにすることもできたであろう。

譜例Ⅲ-64

したがってレ音に至るまでファの調が継続されたであろう。そしてこのレ音に導音が後続している。これは良き趣向が導く際には自由になされてよいことである。この良き趣向というのは多様性においては好ましいことであり、あまりに長い間耳にされてきた調を可能な際にはつねに放棄するようにわれわれに決心させるものである。

レの導音上に形成される偽5度はここで後続する和音上で即座に解決されておらず、さらにG音の6度を形成していることを指摘することができる。ここで和音の基礎には変わりはなく、そしてその後でとなりの音の長6度上に下行することによって解決されようとしている。ここではディアトニックな進行のために、後続する導音が規定する調とわれわれの和声とが一致するように強いられている。

G音が支える増二の和音についてはまだ言及されてこなかったが、ここでは当面注意を払わないでよい。

H音は導音となるが、これはこの音と次の小節において後続する音との間にある半音進行との関係においてもそうだし、またこの導音が支える偽五の和音はその直後に後続する音が支える七の和音と同じ和音であることからしてもそうである。なぜならこの後者の音が4度上行しているが、ここにはシャープはまったくみられず、そしてシにフラットが残っている。それゆえに、ミが導音である。それから後は、フラットもシャープもまったく姿を見せないのだから、シ以外は導音ではありえない。それゆえにここではウトの調が確定される。したがってこのウトの調の諸音にはそれらの諸音に規定された和音があてがわれなければならない。このようにして結末まで続くが、ただしMにおいて4度上行する進行のためにウト

第25章　229

音には七の和音を与え、そしてファ音には完全和音が与えられなければならない。なぜならこのファ音の後にさらに協和的な音程が後続しているからだ。したがって完全和音というのは自らが形成されるもととなる音をトニックとするものであり、ここではファ音がトニックとして与えられている。しかしこの調において支配的であるはずのシのフラットはたちまちのうちに姿を消し、そしてもはやシャープもフラットも見あたらない。それゆえにシ音がふたたび導音となる。ここでウトの調が一時的に中断されているのはもっぱら多様性を考慮してのことにすぎない。なぜならこのようになされうるのはバスの協和的な進行と一致してのことだからである。

　このテーマに関する結語として以下のことを述べておこう。われわれにとっての絶対的な決定因子であるのは協和的な進行であり、ディアトニックな進行はその前後の協和的な進行と関連付けられていなければならない。もし導音を判別することができないとしても、ディアトニックな進行において諸和音のある種の連続（スュイット）が見いだされるであろう。それは最後の協和和音以降に見いだされるものであり、そしてこの協和和音は協和的な進行における最後の音が支えているであろう。この最後の音は決して見失ってはならない。それは第11章のオクターヴの譜例において規定されていたとおりである。もしバスが半音上行するのであれば、この進行における最初の音（ノット）は導音として受け取られうるので、その後に何らかのシャープが続くか、あるいはフラットをはずした何らかの音があるかどうかを確認しなければならない。なぜなら導音というのは、半音上行する進行によってよりも、この確認の仕方での方がより確実に確定されるからである。というのも、半音上行は長調において中音（メディアント）から第四音へと、そして短調においては第二音から中音へと、また属音から第六音へとなされうるものだからである。そしてこの第六音はこの後即座に下行する。このように、こうし

た種類の進行においては協和的な進行が、あるいはシャープやフラット、あるいはある種の諸和音の連続がわれわれにとっての決定因子であることが見てとれるであろう。

　ディアトニックな進行の直後には協和的な進行が後続する。ディアトニックな進行を終わらせ、協和的な進行を開始する音は完全和音かあるいは六の和音を支えるものでなければならない。もし完全和音であるのであれば、その導音が半音上行で先行していなければならないだろう。そうでないのであればそれは属音であって、全音上行（トン）によって先行されているものである。もし中音であれば、中音は短調においては半音上行によって、長調においては全音上行によって先行されているであろう。以上のこととは反対に、これらの音が下行によって先行されているなら、トニックはつねに全音の差で先行され、属音は短調においては半音の差で、長調においては全音の差で先行される。また、異なる調のさまざまな進行からは何がしかのことは知られるはずである。なぜならある調と離脱しようとしている調が有するべき関係のことはすでに知られているからだ。3度と5度においてなされうる長と短の相違というのは離脱しようとしている調に含まれている諸音（ノット）から形成されるはずのものである。そもそもその前後で導音が明らかでないということはほとんどありえないことであり、後続する協和的な進行がある種の結末にわれわれを導かないということも考えられない。そうした結末がわれわれに判定を可能とさせるものである。なぜならこうしたあらゆる結末というのは4度あるいは5度の進行において決せられるということがしかるべく指摘されなければならないのだから、上行であれ下行であれ、2、3の音から成るディアトニックな進行が最後の音へと至り、その最後の音上で再び開始されうる新たな協和的進行あるいは跳躍進行との連関において歌謡（シャンルポゼ）は休止するものである。

譜例Ⅲ-65

Aでバスは5度下行しているが、ここでの最初の音には7度を与えるべきではない。なぜなら二番目の音が完全和音も、七の和音も支えるべきものではないからだ。これは後続するディアトニックな進行によって決せられていることであり、ここで歌謡は休止している。

Bから三番目の音上で歌謡は休止しているので、ここでの調とB音とは一致させられるべきである。それゆえにBに先行する音はこの調によって決定されている和音のみを支えるべきであり、協和的進行が要求する和音をではない。なぜならB音は完全和音も七の和音も支えるものではないはずだからだ。

私はCの二番目の音の和音とそれに後続する音の調を一致させている。その後続音上で歌謡は休止している。ここで私はC音に七の和音を与え、その後の音には小六の和音を与えている。なぜならこの音にはこの和音がふさわしいからだ。というのはこの7度は先行和音において予備されているのが見てとられ、そして同音上の6度で快い仕方で解決されるからだ。この点に関しては次章でさらに言及しよう。

DとFの箇所で3度を通じて進行する諸音に規定された規則を私は遵守している。こうしたケースにおける諸和音の扱いに関する諸点をさらに確かめるためには、一拍目に相当する諸音が完全和音を支えるべきことに注意せよ。これは二拍目に相当する諸音よりもふさわしい。このとき二拍目の諸音には六の和音が適当である。ただしこれらのどの音にも完全和音をあてがうことは可能である。これはGの箇所でなされているとおりである。

最後の箇所で協和的な音程によって予感される結末のために、H以降のディアトニックな進行をしながら先行している諸音が支える諸和音は調と一致させられなければならない。

第4項
ディアトニックな進行において歌謡が休止しているのは主音(シャン・ルボゼ)上なのか属音(ドミナント)上なのかを見分ける方法

ディアトニックな進行において歌謡が休止しているのは主音上なのか属音上なのかを見分けるためには、以下の点を心に留めておけばよい。すなわち、主音から属音へ至るためにはバスは5度上行あるいは4度下行するものである。属音から主音に至るためにはバスは4度上行あるいは5度下行するものである。もしディアトニックな進行がこの範囲を超えるのであれば、その場合は導音(ノット・サンシーブル)がバスに姿を現すこともあるし、ないこともある。もし姿を現すのであれば、それと同時に主音も明らかである。もし姿を現さないのであれば、歌謡は属音上で休止をしようとしていることを確信できるであろう。

属音へと導く進行。ここでは導音はまったく姿を現さない。

主音へと導く進行。ここでは導音が姿を現す。

譜例III - 66

　Aの箇所で全音上行しているバスの動きから、ここは属音であることが見分けられる。Bの箇所は主音である。ここでは半音の幅だけ上行しているにすぎない。

　さらに、ディアトニックな進行がその調のどの音から開始されようとも、その音とその先行音の間にみられる協和的な音程、そしてその直後に続く休止、そのディアトニックな進行内にみられる全音と半音、このディアトニック進行が協和的あるいは跳躍的進行によって中断されることが確認されるならば、今いる調あるいはその代わりとなりうる調においてその音がいかなる場を占めているのかは間違いなく分かるはずである。確かにディアトニックな音程に先行する協和的な音程は、ディアトニックな音程に後続する協和的音程ほどには決定的ではない。これは前項の最後の譜例において明らかであるとおりである。しかしこの点に関する事情に通じるためには、ディアトニックな進行における各音程を構成する全音と半音のことだけで十分である。それゆえに各音階において半音が占める場を指摘しておくことは適切なことである。これは上行でも下行でもなされるべきことであり、ディアトニックな進行が中断されるのは通常は主音、中音、属音の後のみであることも想起されるべきである。また同時にディアトニックな進行の中断は別の仕方でも生じるものであり、それは時にこの中断が上記の音以外の音の後でも生じることからも明らかである。ではそれに後続する協和的な進行はこの場を明らかにするのに決定的な力を有していないだろうか？ この点について規定された諸規則だけでは過ちを犯さないのに十分ではないのだろうか？　われわれはすでに、上行にせよ下行にせよ、3度、4度、5度の進行が要求する事柄を知っており、同じ一つの和音が連続する3度を通じて、あるいは後続する進行に沿った別の仕方を通じて、二つの音で表されることも知っている。つまりはこういうことである。もしわれわれがこの点についてすでに述べてきた事柄すべてにわずかなりとも注意を払い、われわれにとってつねに主要なテーマであるべき横の並びに意識を集中し、バスの進行と諸和音の関係に注目し、すべてを基礎低音と対照し、導音はそれ自身が生じるところではどこでも大きな助けになることに配慮するなら、過ちを犯すことが困難なのである。なぜなら、ある音が支えるべき和音がすでに知られているのであれば、その音からディアトニックな進行が中断される音までのオクターヴの秩序に付き従いさえすればよいからである（この点は第11章を見よ）。さらにもたらされるであろう和声の多様性については、以下で習得されるであろう。

第 26 章　ある調のディアトニックな進行のすべての音上での 7 度の実践の仕方について

　主音は完全和音とともにでなければ姿を現すことはない。それに対して七の和音は他のすべての音に適している。異なる点というのは、4度上行して完全和音あるいは七の和音に至る進行をするすべての音は属音として見なされるべきものであり、この場合七の和音を支えることが可能である、ということである。しかしディアトニックな進行においては七の和音を支える音は二つの拍に分かれうるものでなければならない。あるいは二回繰り返されなければならない（これはほとんど同じことである）。こうすることによって二拍目において六の和音を支えることが可能なようにするためである。後続する音から判断すれば二拍目には六の和音が適している。このようにして7度は必ず予備されるべきであるが、バスの進行からして予備が不可能である最初の音は例外である。

譜例 III - 67

　A、B。ディアトニックな進行におけるこれらの音から成る諸和音と、後続する結末から明らかである調とを一致させることは可能であった。しかし先行している調を継続することも可能なのであり、先行調の主音はBである。このB音は二拍目において後続する調に適した和音を用いている。

　C音は自然な仕方で大六の和音を支えるべきものであり、その前の音にあてがった七の和音の後で聞かれうるものである。しかしこの7度を、同じ音の6度上に解決させる代わりに、その直後に続く音の4度上へと解決させている。なぜなら、この後者の音が支える小六の和音と、C音が支える大六の和音とは、その基礎において同じ和音だからである。それゆえに、不協和音程が聞こえたならばその音程が解決されうるまで不協和音程からは離れてはならない、ということになるのである。不協和音程が自然な仕方で解決されるのを支えるバスの音は必ずしも明らかではないのだから、バスにおいてこの音に後続する音が同じ諸音から構成される和音を支えていないかどうかを確かめる必要がある。それらの和音が解決されるべき不協和音程を含む和音を構成しているはずだからである。この点は以下で説明される。

第27章　どのようにして同じ不協和音程が異なる諸音上の複数の連続する諸和音において生じうるのか；そしてどのようにしてその不協和音程が無関係と思われる諸音上で解決されうるのか

まず指摘されるべきは、七の和音は異なる四つの音から成るということである。そしてそれら四つの音は同じ一つの音に先行しうる。さらにこれらの音は順次バスに配置されうるものである。したがってこれらの音は各々が外見上は異なる和音を支えていることになるが、これはその基礎においてはつねに同一のものである。この点は第12章で明示されている。それゆえにある和音において不協和音程が耳にされ、この音程が次の和音において解決されえない場合、その同じ不協和音程がそのまた次の音が支える和音で使用可能かどうかを確認しなければならない。これはこの不協和音程が解決されるのを見るまで続く。

譜例Ⅲ-68

AとBの違いというのは、前者においては長不協和音程がみられるのに対し、後者には短不協和音程だけが使われているということである。Aの小六の和音は第二音に自然なものであるが、この和音内には不協和音程が3度と4度の間にみられる。この音程は3度を下行させることによって解決されるべきであるが、これは後続する音の上では不可能である。しかしこの同じ和音は後続音の三全音の和音を形成しており、この不協和音程もまた解決されえない。このようにしてウト音まで続き、ここで不協和音程はこのウト音の3度上に下行することによって解決されている。こうして七の和音を支えるソ音がこれら四つの異なる音の基礎となっていたことが指摘される。それゆえにある和音において不協和音程が見いだされる際には、その和音をその基礎と必ず関連付けなければならない。そしてそれから、そのバスにおいてこの不協和音程を解決させることのできる音を探さねばならない。なぜならバスに姿を見せるのがその不協和音程が生じている和音に含まれるのと同じ諸音ばかりである限りは、その不協和音程が解決されえないことは確実だからである。それゆえに、バスにおいては不協和音程が解決されうる和音の構成音のいずれかが姿を見せることが絶対的に必要である。その不協和音程が短音程であればその解決は下行し、長音程であればその解決は上行する。この音は容易に判別がつく。特にこの不協和な音程をその基礎と関連付けた後に、この基本和音の基本音が4度上にある音を支配しているときには容易に見分けがつくものである。それゆえにこの音がバスに求められねばならないし、少なくともこの完全和音を構成する諸音のいずれかが見いだされねばならない。あるいは、歌謡がこの場で休止していないとするのであれば、七の和音を構成する諸音のいずれかである。もしもこの不協和な和音の解決にこの音の

属音しか見いだせず、そしてこの属音が明らかに現前している不協和な和音の基本音であるのであれば、この属音は少なくとも二拍に分かたれるか、あるいは反復されねばならない。それはその二拍目において属音が、この属音自身が支配する音から派生する和音を支えることができるようにするためである。この規則にはいくつかの小さな例外が認められるが、それについては第2巻第17章で説明されている。

上で述べられたことからは以下のことが続く。すなわち、7度がある音の上で耳にされるのだが、その音はそれに後続する音との関連あるいはオクターヴの秩序に従えば別の和音を自然な仕方で支えるものであるべきとする。この音は自らに適した和音を聞かせるのに十分な音価を有していないものとする。こうした場合、この後続する音はその基礎からして同一の和音を支えることのできるものでなければならない。つまり、この後続音の和音に含まれる諸音は、最初の音に自然である和音が構成されるはずの諸音であるということである。

次の譜例を見よ。

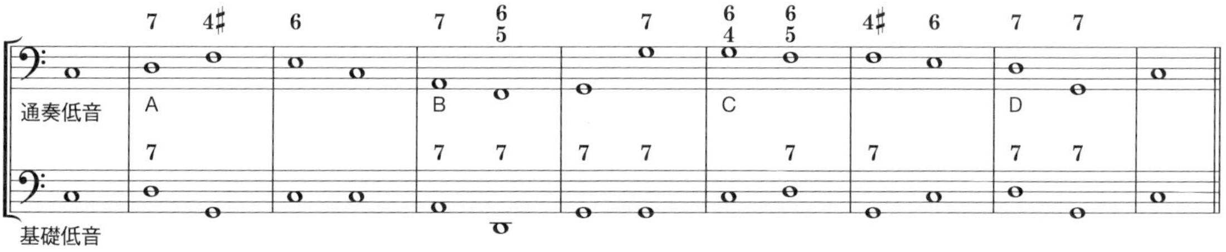

譜例Ⅲ-69

この調の第二音であるAとDが自然な仕方で支えるべき小六の和音は、Aに後続する三全音の和音として、またDに後続する七の和音として見いだされる。

Bという第六音が下行しながら自然な仕方で支える小六の和音は、後続音の大六の和音として見いだされる。

属音上で聞かれる7度はCにおいて繰り返されている同じ属音の6度によって解決されている。それゆえに、ある不協和音程が異なる協和音程によって解決されうるのはここに原因がある。なぜなら不協和音程というのは、その不協和音程を支えていたのと同じ音あるいは後続する音の協和音程に下行して到達するならば、しかるべく解決されるものだからだ。これは不協和音程が短であるときである。なぜならもしも長であるならば、この不協和音程は上行して協和音程へと解決されるであろうからだ。

さらに小さな注意が払われるべき点がある。それは、諸和音の自然な連続に従って後続する方の音の和音から派生する和音をその前の音に与えるように強いられているように感じられるならば、この最初の音が後続する音を支配する和音を支えることができるか否かを確認しなければならない。可能であるのであれば、その基礎として後続音上でしか現前することのない和音よりも、属和音をあてがう方が良い。とりわけ、最初の属和音において耳にされるはずの不協和音程が、その先行和音の協和音程によって予備されうるときには特にそうである。

和声の連続というのは、主音と属音の鎖以外の何ものでもない。そしてこれらの音から派生するものをよく知らねばならない。このようにしてある和音はつねに後続する和音を支配することになるのである。そして完全和音とその派生和音は何をも支配しない。これらの和音の後では、横の並びの規則に一致する限りにおいて、望みの和音に移行される。しかし任意の不協和な和音は必ず後続する和音を支配する。それは7、と6、2、4♯、$\frac{6}{5}$、そして5の例と一致しているとおりである。これらの派生和音のことをよく知り、これらにふさわしい連続を付与するためにわ

第27章　235

れわれのあらゆる見識が必要とされるのはまさにここである。ただし、これらの困難を克服するにはわれわれが個々の和音とバスの進行に与えてきたさまざまな諸規則ですべて十分なのである。

譜例Ⅲ-70

第二音であるAはドミナント・トニックの七の和音の派生和音である小六の和音を自然な仕方で支えているはずである。この七の和音自体はその直後に姿を現している。しかし多様性をより出すために、この第二音は次の属音を支配していることにわれわれは注目する。それゆえにこの第二音はむしろこの場に応じて決せられた和音を支える

べきである。そしてこの属音はBの直後には姿を現さないのであるが、このB音と属音の間にみられる音が支えるのはB音の七の和音の派生和音に他ならないことをわれわれは確認する。したがってB音は七の和音を支えるべきである。しかもこの7度が先行和音の協和音程によって予備されているのであるからなおさらである。

ここで以下の点に注意せよ。これらの規則すべてはもっぱら和声にのみ関わるものであり、各声部の歌謡はこの中で制限を受けるものである。しかしわれわれが和声の基礎を置くバスは例外である。この点に関する知識には徹底的に通暁されるように注意されるべきである。これは旋律のことを気にかけるよりも前になされるべきことであるが、この点に関しては許容について説明した後に言及することにしよう。許容は自らがもたらす多様性を通じて和声をさらに飾り立てるものである。

第28章 あらゆる許容について まず第一に中断カデンツについて

中断カデンツと呼ばれるのは、完全カデンツの結末を遮るバスのある種の進行のことである。なぜならドミナント・トニック上で七の和音が耳にされた後で、自然な仕方で主音上へと至らず、バスが全音あるいは半音上行するだけにされるなら、この完全カデンツは中断されたので

あり、7度はこの上行した音の5度によって解決されている。この上行音は長調においては全音、短調においては半音上行するものである（第2巻第6章で中断カデンツについて言及された点を見よ）。

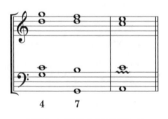

長調における中断カデンツ

短調における中断カデンツ

譜例Ⅲ-71

このカデンツを終止させている完全和音において、耳にされるのはバスの3度ではなく、むしろその3度のオクターヴである。これは自然な秩序に反している。しかしこの原因はバスの正当でない進行に由来するものであって、他の諸声部の進行にではない。ここで確認されるのは、短不協和音程はつねに下行して解決され、長不協和音程は上行して解決されており、重複されている3度が自然な仕方においては耳にされるはずの基音(ソン・フォンダマンタル)を表していることである。バスが3度上に上行する代わりに、バスのオクターヴに下行しうるのは長調においてのみであって、それは譜例中の波線で印されているとおりである。しかし短調においては必ずこの譜例と一致していなければならない。

　中断カデンツから引き出すことのできる利点を見るためには、この中断カデンツを構成する諸和音を一度転回してみる必要がある。

譜例Ⅲ-72

　これらの各々のバスは順次下に位置付けられており、ここで数字付けがなされているさまざまな和音が耳にされるであろう。ここから和声(アルモニ)と旋律(メロディ)の快い連続(スュイット)が引き出されうるのであり、バスのディアトニックな進行は上行あるいは下行である。

　　　　　　　　　　　　次の譜例を見よ。

第28章　237

この声部がバスとして使用されるとき、声部Dは削除されるべきであり、声部Fは最後の二音が変更されるべきである。声部Fがバスとなるときにも同じことがなされるようになる。

この声部はバスとして使用されえない。

この声部がバスとして使用されるとき、この声部の進行はディアトニックで最後へと至り、下行よりも上行がふさわしい。

声部Dが削除されるべきなのはこの声部がバスとして使用されるときである。なぜなら声部Dが基礎低音のB音とC音に対して聞かせる不規則カデンツは、この不規則カデンツを形成する二つの音のうちの最初の音上において七の和音によっても二の和音によっても転回されえないからである。

AからBにかけて完全カデンツが回避されているがこれはB音の完全和音に6度が付加されていることによる。そしてこれが不規則カデンツを用意し、Cにおいて7度が付加されることによって回避されている。これは終結部で完全カデンツが耳にされるようにされるためである。この点に関しては第2巻第9章、第10章を見よ。
もしB音の和音の5度を削除するならば、AからBにかけては中断カデンツが耳にされることであろう。これは声部GのHとJの両音においても当てはまる。

譜例Ⅲ - 73

諸上声部の進行は通奏低音(バス・コンティニュ)の声部進行によって制限を受けている。しかしこれら上声部を順次バスとして使用したいときには、それらの声部には望みどおりの進行を与えることができる。つまり、和声(フォン)の基礎は変えることなく、協和的な進行をディアトニックな進行に替えてよいということである。こうすることによって上声部として使用される諸声部の進行と一致することとなる。

中断カデンツにおいて全音(トン)あるいは半音(セミ・トン)上行する二つの音のうち最後の音上で6度を聞かせることが可能である。しかしそれら二つの音のうちの最初の音上では七の和音は用いられるべきではない。なぜならこの7度は解決されえないからだ。

ここから分かるとおり、各カデンツの結末はそのカデンツの最後の音に不協和音程を付加することによって中断することができる。ただしこれはこの不協和音程は基礎低音の進行に従って予備と解決がなされていればの話である。基礎低音はつねにわれわれが過ちを犯さないための導きである。なぜなら、Cにおいて不協和音程が予備されえないことが確認されるが、しかしこれは良いものとされる。というのはここで基礎低音は4度下行あるいは5度上行しているからであり、これは同じことである。

不規則カデンツと予備されえない不協和音程は許容(リサンス)の数の中に含められるべきである。これは基礎低音が3度、5度、7度上行するときのことである。またさまざまな進行の転回から生じるあらゆることも許容の中に含められる。ただしここでわれわれが許容と呼ぶのは、良き和声(アルモニ)の総体と切り離しえないもののことである。この点についてわれわれが秩序だてて言及してきたことは一貫性を保っているものとわれわれは信じている。それは初学者たちの理解のためである。

第 29 章　増五の和音について

　われわれはまた、許容(リサンス)がもたらすある種の諸和音について言及してきた。手始めとして増五の和音を取り上げることによって、この和音は短調の中音(メディアント)上にしか形成されないことを指摘しよう。

　厳密にいえばこの和音はドミナント・トニックの七の和音でしかない。この下に第五音が3度の間隔で付加される。

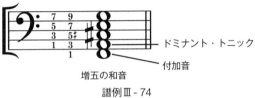

譜例Ⅲ-74

　この和音の基礎(フォンドマン)が見いだされるべきなのはこの付加音(ソン)にでは決してなく、ドミナント・トニックによって形成されている。このように、われわれの主要(プルミエール)な規則はつねに存している。この七の和音は基礎としてドミナント・トニックを有するものであるが、つねに通常の進行に付き従うものであり、長不協和音程は上行し、短不協和音程は下行する。そして主音(ノット・トニック)上の完全和音へと解決される。他方、付加された音(ソン)自身はその後この完全和音の一部を形成するか、あるいはこの主音上へと下行するものである。

　この和音はドミナント・トニックを支配する音(ド・ミ・ス)の七の和音によって予備されていなければならない。ここで確認されるのは、第二音はこの例では属音(ドミナント)であるが、ドミナント・トニックへと4度上行する代わりに、半音(セミ・トン)だけ上行している。その一方で、他の諸声部で耳にされるのはこのドミナント・トニックの七の和音でしかない。そしてこの和音はその後、われわれがつねにこの和音がそうであるべきと指摘してきた仕方で解決されている。

　この和音は時にカデンツを中断させるのに役立つ。それはドミナント・トニックを付加音上へと半音上行させることによるものであり、この付加音(ソン)は第六音から中音(ノット)になる。つまりここで新たな導音(ノット・サンシーブル)が用いられることによって調が変化し、この新たな導音が増5度を形成する。

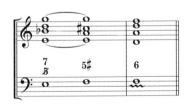

譜例Ⅲ-75

譜例Ⅲ-76

　四声部だけ作曲する際には、他の諸声部の諸音(ノット)と対応している音のうちの一つを選ぶ代わりに、上声部において波線が印された諸音を自由に選択してよい。

　この和音はさらに、派生元である和音によって予備されているものである。

譜例Ⅲ - 77

これらの和音のうち、増五の和音を予備しているのは、あるときは同じ音の5度であり、あるいは半音下にある音の短6度である。またさらにはこの半音下にある音の七の和音の派生和音によっても予備されることもあるが、しかしこれはいささか大胆である。

第30章　九の和音について

この和音が前述の和音と異なるのは、前者においては増音程であった5度が、ここでは純正音程であるということである。むしろ基音（ソン・フォンダマンタル）からの3度をとるならば、ここではその3度が短音程であるのに対し、前述の和音においては長音程であった、ということである。したがって、3度が短音程となるような属音（ドミナント）の七の和音を例にとると、この属音の3度下に一つの音を付加することによって九の和音が形成されるものである。

譜例Ⅲ - 78

ここですべての下置和音（アコール・パル・スュポズィスィヨン）について注意を促すのにはしかるべき理由がある。下置和音とはこの九の和音とともに、増五の和音、十一の和音、増七の和音のことであるが（最後の二つの和音については次章で言及される）、これらはみなある属音の七の和音から派生したものである、ということである。なぜならこのことを踏まえることによって、初めてこれらの和音がいかに予備され、解決されるべきなのかを知ることになるからである。したがって、基礎低音（バス・フォンダマンタル）を介在させることによって、すべてが七の規則と関連付けられていることが分かるであろう。

次の譜例を見よ。

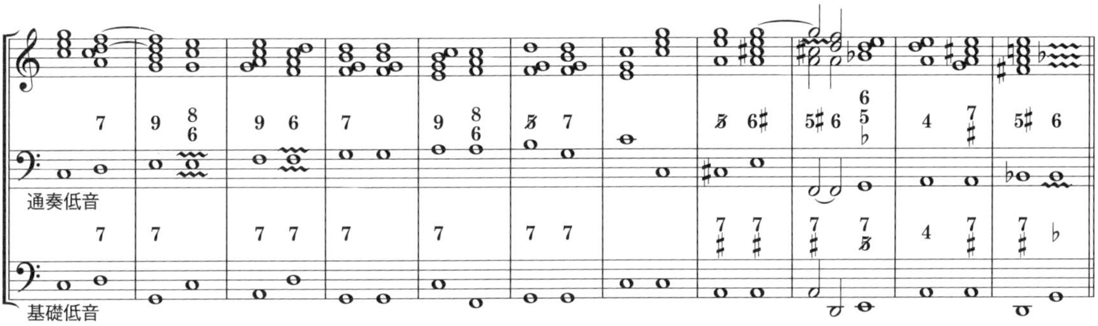

譜例Ⅲ-79 [13]

　9度と増5度を支えている通奏低音（バス・コンティニュ）の諸音（ノット）はすべて、その下の基礎低音が耳にされるのが望まれた途端に削除されなければならない。もしそうでないならば、この基礎低音の諸音は**9**あるいは**5♯**と数字付けされた諸音の上に見いだされるべきであるだろう。なぜなら基礎低音の音はここで下に（一音が）置（スュポゼ）かれているのであり、基礎低音の下に置いた音の上でしか耳にされえないものだからである。

　9と**5♯**を支える諸音（ノット）は3度下行することが可能であり、それは波線で印されているとおりである。またそれらの諸音は同度に留まることもある。このことはこの9度が二通りの仕方で**解決**されることを示す。すなわちバスが同度に留まるときはオクターヴへ、3度下行するときは3度へと解決することである。ここで指摘されうることは、7度がオクターヴに解決されるということである。この点については別の箇所で見ることにしよう。

　さらに9度は5度に解決されるのが望ましいとされることもある。この際バスは4度上行する。しかしこのような仕方に由来する和声（アルモニ）は不適切なものである。したがってこれは良き趣向を有する人々の慎み深さに委ねられることである。

9度が5度に解決される例

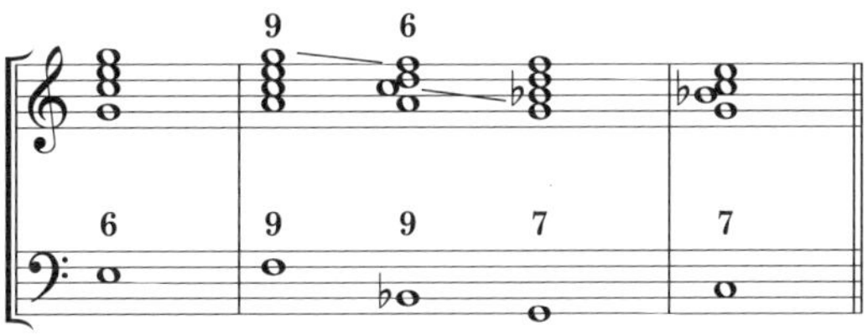

譜例Ⅲ-80

　むしろ9度はバスを3度上行させることによって、6度に解決されうるものであろう。なぜならこの場合、和声の基礎（フォン）はいささかも変化を被らないであろうからだ。この点は前の譜例〔Ⅲ-79〕の波線を見よ。

　下置による短不協和音程（ディソナンス・ミヌール・パル・スュポズィシォン）はすべて、絶対的に**予備**が望まれるものである。したがって、9度が先行する和音の協和音程によって**予備**が可能であり、しかもこの場合バスが2度あるいは4度上行するのであれば、この不協和音程を実践で扱うことが可能である。この際9度はこの譜例で規定されている秩序に従い、そして良き横の並び（モデュラシォン）から逸脱することなく解決されるものである。

　7度はつねに9度に付随しうるものであるが、先行和音の協和音程によって**予備**されているのが見いだされないならば決して付加されるべきではない。ただしこのテーマに関しては第2巻第17章で言及されたことを見よ。

　さらにここで以下の点に注意せよ。**下置による短不協和音程**は、たとえば9度や11度のことで

13）〔訳注〕ラモーは最後の小節の最初の和音の上声にミ音を書いているが、これはレ音のミスプリントと思われる。

あり、11度に関しては次章で言及されるが、7度あるいは偽5度といった他の通常の不協和音程によって予備されうるものである。ただし7度は11度という混合音程の予備においてのみ適する[14]。このことはこれらの後者の不協和音程が同じ基本和音(アコール・フォンダマンタル)のうちに見いだされることに原因がある。すでに第12章で指摘済みのことであるが、複数の不協和音程が同一の和音に由来するものであれば、ある同じ一つの音がそうした複数の諸不協和音程を形成しうるものである。

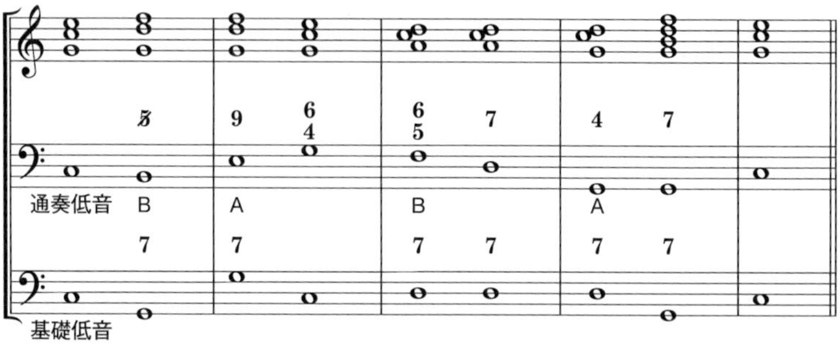

譜例Ⅲ-81

通奏低音のAの諸音は基本和音の派生和音(ノット)を支えている。この基本和音の方は基礎低音上に数字付けがなされている。これはBの諸音についても同様である。もし下置(ディソナンス・パル・スュポズィスィヨン)による不協和音程が別の不協和音程の後で耳にされることが可能であり、その不協和音程が協和音程によって先行・後続されるべきであれば、この最後の規則が決して損なわれることがないように以下の点が絶対的に守られねばならない。つまり、同度上で相次いで耳にされる諸不協和音程は、実際にはそうしたそれぞれの不協和音程ではなく、最初の不協和音程である7度に由来するものである、ということである。この7度から成る基本和音は、そうしたさまざまな不協和音程が見たところ協和音程に達して効力を失うに至るまで、いささかも変化するものではない。それはこの譜例に見てとられるとおりであり、また実際そのとおりである。

この点は第15章において11度という混合音程がさらに偽5度によっていかに予備されるかを見ることができる。

第31章　十一の和音、またの名を四の和音について

十一の和音は五つの音(ソン)から構成される。それは、1、5、7、9、11、となり、ここで七の和音の基礎(フォンドマン)の役目を果たしている音の5度下に一音が付加されているのが見てとられる。

{ La, Ut, Mi, Sol.
  5. 7. 9. 11.
  1. 3. 5. 7.

---

14)〔訳注〕この一文は手書きの横線等で線が引かれ、「補足」でも消去が指示されている。

この和音はあまり使用されない。なぜなら極度に硬いからであり、この和音の構成には三つの**短不協和音程**がみられるからである。それは数字**7**、**9**、**11**にみられるとおりである。しかしこの実践は容易である。というのは先行和音の三つの**協和音程**が同度に留まることによってこれら三つの不協和音程を**予備**しているからである。しかしこれら三つの不協和音程を一度に解決してはならない。なぜならこれらは**短音程**であり下行するものであるから、諸声部における二つの**5度**の連続（スュイット）を避けることができないからだ。したがってより硬い音程が先に解決されるべきである。それはすなわち**11度**と**9度**である。そしてそれから**7度**が解決される。

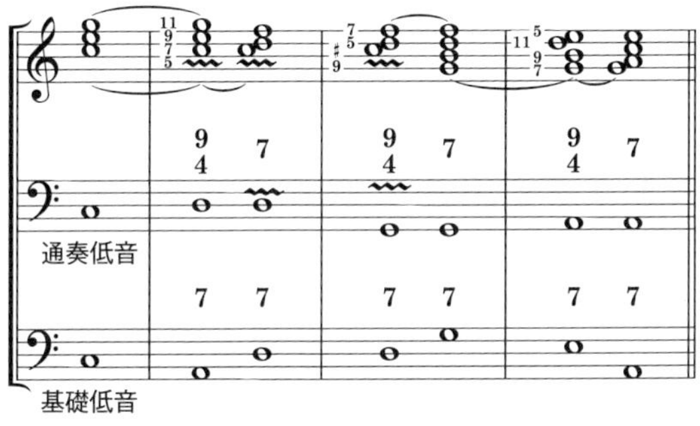

譜例Ⅲ-82

　ここでは以下のことが見てとられる。通奏低音（バス・コンティニュ）の進行は**9度**を成す進行と類似している。これは**9度**と**11度**を**予備**するためにこうなっている。しかし**11度**の解決のためには、この通奏低音が同度に残されたままにされるのはつねに良いことである。これはその後で七の和音が耳にされるようにするためである。ただしこの通奏低音は**3度**上行することが可能であり、それはそのバスの波線で示されたとおりである。そうするとここでは同度に留まったときの音（ノット）の七の和音から派生した**大六の和音**が耳にされることであろう。

　上声部に書かれている波線は第五音（ソン）が見えるようにするためのものである。十一の和音には必ずしもこの第五音が補われない。特に四声部のみの作曲の場合はそうである。不協和にならない限り、この第五音が他の声部のうちの一つの場を占めるのは自由である。あるいはもし不協和であるのなら、少なくともこの音（ノット）は**予備**されるべきである。

　ここでわれわれは真の十一の和音に関してその総体として言及しているが、しかしその大いなる硬さのためにわれわれはこの和音を構成する諸音（ソン）の最良の部位を削除せざるをえなくなる。この点は第15章で言及された内容と合致するものである。この和音が**混合和音 heteroclite**と呼ばれるのはこのためである。このように形を変えられることでこの和音はさらに容認されうるものとなる。このようにこの和音がその総体として実践されるのは極めて稀である。ただし適切に用いられる際には、和声（アルモニ）と旋律（メロディ）の快い**掛　留**（スュスパンスィヨン）をもたらすこともある。

譜例Ⅲ-83

第31章

和音が混合の際には慣例に従って単に **4** と数字付けがなされている。そして和音内のすべての音が充填されているときには **9** が付け加えられており、$\frac{4}{9}$ あるいは $\frac{9}{4}$ となっている。そしてこの和音が混合和音である際には、**7** 度を後続させることがあり、それには $\frac{7}{4}$ あるいは $\frac{4}{7}$ と数字付けがなされている。

確かにこれらの下置和音は、自然な仕方で耳にされるはずの諸音を掛留させることにし

か役立たない。この点はAとBの間に見ることができるであろう。そこではAの諸音がBの諸音を掛留しているが、Bの諸音は自然な仕方で耳にされるはずのものである。このことは、この和音が生じるところならどこでも見いだされることであり、それら諸音を通奏低音と対比させてみることによって確認されるものである。この対比は基礎低音に対してなされるものではない。完全な和声を表すのはつねにこの基礎低音の方である。

第32章　増七の和音について

増七の和音と十一の和音との違いは、一方においては基音からの **3** 度が長であり、他方においては短であるという点にしかない。

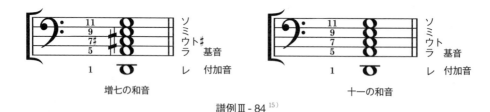

譜例Ⅲ-84 [15]

主音上でしか形成されることがないこの和音は、同じ主音の完全和音によって先行かつ後続されなければならない。

Aの諸音はBの諸音を掛留しており、斜線はAの諸音の自然な進行を示している。

この和音からは、バスが全音あるいは半音下行する際には、増 **7** 度を形成する音がしばしば削除される。

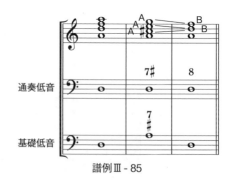

譜例Ⅲ-85

---

15)〔訳注〕この譜例は「補足」内の指示に従って修正を施した。

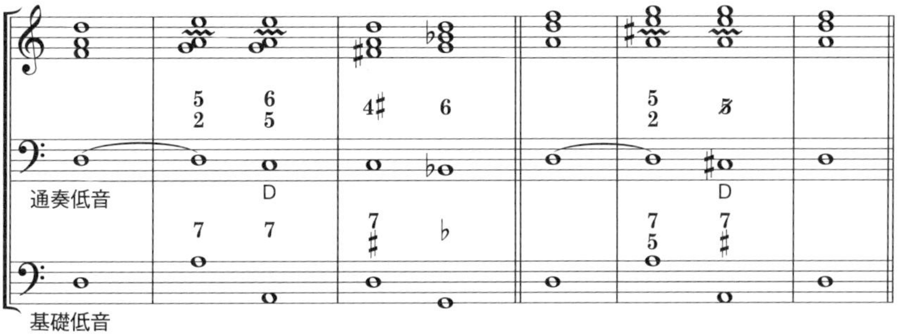

譜例Ⅲ - 86

　ここで**2**と和音に数字付けがなされているのは、この和音が二の和音と同じように予備されているからである。しかしここでは**5**度と**4**度も見てとられるのだから、この**4**度はもはや下置（ディソナン・バル・スュポズィスィヨン）による不協和音程としてしか受け取られようがない。そして実際、この和音は**十一**の和音か、あるいは**増七**の和音を表していることが確認される。この和音からその直後のDの箇所におけるバスに姿を現わす音が削除される。なぜならこの音は自らの複音程（レプリック）を好まないからだ。

第33章　増二の和音とその派生和音について

　われわれが**増二**の和音とその派生和音は**借用和音**（アコール・バル・アンプラン）であるというのは、**ドミナント・トニック**は短調の**6**度にのみその基礎（フォンドマン）を譲るものだからだ。**増二**の和音とその派生和音はここに由来する。それは以下のとおりである。

この和音の代わりに

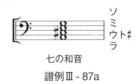

七の和音
譜例Ⅲ - 87a

この和音が見いだされる。

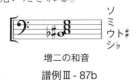

増二の和音
譜例Ⅲ - 87b

　増二の和音がドミナント・トニックの七の和音から**借用**（バル・アンプラン）によって起源を引き出しているとわれわれが述べるのには理由がある。なぜなら、このケースにおいて**第六音**が占める場というのは、**ドミナント・トニック**が占めるべき場であるからである。この**ドミナント**の七の和音にあてがわれる諸音（ソン）というのはいかなる仕方によっても変位されることはなく、それら諸音の進行は、**長不協和音程**に関しても、**短不協和音程**に関しても、自然な仕方で決定される進行につねに付き従うものである。さらに、たとえ楽曲の途中においてそれら二つの音のうちの一つを選択することが自由に委ねられているとしても、それら二つの音のうちの一方と共に**ドミナント・トニック**の七の和音にあてがわれた諸音が耳にされることが望まれる際には、もはやわれわれはその和声（アルモニ）の連続（スュイット）における主人ではない。この連続は七の和音の進行に厳

245

格に付き従うべきものであるからだ。したがって主音(ノット・トニック)上の完全和音はこれらの双方の和音に等しく後続すべきである。

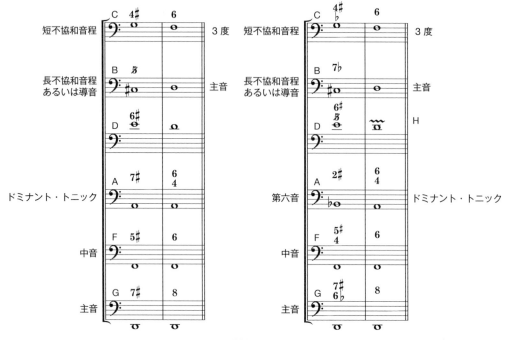

譜例Ⅲ-88

　これらの借用和音において二つの長不協和音程と二つの短不協和音程が見いだされる。これらのうち馴染みのうすい方の諸音程は、ドミナント・トニックと第六音(ノット)との交換から生じているものである。ここで確認されるのは、短不協和音程は必ず下行するが、しかしこの馴染みのうすい長不協和音程は必ずしも上行するものではない。もしこの音が導音(ノット・サンシーブル)であるのであれば、これは必ず上行すべきものであるが。波線Hを見よ。ここで短不協和音程であるCあるいはAがバスにみられるときには、この長不協和音程を上行させることができるし、そうされるべきでもある。

　以下の点に注意せよ。これら二つの譜例の違いは第六音にのみ存するのであって、この音がドミナント・トニックの代わりとなっている。そして双方の譜例にみられる不協和音程の続きはまったく同じであり、ここでの横の並び(モデュラシィヨン)はいささかも変位されていない。

　ドミナントを第六音と交換することによって形成されるこの増二の和音から、ドミナント・トニックの七の和音の派生和音すべてにおける同様の違いが生じる。

　もし導音が偽五の和音を支えているはずであれば、そこに見いだされる減七の和音は6の代わりに7♭を付け加えることによってのみ生じるものである。B。

　同様に2度の代わりに短3度が第四音の三全音の和音に付加される。C。

　4度の代わりに偽5度が第二音の小六の和音に付加される。D。

　3度の代わりに4度が中音(メディアント)の増五の和音に付加される。F。

　5度の代わりに短6度が主音の増七の和音に付加される。G。

　この違いをよりよく理解するためには、上の四つのバスを別々に取り出し、それぞれ順番にバス

として用い、そして他方で残りを上声部として使用してみる必要がある。

下の二つのバスに関しては、これらが支えている下置和音(アコール・パル・スュポズィスィヨン)からするとそれらが上声部として用いられることが妨げられており、とりわけそのそれぞれは先の四つの上声部とともに耳にされるべきものである。なぜならこの二声部が共に耳にされるのは良い効果とはならないからである。

こうした交換によってもたらされるこの新たな短不協和音程だけが、下行させることが可能なものである。それに続いてドミナント・トニックの七の和音が自然な構成で存するものである。

譜例Ⅲ-89

ここではまた転回可能な諸和音における導音のみを上行させることができるのであって、最後の二つの和音である下置和音においてではない。しかし導音が上行させられた後では、この導音はドミナント・トニックの七の和音における自らの場を再び取り戻すべきである。

譜例Ⅲ-90

すべての借用和音と増五の和音が実践されうるのは短調のみである。この点についてはすでに言及済みであり、これらの和音はそれぞれバスにあてがわれた決して変わることのない特別の音(ノット)を有するものである。この点はさらに第35章で十分に説明される。ここにはまたいくつかの許容(リサンス)があるが、この点に関しては第2巻第13章と第18章で理解を深めることができる。

第34章　クロマティックについて

旋律(メロディ)においてクロマティックは歌謡の連続(シャン・スュイット)として存するものである。この連続は半音(セミ・トン)を通じて進行するものであり、上行においても下行においても同様である。和声(アルモニ)においてこのクロマティッ

クは極めて良い効果をもたらすものである。なぜならそれらの半音の大部分はディアトニックの秩序の中にはないものであり、結末を中断したり先延ばしにしたりする不協和音程をもたらすもととなることがしばしばあるからである。さらにまた諸和音をその構成音すべてで満たすことを容易にするものでもある。この際上声部のディアトニックな秩序が乱されることはない。

クロマティックが用いられるのはもっぱら短調(トン)においてである。諸声部が上行するときよりも下行するときの方が理解は困難である。

■ 第1項
■ 下行のクロマティックについて

任意の調(トン)においてクロマティックを開始させるとき、いずれかの声部を半音(セミ・トン)を通じて下行させるとするならば、そのクロマティックが連続的に使用され続けられるのは当該の調とその属音の調(ドミナント)、さらに的確には第四音の調(ノット)においてである。この際、最初の調の主音(ノット・トニック)は属音になる。このように連なっていくことで各主音は、転入しようとしている調の属音になることができ、開始時の調から過度に遠ざかることはない。なぜならその開始時の調に復帰する時期が見いだされたならすぐに、それは活用されるべきだからである。

まず第一に、クロマティックに関する鋭敏な知識を得させてくれるのは、連続的に属音へと変化していく主音であることが指摘されるべきである。

主音からその属音への移行がなされると、その後で再びこの主音へと回帰し、この主音が属音として見なされる。このようにして第21章の7度の規則が遵守される。そして諸上声部は可能な限り半音(セミ・トン)を通じて下行で進行していく。これらの半音の各々は基礎低音(バス・フォンダマンタル)と3度あるいは7度を形成する。また時に七の和音を支える音の偽5度を成すこともある。クロマティックと通常の諸規則との間にみられる違いは、導音(ノット・サンシーブル)がこの場合は半音下行しうるのに対して、通常は必ず上行すべきことにある。しかし上行すべき音は必ずその和音内でほのめかされているのであって、どちらを選択してもよい自由というのはこのクロマティックの帰結にすぎない。

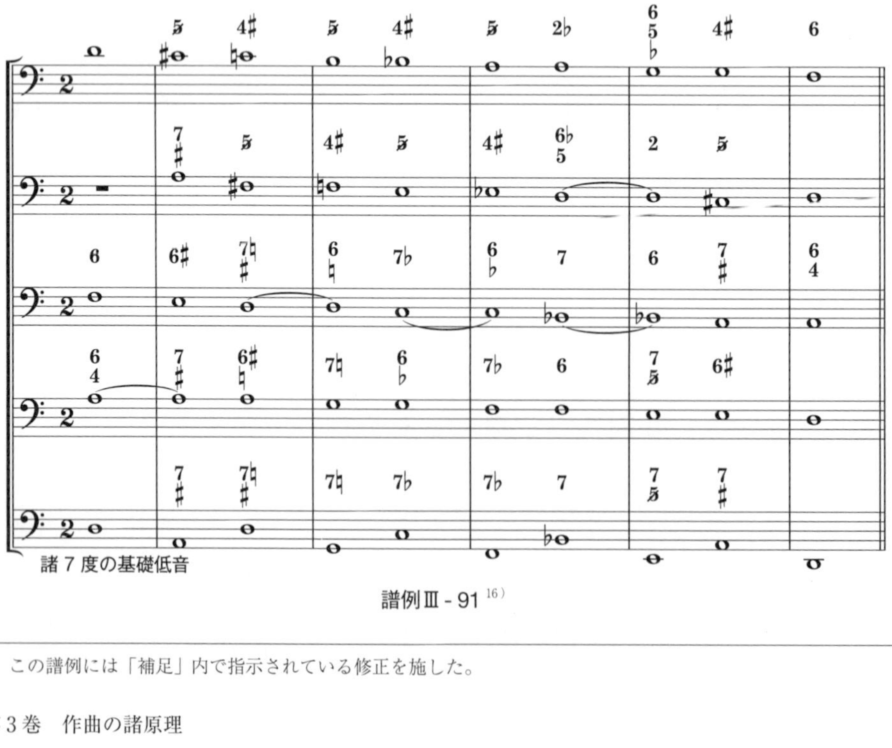

諸7度の基礎低音

譜例Ⅲ-91 [16]

---

[16]〔訳注〕この譜例には「補足」内で指示されている修正を施した。

ここで 7 に付け加えられている ♭ は、付けられる以前は長である音程を短にするのに役立つものである。この点は諸声部に指摘できるとおりである。

基礎低音を取り払ってこれらの各々を順にバスにすると、まずそこに見てとられるのはこの基本進行（プログレスィヨン・フォンダマンタル）の 7 から引き出される進行と同様の 6 と 7 の連続（スュイット）である。異なる点はここにクロマティックが看取されることである。さらには、三全音と偽5度が 2 と $\frac{6}{5}$ の場を占めていることがみられる。そしてこれらの音程がそれぞれクロマティックを介して解決されているのも確認される。導音は至るところで下行しているが、最後の部分は例外で、ここでは上行している。

また主音上でのクロマティックを実践する別の方法がある。この主音はバスにおいて固定した状態を保持するもの、あるいは同度に留まるものである。

これはポワン・ドルグと呼ばれる

譜例Ⅲ-92

導音はほとんどつねにクロマティックの中に場を占めている。したがってここでは長不協和音程が耳にされるすべての和音を使用することができる。そうした和音は上で確認されたとおりである。さらに増二の和音とそれらの派生和音、とりわけ増五の和音が、カデンツを中断することが望まれる際に第29章239頁で提示された譜例において指摘されうることにしたがって使用される。その譜例においては導音は半音下行している。ここまでで、増音程あるいは減音程のあらゆる借用和音（アコール・パル・アンプラン）あるいは下置和音（アコール・パル・スュポズィスィヨン）の構成が知られたので、導音が生じうると感じられる箇所ではどこでもこれらの和音が使用可能である。しかしながら諸上声部においてディアトニックな秩序が可能な限り見てとられ、それらの和音の足元に完全和音や七の和音、そしてそれらの派生和音がみられるときには、それらの和音が耳にされることが回避されるべきではない。

第2項
上行のクロマティックについて

クロマティックはさらに上行でも実践されうる。しかしこの上行は下行にあるような悲しさを有してはいない。またこの上行に由来する和声（アルモニ）はその基礎の音（フォンダマンタル）と完全に結合する。

第34章

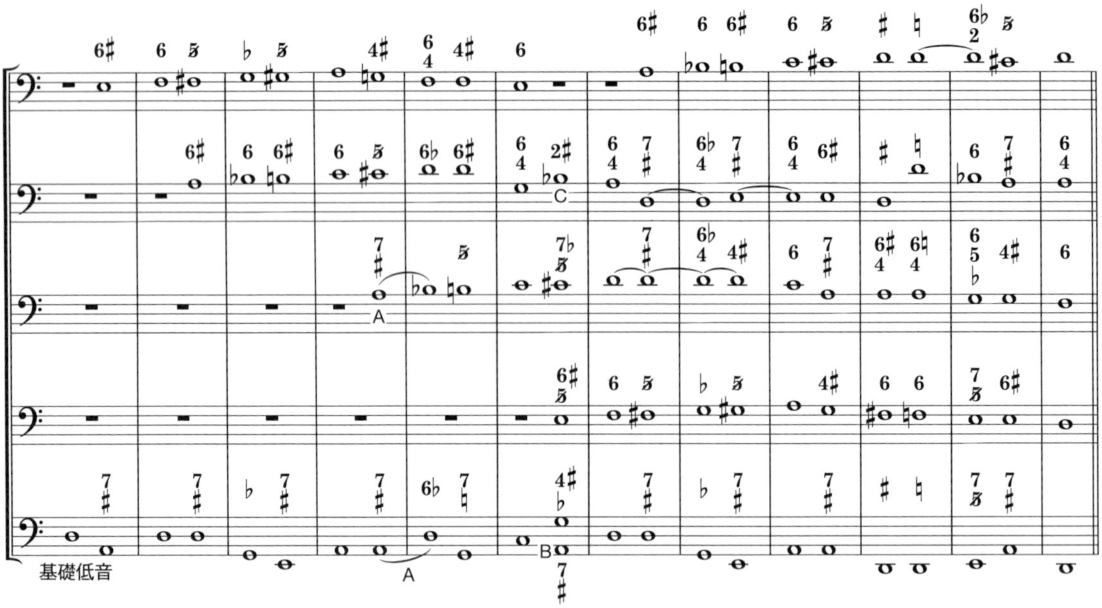
C
A
基礎低音
A
B

譜例Ⅲ-93

B。この音（ノット）は確かに基礎音（フォンダマンタル）であるが、C音がその基礎（フォンドマン）を借用している限りはこの場を占めることはできない。

A。中断カデンツ。

二つの声部が同時に半音を通じて上下行する

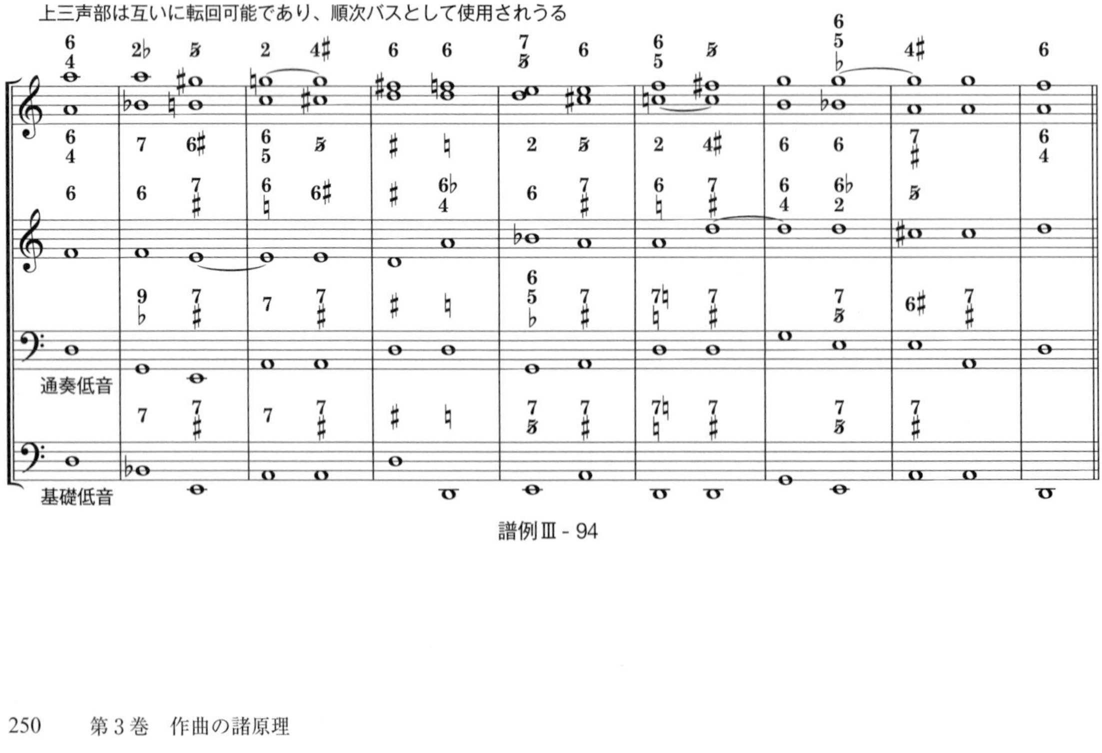
上三声部は互いに転回可能であり、順次バスとして使用されうる
通奏低音
基礎低音

譜例Ⅲ-94

以下の点によく注意せよ。クロマティックにおいて使用されるこれらの半音はすべて、使用中の調における第六音と第七音にのみ存するものである。短調においては、導音は下行のために半音減じられるべきである。そして類似した仕方で、第六音は上行のために半音増やされるべきである。上行にせよ下行にせよ、これらの諸音をいずれかの音程上を進行させることができる。

　この第3巻に収められている諸規則の真正さについて完全に確信するためには、ここでの詳細と第2巻第18章で与えられた諸点とを付き合わせてみるのは適切なことである。それら諸点においてはあらゆる和音がそれぞれ異なる連続をしており、また慣用的に使用されうるさまざまな歌謡があることがみられるであろう。

　またさらに諸規則を打ち立てるためになされた諸観察も注視せよ。それらが極めて有用であることは疑いない。

　第44章においてクロマティックの例を見ることになるであろう。そこでは下置和音と借用和音が大いに良い効果を発揮している[17]。

第35章　ここまでに述べられたことすべてを実践する方法について

第1項
バスの進行について

　まずバスは、想像しうる最良の歌謡に対して作曲されるべきである。その歌謡は自らに近しい調にあるものであり、ここから他の数多くの、最初の調と同様に親密な諸調に移行可能である。これは第24章で言及されたことに従ってなされる。バスは可能な限り頻繁に完全カデンツで満たされるべきである。なぜならこのカデンツはバスにとって自然な進行であるからだ。バスはディアトニックな音程というよりもむしろ協和的な諸音程を通じて進行していくべきである。中断カデンツと不規則カデンツは、それらがはっきりと識別され、使用可能であると感じられる限りにおいて採用されるべきである。それはあるいは完全カデンツが同じ一つの調であまりに頻繁になることを中断カデンツを用いること（これはこの場合極めて快い多様性である）によって回避するためであり、あるいはまた不規則カデンツを用いて歌謡をドミナント・トニック上で、あるいは主音上で休止させるためである（これは聴衆を快い保留状態に留め置く、また別の多様性である）。さらにまたバスには、これらさまざまなカデンツから引き出される和声の連続がその上で耳にされうるであろうような進行も導入してみるように試みるべきである。これはすでに示されたいくつかの譜例に従ってなされることであり、7、7と6、2と$\frac{6}{5}$、5、4♯、2♯、9、11、そして7♯の諸進行は忘れられてはならない。

　バスの各音は拍を表すべきであり、各和音も同様である。したがって一つの全音符が四つの四分音符に分かたれて、四拍を形成することになる。これは一つの小節が四拍に相当すると想定される

17）〔訳注〕巻末の「補足」においてはここまでの三段落の削除が指示され、以下の文言が変わりとなるべきであるという指示がある。「この巻に収められている諸規則の真正さについての完全な確信に達するためには、第2巻第18章125頁（本書122頁）における諸規則の確立についてなされた諸注意点を確認することは適切なことである。そしてクロマティックについては、これは長調の諸調において属音の長3度上で実践されうることに注意せよ。その後この長3度が半音下行して、別の属音の7度となる。あるいは半音上行させて、新たな調の導音上の第四音となるものである。」

場合である。

　ある人たちは自らの実力を心配して、良いバスを作曲することができないのではないかと心配することがありうる。そうした人たちには以下の点に注意を払うように促すのは適切である（もしそうした人たちがつねに快である多様な歌謡を考え出させる自然な趣向を有していないのであればの話である）。すなわち、ある調におけるすべての音ノット上へと見境なくバスを進行させることにより誤りを犯すことはありえない、ということである。また6度上行させるよりもむしろ3度上行させる、というようにより大きな音程により小さな音程を差し出すこと、そして導音ノット・サンシーブルはトニックに後続されることを望むものだということも忘れられるべきではない。ただしクロマティックについては例外である。最終カデンツカダンス・フィナルは別の調へと移行する前に耳にされるべきである。あるいはその調において進行していくが、それはあたかもまったく別の調内で進行しているかのようにされるべきである。このようにして調から調へと移行していき、それは第13章、第14章、第15章、第16章、第24章、第25章で言及されたことに従ってなされる。さらに、完全カデンツ、中断カデンツ、不規則カデンツを終止させる音ノットは小節の一拍目において耳にされるべきであるから、バスはこの規則性が遵守されるような仕方でなされるべきである。最初のカデンツにおいてこれとは正反対のことが見てとられ、バスの歌謡を変更することが望ましくない場合には、バスを別の拍によって開始しさえすればよい。つまり、もしバスが一拍目から始まっていたのであれば、そのバスを二拍目あるいは三拍目から始めさえすればよいということである。またあるいは、バスが二拍目あるいは三拍目から始まっていたのであれば、二拍目から始めればよい。もしもこのようなことが楽曲の途中でみられるのであれば、状況に応じて一つあるいは二つの音を追加あるいは削除する必要がある。さらにこれらのカデンツは二小節ごとあるいは四小節ごとに感じられるように注意が払われるべきである。ただしこの最後の規則は、良き趣向ボン・グーがわれわれに指示し、われわれを導く歌詞パロールが強い

る際には違反が可能である。

第2項
協和和音と不協和和音の使用法について

　完全和音は開始と終止のために用いられ、また楽曲の途中にみられるすべてのカデンツに役立つはずのものである。またこの和音はさらにバスのディアトニックな進行にも生じうるし、同じことはその派生和音である六の和音と四六の和音にも当てはまる。ここで、こうしたバスの進行においては協和和音と不協和和音は絡み合わされていることに注意すべきである。第11章のオクターヴの譜例と、第16章の6度の譜例を見よ。このようにすべての不協和音程はそれらの規則に従って予備と解決がなされねばならない。このことは、諸和音の連続に完全に精通しているなら、大きな注意を要するものではない。そのうえ、不協和音程は主音ノット・トニックの完全和音の後に限っては予備されなくてもよいことは知られている。これは完全和音の派生和音でも同じであり、調トンが変わらない限り当てはまることである。確かに調が変わることもあるが、それはバスが3度上行して、その後5度下行する際のことである。

譜例III-95

　バスが3度上行してその後5度下行する際に調が変化するならば、最初の調が長であれば、移行する先の調は短である。A。またその反対に、最初の調が短であるならば、移行する先の調は長である。B。このように —8—○— 二つの音を結ぶ線は、この線の右側にある音から形成される不協和音程がまったく予備されていないことを明示するものである。またこの場合に上声部が保つべき進行も示している。

これらの基本進行(プログレスィヨン・フォンダマンタル)の転回は自由に使用してよい。

また、上声部のディアトニックな秩序はいささかも乱されてはならない。ただしある和音をより完全(コンプレ)なものとするためであったり、ある声部をバスの上に再び配置したり、あるいはその自然な音域へと出すためである場合は例外である。そしてこの場合、二つのオクターヴあるいは二つの5度(スュイット)の連続が耳にされることは避けられるべきである。ただし5度が転回されている場合は除く。

同時に上行あるいは下行する諸声部は3度あるいは6度を通じて配置されるべきである。それより稀に4度を通じてなされることも可能であるが、しかしオクターヴと5度を通じてなされることは決してない。つまり、任意の二つの声部が互いに3度あるいは6度であるのであれば、続く和音においても同様にそれらの音程を形成しうるということであり、その続きもまた同様である。

一つの声部がディアトニックに上行あるいは下行し、また別の声部が協和的な音程を通じて進行しているなら、これはつねに良しとされることであり、この点に関してはより正確な説明を後で付け加える。

ある調内に含まれる諸和音の連続は、他のすべての調においても同じであることを想起せよ。その当該の調において諸和音の連続が保持している横の列に従って各音にそれぞれふさわしい和音をあてがうためには、現在いる調を判別しさえすればよい。なぜなら第二音、中音(メディアント)、属音(ドミナント)などは各調においてつねに同じ横の列を保持するものであり、そしてつねに同じ和音を支えるからである。

第3項
導音(ノット・サンシーブル)によってもたらされる諸長不協和音程とこの音程を支える諸音(ノット)について

1. 三全音は第四音上でしか形成されない。これはこの第四音が次に中音(メディアント)上へあるいは主音(ノット・トニック)上へと下行するときである。

2. 偽5度は導音(ノット・サンシーブル)上でしか形成されない。これはこの導音がその調の音(トン)上へ、あるいは時に中音上へと上行するときである。

3. 長・小6度はその調の第二音上でしか形成されない。そしてこの6度が短音程のときには、通常は第六音上に形成される。

4. 長3度が7度に対して三全音と偽5度の音程を形成しうるように存在しうるのはドミナント・トニック上だけである。これら四つの不協和音程がもっともよく使われるものである。

5. 増7度は主音上でしか形成されない。主音はこの不協和音程の予備と解決を成すために同度に留まる。

6. 増5度は短調の中音上でしか形成されない。これは別の場所で言及されたとおりである。

7. 増2度は短調の第六音上でしか形成されない。そしてこの音は次に下行すべきである。

8. 減7度は導音上でしか形成されない。この音程の後ではこの音は上行すべきである。

9. これら最後の二つの音程から引き出される他の不協和音程は短調においてのみ、属音(ドミナント)を第六音へと変化させたその違いしかない和音の構成音と同じ諸音上にある[18]）。

18）〔訳注〕巻末の「補足」ではこの箇所以降に以下の文言が付け加えられるべきであると指示されている。「ときに三全音は第四音とは別の音上で見いだされることがある。そして偽5度は導音(ノット・サンシーブル)とは別の音上で見いだされることがある。しかしそうした諸音程はもはや和音の主要要素ではなく、伴奏にのみ役立つものである。それらの諸音程を変位させることを強いるのは横の並び(モード)である。これはわれわれが上で確認したばかりの7度の進行(プロポルスィヨン)においても同様であり、そうした7度も変位させられているのがみられるが、それはいわば、正しい均衡関係にない。それゆえにこの変位のことは、使用されるべき和音と現在進行中の調(トン)が知られさえすれば、心配する必要はない。なぜなら、和音の一部を成す完全音程あるいは変位音程を決定するのは、現在進行中の調あるいは音階のオクターヴの範囲内に収められている自然な声の連続する諸音度だからである。」

第4項
短不協和音程について

1．複合音程11度、別名4度は、完全和音あるいは七の和音を支えているはずのすべての音（ノット）上で形成されうる。これはこれらの和音がその直後に後続すればのはなしである。この規則からは楽曲の最初と最後の音は除外される。このようにしてこの音程はつねに予備されているのが見いだされるであろう。ここでは以下の二点が指摘される。

まず第一点は、完全和音の派生和音の後に完全和音に行き当たるとき、これら二つの和音は同一の和音でしかありえないので、11度は耳にされえない。

そして第二点は、3度上行してそこでこの11度を形成させることが望まれる音にはつねに6度があてがわれるべきことである。

2．長不協和音程がまったく聞こえない7度は、オクターヴ、5度、6度、3度あるいは6度、そして4度によって予備されることを好む。ここでの協和音程は、バスのさまざまな進行によって、ドミナント・トニックの四六の和音から生じるものである。

3．9度は3度あるいは5度によって必ず予備されるべきである。これはバスのさまざまな進行によるものである。また9度は偽5度によっても予備されることが可能である。

4．11度は5度によって、また時には7度によって予備されることがあるが、これは稀である。11度が混合音程（エテロクリト）である場合には、この音程はあらゆる協和音程によって、また7度と偽5度によって予備されうる。

5．バスにおいて予備されている2度は、バスが引き延ばされ同度に留まっている間に、任意の協和音程によって先行されていることがありえる。しかもこれらの不協和音程はすべて解決されなければならない。これはすでに言及されたとおりである。

これらの不協和和音すべてからは、不協和音程を一緒になって形成している二つの音のうち片方を削除することが可能である。そうすることによってそこに形成されるのはもっぱら完全和音、あるいはその派生和音ということになる。

第5項
二重使用が問題となる際により好ましいとされるべき協和音程について

協和音程は次の秩序で数えられさえすればよい。オクターヴ、5度、4度、3度、そして6度。こうすれば5度よりオクターヴの方がより好ましいはずであるということを識別することができ、残りについても同様である。ここで、オクターヴはすでに複音程（レプリック）であるということが指摘される。また六の和音という協和和音において、3度のオクターヴと6度のオクターヴは、バスのオクターヴと同様に良しとされる。

第6項
小節と拍について

動きのない音楽はその優雅さすべてを失う。また動きのない美しい歌謡（シャン）というものも考案することはできない。それゆえに諸和音を成すことだけに注意を集中すべきでなく、さらに諸和音の構成要素である諸声部の歌謡が確固たる動きを有するようにされなければならない。こうした動きにおいて句や節、終止（カデンツ）、短母音の長音節、不協和音程が使用されるべき拍（タン）などが識別される。こうしたすべては小節（ムジュール）の第一拍の最初の瞬間で感知されるようになされるべきである。第1章と第2巻の第26章、第27章、第28章、第29章を見よ[19]。

19）〔訳注〕ここで2巻の諸章に関しては巻末の「補足」において以下のように修正されている。「第2巻の小節について言及されているすべての章。」

第7項
シンコペーションについて

　小節の自然な秩序に従うためには、各音の音価が各拍のスペース内で開始し、終了する必要がある。しかしながら強拍の最初の瞬間に開始された音は、趣向が許す限りのあいだ同度に留まることができる。これはその音が長くのばされているか否かには関わらない。しかしある音が別の拍で開始され、その音価の半分が後続する強拍においても聞こえるようにされているなら、これは耳に反する。したがってこの音はシンコペーションされている、と言われる。このシンコペーションされている音は四つの仕方で識別されうる。

　一つ目の方法は、この音が小節を分割する線によって二つの等しい音価に分かたれているのが見いだされるときである。それは以下のようである。

譜例Ⅲ - 96

　二つ目の方法は、等しい音価の二つの音が同度にありながら続いていく際に⌒あるいは⌣のような半円で結びつけられているときである。これはこの二つの音が引き延ばされていることを示している。

譜例Ⅲ - 97

　三つ目の方法は、ある音が別の音に先行され、この音が前者の拍の半分のみに相当するときである。あるいはある音がその半分の音価と同等の無音状態を表す記号によって先行されているときである。このときこの先行されている音は後続する拍における先取りをしているものと想定されている。

A, B, C, D, E, F, G, H, そして J の諸音はシンコペーションされている

譜例Ⅲ - 98

　四つ目の方法は、同じ音度の二つの音を反復し、その二音の音価が等しいときである。この二音のうち、前者が弱拍に当たり、後者が強拍に当たる。これはこの二音を結びつける代わりになされる方法であり、あるいは歌詞を適用するためであったり、またあるいは楽曲をより活発あるいは快活にするためである。

譜例Ⅲ - 99

ある音がシンコペーションされるためには、その音が**弱拍**あるいは前者の**拍**の後半の半分から始まっているだけではなく、さらにその音価が等しい二つの部分に分割されうるようになっていなければならない。そのうちの一方が前者の**拍**に当たり、もう一方が後続する**拍**に当たる。そしてシンコペーションのために一つの音のみを使用する代わりに二つの音を用いて、その各々がシンコペーションされている音の半分を表すようにすることができる。このときこれらの音は反復されてもよいし、あるいは長く伸ばされてもよい。伸ばされる際には半円でそれらの音が結び付けられる。こうすることによってこれら二つの音はたった一つの音であるかのように表される。この一つの音の音価は二つの音の音価と等しいものであるのであるが。

シンコペーションのこれらさまざまな方法からどれを使用するかは作曲家の自由に委ねられるべきものである（これは極めて熟練した大家の感覚の問題である）。**和声**（アルモニ）と**旋律**（メロディ）における慣例においてそれらの方法はみな等しいものである。和声においては**予備**された**不協和音程**を耳にさせるためであり、旋律においては**歌謡**（シャン）をより表現豊かにするためのものである。この際シンコペーションされている双方の音において、あるいはシンコペーションされている同一の音において聞かれる音程の種別は変更されることがない。

譜例Ⅲ-100

3と**6**といったように協和音程のみを表している数字は、シンコペーションが歌謡の趣向のためのみに使用されていることを明示するためのものである。そして協和音程の後に続く**不協和音程**を示す数字はシンコペーションが和声のために使用されていることを明示するためのものである。

旋律に関していえば、上声部と同様にバスもシンコペーションさせることが可能であり、共に動いても別々にでも構わない。しかし和声に関していえば、バスがシンコペーション可能なのは**2**の和音と**4#**の和音、あるいはまた**増七の和音**においてのみである。

和声における**シンコペーション**が正確に遵守されるためには、**予備**と**解決**を成す協和音程の音価と**予備**される**不協和音程**の音価とが可能な限り等しくなければならない。例外によってこれが損なわれるのは三拍の拍節においてのみである。この拍節においては二つの**弱拍**が見てとれる。したがって**予備**と**解決**を成す協和音程はこの場合、**予備**される**不協和音程**の音価の二倍あるいは半分を含みうることになる。

いくつかの不協和音程が連続してみられるときには、最初の**不協和音程**だけが**弱拍**における**予備**の規則と**強拍**において引き続き耳にされる規則に

従いうるものである。

不協和音程が予備されえないのであれば、シンコペーションが場を占めることはもはやない。この場合、可能な限り不協和音程に先行する協和音程からその不協和音程を解決する不協和音程までディアトニックな進行が遵守されるべきであり、またそれらの諸音程を構成する諸音のそれぞれの

音価の均等性も守られるべきである。しかしシンコペーションにおいてはこの均等性はそれほど必要とされるものではなく、予備されない不協和音程へと移行する協和音程からのディアトニックな進行は一般規則として利用されるべきものではない。特に7度、偽5度、そしてあらゆる短不協和音程に関してはそうである。

第36章　二声部の作曲について

楽曲における声部の数が少なければ少ないほど、それらに関する諸規則は厳格なものとなる。したがって四声部において認められていたある種の許容(リサンス)は、諸声部の数が減じられた際には誤ったものとなる可能性がある。

1．ここで諸協和音程は、完全と不完全に識別されなければならない。

完全協和音程はオクターヴと5度である。ここでは二つのオクターヴと二つの5度の連続(スュイット)を成すことは認められない。これらの音程が転回されているときも同様である。

4度もまた完全協和音程である。しかしこの4度は二声部の作曲において適当ではないので、われわれは4度が使用されるべき方法を規定することで満足することにしよう。

不完全協和音程とは3度と6度である。これらは複数が連続を成してもよいし、混合されて使用

されてもよい。このようにすることで過ちを犯す心配はない。ただしそれは良き横の並び(モデュラスィヨン)から逸脱しなければの話である。

3度から6度へ、あるいは6度から3度へ移行し、諸声部の進行が協和的であるとき、その声部進行は反行であるかあるいは転回されたものでなければならない。すなわち一方が上行する間に、他方が下行するということである。

可能な限り完全協和音程から不完全協和音程へ、あるいはその逆に移行するのが良い。

ある完全協和音程から別の完全協和音程へ、あるいは完全協和音程から不完全協和音程へ、またさらには不完全協和音程から完全協和音程へと移行することができるのはたいてい、一つの声部がディアトニックに進行し、もう一方が協和的な音程を形成するときだけである。このとき両声部の進行が反行であれば、それもまた良い。

完全協和音程の連続について

疑わしい

〔譜例〕

これら以外の二つの完全協和音程の連続の進行にはすべて価値はない。

譜例Ⅲ - 101

  Aと印された小節とBと印された小節とは互いに類似している。

2．一つの声部が同度に留まっている一方で、もう一方の声部を望まれる協和的な音程を通じて移行させることができる。この際には当然つねにこれらの二声部が共に調和した状態にある。

3．以下のすべての推移は良いということができる。オクターヴから3度、5度から3度、5度から6度、6度から3度、3度から6度。

4．オクターヴから5度への推移が良しとされるのは、両声部の進行が反行である場合である。しかしバスがディアトニックに下行する進行には価値がない。

5．オクターヴから6度への推移が良しとされるのは、両声部の進行が反行であり、双方の進行がともに協和的な音程である場合である。ただしバスが3度下行するときにはすべて良しとされる。

6．6度からオクターヴへの推移は良しとされる。ただし、バスがディアトニックに上行する場合、上声部がディアトニックに下行する場合、両声部の双方が協和的な音程で進行する場合は例外である。

7．6度から5度への推移は良しとされる。ただし上声部がディアトニックに上行する場合、バスがディアトニックに下行する場合、両声部の双方が協和的な音程で進行する場合は例外である。

8．5度からオクターヴへの推移は良しとされる。ただしバスがディアトニックに上行する場合、両声部の双方が協和的な音程で進行する場合は例外である。

9．3度からオクターヴへの推移は良しとされる。ただしバスがディアトニックに下行する場合は例外である。またさらに、バスが5度上行するときには諸声部の進行が反行であるように注意されるべきである。

10．3度から5度への推移もまた良しとされるのは、バスが2度、3度そして4度上行する箇所で諸声部が反行を成している場合である。またバスは5度下行させられるよりも、4度上行させられるべきである。そうでなければこの進行には価値がなくなってしまうだろう。

11．4度に関しては、4度に先行・後続しうるあらゆる協和音程についての次の譜例を見よ。

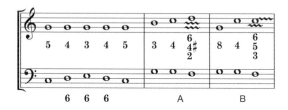

譜例Ⅲ - 102

  波線が示すのは4度に後続しうるさまざまな協和音程と不協和音程である。両声部の間にある数字も同じことを指し示し、バスの下にある数字は

この場合に使用されるべき諸和音を示す。

Aの譜例の波線とBの譜例の波線は異なる二つの和音を示していることに注意せよ。一方は三全音の和音であり、他方は大六の和音である。一方が生じている際には、もう片方を使用することはできない[20]。

上で規定された進行以外のすべての進行は良しとされない。特にこれらの進行がより小さな諸音程の方が好まれるのが自然なことであることに基づいてなされていることに注目せよ。つまり、6度上行と3度下行は同じことであり、3度下行の進行の方が好まれるということである。これは同様の関係を有する他の進行についても同じである。ただし、われわれの諸規則の基礎を傷つけることがないと察せられる箇所で、良き趣向（ボン・グー）がこれとは反対のことを要求するであろうような場合は例外である。

上述の規則はすべての調（トン）において等しく正当であり、3度と6度が長であろうとも短であろうとも同様である。

四声部に関する他の諸規則については、長短3度に自然に備わっている進行に関する規則と同様に不協和音程の進行に関する規則も、これらは等しく至るところで遵守されるべきである。

良き横の並びについての知識をひとたび得たならば、特に大きな注意を払うことを強いられることなく、これらの諸規則のほとんどを守るであろう。

第37章　誤った諸関係（ルラスィヨン）について

単独の声部における進行の誤った関係を回避するためには、その進行をディアトニックな音程か協和的な音程を通じて進むようにしさえすればよい。減5度の進行、減7度の進行、減4度の進行は下行においては容認されるが、上行においては容認されない。しかしながらひとたび良き横の並び（モデュラスィヨン）が看取されたのであれば、既知のあらゆる音程が使用されてよい。ただしオクターヴの範囲を超えない限りである。しかしわれわれが名を挙げてこなかった点に関しては、その他の点に関してよりもより一層の慎重さを必要とする。この点に関してイタリア人たちはミ♭からウト♯といったような減3度を付け加えている。これは作曲家たちの慎み深さに委ねられている。

二つの声部の間にみられうる誤った関係については、横の並びを完全に把握しているのであれば、過ちを犯すことは不可能である。

譜例Ⅲ-103

ここではAの諸音が長音階（モード）を表し、Bの諸音が短音階を表しているのが分かる。このように半分が長調（トン）で、半分が短調であるような一つの調で音階の設定（モデュレ）をすることはできない。また、同じ一つの主音（ノット・トニック）上で長から短へあるいは短から長へと移行することができるのは、開始時の長調あ

---

[20]〔訳注〕原書においてこの段落の内容と譜例が一致していないので、譜例に改変を加えて掲載した。

いは短調において完全カデンツを経た後のみであり、しかもこれは多大な思慮深さを伴ってなされるべきことである。このように横の並びの知識は、もしもそれをしかるべく有しているのであれば、あまり有用でない諸規則の上にわれわれを置くものである。それゆえにわれわれには上述のこと以上に言うことはない。

第38章　バスの上に歌謡(シャン)を成す方法について

　バスの上に歌謡(シャン)を成すためには、まずある単一の調(トン)においてのみバスを作曲すべきである。その調の横の並び(モデュラスィヨン)はすでに知られている、そうした調においてである。さらに、協和音程と不協和音程の連続(スュイット)についても知られているので（不協和音程の予備と解決の方法は説明されたとおりである）、このようにして作曲されたバスの上に歌謡を誤りなくつくるのは困難なことではないであろう。

　しかしながら、自らの才能にさらに大きな努力を積み重ねるためには、バスの各音が支えているはずの諸和音が知られているときに、その各和音内においてその和音を構成している諸音の中から一つの音が選択されうる。このようにして自らの好みに合わせて歌謡(シャン)が形成されるためである。したがって、完全和音において私は3度、5度、あるいはオクターヴ(ソン)を選択し、七の和音においてそれらの中の一つを選択する。もし私がそう望み、そうすることが可能であればである。なぜなら7度を選択できるとしても、その7度は予備されたものであるからである。ただしバスが3度あるいは5度上行し、その間に上声部がディアトニックに下行するか、あるいは一度上行しその後ディアトニックに下行する場合は例外である（第19章の譜例を見よ）。もしもこの7度が後続する和音の協和音程へとディアトニックに下行して解決されえないのであれば、この7度は使用されるべきではないであろう。あるいはバスを変える必要があるはずである。ただし後続するバスの諸音(ノット)がそこで耳にされている七の和音の中に含まれており、それらのバスの音の後で次のような一音が続く場合は例外である。それは、この7度がその一音の和音の協和音程の一つへと解決されるような音のことである。したがってこの7度は解決されるまでつねに同度に留まる。これは、その同じ和音内に含まれ、続くバスの中にも見いだされる諸音のうちの一音が今聞こえている7度とオクターヴを形成しない限りの話である。なぜならこのような場合には、この7度は3度下行させられて、この7度に自然な仕方で後続するであろう協和音程上に、この3度下行させられた音が上行して至るようにされなければならないであろうからである。あるいはまた、さらにこうした場合では7度(ノット・サンシーブル)を導音へと下行させることもできるであろう。これは導音がこの同じ和音内に含まれていると想定されるときである。したがって7度の後に3度下行させることのできる音(ノット)というのは、バスにおいてこの7度のオクターヴとなるであろう音の6度であり、また導音はこの7度のオクターヴと三全音を形成するであろう。

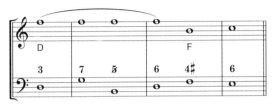

譜例Ⅲ - 104

A. 私は5度によって開始する。確かに私はオクターヴあるいは3度によって開始することもできたであろう。しかしこのように開始するのが良い。それは、上で述べたように、次の7度が予備されることなく聞こえるようにするためである。

B. 7度はCまで同度に留まっている。そしてCで7度のオクターヴがバスに姿を現している。したがって私はこの7度を3度下行させる。このようにしてその後でこの7度を自然な仕方で解決するであろう協和音程上に再び上行させるためである。しかし完全を期して言うならば、私は波線上へとこの7度を下行させることもできるわけである。

D. 7度は3度によって予備されており、Fまで同度に留まっている。ここで7度のオクターヴがバスに姿を現すので私はこの7度を導音Fまで下行させることができる。なぜなら導音はこの同じ和音内に場を占めているからである。

バスがいくつかの音程を成している間に、7度が同一の音度上に留まることができることを見分けるのは容易なことである。なぜならバスがなしうる音程というのは3度、5度、偽5度、そしてこの7度のオクターヴだからである。あるいはこの7度はバスの諸音の一つと3度、5度、偽5度を形成しうるものであるというのが良いかも知れない。このことは他のあらゆる不協和音程に関しても同様に当てはまることである。それはそれらの不協和音程をその基礎(フォンドマン)とつきあわせてみれば明らかなことである。このようにわれわれは協和音程と不協和音程の進行に関する制限を知っておくべきである。そうすれば過ちを犯すことはありえない。

ここで見たように、ある一つの音が、バスが同一和音内に含まれるあらゆる音程を通じて進行している間に、上声部において同度に留まりうるのだから、バスにおける一音もまた、上声部がこのバス音から成る和音内に含まれるあらゆる諸音程を通じて進行している間に、同度に留まることができる。

もしバスの同じ一つの音がいくつかの和音を支えることができ、それらの各和音内に3度、5度、6度等が見てとられるのであれば、それらの音程はいずれの和音におけるかに関わらず耳にされるようにされてよい。しかしもしそれらの諸音程のうちの一つがそれらの諸和音の一方の中に生じないものなのであれば、それはふさわしくないものであるから耳にされるようにすることはできない。

楽曲の趣向(グー)があまり良く形成されないときに、バスの各音が支える諸和音が分かっているなら、それらの和音に数字付けをし、その和音内の望みの音を選択するようにすればよい。このようにして上声部の歌謡(シャン)を形成することができるのであり、それでいて所定の諸規則から逸脱することはない。なぜならそれらの諸規則がある一つの和音内のある特定の諸音の方が望ましいとわれわれに仕向けることがしばしばあるからである。これはその和音に先行・後続する諸音との関係によってそのようになされるものである。

二声部のみが作曲される際には、上声部はつねにオクターヴで終わるべきであり、稀に3度のことがあるが、5度で終わることは決してない。

第38章

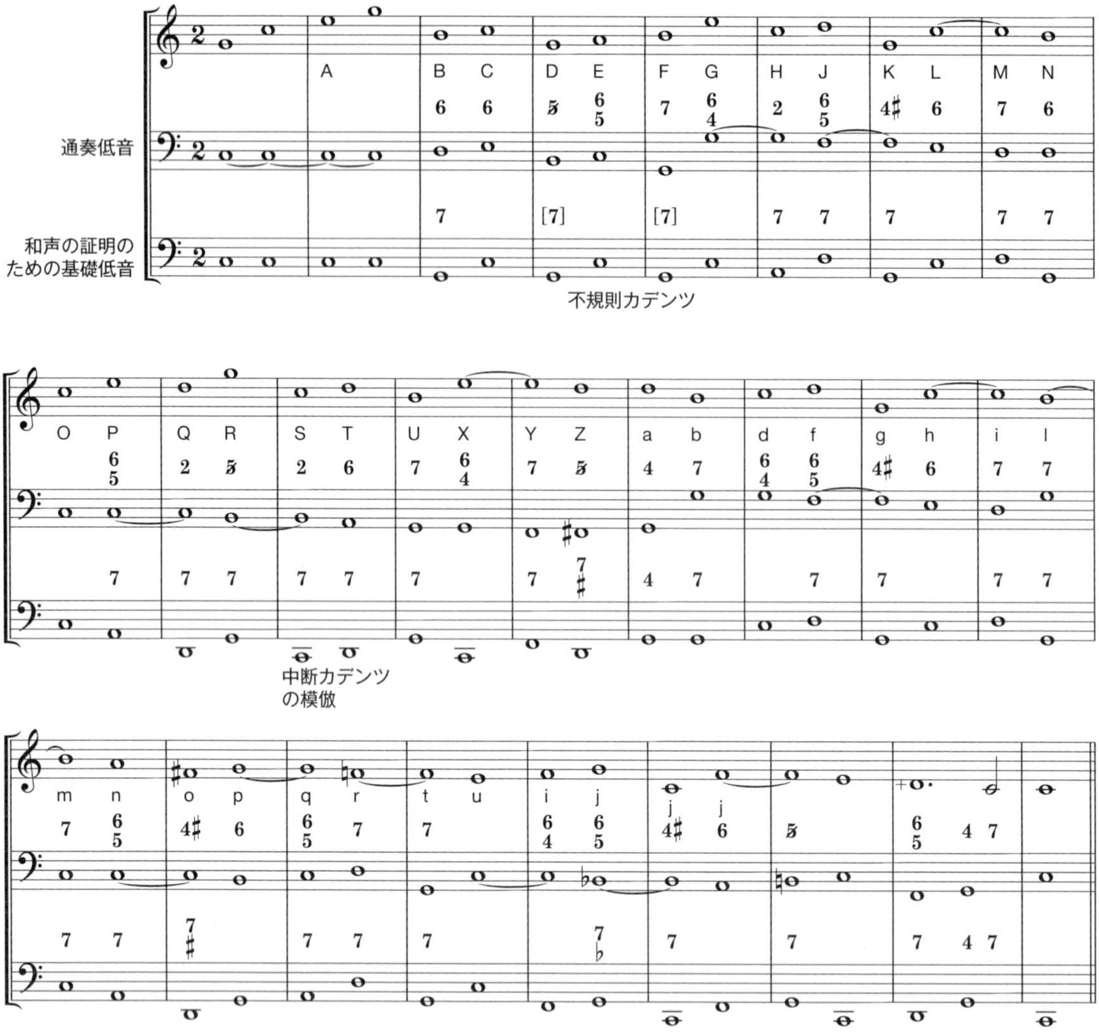

譜例Ⅲ - 105

　　通奏低音上だけで作曲されたこの上声部は、基礎低音との関連でいえば誤りに満ちている。しかしこの誤りは和声の基礎に反するものではなく、諸声部の進行にのみ反しているのである。この基礎低音は完全な和声の証明のためだけのものであり、耳にされるのが望ましい歌謡に適した諸音をここから引き出すことができる。

　A。私は私の好みにしたがって、この和音のすべての音を通じて移行している。

　そしてBでは5度から6度へと移行している。確かに私は先行する5度の場を変えることなく、4度上に留まり続けることもできたはずである。なぜならこの4度はBの小六の和音の一部を成しているからである。そしてさらに3度上に移行することもできたはずである。

　B、C、D、E。私は四つの6度を連続で移行させた。なぜならこの四つの6度はこれらの諸和音の一部だからだ。実際これらの諸和音の各々に含まれる他の諸音程のうちの一つを用いることもできたわけだが。

　F、G。導音からトニックに移行させる代わりに、私は中音へと移行している。なぜなら、中音は主音の代わりとなり、主音の和音の一部を成すこともあるが、それ以上にこの移行は協和音程の進行の諸規則に反したものではないからだ。

　H。ここで私は二の和音の一部を成す4度が耳

にされるようにしている。そして次にJの6度へと移行し、2度へと行き当たっている。この2度はKの三全音の和音の一部を成している。

Lで耳にされるようにされている6度は、Mの7度を予備している。この7度は下行してNの6度へと解決されている。この6度は導音であり、Oの主音上へとしかるべく上行している。そして次に同じ主音(ノット・トニック)Pの3度へと移行している。これはQで2度が聞こえるようにするためである。

バスのP、Q、R、S、Tにおいて予備と解決がなされている2度は、上声においてPの3度とRの6度によって先行されている。これらは同様にオクターヴ、5度、4度によっても先行されうるものである。なぜなら2度は和音を構成する任意の協和音程によって等しく先行・後続されうるものだからである。というのはTにおいては4度によって後続されているのがみられるからだ。この4度は小六の和音の一部を成している。このようなケースにおいてもバスの限定進行がいささかも変更されていないのは当然のことである。

2度の予備と解決には3度がもっとも適したものであるのだから、3度が可能な限り頻繁に耳にされるのは良いことである。Tにおいて3度の場を占めている4度は、3度とは不協和音程を成すものであり、もし3度が4度とぶつかり合うとされた場合にこの3度が下行して行き当たるはずであった音(ノット)へと達するべきである。Uではそのようになされている。なぜなら、上声において不協和音程を自然な仕方で解決するであろうある音の代わりに、その音とは7度や2度を成す別の音を代用するのは、われわれにとって一般規則とされるべきだからだ。したがって、この代用の音はここに姿を現わしていない音が後続するはずであった音へと移行させられねばならない。この姿を現わしていない音は代用の音と短不協和音程を形成するものである。これは小六の和音においては3度と4度の間に、大六の和音と偽五の和音においては5度と6度の間に見受けられることである。したがってこれらの和音において3度と5度が不

協和音程の解決に用いられるべきであり、その後ディアトニックに下行すべきであるのであれば、それらの代用となる4度と6度は、この3度と5度に自然な仕方で後続すべきであった諸音へと移行すべきである。

それ以降においては上で述べられたすべてのことの続きが見てとられるであろう。注意されるべきはmにおいて調が変化し、そこでは導音を主音へと上行させる代わりに、主音に7度が付与されている。この導音が主音にとっての7度の役目を果たしている。そしてこの主音が、nとoで支えられている大六の和音と三全音の和音を通じて第四音となっている。それからわれわれはjでウトの調を取り戻す[21]。そしてバスの協和的な進行はuで終止している。それゆえにここから主音はウトであることを知るのである。この調を準備するためにrのファから♯を取り除かなければならない。そのあとでシの音にみられる♭がファの調であることを告げ知らせ、さらにそのあとでシの音を再び自然な状態に戻すシャープを通じてウトの調が宣言される。

通奏低音に関連してなされたこれらの諸注意は、上声と通奏低音をそれぞれ順に基礎低音と対比することによって明確になるであろう。このようにして基礎低音の諸音が支えている完全和音と七の和音のそれぞれから、通奏低音と上声のために3度、5度、オクターヴ、あるいは7度が選ばれるのである。そしてこれらの両声部の進行が先述のわれわれの規則と一致させられる。以下の点によく注意せよ。すなわち、通奏低音の進行はG、H、T、K、Lにおけるようにディアトニックであり、上声の進行が基礎低音の進行と概して類似したものであることである。ここから以下のように帰結される。一方の声部の協和的な進行は、他方の声部にディアトニックな進行に従うようにしばしば強いるものである。これは一方の声部のディアトニックな進行が、他方に協和的な進行をしばしば課すことになるのと同じことである。

---

21)〔訳注〕jはqの誤りと思われる。

第39章　音形歌謡あるいは想定について

　われわれが音形歌謡と呼ぶのは、現在に至るまで想定[22]と呼ばれてきたものである。音形歌謡あるいは想定の諸規則の本質は以下の点に存する。

　和声の完全性は小節の各拍において明白であることが絶対的に必要であり、それらの拍はその拍に行き当たるその瞬間においてのみ感知され、それは強拍であろうと弱拍であろうと同様である。それゆえに一つの拍の瞬間から後続する拍の瞬間の間において、才能と趣向が許す限りの諸音を移行させることが可能である。

第1項
協和的な諸音程による音形歌謡について

　拍の間においていくつかの音を協和的な諸音程を通じて移行させたいときには、最初の拍の和音に含まれている諸音以外の音を聞かせることはできない。それはその直後に来る拍の和音の音上へと引き続き通じていくためであり、このようにして拍から拍へと続き、最後へと至る。

上声に音型が施された譜例

譜例 III - 106

　ここで上声においてはすべての音が、バスで数字付けがなされた諸和音と適合した諸音上のみを移行していることが見てとられる。

　二拍の小節は、作曲家の好み次第では、四拍に分割されることが可能である。この点はA音において察知される。A音の音価はA音が支えている二つの異なる和音によって二拍に分かたれている。このように各拍上では異なるいくつかの和音

---

[22]〔訳注〕ド・ブロサールの『音楽辞典』には「想定」に関して以下の記載がある。「想定は一つの声部が一つの音を保持している間に、別の声部が二つかそれ以上の、音価のより小さな諸音を有しているときに生じる。それらの音は最初の音に対して隣接音度を移動する。これは対位法を装飾する一つの方法であり、イタリア人によって Contrapuncto Sciolto と呼ばれているものである。（中略）この想定の最も重要な使い方の一つは協和音程を強調するために不協和音程を使用することである。」このように、当時の慣例の「想定」と、ラモー独自の「下置」とは別のものとして理解されるべきである。

を耳にさせることが可能であり、それは音楽の動きの緩慢さあるいは敏捷さとの関連においてなされる。同様に、一つの小節あるいは連続する複数の小節においてたった一つの和音を耳にさせることも可能である。

バスに音形が施された譜例

譜例Ⅲ - 107

音形バス(バス・フィギュレ/バス・フォンダマンタル)の諸音の下の数字は、そのバスが基礎低音に対して形成している音程を表している。そしてそれらの諸音の上の数字は、ここでそれらの諸音が支えている和音を表している。

音形バスを作るためには、まず先に基礎低音が作曲され、そしてその上にこの音形バスが作曲されるという方法が取られうる。これは音形を施された上声がバス上に作曲されるのとほとんど同じである。わたしが「ほとんど同じ」と言うのは、それら双方のバスにおいて同じ諸音を使用することを避けるのではなく、その反対にこの音形バスにおいては可能な限り、基礎低音における基本的な諸音(ソン)が耳にされるようにされるべきなのである。それは特に拍の最初の瞬間においてそのようになされるべきである。

上声は自らとともに耳にされるべき他の声部とつねに一致していなければならない。もし上声がこれらの二つのバスとともに耳にされるべきであるならば、上声は双方のバスに関する諸規則に付き従わなければならないであろう。そのためこの上声はC、Dの箇所において変更されなければならないであろう。ここでは基礎低音とともに二つの5度が形成されているため、波線が記された諸音(ノット)を選択しなければならない。

また音形バスを最初に作曲することも可能である。この際、拍を識別した後に、基礎低音を下部に置き、この基礎低音が自らの進行に、自らが支えている諸和音に規定されている諸規則と完全に合致しうるようになされるべきである。その結果、そのようになされると、音形バスよりもより多くあるいはより少なく音形が施された上声が作曲できるようになる。

音形バスにはしばしば異なる二つの和音で使用されうる諸音が見いだされることがある。和音の選択に確信が持てない拍に関しては、それに後続する拍を通じて初めて和音を決定することが可能である。また基礎低音もこうした場合の導きとなりうるものである。

可能な限り多くの多様性が模索されるべきである。それは同じパッセージがあまりに頻繁に耳にされることを回避するためである。

一小節のすべての拍に音形を施すか否かはまったく自由であり、その拍の半分だけに音形を施すこともある。それはあるときはバスにおいて、またあるときは上声においてなされ、また同時になされることもあるが、それは必ず諸規則にしたがってなされるものである。

第39章

譜例Ⅲ-108

　これらの声部のうちの一方をまず最初にはじめ、もう片方を二、三拍あとで、あるいは一、二小節あとに挿入することができる。それは趣向が述べるところに従ってなされるものであり、もしも声部数がさらにあるのであれば、それら他の声部についても同じである。

　望みの小節のどの場所からでもはじめることが可能であり、最後の四分の一の拍からでさえはじめることができる。さらにはそれらの声部のうちの一つをしばらくの間止めておくこともできる。しかしその声部がバスであれば、それが可能なのはせいぜい一、二小節の間だけである。なぜなら通奏低音（バス・コンティニュ）というのはつねにほのめかされるように聞こえる（スー・ザンタンデュ）べきものであるからであり、それはただ一つの声部が耳にされるように望まれているときでもそうだからである。

　あらゆる無音状態は休符や、同種の性質を持つ他の記号によって表示される。この点は第1章で説明されたとおりである。

　さらにある音の後に置かれた符点は、まさにその音自身のために使用されるものであるが、通常他の諸声部と和音を形成しているものである。なぜならこの符点はほとんどいつも強拍（タン・ボン）に見いだされるものだからである。符点はそれに先行する音の半分の音価に相当するものであるから、もしもその符点の音価が半拍（ドゥミ・タン）かあるいはそれより小さい音価しか含まないのであれば、それに後続する音が認められるのはもっぱら歌謡の趣向のためのみである。

第2項
ディアトニックな諸音程による音形歌謡（シャン・フィギュレ）について

　諸拍の間においては望まれるだけの諸音（ノット）を移行させることができる。もしも諸音がディアトニックな諸音程を通じて進行していくのであれば、それらの諸音が和音を構成する諸音程の数に含まれているか否かは重要ではない。ただし最初の音は和音に含まれていなければならない。しかしこのような進行においていくつかの音が続いた後で、協和的な音程を通じてある拍の最後の音から後続する拍の最初の音へと進行していくなら、この最後の音もその拍の間に場を占めている和音内に含まれていなければならない。

　多数の音を進行させている拍から拍の間というのは十分に緩慢であり、均等な二拍に分割されるものでなければならないから、同じ一つの拍内を進行する諸音も均等な音価に分割されるのはつねに良いことである。この際それぞれの音価の最初の音は、そのパッセージがつくられる和音を構成する諸音程の数の内に含まれていることが取り計らわれていることとなる。

　趣向（グー）のためにわれわれは時にこれらの諸規則に反することを強いられることがある。ディアトニックな進行における場合、ある拍の最初の音はそこで耳にされるはずの和音に必ずしも含まれているものではない。しかしこの最初の音が歌謡（シャン）において認められうるのはある種の流れ（クーレ）としてのみであって、これが和音内に含まれる直後の音へと導くものである。これはその和音が生じている拍の音価が消失する前になされる。

譜例Ⅲ - 109

　ここで拍子は二拍であるが、ほとんど全般にわたって四つに分割されている。ここで二つの八分音符の内の最初の方がつねに和音内に含まれていることが見てとられる。

　Aの拍においては最後の二つの八分音符の内、最初は和音には含まれていない。なぜならここでの歌謡がある拍から別の拍へディアトニックな進行において導かれているからである。ここでこの進行には参与していない最初の二つの八分音符がこの和音に含まれていることが見てとられる。

　Bの拍の音はそれぞれが和音を支えているはずであり、この拍は四つに分割されている。なぜなら主音（ノット・トニック）が導音（ノット・サンシーブル）の後に現れるや否や、主音は自らの自然な和音（アコール・ナチュレル）を支えるはずであるからである。もしこの主音が後続の小節で引き続き姿を表し、歌謡が休止しないのであれば、Bの拍は分割されるべきではなかったであろう。しかしこの歌謡は属音（ドミナント）上で終止しようとしているところであり、Bの拍の最後の八分音符からそれに後続する音へと続く不規則カデンツをわれわれに感じさせる。

　Cの拍の最初と三番目の八分音符は和音の音の数の内には含まれていない。なぜならそれらはここである種の流れ（クーレ）を形成し、二番目と四番目の八分音符へと行き当たっており、これらが和音に含まれているからである。ここで四番目の八分音符はこの和音に含まれていなければならない。なぜならこれは協和的な音程を通じて別の拍へと移行しているからである。同様の流れはFとDの拍でもみられるであろう。

　Dの符点はそれに先行する音を表す。そして数字付けがなされている三全音の和音が、この符点の音価が消失するまでその場を占めている。このようにこの三全音の解決はこの符点に後続する拍において初めてなされるものである。

　以上によって、現在に至るまでは極めて抽象的な規則の下にあると思われていたことが説明されたと信ずるものである。

　音楽において把握することの難しい多様性は、歌謡に音形付け（フィギュレ）するこうした容易さと、和音の転回とに由来するものなのである。

第39章　267

第40章　上声の下に基礎低音(バス・フォンダマンタル)を成す方法について

　基礎低音(バス・フォンダマンタル)はすでに作曲された上声に適したバスを見いだすためのもっとも確実な方法である。上声を作曲すると同時にバスを感じるための趣向が十分に定まっていないときには特にそうである。なぜなら任意の歌謡(シャン)はつねに自らに自然なバスを有しているものであり、そのバスは他のいかなるバスよりもその歌謡に適しており、それはわれわれに前もって告げ知らされるものである。たとえわずかなりとも完全な和声(アルモニ)に鋭敏であるのであれば、上声を耳にしているときに、あらゆるカデンツのバスが自然な仕方で歌われるものである。このようにしてわれわれには今歌われている調(トン)がすでに知らされているはずである。同様にカデンツからカデンツへと移行の際も、それが完全カデンツであれ不規則カデンツであれ(中断(グー)カデンツは上声において完全カデンツとまったく変わらない)、われわれは調の変化を識別する。基礎低音が容認しうるのは完全和音と七の和音のみであるから、調の変化はさらに敏速に決定される。

譜例Ⅲ-110

　これらすべてのカデンツはウトの調(トン)上のみで設定されている。ただし他の諸調とも関連のあるものである。

　Aの完全カデンツは長調、短調において導音(ノット・サンシーブル)から主音(ノット・トニック)へと上行している。ただしこのカデンツは短調において第二音から中音(メディアント)へと上行しうる。これは譜例Fと一致するところである。

　Bの完全カデンツは長調、短調において第二音(ノット)から主音へと下行している。ただしこのカデンツは短調において第四音から中音へと下行しうる。これは譜例Gと一致するところである。さらにウトの長調とラの短調は、これらの二つの主要(プルミエール)カデンツにおいて極めて密接な関係にある。より一般的に言うならば、これら二つのカデンツは長調と短調において等しく生じるものであり、両者の隔たりはひとえに短3度によるものである。これは長調のウトから短調のラへ、長調のファから短調のレへ、長調のソから短調のミへの関係等と対応している。

　C、D、F、Gのカデンツは完全カデンツと不完全カデンツの両者のいずれともなり得るものであり、バスに自由に付与される異なる進行によってのみ識別されるものである。その進行は4度上行して主音へ至ることで形成される完全カデンツか、あるいは4度下行して同じく主音かあるいは

属音〔ドミナント〕へと至ることで形成されうる不規則カデンツのいずれかである。「あるいは属音へ」とわれわれが言うのは、これらのカデンツがウトの調とは異なる調を表しうることが想定されてのことである。なぜならCとDのカデンツはレの調において不規則カデンツとして使用されうるが、Dのカデンツはさらにファの調においても使用されうる。FとGのカデンツはミの調において完全カデンツとして使用されうるが、Gのカデンツはさらにラ♭の調において不規則カデンツとして使用されうる。しかしウトの属音上への真の不規則カデンツはH、I、L、Mの譜例のカデンツである。ただし譜例Hは完全カデンツも表しうるし、またシ♭の調において不規則カデンツをも表しうる。また譜例Iはラの短調における不規則カデンツを表しうる。さらに譜例Lはレの調における完全カデンツを表しうる。そして最後に譜例Mはシ♭の長調とソの短調、そしてミ♭の長調と短調における不規則カデンツを表しうる。以下が上声におけるこれらの恣意的な諸カデンツからわれわれが引き出すことのできる成果である。

1. 他の諸調についての知識に十分に親しんでいないのであれば、上声の作曲はウトの長調かあるいはレの短調でのみなされるべきである。上声はオクターヴ、3度、5度によって開始されるものであるから、この上声が上記の二つの調のいずれかで真に作曲されているか否かを知るためには、最初のカデンツが終止しようとしているところを注目すべきである。それはたいてい、第二あるいは第四小節にみられるものである。それゆえウトのオクターヴ、3度、5度であるウト、ミ、ソで開始され、最初のカデンツがレで終止しているなら、そのことをもってしてレの調にいるということにはならないであろう。なぜならそのためにはこのレのオクターヴ、3度、5度であるレ、ファ、ラによって開始されていなければならなかったはずだからである。さらに、歌謡の趣向に導かれ、半音〔セミ・トン〕との関係のために何らかの♯や♭を付け加えることを強いられるのであれば、それらの記号がまず調を決定するものである。これはすでに与えられた説明のとおりである（第24章と第25章）。なぜなら、もしウトから開始されたのであれば、このウトはラの短3度を、ファの5度を成し、同じようにウトのオクターヴを成すからである。それゆえに、♯と♭によってこそ、そしてさらにカデンツによって、調が識別されるのである。もし楽曲が自然な趣向において作曲されているのであれば、最後の音と関連付けがなされさえすればよい。その音〔ノット〕こそが自然な仕方でトニック〔エール〕であるはずである。

2. 今扱っている調について確信が持てたのであれば、その調に都合がよいであろうあらゆるカデンツを適応させるべきである。見知らぬものがいくつか見いだされるときには、それらを前述の譜例と関連付けてみなければならない。この際、次の諸点に注意せよ。

1. 上声はつねに基礎低音に対して3度、5度、オクターヴを形成すべきである。

2. 基礎低音においてはつねにもっとも完全な進行に対して優先権が与えられなければならない。したがって、5度下行の進行が4度の進行よりも優先されるべきであり、4度の進行は3度の進行よりも、3度の進行は7度の進行よりも優先されるべきである。ここで2度上行は7度下行と同じであることを想起せよ。しかしながら、もし上声が5度下行するバスと調和することができないのであれば、この和音を4度、3度、7度と進行させてみるべきである〔サコルデ〕。このとき、より完全なものがつねに優先される。

3. 上声にいささかなりとも音形〔フィギュレ〕を施すべきでないのは、基礎低音上で完全な平安が望まれるときである。なぜなら音形歌謡〔シャン・フィギュレ〕は初心者を困惑させるだけである可能性があるからだ。したがって上声の各音符は少なくとも一つの拍〔ノット〕に相当するべきである。

4. まずはガボットやサラバンドといった特徴ある楽曲の作曲に集中すべきである。なぜならカデンツはほとんどいつも二小節ごとに感じられるものだからであり、この点はより迅速に明確になることである。第2巻の第25章、第26章、第27章、第28章を見よ。ここでそれらの楽曲の動きやそれらが作曲されるべき小節の数、それらの

楽曲に適した韻文の種類、歌詞を歌謡にあてがう際に遵守されるべきことが見いだされるであろう。

5．もし自らの楽曲において進行中の調においていくつかのカデンツが見知らぬものであるとなったのであれば、それらのカデンツが歌謡を終止させているか否かに注目されなければならない。この点は歌詞の意味を通じてより容易に把握されるものである。もし歌詞が歌謡を終止させているのであれば、それにしたがって調も変化する。調はたいてい、離脱しようとしている調の属音、中音、第四音、第六音の調へと移行する。これは前掲の譜例のカデンツと関連付けてみれば見分けられることであるが、そこでは一つのカデンツが以下のように終止しているのに気付かれるであろう。

譜例Ⅲ - 111

このカデンツはそれぞれの調における完全カデンツを表すが、これはウトの調においてこの譜例〔譜例Ⅲ - 112〕が表しているのと同じものであり、同じ関係を有する他のカデンツも同様である。しかし歌謡がまったく終止していないのであれば、バスは自らの自然な行程に従うがままにされるべきである。この際（すでに言及されたように）、この進行はより完全なものが他の進行よりも可能な限り優先されるべきである。

譜例Ⅲ - 112

6．バスにすでに置かれた音の3度、5度、オクターヴを上声が形成している限りは、その音を変更する必要はない。例外は、この変更がバスの自然な進行を妨げることなくなされうるときである。和声の美の主要な諸部分の内の一つを作り出す多様性がこのことを要求するのである。

7．主要な拍と見なされるべきはつねに、各小節の第一拍目であるべきである。したがって別の拍に置かれうるバスの音がそれに先行あるいは後続する第一拍目の役に立つのであれば、その音を前進あるいは後退させ、その音が第一拍目で聞かれるようにするのがよい。この際には以下の二点に注意が必要である。一つ目は、この第一拍に後続する音が第一拍目の音と同じである場合、後で耳にされるように望まれたその音は第一拍目で聞こえるようにされるべきということである。二つ目は、弱拍に置かれた音が後続する第一拍の音と同じであり、それら二つの拍の間に一つあるいはいくつかの音を置くことができないのであれば、バスではそれらに先行する第一拍目においてその音が聞こえるままにされておかれるのが良い。また可能なのであれば、直後に後続する第一拍目において明らかになるはずの音とは異なる別の音を探すのが良いであろう。

譜例Ⅲ - 113

より良いのは譜例Hである。なぜなら二小節目の二拍目で聞こえる音が同じ小節の一拍目で使用されうるからであり、こちらの方が好ましいとされるはずである。

譜例Ⅲ - 114

引き延ばすようにさせるであろう。なぜ譜例Bのようにできるかと言えば、第一小節の二拍目と第二小節の一拍目の間に別の音を置くことは可能なことであるからだ。それに対して譜例CとFにおけるように第一小節の第二音目は使用されるべきではない。なぜならこの音は後続する小節の第一拍目で即座に耳にされるべきものだからだ。したがって譜例Dで私はすでに第一拍目で耳にされた音を使用している。なぜならこの音はこの二拍目と必ず調和するからである。そして譜例Gで私は別の音を選んでいる。なぜならこの第一音は二拍目と調和することができないからだ。

8．上声における一つの音を二つの均等な音価に分割する必要があることがよくある。そうすることによって上声のその同じ音と必ず調和しうるような二つの異なるバスの音を聞かせるためである。そしてこれはまた、バスの協和的な進行を保持するためであり、そのバスの二つの音の内の最後の音とそれに後続する音との間にもっとも完全な進行が耳にされるようにするためである。

譜例Aの第一小節のバスにおいて、確かに私は譜例Bのように変えることはできるが、同じ音をノット

譜例Ⅲ - 115

この分割はさらに基礎低音の主要な拍の間で、現在使用中の調にもっとも適した諸音が耳にされるために用いられる。その諸音とは主音、属音、第四音、第六音、そして時に第二音である。これらは完全さの順に従って並んでいる。稀に第三音が使用されることがあるが、小節のどの拍においても第七音が用いられることは決してない。なぜなら、この音を使わざるを得ないときには調が変わっていることは確実であり、そのことは♯や♭によって、あるいは見知らぬカデンツによって識別されうるであろう。

9．小節の主要な拍というのは最初の不協和音程が予備されている状態で聞こえているような拍のことである。なぜなら不協和音程がいくつも連続してみられるのであれば、最初の不協和音程だけが考慮に入れられるべきだからである。予備されていない不協和音程を耳にすることができるのは、上声のディアトニックな進行においてのみである。その際上声は三つの音度を下行するか上行するかし、その直後に下行する。その間バスは3度か5度上行し、そして続いて5度下行する。不協和音程はこれらの三つの音度の場にみられるものである。

第40章　271

譜例Ⅲ-116

まずこの箇所で、バスを5度上行させる代わりに4度だけ上行させることが可能である。するとここでは不協和音程はまったく生じない。まさにこのような仕方から完全カデンツの不規則カデンツへの、また不規則カデンツから完全カデンツへの移行が可能となる。AとBの諸音に着目せよ。ここでAと記された音の代わりに、波線上の別の音を置くことが可能である。AとBの音は完全カデンツを形成し、波線にA音が置かれればB音とともに不規則カデンツを形成するものである。

バスの最初の音の上に記された波線は、この最初の音がこれらの波線の内の一つの場に置かれることによって、このバスがさらに同様のケースにおいて保持しうる進行を明示する。

ここで以下の点を想起せよ。ここで基礎低音との観点から不協和音程が生じているのは7度のみであり、他の不協和音程は転回によって初めて生じるものであるということである。すなわち、バスにこの基礎低音が支えているはずの七の和音として使われている諸音の内の一つを置くことによって初めて生じる。ここでは第17章、第18章、第20章、第21章、第22章、第26章ですでに述べられたことがすべて見てとられるはずである。

上声が跳躍の音程を成す間に、7度が予備されずに基礎低音に対して良い効果を成すケースがいくつかある。しかしこのバスの音はこの7度の前にすでに耳にされているのであり、同度に留まるものである。したがってその直後に上声がディアトニックに下行し、バスがその箇所で4度上行してこの7度のあとで上声と3度を成すのであれば、このように7度を耳にさせるのはつねに良いことである。

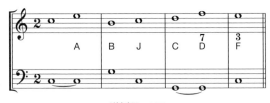

譜例Ⅲ-117

上声はA音とB音の間でかけ離れた音度を通じて進行しており、もしバスの最初の音を同度に留まらせたいのであれば、そこではB音上で7度が聞こえることになるであろう。しかしこのB音の後で上声はまったく下行していないし、もしバスの最初の音が同度に留まるのであればB音は4度上行してJ音と3度を形成しうるものであったろうから、ここでは譜例にあるようにバスを変えなければならない。そしてその進行はより完全なものが優先されている。A、B、Jの諸音間で見いだされないものは、C、D、Fの諸音間で見いだされるであろう。その説明は上でなされたとおりであり、これが下置あるいは歌謡の趣向のための不協和音程と呼ばれるものである。しかしこの不協和音程が上声の第一音で早くも場を占めるのに対し、バスの音は同度に留まっている。これはそのあとになって初めて明らかになるこの不協和音程を受け取るためであり、C音とともに出されるバスの第一音上でこの七の和音のすべての音が聞こえるようにされることによってこの点を指摘できるであろう。その結果、上声はこの7度の後でさえもこの同じ和音の他の音へと移行可能であるが、Gにおいてバスが4度上行した音の3度を形成するようになる音、あるいは少なくともその音のオクターヴを形成する音へと必ず戻るようになるであろう。

譜例Ⅲ - 118

　バスを4度上行させる代わりに、1度だけ上行させることができる。このようにして中断カデンツが形成される。しかしこれが生じ得るのは借用バス、あるいは基礎低音の転回においてのみである。このカデンツはもっぱら作品の中途における作曲家の趣向次第である。ただしこのバスは上声に対して連続する二つの5度を形成するものではない。

　10．同じ調において同じ種類のカデンツがいくつも目につくのであれば、楽曲の途中にみられるカデンツの中で絶対的な結末を決定していないものが、他の調のカデンツと関連を有していないかどうかが調べられるべきである。したがってここでは馴染みのないカデンツが耳にされるのが適当ということになるであろう。それは和声にさらなる多様性を与えるためである。なぜなら楽曲は、同じカデンツがたえず聞こえてくるときには活気が失われるからである。そして、上声においてカデンツを多様化することを趣向が認めないのであれば、少なくとも楽曲の中途のバスにおいて多様性が発揮されるように努めなければならない。この点についてはすでに言及済みであり、特に絶対的に結末を決定しないカデンツに関してはそうである。

　もし長調にいるとするのであれば、その調と馴染みの関係にないカデンツはもっぱら短調において使用されうるかもしれない。短調の主音は、今いる長調の主音の短3度下に見いだされる。そしてもし短調にいるとするならば、短調に馴染みのないカデンツはもっぱら長調において使用されうるかもしれない。長調の主音は、今いる短調の主音の短3度上に見いだされる。この相違が明らかとなるのはもっぱらバスであることに注意せよ。なぜなら上声の歌謡はそのことによって何ら変化するものではないからである。

ウトの長調における　ラの短調における　ウトの長調における　ラの短調における

完全カデンツ

ウトの長調における　ラの短調における　ウトの長調における　ラの短調における

不規則カデンツ

譜例Ⅲ - 119

　上声のAとBの完全カデンツと、CとDの不規則カデンツは、自然な仕方でウトの長調と、ラの短調に見いだされるものであろう。したがってこれらの調のいずれかにいるのであれば、これらのカデンツの片方を別の調のために用いることが可能である。もしウトの長調にいるとするなら、この同じカデンツはラの短調のために使用しうる。そしてもしラの短調にいるとするなら、この同じカデンツはウトの長調のために使用しうる。これは同じ関係にある別の諸調に関しても同様であ

第40章　273

る。それはたとえばレの短調とファの長調、ソの長調とミの短調の関係である。

　ある調におけるカデンツを別の調へと移しかえるこうした方法は、調の転換が絶対的に望まれる際にはさらに極めて好ましいものである。

　中断カデンツもまた双方のケースにおいて使用されうる。

　11．不規則カデンツは楽曲の中途において優れたものである。楽曲が二部に分かれているとき、不規則カデンツはその第一部を終止させるのにしばしば用いられる。しかしこれは習慣とされるべきではない。不規則カデンツが使用されるべきは第四、第八、第十二小節においてよりもむしろ第二、第六、第十小節においてであり、前者の諸小節においては完全カデンツの方が適している。完全カデンツが第六小節あるいは第十小節においてみられるときには、それらを中断カデンツとして想定することができる。

　12．ある調のカデンツを別の調に移し替えるとき、以下のようにするのが適切であることがある。すなわち、より完全な進行よりも、完全さの劣る進行を基礎低音に優先的に使用してみることである。しかしこれは十分な分別と慎み深さをもってなされるべきである。

　13．自らの想像力に合わせて歌謡を作曲する者たちは、その歌謡が連結されている、あるいはつねに隣接する音度を通じて進行するのであれば、その音形(フィギュレ)にはまったく注意を払わない。それゆえにもし歌謡に音形が施されていると、そうした者たちの中にはバスと和声を形成している諸音(ノット)がどれなのか、そしていずれの音(ノット)が歌謡の趣向のために用いられているのかを識別できるほどに十分熟練していない者もいる。また歌謡がかけ離れた音度を通じて進行している際には、そうした者たちは基礎低音に対して連続する二つの5度やオクターヴが聞こえているのではないかと恐れる。なぜなら基礎低音が自然な仕方で支えているはずのこの歌謡の行程が分からないからである。まさにこうした理由のために、すでに作曲された声部とは調和しうるけれども、基礎低音とは異なるバスが作曲されてしまう。楽曲の後段で使用されるべき諸和音の知識は基礎低音を通じてもたらされるのであるから、それらの和音においてその和音を構成する諸音の中から一音を選択してそれをまた別のバスに適用するのは困難なことではない。こうしてこの別のバスがすでに作曲された声部と和声的にも旋律的にも調和するのである。というのは、連続する二つのオクターヴ(フォン)や5度は和声の基礎を損なうものではないことを知っておくのは良いことであるからだ。それらが禁じられているのはひとえに諸和音の連続において退屈で味気ない単調さ(スュイット)に落ち込むことのないようにするためである。また、バスと上声のもっとも完全な進行に関する和声の規則が打ち立てられた後で、上声のためにバスが借用されることが認められ、そのためにバスの自然な進行を保持することが不可能なことが見てとられるのであれば、われわれは共に耳にされるべき諸声部の進行の相関関係に関する別の諸規則を打ち立てなければならない。そうすることによってすでに作曲された声部に対して二番目の別の声部を一致させることができるようにするためである。しかしながら、これらの新たな諸規則は必ずそれ以前の主要な諸規則の上に打ち立てられるものである。それら主要な諸規則においては諸声部の自然な秩序に従えば、連続する二つのオクターヴも5度も見いだされることはない。またそれらの規則においてはバスのもっとも完全な進行にしたがってあらゆる不協和音程がしかるべく予備され、解決され、またそうではない状態にあるのがみられるのである。

　またさらに、バスの自然な進行から逸れることもしばしばある。それはバスがそのもっとも完全な進行において感じさせるたび重なる結末(コンクリュズィヨン)を回避するためである。そのためにそうした結末を形成する各和音からその和音を構成する諸音の一つが引き出され、バスにとって自然な音の代わりにその一音がバスに置かれる。このような手段を通じて歌謡と和声の間には主題が要求する保留状態が保持される。なぜなら絶対的な結末が適するのは終結の感覚に対してのみだからである。次章でこの点が明らかにされる。

第 41 章　上声の下に通奏低音(バス・コンティニュ)を作曲する方法

　真の通奏低音(バス・コンティニュ)は基礎低音(バス・フォンダマンタル)であるはずである。しかし良き趣向によって書き記されるこの声部がこのように呼ばれるのは習慣によるものであり、他の諸声部が保持する行程との関係からこのように呼ばれ、それらの諸声部の下でこのバスは作曲されるものである。したがってわれわれは通奏(コンティニュ)という形容辞によってこれを基礎低音と区別するものである。

　前章の冒頭でわれわれはすでに、趣向がすでに形成された人々はあらゆる種類の楽曲(エール)にもっとも適したバスを自然な仕方で感知することに言及しておいた。しかしそうした自然の才能にもかかわらず、知識によって支えられていなければ真実から離れないでいることは難しい。そしてまた、良き趣向が助けとならないのであれば、知識だけでは完全性のためには十分ではない。なぜなら和音の諸音(ソン)から望む音を自由に選択して上声の下にバスを作ったとしても、それがもっとも適した音(ソン)を決定したことにはならないからだ。良き趣向にとっては作曲における多様性以外に依拠すべき規則はない。したがって以下の点に注意を傾注すべきである。

　１．連続する二つのオクターヴと５度の回避について注意を払うべきはまさにここである。協和音程と不協和音程の連続のために第14章、第18章、第20章、第21章、第30章で与えられた諸規則が厳密に遵守されるべきである。

　２．基礎低音が作曲されたら、上声の意図(デッサン)、上声が表現しようとしている雰囲気、その動き(ムヴマン)、そして上声に関わるすべてのことに注意を払うべきである。次に、自らが作曲する新たなバスにおいてそれらの同じ表現ができるように努力すべきである。歌謡(シャン)が要求していないところでは、基本和音(アコール・フォンダマンタル)から適当と判断される諸音(ソン)を引き出し、最終カデンツ(カダンス・フィナル)は避けられるべきである。このようにしてそれらの表現が、協和音程と不協和音程の連続に従って、全般にわたって上声と調和する。何らかの不協和音程を聞かせるのであれば、それらの不協和音程がしかるべきときには予備され、そして解決されるように注意深く配慮せよ。それは七の和音を構成する各音(ソン)に割り当てられた進行に従ってなされる。最後に、多様性を付与するために、諸声部間でさまざまな協和音程と不協和音程が耳にされるように努めよ。なぜなら上声が確実な仕方で作曲され、和音から適当と判断される音がバスとして選ばれると、別の協和音程あるいは不協和音程から６度が引き延ばされているのに気が付くからである。このケースでも同じことをすることができるが、また別の仕方でバスを回転させて、あるときは６度に解決される三全音を、あるときは３度に解決される偽５度を、あるときは６度、３度、５度に解決される7度を聞かせたりすることができる。これはバスに与えられる異なる進行次第である。あるいは、諸声部間において協和音程のみを聞かせることもできる。そうした協和音程から七の和音は構成されているのであり、それはたとえばオクターヴ、５度、３度であり、または転回によって６度や４度もそうである。またさらに下置和音(アコール・パル・スュポズィスィヨン)や借用和音(アコール・パル・アンプラン)も使用することができる。それはバスのディアトニックな進行がそのように導いていると感じられるときである。なぜならこの進行はつねにもっとも歌謡に近いものであり、可能な限り使用されるべきであるからである。それは特に、結末(コンクリュズィヨン)がまったく姿を見せないときにはそうである。ここで以下の点を想起せよ。バスが上行している間は、下置和音のあらゆる短不協和音程はシンコペーションしている上声によって予備されていなければならない。またもしバスが下行しているのであれば、その下行はもっぱら跳躍す

る音度を通じて可能である。また**長不協和音程**が生じている和音は、われわれがすでにこの点に関して明言しておいた用心深さを要求するものである。それは**オクターヴの連続**においてもそうであり、また第11章、第22章、第31章、第34章、第35章において**増5度**、**増7度**、**三全音**、**増2度**に関して言及された点においてもそうである。

また2度はシンコペーションしているバスによって予備されるのが望ましいことも想起せよ。次に、歌謡がある箇所において終止しうると感じられる際には、基礎低音の進行に従うべきである。このようにしてバスは技巧と趣向(アール)を伴って作曲されるであろう。

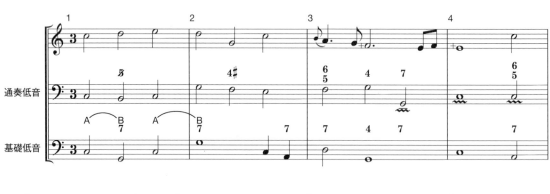

譜例Ⅲ - 120

　まず、四小節目において私はこのウトの調の**完全カデンツ**を、ラの調の**不規則カデンツ**に移行することも可能であったことに注意せよ。これは通奏低音の波線によって明示されているとおりであり、まさにこの場合に多様性がこうした移行を要求するものである。

　基礎低音の一小節目と二小節目で、私はABの二つの同等の進行を見いだす。それゆえに私は**カデンツ**とより十全な関係にある進行を二小節目のために取っておく。なぜなら二小節目というのは**カデンツ**が通常感じさせられる場だからである。ここでは**カデンツ**が**不規則カデンツ**であること、そして第四小節では**完全カデンツ**であることに注意せよ。一小節目に戻ると、ここで私は通奏低音にディアトニックな進行を与えている。そして通奏低音は全般的に上声と調和している。また二小節目において同じ進行に従うことができるように、私は二拍目を、基礎低音に対して7度を成している音へと移行させている。そしてその音は同じバスの3度で解決されており、上声ともつねに調和している。このように私はこのディアトニックな進行を**完全カデンツ**が感じられる箇所まで続ける。その箇所では私は基礎低音の進行に従う。そしてさらに私は続く諸小節でディアトニックな進行を模索する。その中で私は四小節目の最後の音が同度に留まりうることを見いだす。それは基礎低音に対して3度を、上声に対してオクターヴを形成させるためである。続いて五小節目

では上声に対して6度を、基礎低音に対して7度を形成する。最後に六小節目には9度が見いだされ、最終の結末に至るまでは基礎低音の進行には付き従わない。さらに、通奏低音の諸音が支えているはずの諸和音についての知識は、通奏低音が基礎低音とともに形成する諸音程によってもたらされる。なぜなら基礎低音は、それがしかるべく作曲されているならば、**完全和音**と**七の和音**しか支えることができないことを知っているからであり、したがって基礎低音にある音から3度、5度、7度にある音はそうした諸音、あるいはそうした諸和音しか支えることができないのである。そうしたわけで、もしも望むなら、バスに使用しているような数字を用いて上声にも同様に数字付けを行うこともできたであろう。六小節目の最初の音の9度に数字付けをしたのも同じ理由からである。なぜならこの音は基礎低音にある音の3度下、あるいは6度上にあるのが見いだされるからであり、和声においてこれが認められるのはひと

えに**下置**(パル・スュポズィスィョン)によるものであるからである。それゆえに基礎低音の音が支えている七の和音によって、確かに上声にはこの9度は姿を表さないのであるけれども、私はこの音が九の和音を支えることを望むのである。しかし5度がこの九の和音の一部を形成し、この下に置かれた9度があらゆる規則に従って**予備**と**解決**(スュポゼ)がなされていることに気が付かれるであろう。

このように通奏低音を多様化することのできるさまざまな方法をすべて論じなければならないとすれば、何もできなくなってしまうであろう。しかし、この『和声論』に含まれるさまざまな譜例について適時必要な指摘がなされ、それぞれの譜例に対して明確にしたいと思われる事柄を当てはめ、さらにその効用を確かめるために熟練した大家たちの諸作品を参照してみる気持ちになるのであれば、あらゆる困難を克服できるときは目前に迫っていることであろう。

第42章　前章に関する有益な諸注意

1．**基礎低音**(バス・フォンダマンタル)の助けなしに、ある声部の下にバスを作曲することは可能である。その際は**協和音程**の**連続**(スュイット)に関する知識によってその作曲はなされる。この連続に関しては、疑念に陥ることのないように、十分に正確な仕方を説明しておいた。それは以下の点を忘れずにいることが条件であった。まず、可能な限り**完全協和音程**から**不完全協和音程**へ、あるいはその逆へと移行し、そしてそうしないで済む場合には二つの**完全協和音程**の連続を避けること。ただし諸**不完全協和音程**が互いに続いていくことは、そうする自由が乱用されないのであれば、可能である。なぜならその自由の乱用は多様性に反することになるからだ。そして最後に、バスには可能な限りディアトニックな進行を与えるべきこと。ただしバスにおいては協和的な進行もときには見いだされるものであり、特に協和的な進行が絶対的に必要とされる主要な諸**カデンツ**においてはそうである。

2．バスの作曲は以下の諸規則において決定された諸和音の連続の上で可能である。8の規則、7と6の規則、2と$\frac{6}{5}$の規則、9の規則などである。これらの諸規則においてはある和音の後では別の和音が後続し、このような仕方で連続していくことが確認される（第11章、第21章、第22章、第27章、第28章、第29章を見よ）。

3．多様性を出すためには、同じ上声の下でバ

スを進行させるさまざまな方法が定められた諸譜例を活用することができる（第17章を見よ）。ここで以下の点に注意せよ。それらの譜例に収められている四声部のうち、つねに一つの声部がすでに作曲された声部と一致しているのが見いだされるであろう。つまりそれらの声部の内の一つでは二つの音（ノット）が次々に続いていくのが見いだされ、その二つの音というのは上声にあるのと同じ諸音である。他方で別の声部では別の二つの音が続いていき、このように順次続いていくものである。しかしここで過ちを犯さないために、これらの進行が同じ音階（モード）あるいは調（トン）にあるかどうかに注意が払われねばならない。そのためにはそれぞれの音が名称によってではなく、今現在いる調で保たれている並びによって、あるいはそれらの譜例が作曲された調の並びにおいて確認されるのでなければならない。たとえば、これらの譜例がウトの調で作曲されているとしても、中音（メディアント）から属音（ドミナント）への進行、あるいは第六音から第四音への進行といったものは任意の調における同一の和音をつねに容認することができるであろう。

第14章と第18章を見よ。そこでは不協和音程の予備と解決のされ方が扱われている。それは知識がない状態でこの実践がなされないようにするためである。

またさらに第24章と第26章の第1項、第2項、第3項を見よ。そこではある調から別の調への移行の仕方、調の識別の仕方、任意の進行におけるバスの諸音に付与されるべき諸和音についての知識を得る方法が扱われている。なぜなら、これらの知識が一つになることによってつねに目の前にある無際限の疑いから解き放たれるからである。

これらの諸項に関して多少なりとも詳しくなったと自覚されれば、その次に許容（リサンス）を実践しうる方法について見ることになる。それは時と場合に応じてそれらの許容を使用してみるためである。これは上声の歌謡（シャン）と、そして望まれるならバスの歌謡に音形（フィギュール）を施すことである。この際には必ず主要な拍と、各拍において和音を形成しているはずの音に注意が払われるべきである。それはバスに正確な数字付けがなされるためにである。もしも諸和音の基礎（フォン）に確信が持てないのであれば、すでに作曲された二声部の下に基礎低音が関連付けられる。そうすれば首尾よくいっているのかいないのか、あるいは通奏低音に置かれた諸音を支えているのはいかなる和音なのかが明瞭であろう。基礎低音にある音から3度、5度、7度を成す音が支えることができるのは、それらから成る和音だけである。あるいは、通奏低音（バス・コンティニュ）にある音が、基礎低音にある音の下の3度あるいは5度にあるのがみられるのであれば、その和音は下に（一音）（ス（ユ）ポゼ）置かれているのであり、この和音が規則に従って使用されているかどうかが確認されねばならない。

もしもバスにしかるべく数字付けがなされているなら、そのバスに二声部あるいは三声部を付け加えること以上に簡単なことはない。これは上声あるいはバスの歌謡があまりに凝り過ぎておらず、他の諸声部を均整のとれた状態にアレンジすることを妨げない場合の話である。声部数が多くなればなるほど、バスの進行は基礎低音の進行と一致させられることとなる。われわれは隣接する音度を通じてバスを進行させる多数のさまざまな方法を見てきた。それは上行にせよ下行にせよオクターヴの進行における四声部あるいは五声部での進行であり、通常の和音を通じても、あるいは6の和音、7と6の和音、2と$\frac{6}{5}$の和音、そして9の和音を通じてもなされるものであった。しかし以下では複数声部の作曲において遵守されるべき事柄を見ていくことにしよう。

第43章　二声部、三声部、四声部の作曲において遵守されるべき事柄

　二声部、三声部の作品においては、それらの声部が共に作曲されるのでなければ、完全な成功を収めるのは難しい。なぜなら各声部は流れるように優雅な歌謡を有すべきであり、熟練した人であれば、ある声部とその声部に同行する他の諸声部との効果が同時に感じられない声部を作曲することは決してない。

　1．通常は、想像力がもたらしうる美しき歌謡を形成することが望まれる一つの声部が提示される。それは**主題**(スュジェ)と呼ばれる。均衡という点において他の諸声部が力不足なのであれば、**主題**の美は減じられる。バスと他の諸声部が和声の基礎を聞かせるべきなのは、もっぱら**レチタティーヴォ**と呼ばれる箇所においてのみである。そうでなければ二声部あるいは三声部から成る歌謡はほとんど同じということになるであろう。それゆえに以下のように言われるのはまったく適切なことである。「よく歌う**バス**はわれわれに美しい**音楽**を告げ知らせる。」

　声部が少なくなればなるほど、和音はより多様化するはずである。それゆえにこの規則が最大の規則性を必要とするのは、まさに二声部の楽曲のためである。

　2．三声部の作曲がなされるときには、和音は可能な限り完全(コンプレ)にされるべきである。この効果のための最良の規則というのは、少なくとも二声部の間において3度あるいは6度がつねに聞こえるようにされることである。オクターヴの使用は極めて稀であるべきである。ただし**構想**(デサン)[23]や**フーガ**、**良き歌謡**(ボン・シャン)がその使用を促す場合は例外である。特に各声部が通常は**主音**(ノット・トニック)で終止する**完全カデンツ**においてはそうである。

---

[23] **構想**(デサン)と**フーガ**に関しては次章で言及される。

譜例Ⅲ-121

　四声部またはそれ以上の声部の楽曲に関して言うと、それらの作品から合唱や四重唱、五重唱などがつくられる（五重唱とカノンは次章で見いだされるであろう）。合唱についていえば、歌い手の数は各声部において好きなだけ増やされる。それに対して四重唱や五重唱においては各声部のために1人の声だけが通常使用される。さて、共に耳にされる諸声部のそれぞれに自然な美しい歌謡を与えるのは極めて難しいことであるので、その美しい歌謡は少なくともバスと上声に場を占めるべきである。合唱においては特にそうである。しかしながら、この美しい歌謡を望みの声部にあてがうことは可能であり、またさらにそれをあるときはある声部で、またあるときは別の声部で混ぜ合わせながら使用することもできる。この場合にはつねに声域のより高い音度にみられる声部がより好まれるものである。あるいは、声でないとすれば、楽器の音域においても同様である。なぜなら注意力というものはもっとも鋭敏な諸音（ソン）に対して向けられるのが自然であるからだ。さらにわれわれは、ここで他を凌駕しているバスと、この種の楽曲においてわれわれが模範とすべきバスとを混同することを望まない。

　四重唱あるいは五重唱のすべての声部を美しい歌謡で満たすことがいかに困難であろうとも、成功を収めるためにはあらゆる努力が払われねばならない。そしておそらくそのような種類の楽曲のために、フーガは考案されたのであろう。なぜならフーガという助けがなければそうした楽曲はまったく魅力がないだけではない。あるときにはある声部で、またあるときには別の声部でふたたび取り戻されるフーガこそが聴衆の不意を快い仕方で襲うからである。フーガはある種の仕方で歌謡を欠く諸声部から注意をそらす力を有するので、聴衆の注意はフーガがふたたび始まる声部へと完全に傾注されるのである。このように、もっとも頻繁に鳴り響く対象に注意を固定させることによって、聴衆を巧みに魅了することができる。そもそもフーガの歌謡と、それに随行しているはずの諸声部の歌謡、そしてそれらの歌謡が十分に優美でないと感じられるときに導入される無音状態（ゲ）は、完全にわれわれの趣向次第なのである。好

ましい成功を収めるためには、良き選択がどのようになされるかをわれわれが知っていなければならない（これは次章のテーマである）。フーガ無しで好感を得ることができるのは合唱だけであり、ここでは支配的な諸声部において効力を発揮している美しい歌謡はもう十分に自らの場を占めているのである。これは二重唱や三重唱においても同様である。

作曲においては五声部の声部数を超えることは可能である。しかしこれはもっぱらこの技芸の偉大な大家たちのみに属することである。彼らは諸協和音程に反行進行を与えることによってそれらを適切に倍化し、歌謡の音形(フィギュレ)の程度を変化させることによって全体を多様化させる方法を知っているのである。

第44章　構想(デサン)、模倣(イミタスィヨン)、フーガについて

　音楽において構想(デサン)は作曲のすべてに関わるテーマである。なぜなら熟練した作曲家はまず第一に、動き(ムヴマン)、調(トン)あるいは音階(モード)、歌謡(シャン)、そして和声(アルモニ)が、自らの扱おうとしているテーマと一致させようとするからである（第2巻第30章を見よ）。しかしここでこの用語はより厳密に、楽曲の行程において効力を発揮させることが望まれる、ある歌謡に適用されるべきである。それはあるいは歌詞の意味と一致させるためであり、あるいは良き趣向(ボン・グー)や想像(ファンテズィ)がわれわれに定めたとおりになるためである。したがって構想(デサン)は模倣(イミタスィヨン)やフーガとは区別される。

　模倣には特に注目に値すべきことはない。これはその人の好み(グレ)に合わせて、望みの声部において反復されることにのみ意義がある。これは歌謡のある種の流れでなされるが、他に規則性はない。

　フーガも模倣と同じであり、歌謡のある種の流れの中に存し、好みに合わせて、望みの声部で反復されるが、より慎重に扱われるものであり、以下の諸規則に従ってなされる。

　模倣においては一小節あるいは複数の小節、さらには楽曲(エール)全体の歌謡が反復される。それはたった一声部においてでも、すべての声部においてでもなされうるし、望みの弦楽器で演奏されてもよ

い。これとは対照的にフーガにおいては歌謡は二つの主要な声部、すなわち上声とバスにおいて、交互に耳にされるようにされなければならない。あるいは上声の代わりに、主題(スュジェ)が効力を発揮できると思い描かれるような他の声部が選ばれる。もしその作品が多数の声部を含むものであり、フーガがそれらの各々の声部で交互に耳にされるのであれば、その楽曲はさらにより完全である。また、使用される弦はわれわれの選択にはまったく関わらず、以下のように使用されなければならない。

　1．フーガの最初と最後の音(ノット)としては、他の諸音よりも優先的に、主音(ノット・トニック)と属音(ドミナント)が選ばれるべきである。これは特に自らがなしていることに十分確信を持てないときにはそうである。そしてこのフーガの歌謡は今いる調のオクターヴの範囲内に収まっていなければならない。なぜならもしその境界を超えているならば、そのオクターヴより上あるいは下に見いだされる諸音は、オクターヴ内に含まれる諸音と別様に見なされるべきではなくなるからである。

　2．もしある声部が主音で開始あるいは終止するのであれば、他の声部は属音で開始あるいは終止するべきである。これは今いる調のオクターヴ

の範囲内で相当するすべての音についても当てはまることである。したがって、主音と属音の間にみられる諸音は各声部において等しく対応する、ということである。すなわち、第二音は主音の真上にあるものであるから、属音の真上にある第六音に相当するはずである。このような相互関係が主音から3度、4度、5度上あるいは下にある音についても同様に当てはまるのであり、それは属音から同じ音度の上あるいは下にある音に対応しているのである。これは上行も下行もしうる歌謡の進行に従ってなされる。なぜなら、フーガの開始音と終止音において遵守されるべきとわれわれが今考えているこの対応関係の一致は、このフーガが作曲された歌謡の全体にわたって遵守されるべきであるからである。

3．主音から属音へ、またはその逆へと上行あるいは下行するディアトニックな進行においては一音がより多く、あるいはより少なく見いだされるのだから、フーガが構成されている歌謡の中間部においては特に、隣接した音度にある二つの音の内の一つが区別なしに関連付けられるように注意されなければならない。それらの二つの音というのは一音の多い進行の内に含まれているものであり、一音が少ない進行においてはなしで済ますことができない音に加えて一音多くなっている。たとえばもしこのフーガの歌謡が主音から属音へと下行しながら進行するのであれば、私が使用することのできるのは第六音と第七音だけである。それに対して、この同じ歌謡を属音から主音への下行と一致させるには、第四音へ、第三音へ、第二音へと移行していくことができるであろう。それゆえに私はこれらの三音の内からもっともトニックに近い音を選択し、その音上でこのフーガの歌謡が終止するようにすべきである。それはそれらの音が、最初に聞こえていた歌謡とほとんど一致していると見なされるようにするためである。同様に、もし私がより多くの音の数を含む進行で始めていたとするならば、より少ない数の音を含む進行をそれに一致させようとする。その際には、歌謡の一致は開始部に対してよりも、終止部で遵守されるようにつねに努められる。しかし譜例の方がより良く実情に通じさせるであろう。

譜例Ⅲ - 122

第六の譜例

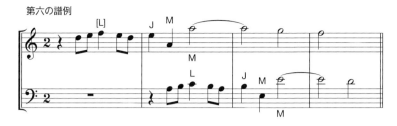

または

譜例Ⅲ - 122 つづき

　第一の譜例においては、第六音あるいは第七音が中音(メディアント)Aに対応している。

　第二の譜例においては、第六音が中音Cに対応している。

　第三の譜例においては、第七音が中音Dに対応している。

　第四の譜例においては、属音Bあるいは第四音Fが主音B、Fと対応している。

　第五の譜例においては、中音が第七音Gあるいは第六音Hと対応している。

　第六の譜例においては、中音が第七音Lあるいは第六音Nと対応し、第二音が第六音Jあるいは属音Pと対応している。属音は第二音Mあるいは主音Qと対応している。そして主音は第四音Rと対応している。

　選択において判断を誤らないためには遵守されるべきいくつかのことがある。ここでの選択は上行する主音から属音に含まれる五つの音の各音間において恣意的なものであり、こうした選択によって上行する属音から主音に含まれる四つの音の間ですでに耳にされた歌謡に一致する歌謡が作曲されるのである。この際フーガの歌謡が上行するものか下行するものかは問われない。なぜならつねに一方では五つの音が、もう片方では四つの音が見いだされるであろうからだ。同じく第二音あるいは第四音を借用することが強いられることがある。これは上行する属音から主音において、あるいは下行する主音から属音というのは同じことであるのだが、ここにおいて五つの音が見いだされるようにするためである。フーガを書いてきた作者たちはこれらの注意点を疎かにしてきたので、このテーマについて経験が教えることを述べておくのは時宜を外れたことではないであろう。

　1．属音はつねに主音に対応し、その逆もまたそうである。これはフーガの最初の音と最後の音においてである。この規則に違反しうるのは歌謡の中間部においてのみである。そうした中間部においては第四音が属音の、第二音が主音の代替となることが認められている。これは歌謡の続きがさらに合致しているものとなるのが見てとられるためである。このようにして上行する第二音から属音の、あるいは下行する第四音から主音への四つの音度が見いだされる。上行する属音から主音、あるいは下行する主音から属音に含まれる四つの音度に収められる歌謡とほとんど同じ歌謡はこうして作曲が可能となるのである。同様の仕方の借用をすれば、下行する第二音から属音、そして上行する第四音から主音への五つの音度がもたらされるが、これは下行する属音から主音、そして上行する主音から属音への五つの音度と一致するものである。われわれが、「借用された諸音から形成されているこの歌謡は、主音と属音の間で

すでに耳にされた歌謡とほとんど同じものだ」と言うとき、これが各音階のディアトニックな音度と対照されたときに絶対的に同じであるということはありえない。各音階の諸音はいかなる新たなシャープやフラットによっても変位させられない。ただし短調において下行の際に第六音にフラット（サンシーブル）が、上行の際に導音にシャープが付加されるのは例外である。そしてときにまた短調の中音にシャープが、双方の調の第四音にシャープが付加されうるときがある。それはそれらの音が導音に対応するときであり、それは前掲の第六の譜例においてTと記された諸音でなされているとおりである。ただしこれは、それらの音がバスに対して長3度あるいは長6度を成している場合に限られる。

2[24]．バスと答唱（レポーンス）が同時に思い浮かべられないようなフーガを形成する、そうした歌謡を思い浮かべるべきでは決してない。なぜならまさにこの答唱から多様性が生まれるからである。したがって思い浮かべられた歌謡、あるいはそれの答唱からはじめられれば、そのあとは自由ということになる。

3．フーガのバスが見いだされたら、そこからバスと作曲された歌謡とに同行しうる二つあるいは三つの他の声部を模索してみることができる。ここでバスと他の声部が、考案された歌謡とそれに応答しているものとともに、ほとんど同じ進行（レポン）に従っていることに気が付かれるであろう。さらにバスは、それがよく模倣されているのであれば、どちらのケースでも同じ諸和音を支えているであろう。したがってこのようなバスと他の諸声部を通じて、一度に複数のフーガが耳にされる歌謡が見いだされる。あるいはカノンと呼ばれる別種のフーガの作曲もなされるであろう。カノンについては以下で言及される。

4．フーガの歌謡はいくつかの異なるバスを容認することができる。歌謡の作曲は他の諸声部に対してよりもバスに対してより良く適合する仕方でなされうるものである。ここでは転回がバスの作曲の方法や、上声により適合する歌謡を有する他の声部をバスとして使用する方法のいくつかをもたらすことは無関係である。しかしまた同時に、バスあるいは上声に同行するさまざまな方法を順次交代させながら用いることほど快いものはない。伴奏の諸声部においてのみ多様性が感じられるフーガにおいては特にそうである。われわれは確かに、フーガのバスはいつもほぼ同じものになり、その場合バスは同じ諸和音を支えるであろうと述べた。それは単に、フーガの歌謡が模倣されるべき方法に関するより正確な考えを与えるためであった。なぜなら諸和音間の関係だけで、証明としては十分だからである。

5．上行する主音から属音、あるいは下行する属音から主音の範囲内に含まれる諸音の選択の仕方を知るには、この主音と属音を原理（プランシパル）としてつねに有しているべきである。フーガの歌謡はたいていこれらの音で終止するからである。しかしながら、これらの音は答唱の諸音程を考案されたフーガの諸音程と一致させることを妨げるものではない。特に歌謡の中間部においてはそうである。したがって最初に思い浮かべられた歌謡の中間部において3度、4度、5度、6度、7度の音程が形成されたのであれば、私はその最初の歌謡に応答している同じ箇所においてそれらと同じ音程を形成させるべきであり、残りの部分に関しても同様である。しかしながらこの最後の規則はそれほど一般的ではなく、ディアトニックな進行やあるいは音階における主要な諸音（プランシパル）のためには放棄されるべきであろう。なぜならわれわれの関心は先行するものよりも後続するものにあり、今述べたばかりの諸音程の一致よりもフーガを開始・終止させる主音と属音の方にあるからだ。したがって、4度の音程はしばしば5度の音程に対応し、その逆の対応もある。しかしさらに、ある協和的な音程の後で一つあるいは複数のディアトニックな音程が姿を表すのであれば、主音が現れる箇所が頼りにされるべきである。それは、この協和的な音程の最後の音からこの主音に至るまでにみら

---

24)〔訳注〕原文では数字「2」が欠けているが、文脈から判断してここに追加した。

れるディアトニックな進行が、属音に至るまでその進行の対を成す声部において規則正しく模倣がなされるためである。それゆえこの進行が属音に至ったならば、この進行は主音に対しての関係を保持しながらそれに対応する声部において模倣がなされなければならない。特に何らかの進行がカデンツの動きによって終止している場合はそうである。なぜならフーガの最終カデンツはつねに主音上か属音上でなされるべきだからである。従ってこのカデンツがフーガをまったく終止させていないのであれば、属音の代わりに第四音を、そし
て時に主音の代わりに第二音を代替として使用することができる。

フーガの開始と終止はもっぱら主音上、属音上、そして中音上でのみなされる。第六音あるいは第七音は中音に対応するようになる。それは前掲の第五の譜例で指摘されたとおりである。このように、先行することよりも後続することに注意を集中し、フーガにおいて呼応し合う歌謡として用いられるバスの上でみられる諸和音を一致させることによって、われわれは決して過ちを犯すことはない[25]。

譜例Ⅲ-123

この通奏低音(バス・コンティニュ)がここに置かれているのは、提示される歌謡の下でいかなるバスが思い描かれようとも、通奏低音はそれに一致しうることを指摘するためである。ここで通奏低音は同じ諸和音を支えているが、この場合は基礎低音(バス・フォンダマンタル)の方がさらに良い。

6．フーガの歌謡は少なくとも半小節を包含すべきである。もし歌謡が四小節以上を包含しているなら、その答唱は四小節目から開始されなければならない。さらに、その歌謡の動きは多少快活であるべきである。それは和声を欠いた歌謡のそれほどまでに一つの長い連続(スュイット)が好感を持ち続けら

---

25)〔この段落と次の譜例に関する訳注〕この箇所はいささか読解が困難である。まず、次の二番目と三番目の譜例の第二小節の第三、四拍目では通奏低音と基礎低音のそれぞれの数字付けに従えば和音構成音が異なることに注意を払うことができる。したがってこの段落で意図されているのは、主唱に合わせることのできた通奏低音は答唱においても使用可能であるが、その際基礎低音とその上に置かれる諸和音との一致を参照することによってもしかるべくフーガを形成させることができる、といったことが含意されていると思われる。

れるようにするためである。

　7．フーガは小節の望みの拍(タン)から開始されるが、終止は一拍目で自然な形でなされるべきである。四拍の小節においては三拍目でなされうる。それは一拍を表しうるからだ。そしてフーガがこれら以外の拍で終止しているなら、それはたいてい女性韻の帰結としてである。これはあるいは歌詞に作曲がなされているか、あるいはこうした女性韻が生じるであろう歌謡が思い浮かべられているか、またあるいは想像力(ファンテズィ)に依存しているかのいずれかである。なぜなら新しいことを見いだすためには、ときに規則に違反することを強いられることがあり、それは、ちょうどこの場合のように、もっぱら良き趣向(ボン・グー)に基づいてのみなされることである。この規則に反して終止するこうした類のフーガがもたらされるときの驚きは、これが分別と慎み深さをもってなされるときには、もっぱら好感を与えるのみである。したがってそうした類のフーガは主音と属音以外の諸音上で終止することが可能である。

譜例III - 124

　8．フーガの歌謡は可能な限り厳格に模倣されるべきである。なぜなら小節の特定の拍にみられる同じ数の全音符や二分音符などが、フーガが耳にされる箇所では全般にわたって使用されるべきだからである。

　9．各声部の開始はユニソンで、あるいは最初の音のオクターヴで始めることができる。しかしそれらの声部が互いに次々に5度あるいは4度で入ってくることができるのであれば、その効果はさらに快いものである。フーガの開始の仕方は自由であり、また作品の流れ全体において望まれる声部でそのフーガが繰り返されることも自由である。そして調を変えることが望まれるときには、今扱われている調においてそのフーガのそれぞれの音が占める場に注意を払い、これから入ろうとしている調において同じ音度にある諸音を選ぶだけでよい。その際には何も変える必要はない。そのフーガの中の各音が主音に対して占める場も、そのフーガを構成する諸音の質も量も、フーガが始まりそして終わる小節の拍も、何も変えなくてよいのである。

　10．それぞれの声部が次々に曲に入っていくために、フーガの歌謡が完全に終止するのを待つことができる。しかしときに、各声部がその中間部で入っていけるような構想が見受けられる。これは、ちょうど上で述べたように、他に何も変えないなら、極めて良い効果を生み出す。その証拠は第六の譜例に見いだされる。

　11．転回は和声においてもたらされるあらゆる多様性の核心であるが、フーガに対しても新たな優雅さをさらに付与するものである。したがってある構想が思い浮かべられたら、上行において

耳にされたのと同じ諸音程が、下行においても聞こえるような仕方でその構想は転回される。そして下行において耳にされた諸音程は、上行においても聞こえるようにされる。他の点に関しては何も変える必要はないのであり、これは上記9で述べられたとおりである。

譜例Ⅲ - 125

12．いくつかの異なるフーガを一度に、あるいは次々に聞かせることができる。しかし可能な限り、それらのフーガは同じ小節や同じ拍でつねに始まらないようにされるべきである。特にそのフーガが初めて耳にされるときはそうである。それらのフーガの進行が転回されるか否か、異なる特徴づけがなされるか否か、つまりあるフーガでは全音符を含み、別のフーガでは二分音符や四分音符が用いられるようにするかどうかは、作曲家の好み次第である。そしてそれらのフーガが一度に聞かれえないのであれば、せめてあるフーガの一部分が、別のフーガの一部分とともに聞かれるようにされる。この点は以下で譜例によって明らかにされるであろう。

五重唱

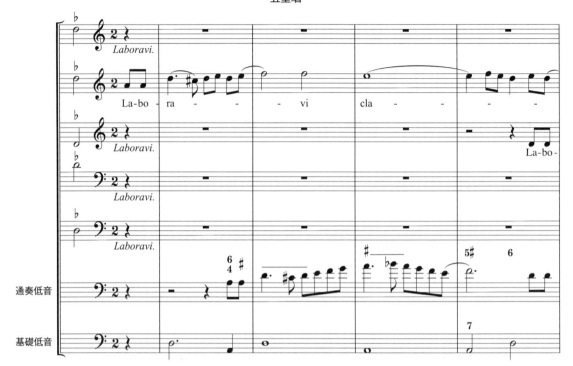

譜例Ⅲ-126[26]

26)〔訳注〕この「五重唱」の歌詞は詩編69章3節から取られている。

譜例Ⅲ - 126 つづき

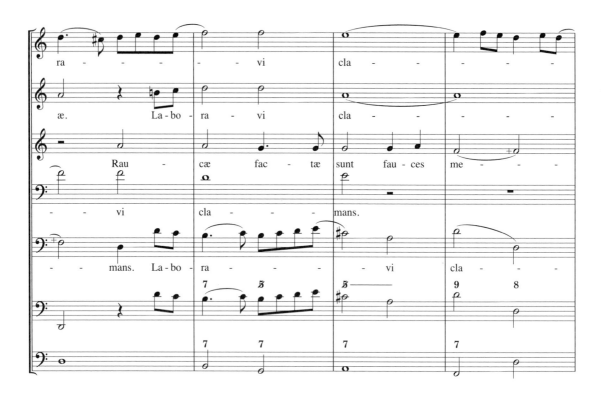

譜例Ⅲ-126 つづき

譜例Ⅲ-126 つづき

譜例Ⅲ - 126 つづき

譜例Ⅲ - 126 つづき

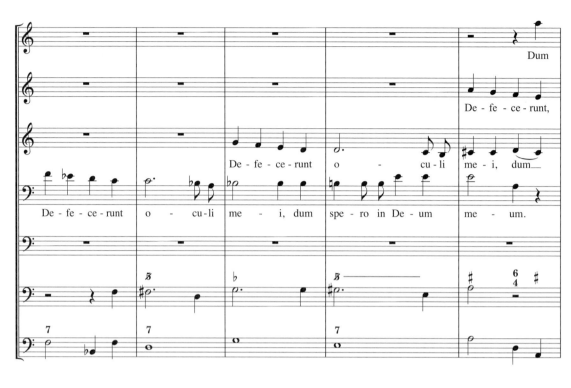

譜例Ⅲ- 126 つづき

譜例Ⅲ - 126 つづき

この譜例は四つの異なるフーガを含んでいる。そして一度に四つ以上が見いだされるような音楽は滅多にない。たいていは一つか二つを挿入することでしばしば満足してしまうものであるが、また同時にそれらを転回させることも可能である。このことは作品の完全性に大きく貢献する。

　Raucae factae suntとその他のフーガは、属音で答唱（レポーンス）するために、ほとんど全般にわたって第二音上で終止している。これは、バスがこのフーガを歌っている箇所にみられるとおりに、主音上で終止していれば、さらに完全なものである。しかしここで主音の代替とされている第二音は十分容認されうるものである。特にその他のフーガが属音で開始また終止しているために第二音としか合致しえずに悩まされているときにはそうである。諸和音の連続においては良き趣向（ボン・グー）がフーガの真の歌謡を中断させることが時にある。これはしばしば作曲家の巧妙さに由来するものであり、自らの作品の流れにおいてさらなる多様性を導入するためである。ただしこれはフーガの冒頭部（アントレ）が十分に耳にされた後でのみ容認されるべきことである。

　小節の拍の間や複数の音（ムズュール）の間を歌謡の趣向に合わせて自由に移行することができることを想起せよ。それらを識別できるようになるためには基礎低音（ノット）を吟味して、それらの諸音と和声を形成しているかどうかを確かめてみさえすればよい。

　基礎低音が他の諸声部に付加されるのは、その楽曲の流れ全体において見いだされるのが完全和音と七の和音だけであり、すべてはこの二つの和音に基づいて打ち立てられた諸規則から引き出されていることの証明としてのみである。それゆえに協和音程と不協和音程の配列あるいは進展に関しては、他のことを吟味してみる必要はまったくない。諸和音の基礎（フォン）に関してのみ吟味すればよいのである。なぜならそれらの配列あるいは進展というのは五つの上声部と通奏低音の間においてのみ遵守されるものだからであり、諸和音の基礎というのは基礎低音にみられるものだからである。基礎低音にはわれわれの諸規則が可能とされる根拠となる、あらゆるさまざまな進行が含まれ、他方その他の声部は、この基礎低音に対してオクターヴ、5度、3度、7度しか形成しない。例外は不規則カデンツにおける場合と、下置和音（アコール・パル・スュポズィスィヨン）あるいは借用和音（アコール・パル・アンプラン）における場合である。この点に関しては第2巻で十分説明済みである。

　さまざまな歌謡が存在するのと同じだけさまざまなフーガが見いだされうる。それゆえにそれらの数を使いつくすというのは不可能である。それゆえにそれらの内からいずれを選択すべきかは良き趣向に委ねられるべきである。ただしフーガの開始と終止、そして答唱のテーマに関してすでに言及されてきた他の事柄は遵守されなければならない。さらに、一度に複数のフーガを聞かせようと望むときに、導き手となる一つのフーガが必ずあるということを知っておくのは良いことである。この場合には希望するフーガを一つ選べばよい。したがってフーガの歌謡が気に入ったのであれば、それに三声部あるいは四声部を加え、それらの付加された声部に自らの探求する新たなフーガを見いだすことができる。しかしながら、異なる複数のフーガが同時に開始・終止させられ、そこで同じ数で同じ音価の諸音が見いだされるのであれば、そうしたフーガは生気を失い、ある声部が別の声部の伴奏としてしかあらわにならないであろう。この欠陥は、直前の譜例に先立つ箇所でこのテーマに関して規定された諸規則を想起することによって、回避されるように努めなければならない。散文の歌詞が自らの間で同じ数量を守っているということはほとんどないので、われわれは自らが探求している多様性に自然な仕方で導かれる。しかし韻文の歌詞は均等に配分されているので、あるフーガは別のフーガよりも早くあるいは遅く開始・終止させ、受け入れが可能なフーガにおいて何らかの補充を挿入する配慮が求められる。それはさらなる多様性をもたらすためであるが、しかし全体としては混乱なく行われる。なぜなら各フーガの冒頭部は明瞭に耳にされるものであり、あるフーガが別のフーガを害することはなく、適当なときにフーガを再び開始するはずである声部がしばらくの間止めさせられる。この静寂はもっぱら協和音程の直後になされうるものであ

る。フーガが耳にされる第一回目は、そのフーガはそれに先行する歌謡の続きとして使用されてはならない。しかし、各声部において少なくとも一回そのフーガが耳にされたのであれば、その逆は首尾よく実践されうる。

　最初のフーガの冒頭部はすべて、他のフーガを問題とすることなく、耳にさせることができる。そして第二のフーガ、第三のフーガへといったように移行していき、先行するフーガと新しいフーガとが混ぜ合わされる。あるいはまた、各フーガを順次独立したものとして聞かせて、そのあとで初めてそれらを混ぜ合わせるということも可能である。もしもあるフーガをある声部に、別のフーガを別の声部にといったように配置し、複数のフーガを一度に開始させたいときというのは、混乱が心配されるべきときである。聴衆はそれらのフーガを等しく思い浮かべられなければならないが、しかしある構想が別の構想を忘れさせるということはしばしばある。それゆえにフーガに反進行をさせたり、その小節の別の拍において始めさせたりすることなどによってそれぞれのフーガを知覚できるようにするのは、まさに構想の多様性なのである。またしばしばあるひとつの声部が二つのフーガを順を追って歌うということもある。この場合これらのフーガは当初はただ一つのフーガだと思われ、後になって二つに分かたれていることが分かるのである。これもまた極めて快い効果を生み出す。しかし、それらのフーガを再び始める二番目の声部は、それらのフーガが分かたれうるまさにその箇所で開始するものである。ただしこの開始(アントレ)は数拍、あるいは一小節以上も早めたり遅らせたりすることも可能である。

　ある一つのフーガを繰り返す最初の声部にみられるのと同じ数の休符(スピール)と小節が、その同じフーガを追いかける諸声部においても同様にみられる。すなわち、フーガを反復する最初の声部が、たとえば、それに先行するフーガの一小節を数えた後に開始されているなら、他の諸声部のそれぞれもその直前を先行するフーガから同じ数の小節を数えなければならない、ということである。しかしながら、この規則はそれほど一般的なものでは

ないので、ときに違反することも可能である。特にフーガがそれぞれの声部で耳にされた後ではそうである。また同じフーガを反復する三番目の声部を、半小節の四分の一でも、あるいは一小節以上でもなく、まさに一小節早めたり遅らせたりすることが十分に可能だとわれわれは確信している。したがって二番目の声部が二小節を数えたならば、三番目の声部は二番目の声部の後のたった一小節だけか、あるいは三小節を数えることもありうる。これは自らに先行する諸声部の後で、この三番目の声部のユニソンあるいはオクターヴでふたたび反復する他の諸声部についても同様に当てはまることである。なぜなら、属音が主音に対応(レポーンドル)し、同様に第二音が第六音に対応する等のことを知っておくのは良いことだからである。また、一方において一小節あるいは二小節の末尾で調和していたことが、他方において同じ小節数の後で調和するとは限らないからである。したがってこのことは作者の才能(ジェニ)をあまりにも限定してしまい、彼を初歩的な限界の中に閉じ込めてしまいかねない。そのような限界を認めたくない者は、自らの足元に数千の構想を見いだすであろう。そしておそらく、それらの構想のどれ一つとしてそうした制約に屈するものではない。

　すべての声部を同時に静止させて、新たなフーガにさらなる喜びを与えようとするときには、そのことによって歌謡自体が絶対的に終止することが決してないようにされるべきである。なぜなら聴衆にはつねに、われわれが彼らに予期させたことを可能な限り期待させ続けるべきだからである。したがってこの無音状態はもっぱら中断カデンツか不規則カデンツでのみ生じるべきものである。もしもそこでのカデンツが完全カデンツであるのであれば、少なくともそのカデンツはいま扱われている調とは無縁の調にあるべきである。それは同様の無音状態が見てとられたところでおおむね認められたとおりである。

　フーガとは音楽における装飾であり、それが原理(プランスィップ・ボン・グー)とするのは良き趣向のみである。したがって、上で言及されてきたもっとも一般的な諸規則だけでは完全な成功を収めるには不十分である。

音楽において表現されうるさまざまな感情や出来事はつねに、規則に還元されえない新しさの種をまく。和声に関する完全な知識は、われわれがたどることのできる真実への道を見いださせるものである。しかしどの道を選ぶかはわれわれの趣向（グー）次第であり、この趣向にはある確固とした経験が必要である。その経験はひとえに、このジャンルにおいてより熟達した作者たちの作品を大いに見、そして聞くことによってのみ獲得されるものである。

フーガにはまた別の種類のものがあり、それは輪唱（ペルペチュエル）フーガあるいはカノンと呼ばれるものである。これは楽曲全体として存するものであり、そこでは歌謡がすべての声部を通じて極めて厳格に繰り返されるべきものである。

もっとも一般的なものはユニソンあるいはオクターヴで始まる。それは声域や楽器の音域にしたがってなされる。その結果、歌謡は自らの好みで作曲されるのみであり、その歌謡には望まれるだけの声部が付け加えられる。そしてそれらすべての声部からたった一つの楽曲が作曲される。したがって、一つの声部の歌謡が、別の声部の歌謡と一緒になることによって快い連続を形成することができるのである。このようにされればこの楽曲を、別の声部がその後の続く声部によって開始される。それは作曲済みの最初の歌謡がちょうど終わった際になされる。このように各声部は順次継続して進行し、最初の声部が終わりに至ると、別の声部が開始され、つねに先行する声部に後続する形でなされる。ただし各声部の開始は適切になされなければならない。

これらの五声部のそれぞれに含まれている歌謡が思い浮かべられたなら、これに別の諸声部を付加するのは容易である。そしてここから、良き趣向が告げ知らせるもっとも流暢な楽曲の連続が形成される。カノンの困難さというのはここに存するのであり、以下がそのカノンの楽曲である。

譜例Ⅲ-128

譜例Ⅲ-127

このカノンの五つの声部のそれぞれの歌謡がたやすく指摘されるであろう。ここでわれわれは歌謡の趣向のためにいくつかの小さな音符（ノット）を付加しておいた。先行する声部が※印の音あるいは拍（ノット）に差し掛かったとき、これらの声部のそれぞれは一つずつ順々に開始される。

このカノンは望まれるだけ続けることができる。なぜなら、ここで明らかなように、ある声部が終わりに至ったときに、それをふたたび開始させるかどうかはまったくの自由であるからだ。そしてそれは後続する他の諸声部についても同様である。

さらに輪唱を5度あるいは4度で扱うことができる。この際、各声部は同じ歌謡を聞かせるように取り計らわれる。しかしこの場合においてはこの楽曲は全面的に頭に思い浮かべられたものであり、状況に応じて諸音にシャープあるいはフラットが付加されるべきである。そうした諸音の自然な音度はこの楽曲を繰り返す諸声部は、作曲済みの最初の歌謡に全体として一致することを妨げることになるであろう。ここでは横の並びではなく、もっぱら歌謡について考慮されるべきである。なぜならある声部がこのフーガを繰り返す度に、フーガは新たな調へと入っていくからである。その新たな調とは、もしフーガが5度で扱われるならその調は5度、もしそのフーガが4度で扱われるのであればその調は4度である。さらに前掲のカノンにおいては声部数に制限がなかったのに対し、この場合ではわれわれは四声部以上が使用されうるとは考えない。なぜなら以下のようなフーガはいまだ四声部の手法で姿を見せたことがないからである。

5度のカノン

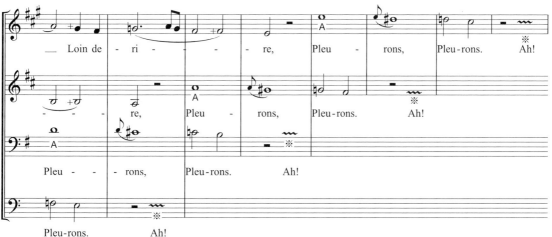

譜例Ⅲ - 129

　Aと記された箇所において、声がオクターヴを形成しえないのであれば、先行する音のユニソンを使用すればよいだけである。

　5度のカノンと呼ばれるのは、その5度が上に

第44章　299

聞こえるはずのものである。5度上というのと、4度下というのは、同じことである。この方式は、それぞれの声域に合わせるためにも、試してみる価値がある。

　ここでわれわれはこれらの四声部をまとめて提示したが、これはそうしなければ判断が難しいであろうからである。確かに、各声部は先行する声部が二小節を過ぎたら5度で開始されるべきであると前もって告げるだけでもよい。ただし、ふたたび開始される波線の音は、※印のある箇所にみられる線上にはないことに注意すべきである。われわれはやはり波線で記された調で追いかけるべきであり、そのことは新たな音部記号を用いるか、あるいはむしろ調が変わったと想定されることで明らかとなるであろう。なぜなら調は実際変わっているからである。しかしここで繰り返されるこの歌謡の横の並びはつねに同じものである。このようにして望まれるだけ続けることが可能である。

4度のカノン

譜例Ⅲ-130

　これら最後の二種類のカノンにおいて成功を収めることができるのは、もっぱら転回の完全な理解によるものである。ここでは可能な限り5度、4度、そして11度が聞こえるようにされることは避けられるべきである。

　作曲において迅速かつ完全に成功を収めるためには、たとえわずかなりとも趣向が形成されているのであれば、基本和声（アルモニ・フォンダマンタル）と横の並び（グー）の内情に精通するだけでよい。これらがあらゆる多様性の独特で主要な対象である。この多様性は基本和声の転回によってもたらされるものであり、転回されても横の並びはいささかも変更を被るものではない。

第3巻：完

第4巻

伴奏の諸原理

第 1 章　クラヴィーアの配列によって諸音程をいかに識別するか

　これからこの後に続くことを理解するためには、第 3 巻第 1 章から音部記号と声域について言及された箇所までは絶対的に必要とされることである。音部記号と声域は伴奏には関わらない。

　クラヴサンあるいはオルガンは音楽作品の作曲に含まれるあらゆる諸音を含むので、各鍵盤を一つずつタッチしてそれら諸音の違いを指摘するのは容易である。なぜなら左から始めて右へ伸びていくなら、すべての音がたえず上昇していることに気が付くであろうからだ。もし右から始めて左へと延びていくなら、それらすべての音が下がりながら進んでいることに気が付かれるであろう。

　各鍵盤がそれぞれ異なる音を表すことを思い浮かべるなら、一つの鍵盤から別の鍵盤の間にはより大きい違いと、より小さい違いがあり、そのそれぞれがより大きい音程と、より小さい音程をわれわれにもたらすことに気が付かれるであろう。より小さいほうの音程は半音（セミ・トン）と呼ばれ、この音程はより低いほうの鍵盤から実行において分割不可能な進行を通じてのみもう一つの鍵盤へと上行することのできる二つの鍵盤の間に見いだされる。それはたとえばミからファであり、それらの間には別の鍵盤は決して見いだされない。それに対してファからソの間には丸々一つの全音（トン）がある。なぜならそれらの間にはシャープが見いだされるからだ。このように、クラヴィーアのすべての鍵盤は、白鍵も黒鍵も、半音によって互いの間を継続的に隔てられている。

半音	全音	
ウトからウトのシャープ	ウトからレ	ウトからミ♭……一つの全音と一つの半音
ウトのシャープからレ	レからミ	ウトからミ……二つの全音
レからミのフラット	ミからファのシャープ	ウトからファ……二つの全音と一つの半音
ミからファ	ファからソ	ウトからファ♯……三つの全音
ファからファのシャープ	ソからラ	ウトからソ……三つの全音と一つの半音
ファのシャープからソ	ラからシ	ウトからラ♭……四つの全音
ソからソのシャープ	シのフラットからウト	ウトからラ……四つの全音と一つの半音
ソのシャープからラ	ウト♯からレ♯	ウトからシ♭……五つの全音
ラからシのフラット	ミのフラットからファ	ウトからシ……五つの全音と一つの半音
シのフラットからシ	ファ♯からソ♯	ウトからそのオクターヴ……六つの全音
シからウト	ソ♯からラ♯	
	シからウト♯	

図Ⅳ-1

　これらの全音と半音は異なる種別に属するものであるが、実践にのみ取り組んでいる人にとってこの点は重要ではないはずである。

　第一の音度としてレ音あるいは他の気に入った音を選び、ウト音が選ばれたのと同じようにすれば、その第 1 度の音と、この第一音から比較することが望まれている音までにいくつの全音あるいは半音があるのかが分かる。この際には半音を通じて、ある音からそれにもっとも隣接している鍵盤へと数が数えられる。

伴奏の実践はもっぱら音楽とクラヴィーアの大きな知識によって獲得されるものであるから、これらの諸原理(プランスィップ)を実行に当てはめようと望んでいる者たちにはこの知識があるものと想定される。それゆえに、それらの者たちにとってはクラヴィーア上で諸音程を識別することは困難ではない。その際には音階(ガム)上で数字によってなされたのと同じ操作が、鍵盤上でなされるものである。第3巻第1章を見よ。

　これら七つの音、すなわちウト(ノット)、レ、ミ、ファ、ソ、ラ、シは他の諸音と比べて比較にならないほど頻繁に使用されるものなので、音楽においてはこれらのみが作曲に含まれているものと考えられている。それゆえにわれわれはつねにわれわれの諸規則をこれら七つの音に基づいて打ち立てているのであり、これらの音がクラヴィーアに自然な鍵盤上で把握されるべきである。また、これらの鍵盤を隔てるシャープとフラットには、提示されるべき音程を形成させるのに絶対的に必要とされるときのみ注意が払われるべきである。

　それゆえに、ある鍵盤が数字1が表す第一の音度を表すとして、2度、3度、4度、5度等が提示されるなら、この第一の音度の直後に上行して続く鍵盤、すなわち二番目の鍵盤が、この最初の音度と2度を形成するであろうことに気づかれるであろう。同様に、三番目の鍵盤が3度、四番目が4度、等となる。ここで以下のことに注意が払われねばならない。伴奏の学(スィヤーンス)のすべては主にこれらの諸音程の知識に依存しているのであり、それらの諸音程は必ず第一の音度あるいは基礎(フォンドマン)として用いられている音の上に取られるのであって、決して下に取られるのではない。

数字	音程の名称	
2	2度	ウトからレ、レからミ、ミからファ、など
3	3度	ウトからミ、レからファ、ミからソ、など
4	4度	ウトからファ、レからソ、ミからラ、など
5	5度	ウトからソ、レからラ、ミからシ、など
6	6度	ウトからラ、レからシ、ミからウト、など
7	7度	ウトからシ、レからウト、ミからレ、など
8	オクターヴ	ウトからもう一つ別の高いウト、など

譜例Ⅳ-1

第1章　303

ここで気が付かれることは、すべての調和する諸音程はオクターヴの範囲内に含まれていることであり、またその範囲を超えている音程は複音程(レプリック)にすぎない、ということである。このことは諸音程の名称から明らかである。たとえば、17度と10度における名称は、3度の名称と同じであり、他の諸音程についても同様である。それゆえに、ウトの5度がソであることが一度知られれば、このソがウトの上にある限りにおいては、どのソが関係しているのかは重要ではない。また、これらの諸音程に関する知識が馴染みあるものとなるためには、どの鍵盤が第一の音度として選ばれたとしても、ウトの鍵盤に関してなされたこの比較が他のすべての鍵盤に関してもなされるべきである。

第2章　長音程と短音程の相違について
そして完全音程、増音程、減音程の相違について

　3度と6度は長と短で識別される。
　5度と7度は完全、増、そして減で識別される。
　2度と4度は完全と増で識別される。
　減4度というのは和声にも伴奏にも生じない。減2度も同様である。
　著作家の中には2度、7度、そして9度を長と短で識別する者たちがいる。しかしこれは適切ではない。もし時にそれらの音程の内の一つに付与された正確な比(プロポルスィオン)において半音(セミ・トン)の差が見いだされることがあったとしても、それにはいかなる注意も払われるべきではない。
　ここでは3度と6度を長と短で識別することだけに専念されるべきではない。なぜなら増音程と減音程を形成する諸音程に付加されるシャープとフラットは、それらの音程を認識するのに役立つからである。そしてひとたび、どの鍵盤が別のある鍵盤と3度、4度、5度、6度を成すのかが知られてしまえば、長、短、完全、増、そして減である諸音程を認識するためなすべきことは、それらの鍵盤を隔てている全音(トン)と半音を数えることだけである。

各音程を構成する全音と半音の図例[1]

2 ‥‥‥ 2度は一つの全音あるいは一つの半音から構成される ‥‥‥‥‥ ウトからレ、ミからファ、など
2♯ ‥‥ 増2度は一つの全音と一つの半音から構成される ‥‥‥‥‥‥ シ♭からウト♯、ミ♭からファ♯、など
3♭ ‥‥ 短3度は一つの全音と一つの半音から構成される ‥‥‥‥‥‥ ウトからミ♭、レからファ、ミからソ、など
3♯ ‥‥ 長3度は二つの全音から構成される ‥‥‥‥‥‥‥‥‥‥ ウトからミ、ソからシ、レからファ♯、など
4 ‥‥‥ 4度は二つの全音と一つの半音から構成される ‥‥‥‥‥‥ ウトからファ、レからソ、ファからシ♭、など
4♯ ‥‥ 増4度、またの名を三全音は、三つの全音から構成される ‥‥‥ ファからシ、ウトからファ♯、など
5♭ ‥‥ 減5度、またの名を偽5度は、三つの全音から構成される ‥‥‥ シからファ、ミからシ♭、など
5 ‥‥‥ 5度は三つの全音と一つの半音から構成される ‥‥‥‥‥‥ ウトからソ、シからファ♯、など
5♯ ‥‥ 増5度は四つの全音から構成される ‥‥‥‥‥‥‥‥‥‥ ウトからソ♯、レからラ♯、など
6♭ ‥‥ 短6度は四つの全音から構成される ‥‥‥‥‥‥‥‥‥‥ ウトからラ♭、レからシ♭、など
6♯ ‥‥ 長6度は四つの全音と一つの半音から構成される ‥‥‥‥‥ レからシ、ミからウト♯、など
7♭ ‥‥ 減7度は四つの全音と一つの半音から構成される ‥‥‥‥‥ ウト♯からシ♭、ソ♯からファ、など
7 ‥‥‥ 7度は五つの全音から構成される ‥‥‥‥‥‥‥‥‥‥‥ ウトからシ♭、レからウト、など
7♯ ‥‥ 増7度は五つの全音と一つの半音から構成される ‥‥‥‥‥ ウトからシ、レからウト♯、など
9 ‥‥‥ 9度は、1オクターヴ高いところに自然に見いだされるはずであることを除けば、2度と同じ鍵盤上に置かれる。

図Ⅳ-2

これらの諸音程は、確かにそれぞれ異なるけれども、全音の同様の数によって構成されているわけである。ただしこれは理論においては違った仕方で識別されている。しかしこの点は実践における知識にとっては無益であり、われわれは別の箇所で、♯と♭によってなされる唯一の識別の仕方について見ることにしよう。

譜例Ⅳ-2

---

1) 〔訳注〕この例に含まれている誤りは巻末の「補足」で訂正されており、上記図例では訂正を反映させてある。

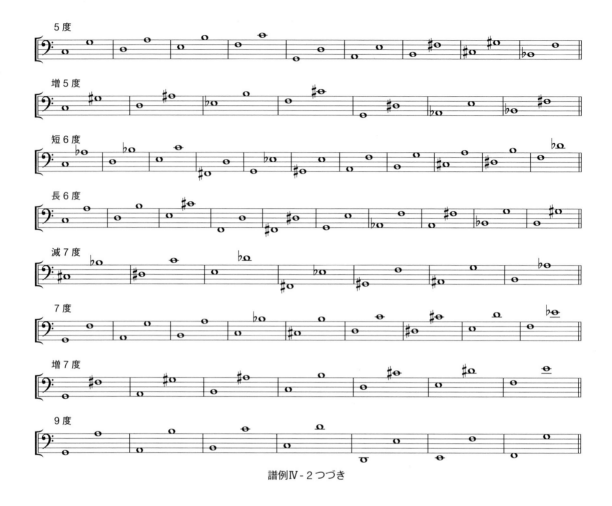

譜例IV-2つづき

　各音程の本性(ナテュール)と異なる種別については説明済みであるので、伴奏についての知識を望む者は各音あるいは各鍵盤(ノット)の異なる諸音程すべてとそれらのさまざまな種別をクラヴィーア上でもひとりに見いだされるように専念するべきである。この知識が馴染み深いものとなるのであれば、いかなる音あるいは鍵盤が思い浮かべられたとしても、そこからの長短3度、6度、三全音、純正・減・増5度、7度等である音あるいは鍵盤が瞬時に言えるあるいは触れることができるであろう。

　1．この点がより容易に達成されるためには、まず第一に各鍵盤の諸3度と諸5度を識別する等に専念されるべきである。なぜなら4度と偽5度は3度と5度の間に見いだされるからである。増5度と諸6度は5度のすぐ上に見いだされる。諸7度はオクターヴの下に見いだされる。諸2度と諸9度は第一の音度として選ばれる音の上に、あるいはそのオクターヴの音の上に見いだされる。

　2．クラヴィーアの配置において、4度、5度、7度離れた諸鍵盤が必ずしもそれらに規定された比関係(プロポルスィヨン)における諸音程を形成しないことがあるとしても、その鍵盤の名称が見いだされればそれで十分である。なぜならそれ以上問題となるのは、その場所に♯あるいは♭が置かれるかどうかだけであるからである。それはたとえばシからファの5度がそうである。しかしながら、この5度を形成する音の数量(トン)はここでは見いだされない。それゆえにこのファの場所にファの♯が置かれるべきである。このようにすれば捜し求められている5度が見いだされる。同様に、ファの4度がクラヴィーア上でシであることが見いだされるなら、このシのフラットを用いればよいだけで

ある。それはこの4度を構成する音を通じてその数をかぞえてみるときに見いだされるとおりである。他の諸音程についても同様である。

3. こうしたあらゆる困難を取り除くためには、和声においては二つの不変の協和音程があることを知っておくのは良いことである。それは5度と4度である。ここではオクターヴについては言及しないこととする。したがって提示される鍵盤がシャープあるいはフラットであるならば、その5度あるいはその4度も同様でなければならない。それゆえにファはフラットと見なされる。なぜなら音楽の用語としてすべてのフラットはファと呼ばれるからだ。そしてシはシャープとして見なされる。なぜならすべてのシャープはシと呼ばれるからだ。

またさらに、不変と呼ばれうる三つの不協和音程がある。それは7度、2度、そして9度である。7度はオクターヴの一音下に、2度はオクターヴの一音上に、自然な仕方で見いだされるものである。これはいくつかのケースにおいてのみ例外を容認するものであるが、この点についてはまだ言及するべきときではない。

4. ある音程を形成しているはずの音の名称は決して変更されない。たとえばファの長3度はラであり、その短3度はラのフラットであるべきであって、ソのシャープではない。通常ソのシャープとしてクラヴィーア上で認識されているこの鍵盤は、このケースにおいてはその名を消失し、ラのフラットとなる。なぜならソはファに対して3度を成しえないからだ。

以上のことからわれわれは次の帰結を引き出す。すなわち、各音は自らのシャープとフラットを有する。したがってシの長3度はレのシャープであるべきであり、ミのフラットではない。確かにそれは同じ鍵盤ではあるのだが。ソのシャープの長3度はシのシャープであるべきであり、ウトではない。ソのシャープの長6度はミのシャープであるべきであり、ファではない。その他についても同様であり、クラヴィーアのすべての鍵盤はつねに、鳴らそうと思っている音程を構成する諸数の秩序に従って自然な仕方で見いだされる諸音

の名称を取る。以上のことから、増2度と短3度は同じ鍵盤から構成される、ということが帰結するのであり、7♭と6♯、5♯と6♭、偽5度と三全音、等についても同様である。その結果、レの三全音がソ♯であるなら、その同じレの偽5度はラ♭である。確かにソ♯もラ♭も同じ鍵盤でしかないのではあるが。しかし過ちを犯さないためには以下のことを想起するだけでよい。すなわち4度であるところのものはすべて、4度の音程を有するということである。それはレからソのようなものである。そして5度であるところのものはすべて、5度の音程を有するということである。それはレからラのようなものである。他のものについても同様である。

譜例Ⅳ-3

減音程を容易に見いだすためには、第一の音度としてフラットであるよりもむしろシャープである鍵盤を選ぶべきである。そしてこの反対のことが増音程を見いだすために行われるべきである。

偽5度と三全音は（実践に従えば）オクターヴを等しい二部分に分割する。このことは次の譜例に見ることができる。

譜例Ⅳ-4

このことは、これら二つの音程のうちの片方が見いだされているなら、もう片方を見いだすのに役立つはずである。これら二つの音程の内の一つを形成する鍵盤の片方を第一の音度として分け隔てなく選べばよいだけである。
　長3度と短6度の間にも同様の関係が見いださ
れる。
　短3度と長6度。
　4度と5度。
　2度と7度。
　そして増2度と減7度。

長3度　　短6度　　短3度　　長6度　　4度　　5度　　2度　　7度　　増2度　　減7度

譜例Ⅳ-5

　それゆえに以下の点に注意せよ。任意の音程が見いだされたならば、その音程に関連付けられているもう一方の音程を見いだすためには、第一の音度として使用していた鍵盤のオクターヴ上を引き合いに出しさえすればよい、ということである。他の諸点に移る前に、ここで述べられた事柄すべてに関する知識によく精通すべきである。

第3章　手の位置と指づかいについて

　われわれが第一の音度あるいは基音（ソン・フォンダマンタル）と呼んできたものは、実践においてはバスと呼ばれるものである。そしてこのバスは左手で触れられる。他方、このバスと関連付けられる諸音程は右手で触れられる。通常は三つあるいは四つの音程が共に触れられるので、それをわれわれは単に和音と言うこととする。したがって今後われわれが和音と言うものは、つねに右手で触れられるものとなる。

　1.　左手で触れられるのは一つ一つの音（ノット）であり、その指は一つ一つ順を追って進行していくようにしかるべく取り計らわれ、同じ一つの指が異なる音に連続して触れることは避けられるべきである。そのため、数字によって記されるように配慮された指づかいに従うことになる。

　2.　右手の親指はいくつかのケースでしか使用されるべきではない。そうしたケースについては後で言及する。というのは、もし手の小ささとの関連で親指を使わざるを得ないとなると、そのことは熟達を非常に遅らせるからである。実践においてこの熟達は、知識と同程度に必要とされるものである。

　3.　少なくとも三つの音が右手によって一度に触れられる。ここで以下のことに注意されるべきである。二番目の指はつねに低い方の音に触れ、小指は高い方の音に触れる。三番目と四番目の指はそれらの中間にある音のために順次用いられる。この際、音符の脇に置かれた数字によって記された位置が絶対的に遵守されるべきである。親指は数字 **1** によって表され、その隣りの指は数字 **2** によって表される。このように小指まで続き、小指は数字 **5** で表される。

4．和音を鳴らすのはこれらの指であるべきであって、手ではない。すなわち、指の動きは手の動きから独立していなければならない。ここで指摘されるべきことは、この動きは指を手からへだてる関節から始まる、ということである。

5．最初に鍵盤を打つ指はつねにバスとともに始まり、そして他の指が続くようになされるべきである。それはあたかもすべてが共になされているかのように思われるような仕方でなされる。確かにこの際にはある種のアルペジオが形成されるはずであり、これは敏速に三つあるいは四つの八分音符が次から次へと進行していくようにされるときのようである。

6．すべての指が一度に上げられるべきでは決してない。ただし、変化があまりに急速で、それ以上により良くなすことができないであろう場合は例外である。最初に打ち鳴らす指だけが上げられるか、あるいはより良く言うならば、一つの鍵盤から別の鍵盤へと流れていくのであり、バスとともに動き、他の指はそのすぐ後を追いかける。これはすでに言及されたとおりである。したがって指は決して空中に留まるべきではない。もし指が鍵盤を離れるなら、それはその瞬間に別の鍵盤に触れるためであるはずである。それゆえ上げる動きと触れる動きはまさに同じ時を成すのであり、この上げる動きと触れる動きの間の時間にはいかなる隔たりも感じられない。

7．指にはその自然な動きのなすがままにされるべきであり、強制されるべきではない。したがって敏速さというのは良き習慣によって獲得されるものであって、強制されることによってではない。

これらの諸点は本質的なことがらである。諸和音は互いの間に関連があるので、指は諸和音のスュイット連続に応じてくっついたり離れたりする習慣を有する。この諸和音の連続というのはほとんどいつも同じものである。このようにして伴奏がさらに優美なものとなるばかりでなく、さらにより速く完全性が獲得されるのである。なぜなら、もし各和音ごとに手を上げるのなら、われわれはしばしば本から目を離し、和音を探さなければならなくなるであろう。もしも指をまったく上げないのであれば、それらの指自身が和音を探し当てるものである。

ここで主にクラヴサンに関する手の位置が、オルガンにとって例外と認められるのは、各和音のノット諸音がオルガンでは一度に触れられるべきことだけである。鍵盤から指は離されるべきではないのは、その鍵盤がある和音として使用された後で、それに後続する別の和音としても使用されうるからであり、それらの諸音は可能な限り結び付けられているべきである。

第4章　クラヴィーア上で諸和音を見いだす方法について

われわれは諸和音の一覧表を差し出すことから始めることにしよう。ここで数字は諸音程を表すのに用いられているが、これらの数字はさらにわれわれが各和音の構成について想起するのに役立つはずである。というのは伴奏において一つの数字がほとんどつねに、三つ、四つ、五つの音から構成される和音を表示しているからである。それゆえに、各数字を伴奏するべきはずの諸音程を正確に思い浮かべられるようにならなければならない。それは、和音を表示する数字が目に飛び込んでくるやいなや、その和音の構成を判別できるようになるためである。たとえば、もしあなたが、

7度の伴奏はいかになされるか尋ねられたらどうだろうか？　それにはただちに、3度と5度による、と答えられなければならない。これは他の点についても同様であり、その詳細を以下で与えよう。

もっとも必要とされる諸和音の列挙

完全和音は通常数字付けされず、以下の音から構成される。・・・・・・・・・・・・・・3、5、8
6・・・・・・・・・・・・・・六の和音。　　　　　　　　　　　　　　　　　　伴われる音は・・・・・3、8
$\frac{6}{4}$・・・・・・・・・・・・・・別の六の和音であり、これは四六の和音と名付けられる。　　伴われる音は・・・・・8
6・・・・・・・・・・・・・・別の六の和音であり、これは小六の和音と名付けられる。　　伴われる音は・・・・・3、4
$\frac{6}{5}$・・・・・・・・・・・・・・別の六の和音であり、これは大六の和音と名付けられる。　　伴われる音は・・・・・3
7・・・・・・・・・・・・・・七の和音。　　　　　　　　　　　　　　　　　　伴われる音は・・・・・3、5
4・・・・・・・・・・・・・・四の和音。　　　　　　　　　　　　　　　　　　伴われる音は・・・・・5、8
2・・・・・・・・・・・・・・二の和音。　　　　　　　　　　　　　　　　　　伴われる音は・・・・・4、6
4♯あるいは4・・・・・三全音の和音。　　　　　　　　　　　　　　　　伴われる音は・・・・・2、6
5あるいは5♭・・・・・・偽五の和音。　　　　　　　　　　　　　　　　　　伴われる音は・・・・・3、6

図Ⅳ-3

　数字は和音の主要な諸音程を示しており、その伴奏となるべき諸音程はほとんどたいてい明示されない。したがってそれらはふたたび思い出されなければならない。

　♯だけが、3度が長であることを示し、♭だけが、3度が短であることを示す。もしこれらがある音の上あるいは下にあるのであれば、それらは完全和音を表すために使用されており、その完全和音の3度がそれらの記号が表しているところの性質を有していなければならない。

　もし♯が何らかの数字に結び付けられているなら、その♯はその音程を半音増やす。そして♭はその音程を同じだけ減じる。

　二つあるいはそれ以上の数字が互いに上下に置かれているのは、同一の和音に用いられているものである。しかしそれら複数の数字が一つずつ順に用いられているときには、それらはその数だけ異なる諸和音を示していることになる。

　二番目の指と五番目の指はつねに各和音の両端を占めるものであるから、われわれはその間の指だけを表示することで満足するものである。そのことは至るところで見てとれる。ただし親指が二番目の指の場所を占めるべき箇所は例外である。さらに、三つの主要な和音の配置は他の諸和音にとっても役立つはずである。ここで想起されるべきことは、数字1が親指を表し、2、3、4、5というように小指まで続いていく、ということである。

　他のことに移る前に、これらの完全和音のそれぞれをクラヴィーア全体でめぐらすことができるようにならなければならない。それは、ウトのオクターヴで記されているとおり、上行でも下行でもなされるべきである。そして各和音はクラヴィーアの端から端まで等しくアルペジオでなされ、すべての諸音が均等であるかのようにされるべきである。したがって、ある和音をふたたび弾きはじめる指は、それに先行する和音を終わらせた指よりも速くも遅くもないということになる。

　諸和音が上昇していくときには、二番目の指から開始されるべきである。そして諸和音が下行していくときには、五番目の指から開始されるべきである。しかし伴奏の際には、つねに二番目の指か、あるいは、親指を使わざるをえないようなケースにおいては、親指から開始されるべきである。

完全和音と運指の方法についての例

譜例Ⅳ-6

六の和音の譜例。この和音は3度とオクターヴを伴う。

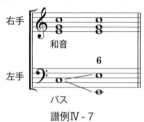

譜例Ⅳ-7

　六の和音を簡単に見つけるためには、任意の音の**完全和音**を触ってみるだけでよい。そして和音を変えることなく、バスの音を3度上げるか、6度低くする。これは同じことである。その結果、最初の音の**完全和音**は、バスで変更を加えられた音の六の和音を形成することになる。それはこの譜例において明らかであるとおりである。

四六の和音の譜例。この和音はオクターヴを伴う。

譜例Ⅳ-8

　この和音は上の和音と同じ仕方で見いだされる。バスの音を5度高くするか、あるいは4度低くするかである。

七の和音の譜例。この和音は3度と5度を伴う。

譜例Ⅳ-9

　この和音も先述の諸和音と同じ仕方で見いだされる。バスの音を3度低くするか、あるいは6度高くするかである。あるいは、**完全和音**に7度を付加し、その他のことはまったく変えないままにしておくだけでもよい。なぜなら、この7度も同じく**完全和音**を伴うものであり、オクターヴにこの7度があてがわれるからである。この点に関しては言及は不要である。なぜなら七の和音にオクターヴを付加しようが、あるいは取り除こうが、適切に判断が下せるときには自由だからである。オクターヴが付加されるときには、親指抜きの四本の指が使用されるべきである。

三全音の和音の譜例。この和音は2度と6度を伴う。そして二の和音の譜例。この和音は4度と6度を伴う。

譜例Ⅳ-10

　これらの和音もまた先述の諸和音と同じ仕方で見いだされる。すなわち、バスの音が全音低くされる。このようにして三全音の和音を形成することが望まれるときには、**完全和音**の3度が長であるように取り計らわれねばならない。また二の和音の形成が望まれるのであれば、3度は短であるように取り計らわれねばならない。

四の和音の譜例。この和音は5度とオクターヴを伴う。

譜例Ⅳ-11

　この和音を見いだすためには、ある音の**完全和音**を作り、その音の3度を4度へと置きかえる。ここでオクターヴが中間に見いだされるときには、そのオクターヴは四番目の指で触れられるべきことを覚えておかなければならない。

われわれはこれらの諸和音の譜例をクラヴィーアの一か所においてのみ提示してきたが、これらはあらゆる音上で、クラヴィーア全体にわたっても同様に実践されなければならない。これは完全和音がその指の配置はまったく変えないままに実践されたのと同じである。なぜなら和音は至るところで同じであるからである。

第5章　すべての和音に関する有益な諸注意

　和声においてと同様に伴奏においても、見いだされるのは二つの異なる和音のみである。それらは協和的な和音と不協和的な和音であり、前者は完全和音、後者は七の和音である。
　クラヴィーア上で最初の和音に触れると、この和音があらゆる協和を形成していることが見いだされるであろう。完全和音はあらゆる協和の起源である。この完全和音は三つの異なる音からのみ成ることに気が付かれるであろう。それはバスの音と、その3度、そしてその5度であり、それはたとえばウト、ミ、ソ、のようなものである。というのは、もう一つのウトであるオクターヴは最初のウトと異なる音ではなく、単なる複音程であるからである。
　したがってこれら三つの音、ウト、ミ、ソが、われわれが完全と呼ぶ和音を形成する。この際にはウトがバスとされる。もしミがバスとされ、ウトとソが右手によって触れられるなら、これはわれわれが六の和音と呼ぶものであることが見いだされる。そして次にソがバスとされ、ウトとミが右手によって触れられるなら、これはわれわれが四六の和音と呼ぶものであることが見いだされる。ここにすべての協和的な和音が存し、これらの和音が完全なものと見なされるためには、バスで触れられている音のオクターヴを右手で追加するだけでよいのである。より敏速な理解のためには、右手でお望みの完全和音に触れ、左手でそれら各音の低い方のオクターヴに触れればよいだけ

である。こうすれば、問題となっている三つの協和的な和音が見いだされるであろう。

譜例Ⅳ-12

　第一のバスの完全和音は第二のバスの六の和音を形成し、第三のバスの四六の和音を形成していることに首尾よく気が付かれるべきである。これらの三つのバスにおいて、和音を構成しているのと同じ三つの諸音が見いだされるであろう。
　七の不協和音は四つの異なる音を含んでいる。したがってバスとして順次、この和音を構成するそれら四つの音のうちの一つを選べば、和声において生じうるすべての不協和な和音が見いだされるであろう。これにはいくつかの例外があるが、それについては言及すべきときではない。

右手	和音	3♭	3♭	3♯	3♭
	7	7	7	7	7
左手 第一のバス					
	6 5	6 5	6 5	5	6 5
左手 第二のバス					
	6	6	6	6	6
左手 第三のバス					
	2	2	2	4♯	2
左手 第四のバス					
	9	9	9	9 5♯ ♭	9
左手 第五のバス					
		9 4	9 4	7♯	9 4
左手 第六のバス					

これらの和音は、このバス上の七の和音である。

ここでこれらの和音は大六の和音あるいは偽五の和音である。これらの二つの和音の違いは、第一のバスからの3度が長か短かの違いに由来する。

これらの和音は小六の和音である。これらは第一のバスからの3度にしたがい、長と短がみられる。

これらの和音は二の和音あるいは三全音の和音であり、これら二つの和音の違いもまた第一のバスからの3度の違いに由来する。

これらの和音は九の和音あるいは増五の和音であり、違いはつねに第一のバスからの3度に由来する。

ここでこれらの和音は十一の和音、別名四の和音、あるいは増七の和音であり、違いは同様である。

この偶発的なものに過ぎない最初の和音に関しては留意されるべきではない。

最後の二つのバスの諸和音にはさらなる注意は払われるべきではない。

譜例IV-13

　望まれるどの音からも完全和音あるいは七の和音を得ることができ、そのためには七の和音にはバスのオクターヴが付加される。そしてそのバスで、保持されるであろう和音を構成する諸音の内の一つの鍵盤が触れられることになる。そうすると、前掲の譜例で示されているのと同じ諸和音が見いだされることであろう。またさらに、ある音の完全和音に触れながら、その音から3度を成す音がバスに置かれると、その音は六の和音を支えることになるが、この和音が先ほどと同じ完全和音から構成されていることに気が付かれるであろう。そして、その音から5度を成す音がバスに置かれると、その音は四六の和音を支えることになるが、この和音が先ほどと同じ完全和音から構成されていることに気が付かれるであろう。同様に、ある音の七の和音に触れているならば、その最初の音から3度を成す音上に大六の和音あるいは偽五の和音が形成されることが見いだされるであろう。その音から5度を成す音上には小六の和音が、その音から7度を成す音上には二の和音あるいは三全音の和音が形成されることが見いだされるであろう。また、小六の和音、大六の和音、偽五の和音、三全音の和音、二の和音に指が触れながら、その派生元である七の和音とそれらの和音を関連付けることが望まれるのであれば、その指が触れている和音にバスのオクターヴを付け加えるだけでよいであろう。その際、それらの指が3度を通じて配置されているならば、低い方の指が触れている音がバスに置かれることによって、右手によって保持されている七の和音を支えていることに気が付かれるであろう。もしそうでないなら、隣り合っている二本の指が必ず見いだされるはずである。それらの二本の指のうち高い方の音こそが、バスに置かれることによってこの七の

和音が見いだされるはずである。第3巻第11章を見よ。そこでこの点は言及されている。協和的な諸和音については、それらを互いに判別するのは十分に容易なことであり、クラヴィーア上のいずれかの場所で、その和音に指で触れればよい。その場合には指は3度を通じて配置されうるであろう。そうすると、右手の二番目の指によって保持されている音がバスに置かれると、その完全和音を支えていることが確認されるであろう。

これらの諸和音の関係性(ラポール)については注意を払い過ぎるということはありえない。この関係性は実践と知識を大いに容易にしてくれるからである。特に、バスにおいて支えとなる音が3度、5度、7度と高くされる際に、ある和音が別の和音を形成すると即座に察知されうるようになるときにはこの関係性が役立っているのである。ここで、7度高いことと2度低いことは同じことであることを想起せよ。それは3度高いことと6度低いこと、5度高いことと4度低いこと、3度低いことと6度高いこと、等と同じことである。

第6章　調(トン)と音階(モード)について

調(トン)と音階(モード)についての確固とした知識を有することなく、良く伴奏をすることは難しい。したがって、第3巻第8章と第12章で述べられていることを確認することなしに済ますことは不可能である。その後で、連続するオクターヴの実践が自然なものと思われるように努力が積まれることであろう。そこではクラヴィーア上のさまざまな場所で、それぞれの手の指の配置とともに、諸和音のあり方を示しておいた。そしてそこには**完全和音**と**七の和音**しかみられないことを証明するために、二つの主要なバスの下にもう一つ別のバスを置いておいた。そのバスは**基礎低音**(フォンダマンタル)と呼ばれるものであり、ディアトニックに上行あるいは下行するバス上に記されたさまざまな諸和音が、この**基礎低音**(バス・フォンダマンタル)上での**完全和音**か**七の和音**からのみ形成されていて数字付けがなされたものであることが目にされるであろう。この点にさらに明確な理解を与えるために、われわれはそれぞれの音(ノット)に名称を書きつけておいた。それは、そうしたさまざまな和音を支えている音が、**完全和音**あるいは**七の和音**を支えているはずの音の3度、5度、7度上の音であることに気づくことができるようにするためであった。そしてそうした諸和音を支えている諸音(ノット)は、通常は各調の同じ範疇を保持するものである。

基礎低音が使用されるのは、上で言及されたことの証明のためだけになされるべきである。なぜなら、基礎低音は実践には無益であって、諸和音はこのバスとの関係に関わる諸規則に従って配置されるわけではないからである。諸和音は**通奏低音**(バス・コンティニュ)との関係によってのみ配置されるのであって、通奏低音は左手で触れられるべきものである。

ここでなされた諸注意点において多少不明瞭な点が見受けられるのであれば、もっぱら諸和音の実践にのみ注意を集中することができるであろう。これから述べることは、目下のところわれわれの障害となりかねないことを理解するのに助けとなるであろう。

調と音階の譜例。そしてある調の各音上で形成される諸和音。
バスは1オクターヴ内を上下行しながらディアトニックに進行する。

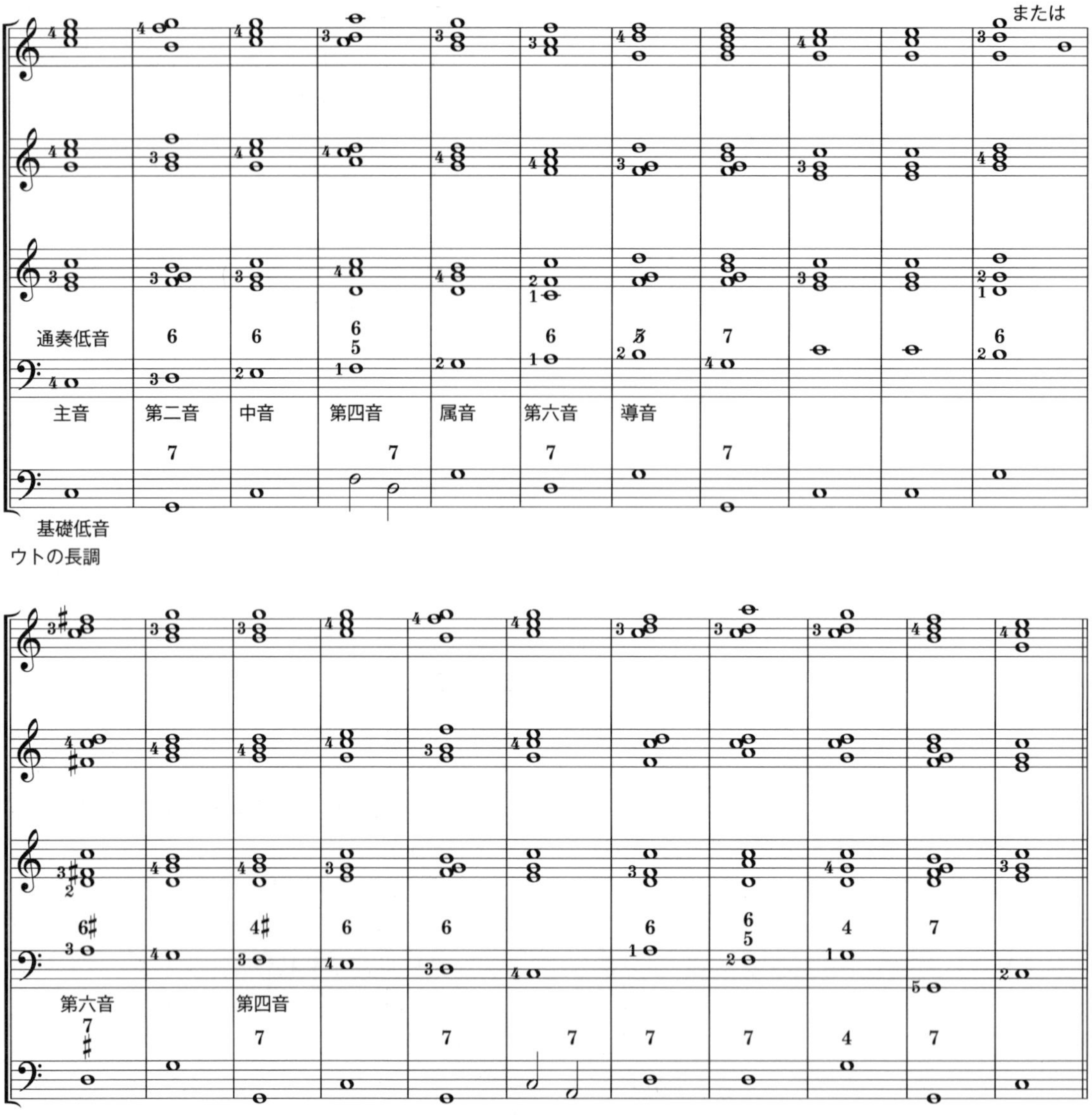

譜例Ⅳ-14 [2]

2）〔訳注〕巻末の「補足」でラモーは以下のように注記している。「これらの譜例においてはいくつかの数字が足りておらず、それは諸和音を明示するためのものも、指の配置を示すためのものもそうである。しかし開始部は正確であるため、それと一致させることによって読者は容易に補うことができるであろう。」

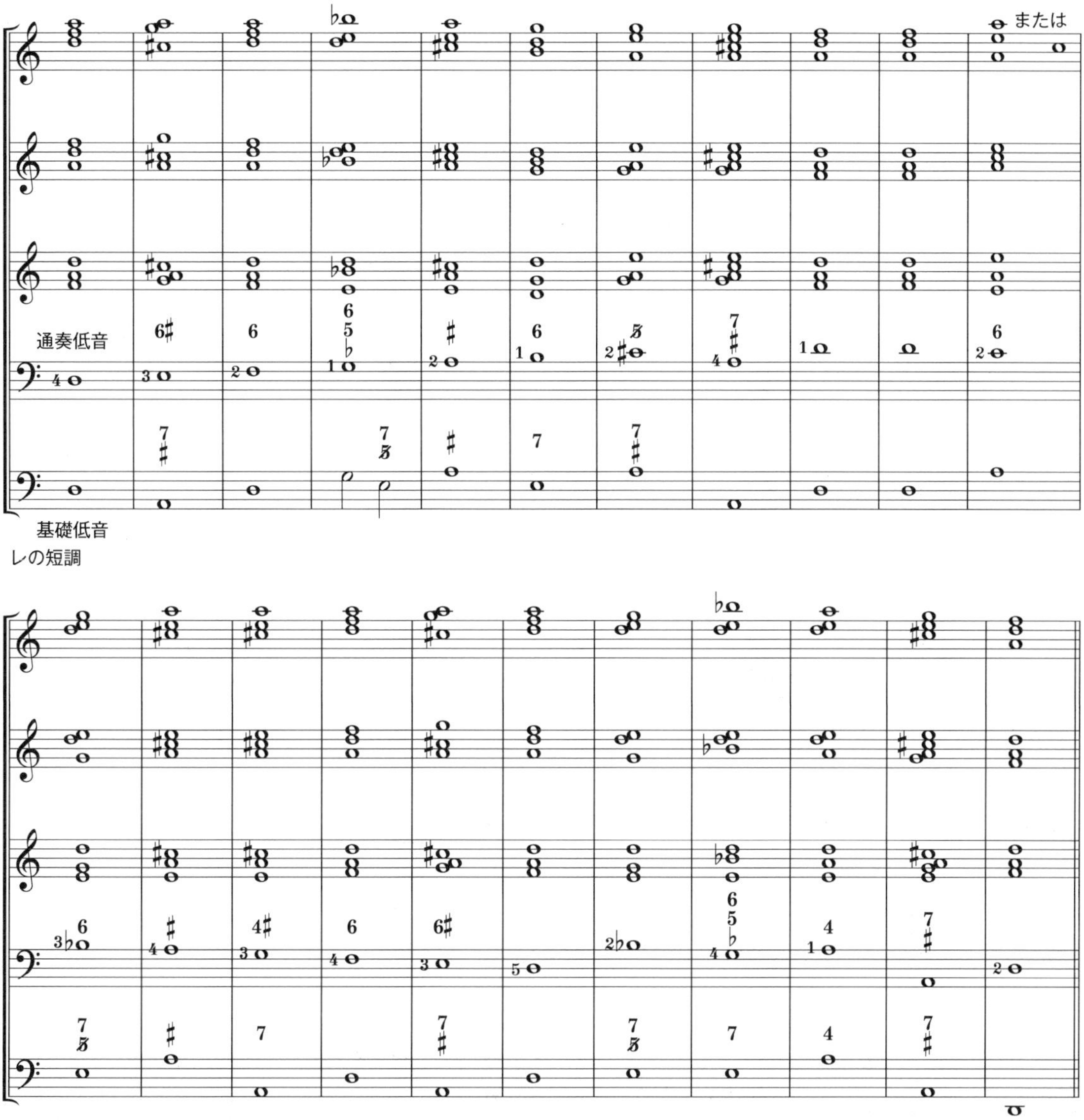
または
通奏低音
基礎低音
レの短調

ある者たちは、**主音**、**第二音**、等の代わりに、**第１度**、**第２度**、等と言う。
しかしこの点は重要ではない。なぜなら、実際のところ、これらの異なる用語は同義だからである。

譜例Ⅳ - 14 つづき

別の調へ移行する前に、一つの調が完全にマスターされねばならない。すべての調はクラヴィーアの三つの異なる場所で、上部に記されているのと同じ指づかいで学習されなければならない。それはどの場所で手が見いだされようとも驚いたりしないためであり、またその手を無理やり上げたりしなくて済むようにするためである。

諸和音の連結に注意が払われるべきである。この連結はそれらの諸和音の一つを構成する諸音の内の一音によってなされるものであり、これは大抵いつも後続する和音の役に立つものである。この点は実践に非常に有益である。

通奏低音の諸和音と基礎低音の諸和音の関係を知るためには通奏低音のオクターヴを、そのオクターヴが見いだされない諸和音に付加するだけでよい。

われわれはこれらの和音を長音階と短音階の上に置いておいた。それらには指づかいと調の各音名が付されている。それは他のすべての諸調にとっても役に立つようにするためであった。それらの諸調は、クラヴィーアとの関係以外の点では、互いに何の違いもないものである。なぜならそれら最初の二つの調についての理論を有するものは他の諸調の理論も有しているのであり、長調を長調と、短調を短調と関連付ければよいだけだからである。

ディアトニックな進行において完全和音に後続する六の和音のバスのオクターヴの代わりに3度あるいは6度が重複されることが時にある。これは手の利便性のためであると同時に、二つのオクターヴの連続が耳にされるのを回避するためでもある。したがってここでは親指が必要とされる。

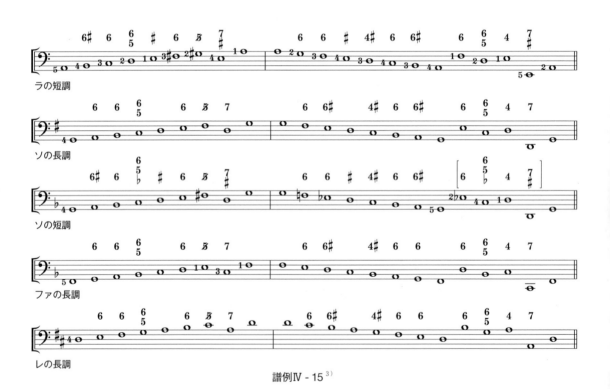

譜例IV - 15[3]

---

3) 〔訳注〕シの長調の音階において、ミからシの下行形で4-3-2-5の指づかいが示されているが、これには無理があるので、おそらく1-2-3-5が意図されているものと思われる。他の音階を参照のこと。

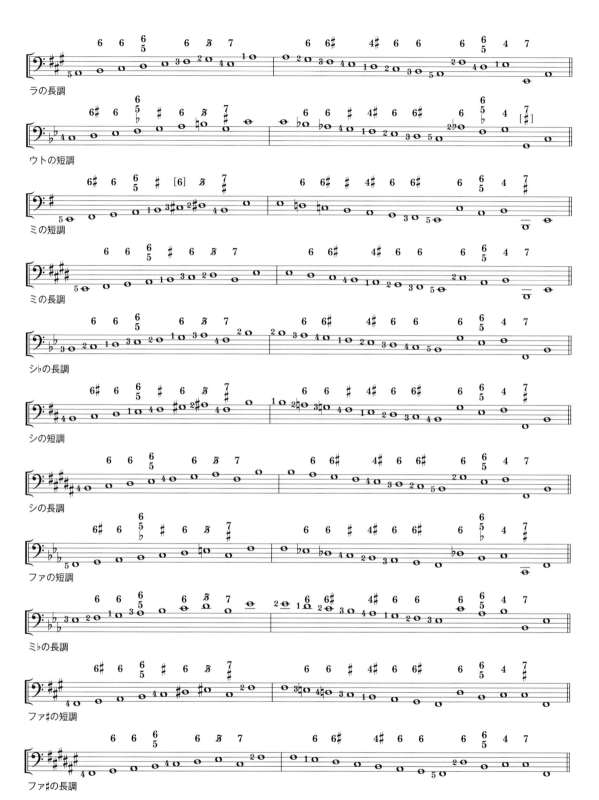

譜例Ⅳ-15 つづき

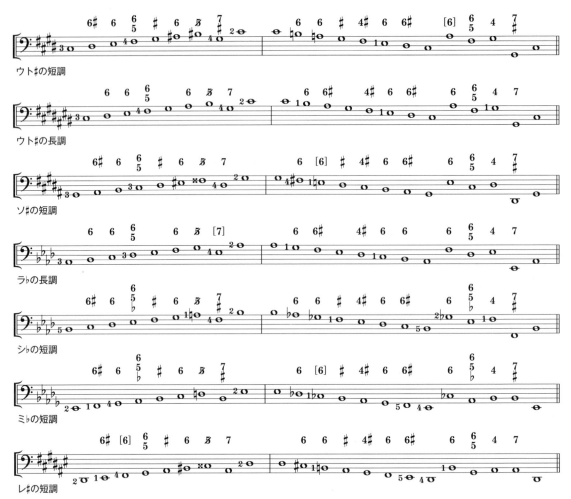

譜例Ⅳ-15 つづき

　最後の二つの調は、名称は異なるが同じ鍵盤上で演奏される。これは他のすべての調にとっての例として役立つであろう。それらの調も異なる二つの名称で示されうるものである。なぜならウトという音はシ♯という名称で示されうるからであり、ウト♯はレ♭で示されうる。したがってオクターヴ内のすべての音もまた名称を変える。しかしこの点は稀なことであるので、われわれはこの点の考えだけを提示することで十分と考えることとし、クラヴィーアのこの二重の知識を得るかどうかは個々人の自由に委ねることとする。この知識は最大の困難を克服することを望む者たちにとっては極めて必要とされるものである。

　伴奏の際にはつねに楽譜を見るように努めるべきであり、指の方を見るのは上手く演奏できないときだけにするべきである。これは実践によってマスターされるものであり、和声に合わせて形成された耳は、目よりも誤りに対して鋭敏になる。これらのオクターヴを通じて指は確固とした習慣を獲得し、この習慣が諸和音を形成する鍵盤上へと自然な仕方で指を運ぶ。それゆえに手の位置も、指づかいもなおざりにされてはならない。これは想定されるよりもより大きな結果から成るからである。

　これらのオクターヴすべての実践がひとたび習得されてしまえば、そこで形成されている和音すべての名前が、楽譜を見ることも手を見ることもなく、言えるようにならなければならない。も

し可能であるなら、この和音はこれこれの音の完全和音あるいは七の和音から派生したものであり、通常この和音の後で私はこうした和音へと移行するが、この和音はこれこれの和音の派生したものである、ということも言えるようにならなければならない。ここで述べられていることの知識を迅速かつ完全にマスターしたいと思うのであれば、あまりに多くの方法が採用されるべきではない。なぜなら、各調のオクターヴ内における諸和音の連続についての知識にひとたび到達してしまえば、あらゆる困難は克服されたも同然であるのだから、多くが採用されるべきではないのはなおさらである。ここでは、どの調であろうとも諸和音の連続は同一であることが想起されるべきである。

これらすべての調を学ぶのに辟易している者は、最初の16あるいは18の調を学んだ後に他の調に移ることができるであろう。そして何事においても疑念を抱きたくないと思われたときにだけ、それらの他の諸調に取りかかられるべきである。

第7章　各調のオクターヴの範囲内にみられる諸和音の連続のために規定されるべき秩序について

まず初めに、以下の諸点が想定されなければならない。完全和音を支える音はすべてトニックであること。各調においてこの特権を有するのは主音とその属音しかないこと。さらにこの属音が七の和音を支えるときでさえも、この属音はトニックとして見なされうること。この点は、主音あるいはその属音に先行する諸音上で形成されるべき諸和音に関する知識をより迅速に確固としたものとする。なぜなら主音と属音はほとんどたいてい同一のものであるからだ。

1．もし主音が七の和音に先行されており、その際にバスが4度上行あるいは5度下行しているのなら（これは同じことである）、その属音も等しく同様の進行をしているはずである。

譜例Ⅳ-16

2．もし主音が小六の和音によって先行され、主音へとディアトニックに下行していき、また偽五の和音によって先行され、主音へと上行していくものであれば、属音もまた等しく同様の進行において先行されていることだろう。

ディアトニックな下行または上行に　　　　　　ディアトニックな上行または下行に
先行される主音　　　　　　　　　　　　　　　　先行される属音

譜例IV - 17

　この譜例において、属音が完全和音を支えている際に、それに先行する6度に♯が付加されていることが確認されたであろう。したがってここで形成されている小六の和音は、同様の進行において主音に先行している和音と同じように構成されているわけであるから、主音と属音を判別できるのはその先に後続するものを通じてなされる他はない。しかし属音上に7度が形成されているのであれば、それが属音であることを即座に識別させるはずである。

　偽五の和音にディアトニックに上行して先行する主音と属音に関して言えば、主音に先行する偽五の和音と、属音に先行する大六の和音において違いが見いだされるであろう。しかしこれら二つの和音の違いはただバスにあるのみであり、主音へは半音上行し、属音へは全音上行するものである。というのは、そもそもこれらの和音は同じように配置されるものであり、そのことは上の譜例が明らかにしているとおりである。そしてこの点は導音と第四音、主音と属音を識別するのに役立つはずである。

のであるが、これらの和音が異なっているのは外見上のことにすぎない。なぜならこれらはすべて七の和音に由来するものであるからである。ここから以下のことが帰結される。4度上行あるいは5度下行して別の音に先行するすべての音は七の和音を支えているはずである。また、最初の音から別の音への進行がディアトニックであるのであれば、その最初の音は七の和音の派生和音を支えているはずである。このとき、その次に行き当たるその別の音は完全和音か七の和音を支えていることが想定される。これは数字によって判別される。なぜなら初心者は数字なしに伴奏をすべきでは決してないからだ。

4度上行、あるいは
5度下行するバス

ディアトニックに
下行するバス

ディアトニックに
上行するバス

譜例IV - 19

主音へと半音上行　　属音へと全音上行
する導音　　　　　する第四音

譜例IV - 18

　さらに以下の点に注意せよ。七の和音、小六の和音、大六の和音、偽五の和音、これらはバスの異なる進行にしたがって主音と属音に先行するも

　上の譜例ではそれぞれのバスに対して同じ和音が使用されている。ここで偽五の和音、小六の和音、大六の和音が、七の和音を構成しているのと同じ諸音から形成されていることが確認される。この七の和音を支えている音は4度上行するものであった。またこれらの和音が異なる名称を有しているのは、バスの異なる進行との関係によるも

のにすぎない。なぜならその基礎において、これらの和音はすべて同一の和音に由来するものであるからだ。

たとえば偽五の和音と大六の和音といった諸和音に見受けられる長と短の違いについて言えば、これはあるいはバスの進行によって、あるいは横の並び（モデュラスィヨン）によって判別されるものである。この横の並びが、ある調においていくつかの特定の音あるいは鍵盤だけを用いるように強いるものである。なぜならもし調が変化するなら、それに従ってシャープとフラットが数字と関連付けられるのが見いだされ、それらが調の変化に気づかせるものだからである。

以上の諸点から、次のように結論されるべきである。すべての音は自らの完全和音あるいは七の和音をその3度、5度、7度に差し出すものであるから、完全和音に由来する六の和音と四六の和音は、完全和音に自然な仕方で先行するのと同じ和音によって先行されるべきである。それは前掲のオクターヴの譜例において指摘されうることである。そこで中音（メディアント）は、自らよりも前に、完全和音を必要とするのと同じ和音を必要としている。

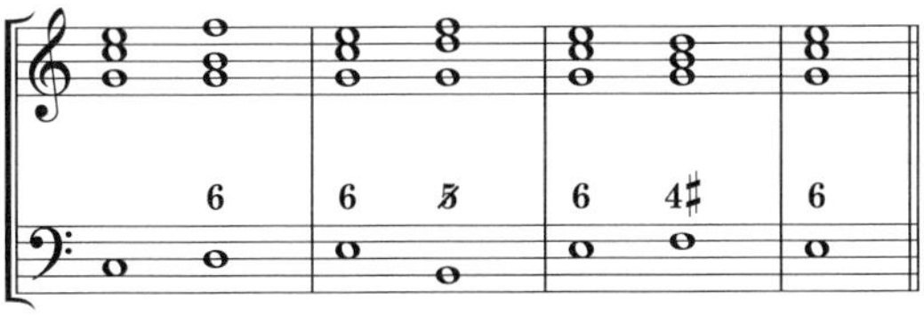

7度のバス

これらのバスを有する諸和音は七の和音に由来する

譜例Ⅳ-21

譜例Ⅳ-20

協和和音から別の協和和音へ、あるいは不協和和音への進行は、実践するのは困難ではなく、不協和和音から別の不協和和音への進行よりも注意を払うに値しない。不協和和音というものは主に、そしてもっとも頻繁に、7度の進行に存するものである。この進行は二つ前の譜例で明らかであったとおりであり、ここから引き出されうる7度の諸和音のさまざまな連続（スュイット）は次のようなものである。

次の譜例を見よ。

これらの和音はそれぞれのバスに対して用いられるものであり、さらにこれらの和音に含まれるこの四つの音はバスに置いておくことができる。ただしAの導音は例外であり、導音がバスにみられるときには、Aの導音はここから削除されなければならない。あるいはまた、このテーマに関するより広範な規則が現れるまでは、下の五つのバスの内で触れられる一つの音のそのオクターヴがそれぞれの和音から削除されるようにした方が良いかもしれない。

もしある音の完全和音あるいは七の和音が別の音の完全和音あるいは七の和音に先行すべきであるのなら、それはすなわちこの後者の別の音の和音が最初の音の和音に後続すべきことになる。したがって一方に関する知識は他方に関する知識へと導くのであり、それゆえに重要なのは、ここで提示されているこれらの進行を心に留めておくことである。それは一方の仕方においても、他方の仕方においてもそうであり、主要和音（プルミエ）の観点からも、派生和音の観点からもなされるべきである。

このテーマに関して完璧に確信するためには、前掲のオクターヴの譜例を参照するだけでよい。そこでは上行して中音から属音へ、そして第六音(ノット)から主音(トニック)へと至る諸和音が同一のものであることが確認されるであろう。また下行して第七音から属音へ、属音から中音へと至る諸和音に関しても同様である。さらに中音は至るところで主音と同じように先行されていることも確認されるであろう。この点は以下で詳細にわたって明らかにされるであろう。

第8章　一般規則

現在のところはただ一つの調(トン)のみが考察されるべきであり、完全和音は主音(ノット・トニック)とその属音(ドミナント)にのみあてがわれるものであることだけが想起されればよい。ここではこの属音の完全和音に付加される7度に関しては心配することはない。

大六の和音は全音上行して完全和音へと至る音にあてがわれるべきである。偽五の和音は半音(セミ・トン)上行する音にあてがわれるべきである。さらに七の和音は上行する音にあてがわれうるが、しかしこのことは明確に数字によって示されねばならない。

小六の和音はディアトニックに下行して完全和音へと至る音、あるいはディアトニックに上行して中音(メディアント)へと至るあらゆる音にあてがわれるべきである。

三全音の和音、あるいは時に大六の和音は、ディアトニックに下行して中音へと至るあらゆる音にあてがわれるべきである。

六の和音があてがわれるべきは、ディアトニックに上行して大六の和音あるいは三全音の和音を支える別の音へと至るあらゆる音、またディアトニックに下行して小六の和音を支える別の音へと至るあらゆる音、そして完全和音を支えているはずの別の音の3度上あるいは下にみられるあらゆる音である。

完全和音は、協和的な音程を通じて進行するあらゆる音にあてがうことができる。なぜなら3度の音程においては完全和音は時に六の和音の第一音として適することがあるからである。しかしその場合には、数字によって調整がなされるはずである。

あらゆる音の完全和音には7度を付加することが可能である。そうすると、そのあらゆる音は4度上行あるいは5度下行する別の音によって後続される。また同様にあらゆる音の完全和音には6度を付加することも可能である。この際このあらゆる音は5度上行あるいは4度下行する別の音によって後続される。ここでは最初の音に後続する音は完全和音か七の和音を支えているものと想定される。これら最後の二つの規則は、これに先行するあらゆる規則の基礎(フォンドマン)として資するものである。

これらすべての諸規則から、さらに以下の諸規則が導き出されうる。

もし大六の和音あるいは三全音の和音の後でディアトニックに下行して中音に至ることができるのであれば、それは同様に4度下行して主音へも至ることができるし、ディアトニックに上行して属音へと至ることもできる。この属音は大六の和音あるいは三全音の和音の後では四六の和音を支えるものである。なぜなら主音の完全和音は中音の六の和音と属音の四六の和音を構成するものだからである。ただし三全音の和音の後で属音上へと上行することは滅多にない。この点はさらに

詳細に扱われるであろう。加えて述べておくべきことは、こうした和音が別の和音に先行すべきであれば、それはバスに対して決定された進行に従って後続されるべきであるか、あるいは少なくとも後続されることが可能である、ということである。これらのさまざまな諸規則のほとんどすべては、第6章のオクターヴから引き出されうるものである。

七の和音と転回によるその諸派生和音の進行の譜例

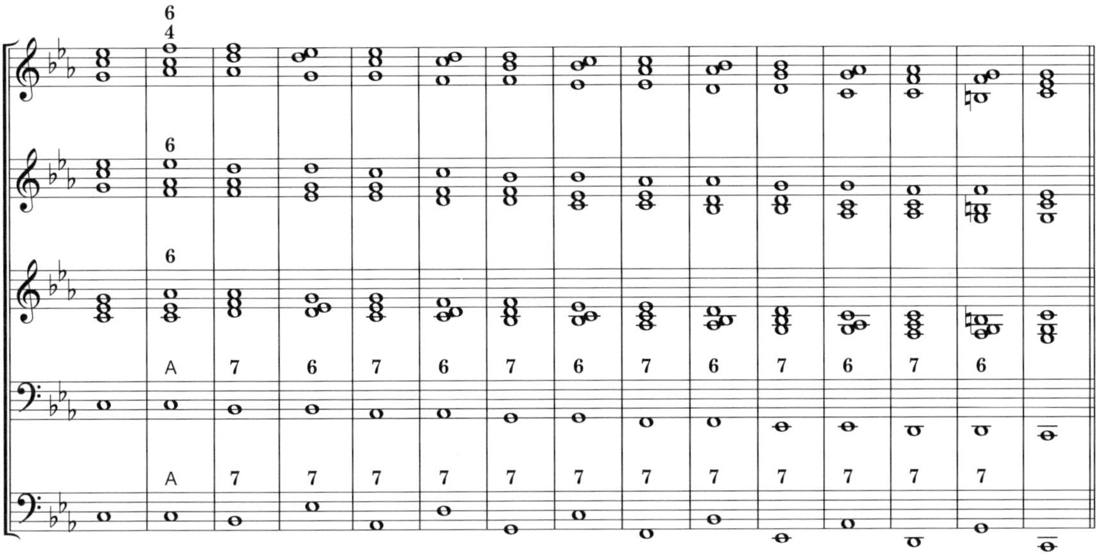

譜例IV-22

　ここでは同じ諸和音の下に二つのバスが見いだされるであろう。そのうちの一つは4度上行あるいは5度下行するものであり、至るところで七の和音を支えている。その他方でもう一つはディアトニックに下行し、同じ音度上で各音が七の和音と小六の和音を支えている。これは先述の諸規則に一致してなされている。

　（A）音は三つの異なる六の和音を支えているが、これは、ここでバスが保持しているこのような進行において、これら三つの和音のそれぞれは次の最初の七の和音にのみ先行しうるものであることに気が付かせるためのものである。

　この譜例はあらゆる短調にも役立つものであるが、同様に長調のためにも役立つであろう。そのためには音部記号の後に置かれているフラットを削除し、他の調においてそれと一致するようにこの譜例を移し換えるだけでよい。それは短調にとっても長調にとっても同じである。ここで、この調においては音部記号の後に置かれることになっていたフラットに、さらに一つのフラットが付加されていることに注意せよ。このフラットはあらゆる短調の短6度を明記するものである。慣例によってこのフラットが取り払われないのであれば、われわれは至るところでこのようになすべきであろう。

　この諸和音の連続は単にあらゆる調で行われるだけでなく、クラヴィーアの三つの箇所で実践されなければならない。この点はすでに明記されているとおりであり、これから示されるすべての譜例に関しても等しくそのように聞こえてこなければならない。そして先述の譜例の実践を容易にするためには、以下の点に気が付かれうるであろう。すなわちある和音から別の和音へと移行する際にはつねに、下行していくのは二本の指であり、一本の指は同度に留まるということである。また下行していくのが今度は一本の指のとき、最初の二本の指は同度に留まるということになる。このようにして順次続いていき、最後へと至る。

第8章　325

これらの主要な諸和音から派生した諸和音の別の連続もさらにあるので、次に**長調**の新たな譜例を挙げることにしよう。これは**短調**としても同様に役立ちうるものであり、そのためには前掲の譜例の**フラット**を音部記号の後に置けばよい。ただし結末部にみられる**導　音**はどちらの調においてもまったく変わらないことに注意せよ。
　さらに、ここでは各和音にもう一つの**音**が付加されている。したがって二本の指がつねに同度に留まる一方で、他方もう二本の指は下行してゆき、またこの二本の指が今度は同度に留まる際には、最初の二本の指が下行していくことが見いだされるであろう。このようにして最後へと至るが、親指は使用されるべきでないことが想起されるべきである。

譜例Ⅳ-23

　諸和音を実践するこれらの二つの異なる方法は、あるときは四声部、すなわち右手が三声部であり、またあるときは五声部であるが、これらは大いに必要とされるものである。前者はあらゆる転回和音に役立つものであり、後者は他の和音と組み合わされていない七の和音に役立つものである。ただし後者に関しては、**大六の和音**あるいは**下　置　和　音**と組み合わされているものは例外である。この点については後で言及される。そしてこの直前の譜例が四声部に役立つためには、諸和音におけるバスのそれぞれの音と**オクターヴ**を成す音を取り除きさえすればよい。ただしこのことは、4度上行あるいは5度下行するバスに関してはなされるべきではない。なぜなら習慣にとっては（すでに述べたように）この取り除かないやり方の方が、取り除く方法よりも有用度にお

いて劣るわけではないからだ。

　諸和音のこの連続においては、非常につよい連結(リエゾン)があることが見いだされるだろう。それはもっとも自然な和声の要(アルモニかなめ)であり、知識よりも先に熟練によって獲得されるものである。したがってこのケースにおいては、指が知力に先んずる、と言うことができる。このとき、すでに言及されたことにしたがって指の位置と使い方に注意が傾注されていることが想定されている。

　これらの譜例のそれぞれがクラヴィーアの三つの異なる箇所でなされ、これらの諸和音が実践されるべきあらゆる調で試されることは容易なことであるので、われわれはここでただ一つの譜例を提示することで満足することとする。

　ここでは小六の和音、大六の和音、偽五の和音、三全音の和音、七の和音が確認された。これらの和音の進行は前述の諸規則と一致するものである。したがって、これ以上の言及は無意味である。なぜなら七の和音は、完全和音と同じように、先行されるものだからである。しかし七の和音と二の和音のテーマには付け加えるべきことが残っている。この点については次章で学習される。

第9章　同度にある音(ノット)上で七の和音に後続すべき諸和音について

▌第1項

　七の和音を支えるすべての音(ノット)は、その同じ音上の7度の後に見いだされるのがいかなる和音であろうとも、続いて6度を支えるはずである。しかしこの6度はたくさんの異なる諸和音においてみられるものであるので、以下で説明されることは適切なことであろう。

　小六の和音、大六の和音、偽五の和音、六の和音、四六の和音、三全音の和音、二の和音は同度にある音上の七の和音の後に見いだされうる。なぜなら6度がこれらすべての和音の一部を成すからだ。このように生じうるのは、同度にある音に後続する音を通じて初めて可能となるものである。この同度においてこの音の音価は二つの異なる和音に与えられることが可能であるようなものであり（これは同じことである）、これらすべての和音に関してなされるべき選択がしかるべく判断できるようにするためである。そしてもし、これは極めてよくあることであるが、バスに数字付けがなされていなかったり、あるいはその数字付けが良くなされていない場合には、以下のように理解されるべきである。

　確かに作曲家は同度にある複数の音に同じ和音を自由にあてがうことができるが、しかしそこに二つの音が見いだされるときには、そのうちの最初の音がその小節の最初の拍において始まるのであれば、その音はたいてい七の和音を支えるものである。したがってそのうちの二番目の音は上で提示された諸和音の内の一つを支えているはずである。さてこれらの諸和音内からの選択は、もし横の並び(モデュラスィヨン)を完全に把握していないのであれば、上手くなされることはありえない。しかしこの把握は、一つの調に集中しさえすれば、極めて容易になされるものである。一つの調においては主音(ノット・トニック)とその属音(ドミナント)が自然な仕方で完全和音を支えていることは既知のことであり、この属音の完全和音に付加されうる7度のことは考慮する必要はない。そしてその一つの調では、第二音が小六の和音を支え、第六音が下行する際には小六の和

音を支えること、そして**中音**（メディアント）が六の和音を支え、第六音が上行する際には六の和音を支え、また第七音も下行する際には六の和音を支えること、さらに第四音が下行する際には三全音の和音を、そして上行する際には大六の和音を支え、最後に**導音**（ノット・サンシーブル）あるいは第七音が上行する際には偽五の和音を支えることも、同様に既知のことである。したがって、バスにおいてこれらの諸音の内の一つが見いだされさえすれば、同度の音上で七の和音に後続すべき和音を知ることになる。さらに、もし自らがディアトニックに上行あるいは下

行してこれらの諸音の内の一つに達することが確認されるなら、それらの音に自然な仕方で先行すべき和音も同時に知ることになる。それゆえに、過ちを犯すことはありえない。そしてもしこれらの同度にある音が**属音**から形成されるのであれば、この**属音**は6度を有する他の和音の中でも四六の和音しか支えることができないことも知られるであろう。以上が踏まえられれば、重要なのは楽曲の続きにおいて諸調の違いを識別することだけである。しかしこれはここでもっとも困難なことではない。

譜例Ⅳ-24[4]

ここでは、七の和音を支えていたのと同じ音にあてがわれるべき六の和音が見いだされる。これは単にこの**調**（トン）においてこの音が保持している並びによるものだけでなく、この音に後続する音が保持する並びによるものであり、またこの後続する音が支えているはずの和音によるものである。

バスがディアトニックに上行するときには、われわれの規則は確実なものである。しかしバスが下行し、各音が二つの異なる和音を支える能力を有する音価を持ち、それがあるいは数字によって明らかであるときには、前章の規則に基づいて進行していかなければならない。したがってディア

トニックに下行して七の和音に先行すべき和音はつねに小六の和音である。

（A）においてバスがディアトニックに上行して**完全和音**の後で**7**度を聞かせようとしているとき、この**7**度は**5**度の代わりにオクターヴによって伴われるべき点に注意せよ。したがって**完全和音**のバスのオクターヴに触れていた指は、続く七の和音を形成するために同度に留まる。他方、他の二本の指はディアトニックに下行する。

七の和音の後でバスがディアトニックに進行していく際にわれわれの諸規則がそぐわないことがありえるとすれば、それは七の和音を支えていた

4）〔訳注〕この譜例には「補足」の指示に従って修正を施してある。

その同じ音が即座にそのもっとも隣接する音へと移行する場合のみである。この際には七の和音の後で自然な仕方でその音に適した和音を与えることができなかったのである。したがってそのバスの音がこのケースにおいてディアトニックに上行するのであれば、それは完全和音上へか、あるいは別の七の和音上へと至るほかはありえない。この点は前章で言及されたとおりである。また同じくこのバス音が下行するなら、これもまた別の七の和音へと至る他ない。さらには、その7度が開かれていたその音上で自然な仕方で姿を表す和音と同じ諸音から構成される和音を、その後続の音が支えているということもよくある。この場合には、われわれの規則はつねに維持されていることになる。というのも、ここで指はおなじみの進行をたどっているからだ。この点に関しては第3巻第26章、第27章で学ぶことができる。

■第2項

ある音がそのシャープあるいはフラットに移行し、もしくは、ある音にシャープあるいはフラットが付加され、その後ナチュラルになるとすると、その音は和音との関係においては同じ一つの音としてのみ見なされるべきである。したがって、ウトからウト♯あるいはウト♯からウト、シからシ♭あるいはシ♭からシ、などと移行するならば、これに関しては前述の諸規則に従って、それらの諸和音が横の並び(モデュラスィヨン)と合致させられることによって、二つのウトあるいは二つのシであるかのように定められなければならない。

跳躍音程を通じて進行するバスは、七の和音の後で5度上行も4度下行もすることは決してありえない。しかしバスが3度下行あるいは6度上行、または3度上行あるいは6度下行するなら、その七の和音が確定されるのは、その七の和音の後に移行したバスに後続する音(ノット)の上でのはずである。

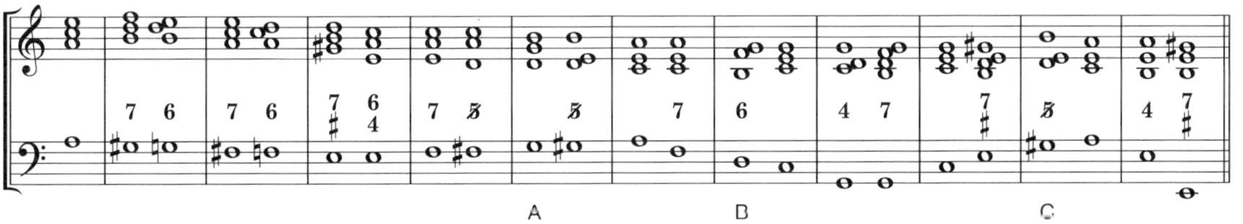

譜例Ⅳ-25

ここではシャープの諸音がナチュラルの音へと下行し、ナチュラルの音がシャープへと上行しているが、これらのことが諸和音の自然な連続(スュイット)を妨げていないことが確認される。ここでなされていることについてより確信を深めるためには、下行においてみられるシャープは自然なあり方においては適さないということが指摘される。それゆえに私はこれらの音をあたかもシャープがないかのように見なさなければならない。それはこれらの私の諸和音をより迅速に決することができるようにするためである。これとは対照的に、上行においてはこれらのシャープは自然な仕方で見いだ

されるはずである。それゆえに私はこれらの音はあたかもシャープの音であるかのように見なさなければならない。しかし作者が完全和音を半音(セミトン)上行するすべての音にあてがうことができることは例外である。それは（A）音の箇所と一致している。ただしこの箇所には大六の和音をあてがうことも可能であった。そうであればこの和音は、この（A）音の♯上に見いだされる偽五の和音と同じものであったであろう。

（B）音の箇所では七の和音の後でバスが3度下行しているが、この和音が決せられるのは後続の音によるのみである。この後続の音は完全和

音を支えているので、ここでディアトニックに下行している和音には小六の和音を与えざるをえない。それに対して、もしディアトニックに上行して完全和音へと至っているのであれば、この音は大六の和音あるいは偽五の和音を支えていたはずであろう。

　七の和音の後でバスが３度上行しているときには、その上行させられている音は通常その先行和音である七の和音の派生和音を支えている。それは（C）で明らかなとおりであり、ここでの偽五の和音は先行する七の和音に他ならない。

　３度上行することと６度下行することは同じことであることを想起せよ。

　ここでは七の和音の後での５度下行の進行についてはまったく言及しなかった。それはこの点については前章で触れられていたからである。

第10章　二の和音について

　同度に二つの音があり、最初の音が七の和音を支えうるとわれわれが言ったのは、その小節の後ろの拍で七の和音が見いだされない限りにおいての話である。なぜならこのケースにおいてこうしたことが起こりうるとすれば、その直後に形成されるのは二の和音のはずだからである。この和音は、続く小節の第一拍目にみられるのと同じ音上にあるものである。これはもはや型どおりの七の和音ではなく、二の和音である。したがってここでの七の和音は、二の和音に先行するために、偶発的にここに見いだされうるものである。これは七の和音が完全和音やあらゆる六の和音に先行するのと同じである。しかし、同度にある二つの音のうち、後者の音が小節の第一拍目に見いだされるとなると、その音は二の和音を支えるものであり、同度にある前者の音上の大六の和音によって自然な仕方で先行されるはずのものである。この大六の和音は、この二の和音が形成されている小節に先行する小節の後ろの拍で見いだされるであろう。これは326頁の２度のバスにおいて明らかなとおりであり、第３巻13章と21章で説明済みである。

　このように二つの小節において同度上に見いだされるこれらの音は、シンコペーションと呼ばれる。同じく第３巻第35章第７項で言及されていることを見よ。ただしこのシンコペーションがバスに見いだされるのは二の和音と増四の和音の場合のみである。

　以下の点を想起せよ。最初のシンコペーションにおいては二の和音は任意の完全和音、七の和音、六の和音に先行されうる。しかしシンコペーションの複数の連続がみられるのであれば、二の和音は大六の和音によって自然な仕方で先行・後続されるはずである。さらに増四の和音あるいは三全音の和音は時に二の和音の場を占めることがあることも想起せよ。特に最後のシンコペーション内と、最後の二の和音の後ではそうである。この最後の二の和音に後続する和音は、さらにその後に後続する和音によってしか決定されない。なぜなら進行の頼りとなるのは、先行するものというよりも後続するものであるのが常であるからである。

　二の和音はさらに小六の和音と混合されることがありうる。しかしこれは極めて稀である。

　四拍の小節において過ちを犯さないためには、それらを二拍ごとの二小節に分割するべきである。

　これらすべての諸規則の実践は、それらの知識

以上に伴奏者にとって必要なものである。したがって、ここまでに明らかにされたさまざまな譜例を練習し過ぎるということはありえない。それらをさまざまな調に移行し、クラヴィーアの三つの異なる箇所でそれらに慣れる必要がある。そうすることは数字付きでの伴奏のみならず、数字なしでよく伴奏することにも役立つことであろう。

第11章　六の和音について

しばしばみられることであるが、あるバスがディアトニックに進行しながら六の和音のみを支えていることがある。その実践は極めて容易であり、次の譜例と一致するところである。

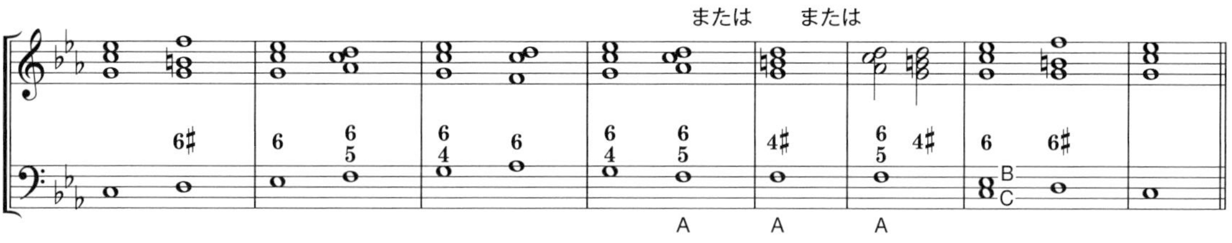

譜例IV-26

第8章では以下の点に言及されていた。すなわち大六の和音から中音（メディアント）の六の和音へ、属音（ドミナント）の四六の和音へ、主音（ノット・トニック）の完全和音へと移行可能であることである。このことが想起されるなら、ここでは新たなことは何も見いだされないであろう。しかしながらこの諸和音の連続はさらに実践されなければならない。なぜならこの連続は非常に頻出するものだからである。そしてこの譜例は、ここに加えられたフラットからも分かるとおり、あらゆる短調（トン）に役立ちうるものであるが、これらのフラットを削除すれば、あらゆる長調として役立ちうるものである。

第四音（ノット）である（A）は中音（B）へ、あるいはさらに主音（C）へと下行していく際には大六の和音あるいは三全音の和音を支えることができる。あるいはまたこれら二つの和音を順々に支えることもできる。ただしこの場合は大六の和音が最初である。

この最後の規則は不規則カデンツから引き出されるものである。ここでは完全カデンツ、不完全カデンツ、中断カデンツについて言及するには十分な場であろう。しかしこれらのカデンツはわれわれの他の諸規則においては混乱していることが見てとれる。たとえば、七の和音がドミナント・トニック上の四六の和音に後続されるものは不完全カデンツを示し、完全カデンツはつねに属音から主音（ノット・トニック）への移行の間に形成されるものである、とされるようにである（この点は第6章のオクターヴの譜例において明らかである）。属音が支えている四六の和音は完全和音の代わりとなっている。この完全和音は、この属音が支えていた七の和音の後でトニックが自然な仕方で支えていたであろうはずのものである。したがってこの属音は中音上へも移行することが可能である。この

際、提示されているこれら二つの和音の基礎が変わることはない。同様に第8章では七の和音の後に完全和音あるいは七の和音にディアトニックに上行可能である規則について言及されていたが、この規則は中断カデンツから引き出されるものである。しかしながら、これらすべてのカデンツについては第3巻第13章、第16章、第25章、第28章を見よ。なぜならそこからは転回との関係と同様に諸調についての知識との関係に関して、極めて大きな導きの光が引き出されえるからである。さらにはある種の諸和音を支えることが可能であり、支えているはずの諸音や、またこの知識へとわれわれを導くバスのさまざまな進行との関係についても同様である。

第12章　増二の和音とその派生和音について

　増二の和音には 2♯ と数字付けがなされるが、この和音は三全音と長6度を伴うものであり、短調の第六音上でしか形成されない。

　この和音を見いだすためには、ドミナント・トニックの七の和音を形成し、この属音を半音上げて第六音上で支えるようにするだけでよい。したがってここではミ音がこの属音であると想定されるなら、これに右手で長3度、5度、7度が付け加えられるが、左手ではミ音の代わりにファ音に触れられることになる。これは他のドミナント・トニックに関しても同様である。

譜例IV-27

　ドミナント・トニックを第六音へとこのように移行することは、この属音の七の和音から派生するあらゆる和音における同様の変更の原因となるものであり、それは次の譜例において指摘されるとおりである。

　小六の和音、偽五の和音、三全音の和音、増五の和音、増七の和音、これらの和音はドミナント・トニックの7度から派生するものであるが、（すでに見たように）この属音の第六音への移行をもたらす差異にこれらの和音は関与しうるものである。それゆえにあらゆる短調においてこれらすべての和音が実践されなければならない。この際にはこれらの和音は二つの異なる仕方で順番に伴奏されるべきである。その際にはこれらの和音が生じうるそれぞれの調の諸音に注意せよ。なぜならそのことがより正確なものの見方をもたらすからだ。

　最後の二つのバスは、次章を読んだ後で初めて注意が払われるべきであるような諸和音を表している。この点については以下で言及されている。

これらの和音を実践で用いたいと望まれるときには、この譜例のすべての諸和音のバスのオクターヴは削除されるべきであることを想起せよ。

増二の和音の派生和音の例

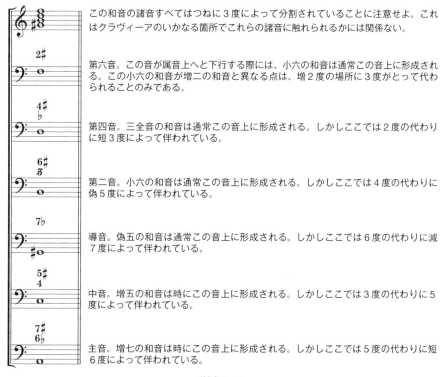

この和音の諸音すべてはつねに3度によって分割されていることに注意せよ。これはクラヴィーアのいかなる箇所でこれらの諸音に触れられるかには関係ない。

第六音。この音が属音上へと下行する際には、小六の和音は通常この音上に形成される。この小六の和音が増二の和音と異なる点は、増2度の場所に3度がとって代わられることのみである。

第四音。三全音の和音は通常この音上に形成される。しかしここでは2度の代わりに短3度によって伴われている。

第二音。小六の和音は通常この音上に形成される。しかしここでは4度の代わりに偽5度によって伴われている。

導音。偽五の和音は通常この音上に形成される。しかしここでは6度の代わりに減7度によって伴われている。

中音。増五の和音は時にこの音上に形成される。しかしここでは3度の代わりに5度によって伴われている。

主音。増七の和音は時にこの音上に形成される。しかしここでは5度の代わりに短6度によって伴われている。

譜例Ⅳ-28

このテーマに関しては第3巻第33章を見よ。

第13章　下置和音（アコール・パル・スュポズィスィヨン）について

下置和音（アコール・パル・スュポズィスィヨン）には二つしかない。九の和音と十一の和音である。増五の和音と増七の和音はここに由来する。それらの違いは、派生元である七の和音の3度の違いにのみ存するものである。

この3度は一方では短であり、他方では長である。

これらの和音は五つの音（ソン）を含み、それらは構成において異なるものである。

第1項
9度について

9度という音程は2度音程と同じである。しかし和音は別である。九の和音は3度、5度、7度、9度を伴うものであり、1・3・5・7・9となり、単に9と数字付けされる。

クラヴィーア上でこの和音を見いだすのは容易である。先行する和音を引き続き保持し、この9度が数字付けされている音に3度を付加すればよいだけである。あるいはまた、先行和音の諸音のうちの一つが、この9度が聞こえるはずの音に対して4度を形成しているなら、この4度を保持している指を3度上へと横滑りさせるだけでよい。その他の点に関しては何も変えることはないので、この和音は必ずしもすべての構成音で満たされているとは限らない。しかしこの点は重要ではないはずである。もし七の和音の後でバスがディアトニックに上行して九の和音を支えるのであれば、指は第8章の七の和音がたどっていたのと同じ行程に従うべきである。それは下のEとBの間にみられるとおりである。

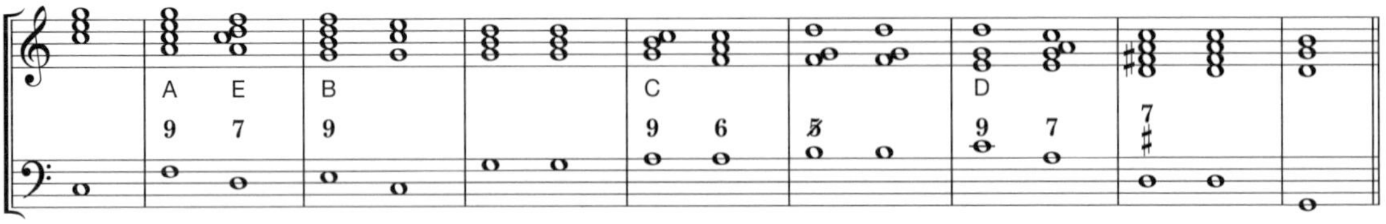

譜例Ⅳ-29

(A) 先行和音に3度が付加されている。(B) ここでは (A) から下行している二本の指があることに注意せよ。これは7度の諸規則と一致している。ここで把握されるべきは、このような九の和音の後では右手は通常7度の諸規則において規定されていた行程に従うものである、ということである。

(C) 先行和音から指が4度から3度へ横滑りしている。他方、他の指はそのままである。

(D) 同上。

第2項
増五の和音について

この和音は九の和音と同じように構成されるが、5度が増音程であることが異なる。この和音は5♯と数字付けされ、短調の中音上でしか形成されない。しばしばこの和音はカデンツを回避するために用いられる。

第3項
増七の和音について

この和音は5度、9度、11度をともない、1・5・7・9・11となる。そして7♯と数字付けされ、主音上でしか形成されない。

第4項
十一の和音、またの名を四の和音について

この和音は7♯の和音と同じように構成されるが、7度が純正音程であることが異なる。この和音は通常4、あるいは $\frac{4}{9}$ か $\frac{9}{4}$ と数字付けされる。単に4と数字付けされるときには、この和音は各オクターヴの最終カデンツで使用されていた和音と同じものである。もしこれに9が加えられているなら、これは別の和音であり、五つの音を含む点が異なっている。ただし手の許容範囲のために、右手ではしばしば三つの音だけが保持され、それをバスの音と合わせると四つである。

この和音をクラヴィーア上で見いだすのは容易である。なぜならそれは先行している和音と同じ音あるいは同じ鍵盤から形成されているからである。

譜例Ⅳ - 30

　波線（A）はこの $\frac{9}{4}$ の和音に付加されるべき音(ノット)を明示している。

　さらにこの和音は5度と2度を伴うことがある。それはバスがその後ディアトニックに下行するときであり、そのためこの和音は偽五の和音あるいは大六の和音の指づかいと同じものとなり、下行してたどり着く音上で形成されるべきものである。

譜例Ⅳ - 31

　この和音には $\frac{2}{4}$ と数字付けがなされるべきであるが、しかし通常は $\frac{5}{2}$ とされている。

　この章に含まれている諸和音に関するテーマについては、第3巻第19章、第30章、第31章、第32章を見よ。

第14章　前述のすべての諸和音に関する諸注意

　完全和音を保持する右手は、同時にすべての協和和音も保持する。その和音とは六の和音と四六の和音である。右手が七の和音を保持する場合には、同時にすべての不協和和音も保持する。その和音とは小六の和音、大六の和音、偽五の和音、三全音の和音、二の和音、九の和音、十一の和音あるいは四の和音、増五の和音、増七の和音、である。これらには指摘されるべきいくつかの諸特性がある。

　すべての不協和和音は長と短で識別される。それは七の和音が形成される土台となる音の3度に依拠している。

諸和音の連続はほとんどつねに同じものである。短不協和音の後にはたいてい別の短不協和音が後続し、長不協和音が姿を表すまで続いていく。そしてこの長不協和音の後では、たいてい協和音が後続する。したがって第8章の7度の規則がわれわれに複数の不協和音の連続を成す習慣をもたらす。そして第6章と第11章のオクターヴと6度の規則は不協和音と協和音の混合の習慣をもたらす。この際指摘されるのは、これらの異なる諸規則において見いだされる諸和音には大いなる一致があるということである。そしてこの異なる諸規則というのは下置和音の実践にも等しく役立つものである。もし下置和音において四本の指が使われるのであれば、なすべきことは7の行程に従うことだけであり、終止を決定づける長不協和音が姿を現すまでそれが続けられる。

　これらの諸和音の実行は極めて容易であるだろう。右手で通常使用される四本の指のうち、二本は必ず下行するものであり、残りの二本は動かずそのままであることに気づかれればよいのである。もしそれらの指が3度によって配置されているなら、下行すべきであるのは高い方の指であるはずである。そうでないなら、下行すべきであるのはある別の指の下に見いだされる指であり、その指ともう一本の別の指は隣接している。そしてさらにその下にある指も下行する。もしこれらの隣接する指の下に何も見いだされないなら、一番高い指が一番低い指とともに下行することになる。七の和音においては下行するのはつねに5度と7度である。九の和音においては7度と9度、十一の和音においては9度と11度である。三本の指しか使用されない場合でも、やはり先行する諸音程に触れている二本の指が下行し、他方残りの一本はそのまま留まるべきである。

　しかしながらこの規則は一般規則ではない。他の指と隣接している二つの指のうち高い方がそのまま留まる間に、他の三本の指が下行させられることがときにある。またどの指も隣接していない場合には、一番下の指が留まり、他の三本の指が下行しなければいけないことがある。これは中断カデンツ、あるいは次の譜例の諸和音の連続においてカデンツHと一致することである。あるいは隣接する指の下の指だけが下行して、残りの三本がそのままであることがある。あるいは隣接する指がまったくないときには、一番高い音だけが下行する。これは次の譜例の諸和音の連続においてバスが3度下行し、他方各音の進行が$\frac{3}{7}$の和音を支えているものと一致している。

次の譜例を見よ。

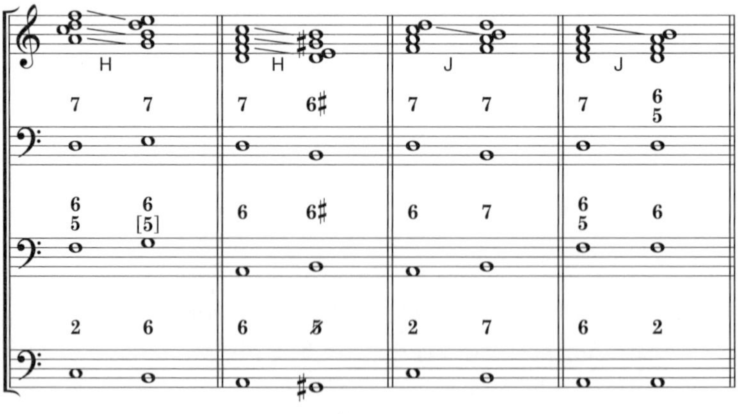

譜例IV - 32

ある音の完全和音には7度を付加することが可能である。したがって、完全和音しか支えるべきではないと思われる音も七の和音を支えることが可能である。これは作曲家の趣向と知識次第である。

　上の譜例で示されている諸和音の連続ではいくつかの異なるバスが置かれており、確かに他の諸和音の連続よりも頻度が非常に少ないものであるが、すべての人に知られるべきものである。そして意外に思われることがないようするために、なにものをも無視してはならない。長不協和和音においてはバスのオクターヴが付加されることは稀である。バスのオクターヴが適しうるのは七の和音、小六の和音、大六の和音だけである。したがってこれらすべての和音はもっぱら四声部で移行させることに慣れなければならない。つまり右手で三声部を受け持ち、それに第四声部を成すバスが加わるということである。下置和音に関しては、この和音はつねにバスのオクターヴを除いた五声部を含む。バスのオクターヴはこの和音には決して付加されてはならない。

　これらの不協和和音にバスのオクターヴを付加することを禁ずるのは、伴奏をより規則的に見なすことができるようにするために他ならない。そうでなければ連続する二つのオクターヴあるいは二つの5度が聞こえてしまうことを避けることができないであろう。これは作曲においては絶対的に禁じられていることである。これが六の和音において、バスのオクターヴの代わりに、3度あるいは6度を重複させることがしばしばあることの理由である。しかしながら、この規則性に従わない伴奏がまったく良くないものであるということはできない。なぜなら伴奏というものは和音内のすべての諸音を聞こえさせることのみに役立つものであり、他の点は関係ないからである。しかしこれらの事柄を完璧さに至らせることができるときには、伴奏はつねにより良くなされる。さらにまたわれわれがこのように諸和音を配置しておいたのは、これらの諸和音の連続をもとに作曲をしようと望む人たちが、特に注意を払うことなくあらゆる誤りを回避できるようにするためである。

　諸和音の関係性に関しては、第5章、第8章、第11章、第12章で与えられている譜例と、第2巻、第3巻で言及されていることを参照せよ。以下ではさらに、不協和音程の予備と解決の方法における諸和音の連続の関係性が説明される。

第15章　あらゆる不協和音程の予備と解決の仕方について；ここから進行中の調と、その調の各音が支えているはずの諸和音についての知識が引き出される

　われわれが不協和音を長と短に識別してきたのは、もっぱらそこにみられるある音程に対する関連によるものであった。したがってわれわれは和音の代わりに、単に不協和音程について言及する。

　前述の諸規則は不協和音程の予備を大いに容易にするものであるので、伴奏者にとってはこれ以上このテーマに関して知識をつけるのは無益である。しかしながらこの点に関しては第2巻と第3巻で言及されていることを参照できるであろう。

これらの諸規則はまた、不協和音程の解決にも同様の容易さをもたらすものである。しかしさらに大きな理解のためには、以下の点を知っておくのは良いことである。

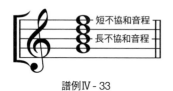

譜例Ⅳ-33

不協和音程は長と短に識別される。この区別を把握するためには、ドミナント・トニック上に七の和音を形成するだけでよい。この和音内では、この属音の長3度があらゆる長不協和音程を、7度があらゆる短不協和音程を形成していることがみられるであろう。

第1項
長不協和音程について

長不協和音程は、短不協和音程なしに姿を現すことはない。長不協和音程が姿をみせるなら、短不協和音程に注意を払うのは無益である。しかし和音が不協和で、そこに長不協和音程がないのであれば、そのとき短不協和音程がその和音の主要要素を成すことになる。

この長不協和音程をよりよく判別するためには、この音程がつねに現在いる調の導音によって形成されていることに気が付かれるであろう。なぜならこの導音がつねにドミナント・トニックの長3度を成し、長3度が生じる不協和音はつねにこのドミナント・トニックの七の和音から形成されるからである。したがってこの和音、あるいはこの導音が今いる調を告げ知らせるものである。もし調が知られたのであれば、即座にこの不協和音程が生じているはずの和音と、この音程を形成している音が分かるであろう。なぜなら導音はつねに主音の半音下に見いだされるからである。あるいは主音のオクターヴ、2オクターヴ、3オクターヴの半音下にである。

ある調によって開始されたとすれば、その調の導音は既知である。そしてその楽曲の続きにおいて調が変わるのであれば、シャープが必ず数字として見いだされるか、あるいは数字にシャープが付加されるか、あるいはさらにバスの音にシャープが付加されるのが見いだされるであろう。まさにこのようにして、この導音が明示されるのである。あるいはこれとはまったく正反対に、この導音と関連付けられたフラットが見いだされたり、あるいはまた導音からシャープが削除されているのが見いだされるだろう。これはあるいはバスにおいて、あるいは諸和音においてみられることであるが、このようにしてこの音がもはや導音でないことが明示され、導音を他の場所に求めなければならなくなるであろう。現在進行中の調はこのようにして決定されるので、作曲や長不協和音の構成についてのみならず、その調のあらゆる諸和音についての構成について知ることになるのである。これは第6章のオクターヴの諸規則と一致している。なぜなら、もしある調におけるある音が当該の調においてその音にあてがわれていたのとは違う和音を支えることがときにあるとすれば（これは7度の諸規則やその他の諸規則において指摘されえたことと同じである）、その音はその和音の直後に通常の和音を取り戻すか、あるいは少なくともその通常の和音が後続する音上で構成される。したがって、もしバスが自らに自然な行程を保持していないとしても、そのために諸和音が変わるということではない。もしすでに姿を現した新規のシャープが変化し、また別のシャープが現れるのであれば、それらのシャープの位置の秩序が頼りにされなければならない。その際には必ず最後のシャープが導音として受けとめられる。この点は第3巻第25章第3項の中で説明されており、伴奏者にとってはこの知識を完全にマ

スターすることは絶対的に必要なことである。
　長不協和音程の解決には、その鍵盤に触れている指を半音高く滑らせるだけでよく、他に何もいらない。さらに不協和音程が生じている和音は、つねに主音の完全和音へと解決される。唯一の例外はこの完全和音に7度が付加されることが強いられるときだけである。

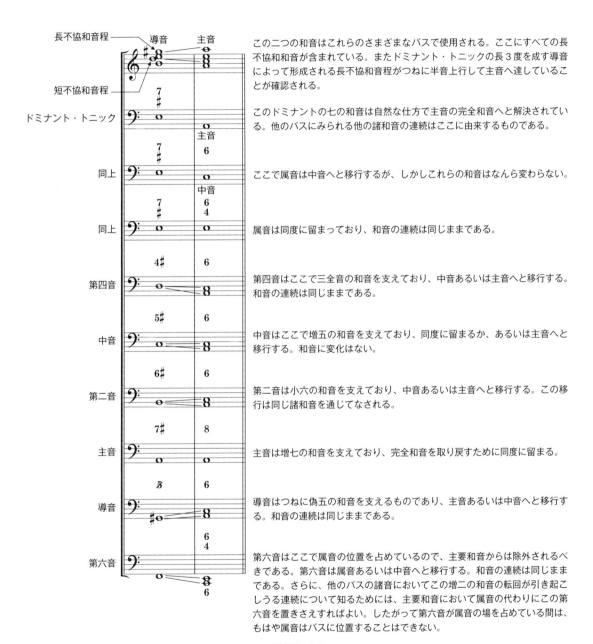

この二つの和音はこれらのさまざまなバスで使用される。ここにすべての長不協和音程が含まれている。またドミナント・トニックの長3度を成す導音によって形成される長不協和音程がつねに半音上行して主音へ達していることが確認される。

このドミナントの七の和音は自然な仕方で主音の完全和音へと解決されている。他のバスにみられる他の諸和音の連続はここに由来するものである。

ここで属音は中音へと移行するが、しかしこれらの和音はなんら変わらない。

属音は同度に留まっており、和音の連続は同じままである。

第四音はここで三全音の和音を支えており、中音あるいは主音へと移行する。和音の連続は同じままである。

中音はここで増五の和音を支えており、同度に留まるか、あるいは主音へと移行する。和音に変化はない。

第二音は小六の和音を支えており、中音あるいは主音へと移行する。この移行は同じ諸和音を通じてなされる。

主音は増七の和音を支えており、完全和音を取り戻すために同度に留まる。

導音はつねに偽五の和音を支えるものであり、主音あるいは中音へと移行する。和音の連続は同じままである。

第六音はここで属音の位置を占めているので、主要和音からは除外されるべきである。第六音は属音あるいは中音へと移行する。和音の連続は同じままである。さらに、他のバスの諸音においてこの増二の和音の転回が引き起こしうる連続について知るためには、主要和音において属音の代わりにこの第六音を置きさえすればよい。したがって第六音が属音の場を占めている間は、もはや属音はバスに位置することはできない。

譜例Ⅳ-34

増2度とその派生音程は長不協和音程だけを上行させ、残りの諸音は同度に留まらせることで解決されうる。あるいは短不協和音程だけを下行させることによっても解決されうる。この点に関しては第3巻第33章に譜例が見いだされるであろう。

以下の点に注意せよ。前掲の譜例に示されている諸和音を支える諸音は、いかなる調にあっても名称は変わらない。5♯は中音上でのみ構成される、等。

この譜例は短調におけるものだが、あらゆる調一般に役立つはずである。ただし5♯の和音と2♯の和音、そしてこれらの派生和音は例外である。これらの和音は長調においては生じない。

この長不協和音程とともに、短不協和音程についても言及することは可能ではあった。なぜならこの音程もこの譜例にみられるからであり、この音程を後続する音へと導く線はつねにこの音程が下行すべきであることを確認させるものである。そのためには偽5度あるいは三全音の音程に着目するだけでよい。

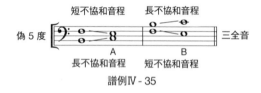

譜例Ⅳ-35

これら二つの音程は互いに転回音程であるが、二つの異なる転回音程へと等しく解決される。長不協和音程は必ず上行し、短不協和音程は必ず下行するが、一方は（A）の3度へ、他方は（B）の6度へ解決される。このようにファとシは、ミとウトへと解決されるものである。あるいはすべての調一般に言及するのであれば、導音があらゆる長不協和音程を形成するのであるが、これは必ず上行して主音上へと解決される。そして第四音は長不協和音程が生じる際にあらゆる短不協和音程を形成するのであるが、これは必ず下行して中音上へと解決される。この点はすべての調で確認が可能であろう。

第2項
短不協和音程について

すべての短不協和音程は7度によって形成される。しかし長不協和音程が共にみられないときには、その調においてこの短不協和音程を形成する音を確定することも、この音程を解決する音を確定することもできない。なぜなら七の和音はある調のすべての音にあてがうことができるからだ。しかしながらこの音程を頼りに今いる調を知るためには、ある不協和音程から別の不協和音程へと移行する際の習慣に指をつき従うがままにしておく必要がある。それは長不協和音程が和音内に見いだされるまで続けられ、この音程によって調が明らかとなる。ただし大六の和音の後で協和和音上へと行き当たることができる場合は例外である。協和和音はそれ自身で調を明らかにするからである。というのは、大六の和音によって先行される協和和音は通常その調の音上でしか形成されないからである。これは第6章、第7章、第8章でなされた説明と一致するところである。ただし大六の和音の後では、必ずしも調が明らかとならない完全和音上へと上行することもときにはある。これは7度について扱われた章と一致しており、そこではバスが同じように完全和音上へと上行し、その後さらに3度上行するために、3度下行している。しかし属音上、あるいは偽五の和音によって先行される主音上へと終止されるこの種のバスのうちのこの最後の進行の仕方こそが絶対的な決定因子である。

短不協和音程が解決されるあり方の譜例をここで提示するのは無益である。なぜなら前掲の譜例が十分にそのことを指し示しているからである。ただ、下置和音においては少なくとも二つの短不協和音程が見いだされることに気が付かれるであろう。この音程は必ず下行すべきものである。そして十一の和音、また名を四の和音においては、この和音を構成する諸音がすべて揃っているなら、三つの短不協和音程が見いだされる。なぜならそうでないなら、たった一つの短不協和音程しかないからだ。したがってこれらの

三つの短不協和音程のうち、より硬い響きの二つの音程だけが通常は下行させられるべきである。それはつまり9度と11度であり、他方7度は留まったままである。確かにこれとは反対のことが強要されている音楽というのも見いだされるが、しかしこれはより一般的ではない。

　長不協和音程の一覧はすでに提示した表に見いだされるので、以下のことを述べておこう。短不協和音程とは2度、偽5度、7度、9度、11度あるいは4度であり、小六の和音の3度と大六の和音の5度もこの音程に付け加えられるべきである。

　ここで2度と他の短不協和音程とは区別がなされるべきである。それは、2度がバスにおいてみられるという点にある。したがってこの2度の解決のために下行すべきなのはバスである。

　不協和和音において隣り合う二本の指のうち、短不協和音程を形成するのは必ず低い方の指である。そのため、二の和音においては、この2度に付加されうるのはバスだけである、ということが指摘されうる。そしてもし他の諸和音において、隣り合う指がまったく見あたらないなら、短不協和音程に触れているのはより高い方の指ということになるであろう。したがってこの高い方の指が下行すべきである。

　ここで不規則カデンツにおいてなされる一つの例外がある。それは大六の和音における6度がこの不協和音程を形成するのであって、5度ではない、ということである。したがってこの6度がディアトニックに上行し、他方この5度は同度に留まる。

第16章　クロマティックについて

　クロマティックは短調でしか生じない。そしてこれはその調の第六音と第七音からのみ成る。上行でも下行でも半音（セミ・トン）を通じて進行させられ、それはバスにおいてでも、諸和音においてもそうである。

　われわれはすでにこの進行についての見解を第9章第2項で提示しておいた。このテーマに関しての学習を究めるためには、自然な仕方では半音上行するはずの長不協和音程が、このケースにおいては逆に半音下行することに気が付かれるだろう。しかし必ずフラット上へか、あるいは長不協和音程を形成する音度の自然な鍵盤上へ下行するものである。したがって、通常は長不協和音程に後続するあらゆる協和和音に一つの音を付加する

だけでよいのである。この付加音が今言及されたところのフラットであり、導音（ノット・サンシーブル）の後に続くトニックとして認められるはずの音のすぐ下に必ず見いだされるものである。そしてこの導音が長不協和音程を形成するものであり、これらのことは7度のテーマに関して前章におけるわれわれの指摘と一致している。この7度は完全和音に付加されるものであり、この完全和音によってこの長不協和音程が解決されるのである。

　さらに言えば、借用和音（アコール・パル・アンプラン）そして下置和音（アコール・パル・スュポズィスィヨン）はしばしば和声（アルモニ）の最後の部類（ジャーンル）として生じるものである。そのために、バスに数字付けがなされていないときには、間違いを犯さないでいるのは困難である。

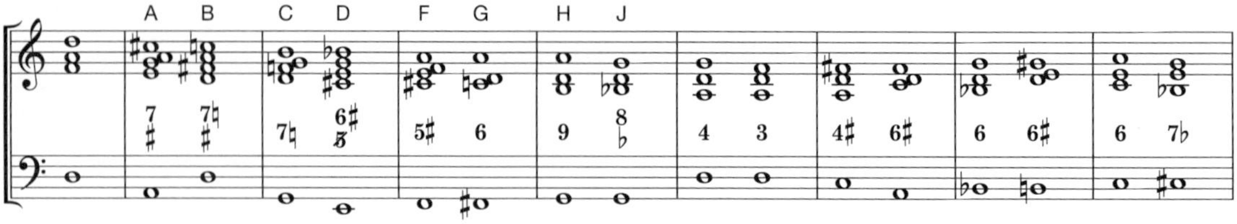

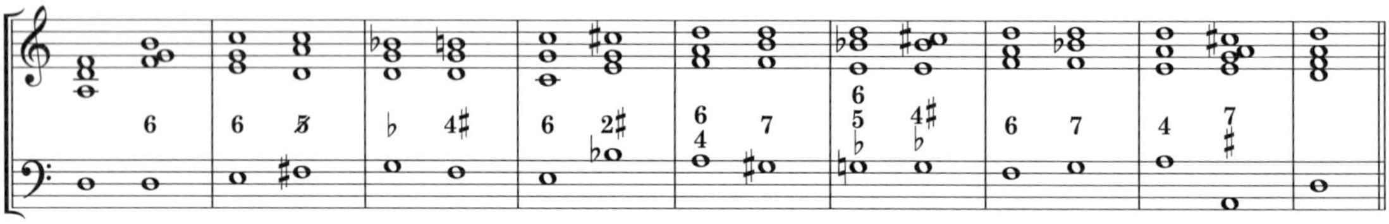

譜例Ⅳ - 36

　これらの諸和音の連続全体はわれわれの規則と一致している。
　導音が下行している一方で、和音A、B、Cの間と、転回による和音F、Gの間では7度の進行と一致した進行が見てとられる。CとDの間では中断カデンツの進行の派生形がみられる。
　HからJにかけては9度が、その直後に後続しているオクターヴを掛留している。
　残りの箇所における進行は第6章のオクターヴの進行とほぼ一致していることが見てとられる。例外は、ここでは短3度から長3度へ、そして長3度から短3度へと進行していることである。全般にわたって下置和音と借用和音においては諸音が占めるべき場を占めていることが自然に見いだされることが注目される。しかし指がひとたび諸和音のこれらの異なる連続に慣れてしまうと、しばしばそれらの指が要求する動きを反射的に先取りしてしまうことがある。この際には諸音程によく注意を払うことだけが必要とされる。それらの音程は必ず、上行の際には長音程から短音程へ、下行の際には短音程から長音程へと変化するものである。
　この譜例において移行していくさまざまな調に関しては、過ちを犯すことはありえない。シャープを通じてさまざまな導音に注意していけば良いからである。
　ナチュラルは数字か音符に付加されるものであるが、それぞれの音がその自然な配置へと戻るのに役立つものであり、それ以前に姿を見せていた♯や♭を破棄するものである。同様のケースにおいてある者たちは♯や♭を使用することがあるが、しかしこれはあまり正規なものではない。なぜなら♭付きの7は減7度を示すのが普通であり、♯付きの7は増7度を示すものだからである。

第17章　諸和音のさまざまな連続に関するまとめ
スュイット

　指が触れているそれぞれの和音を通じて現在進行中の調（トン）を識別することに努めることにより、それぞれの調の横の並び（モデュラスィヨン）によく精通しておく必要がある。

　協和和音ばかりが形成されている場合には、調が不確かであることがしばしばである。最初の不協和和音において調が明確でないのであれば、その原因は長不協和音程がそこに見いだされないということにのみ存する。しかし一方において失われるものは、他方において見いだされる。なぜならバスのさまざまな進行によって、今触れている和音に後続すべき和音がいかなるものなのかが理解されるからである。さらにこの場合には短不協和音程の進行によっても助けられる。短不協和音程はつねに下行することを望むからである。そして、調が不確かになるのは第8章の7度の進行に類するもの、あるいはそこから派生した進行においてでしかありえないのだから、ほとんどつねにこの進行を終止させる長不協和音程は即座にわれわれが探しているものをもたらすのである。誤りを犯さないためにはこれらの諸和音のさまざまな連続（スュイット）の知識と実践にしかるべく通じておくのがよいであろう。それゆえにここでまとめを提示しておくのは的外れということにはならないであろう。

　　　次のまとめ〔譜例Ⅳ-37〕を注意して見よ。

　⌒という半円は先行する協和音程によって予備されている不協和音程を示している。―のように伸ばされている線はクロマティックにおける同様のことを示している。クロマティックにおいては協和音程が予備を成しながらも、長不協和音程を形成していることが確認されるだろう。\や／のように引き延ばされている線は不協和音程を解決する協和音程を示している。

　それぞれのバスに対しては同じ諸和音が使用される。しかし基礎低音（バス・フォンダマンタル）の進行が、その他のバスで見いだされる諸和音の異なる連続を決定するのだから、ここで以下のことを警告しておくのがふさわしい。すなわちこれらのその他のバスの進行の大部分は、これらの諸和音の連続との関連においては節度を超えたものであり、良く作曲された音楽においてこのような同様の進行を見いだすこともまた稀である、ということである。とりわけD、F、G、H、J、K、L、M、そしてNの文字で示された箇所における進行はそうである。しかしながら偶然にも同様の進行が現れることがあるのであれば、以下の点を実行しさえすればよいであろう。

　1．連続する二つのオクターヴあるいは二つの5度のことを心配したくないのであれば、最初の不協和和音にオクターヴを付加し、指がこの譜例で明らかにされているとおりにその自然な行程に従うがままにするだけでよいであろう。

343

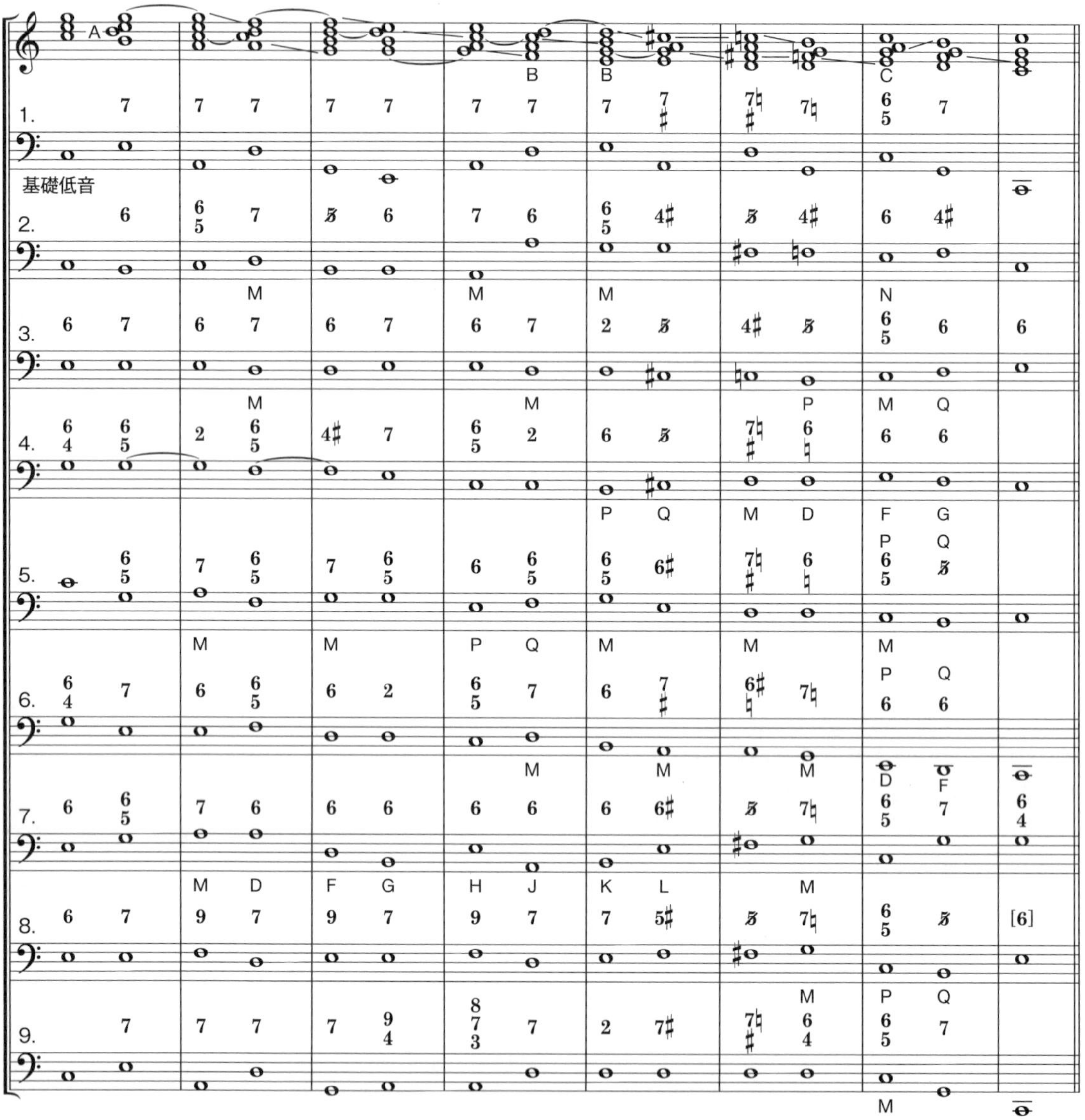

譜例Ⅳ-37

2．各和音を通常の仕方で伴奏することによって誤りを回避することができる。すなわち右手は三本の指で演奏し、そうして不協和音程のバスのオクターヴを削除する方法である。そしてこの方法によってこれらの指づかいの下で和音が容易に見いだされないなら、オクターヴの代わりに、不

5）〔訳注〕巻末の「補足」では以下の注記がなされている。「ここでは、他の至るところと同じように、小六の和音は数字では識別されえない。しかし、少なくともこの和音が含まれている上声部において、この和音は認識されるであろう。」

協和音程を形成している音のうちの一つを削除するだけでよいであろう。このようにして不協和音が協和和音に還元されるものである。その結果、ある不協和和音の後に七の和音、小六の和音あるいは大六の和音が後続するなら、七の和音を完全和音に、小六の和音と大六の和音は単なる六の和音に還元することが可能である。さらに小六の和音は四六の和音に、大六の和音は完全和音に還元が可能である。これは単に、ある鍵盤から別の鍵盤へとほとんどつねにディアトニックに流れていく指の自然な進行上ですべてが決定されるというわけではない。さらには、バスの異なる進行との関連においては、ある和音の後では別のいかなる和音が後続すべきかを教える諸規則に基づいてすべてが決せられる。それゆえにバスがディアトニックに下行する際には、完全和音は長小六の和音に後続すべきである。もしこの小六の和音の後に同じくディアトニックな進行で七の和音あるいは大六の和音が見いだされるなら、これらの和音を完全和音に還元してよい。それはMでみられるとおりである。また、ディアトニックに上行する際には、完全和音は偽五の和音、あるいは大六の和音に後続すべきであるから、同じくディアトニックな進行において後続する大六の和音や七の和音は同じように還元されうるであろう。これもまたMでみられるとおりである。

　四六の和音はディアトニックに下行して小六の和音に、同じくディアトニックに上行して大六の和音に後続しうるのだから、この四六の和音に次のような小六の和音は還元しうる。すなわち上で述べた進行において、最初の小六の和音において導音（ノット・サンシーブル）が生じないと想定される場合に、それら二つの諸和音の内の一つの後に姿を表すであろう小六の和音である。なぜならこの後続する方の小六の和音は六の和音に還元されるべきであるからだ。

　六の和音はディアトニックに下行して三全音の和音に、同じくディアトニックに上行して長小六の和音に、自然な仕方で後続するはずである。この六の和音には次のような小六の和音と大六の和音が還元可能となる。すなわち、同じくディアトニックな進行において三全音の和音あるいは小六の和音に後続するような小六の和音あるいは大六の和音であり、それはN、F、G、H、そしてRにおけるようにである[6]。ただし確かにF、G、Hのバスの7度はわれわれが定めた進行には従っていないのであるが。しかしここでは指が習慣にのみ導かれてこれらの和音を奏でていることに気が付かれるであろう。これはディアトニックに下行して七の和音に後続する小六の和音についても同じことが当てはまる。それはDにおける六番目のバスにあるとおりである。

　3．バスのディアトニックな進行において二つの和音が見てとられ、それらが同じ部類（ジャーンル）に属する和音であるか、あるいは少なくとも自然な規則によって規定されたような和音ではない場合に、もし前述の還元に注意を払いたくないのであれば、バスと諸和音との間において反行の進行に従うべきである。すなわちもしバスが上行するなら諸和音は下行させ、バスが下行するなら諸和音は上行させるというものである。それはPとQ、あるいはP、M、Qで実践されているとおりである。これは三番目のバスのM音上に見いだされる和音を完全和音に還元しないことが想定されてのことである。なぜならある和音を還元するということは後続する和音の還元を無効とすることであり、特にバスのディアトニックな進行においてはそうだからである。今われわれが話題にしている反行の進行は、低い方の指であれ高い方の指であれ、それらの指のうちの一本が後続する和音に役立ちうる鍵盤を保持し続けるのであれば、それらの指の場の変更を強いるものではまったくない。例外となるのは上行するバスのディアトニックな進行において偽五の和音、あるいは七の和音に後続する大六の和音、またあるいは九の和音に後続する七の和音が見あたらない場合である。これは次の譜例で証明されているとおりである。

---

[6]〔訳注〕ここには「R」と記載されているが、原書の当該の譜例の中にも「R」の文字はみあたらない。

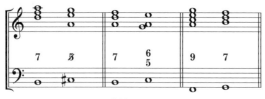

譜例IV-38

不協和音程とは協和和音に付加された音に他ならない。そしてこの協和和音のみにこそ和声の基礎は存する。したがって、不協和音程は伴奏において同じくらい容易に使用されえないものでは必ずしもないので、指の下で自然な仕方で不協和音程が見いだされないときには、放棄されてしまうだけでよいのである。そして協和和音だけが開かれるようにされるのであり、この協和和音は何に後続するのか、そしてこの協和和音ではどの指が保持されるべきなのかは既知である。ここではこの協和和音は不協和音程が付き添われるべきである諸音だけを含み、またさらにわれわれのさまざまな譜例の完全な実践に精通していることが想定されている。このようにしてわれわれは、バスに数字付けをする人々の誤りにもっぱら由来する数多くの困難を克服することができる。この際にはそうした人々の音楽において使用される諸音程にのみ注意を払えばよく、残りのことは心配する必要はない。

上で言及された還元は下置（パル・スュポズィスィヨン）による二の和音に

も、借用（パル・アンプラン）による二の和音にも含まれない。また同じく七の和音に関してもほとんど含まれることはない。

4．Bの諸和音の諸声部間では二つの5度の連続（スュイット）がみられる。この種のケースにおいてこのBは回避するのが非常に困難であり、それは完全和音の後で六の和音上へとバスが上行するときと同じであり、すべては指づかいとの関連にかかっている。

5．下置和音（アコール・パル・スュポズィスィヨン）の第八、第九バスにおいて見てとれることだが、この和音は可能な限りその構成音（ソン）すべてで満たされていなければならない。この点は、もしそれらの下置和音の直前で先行する和音にバスのオクターヴが付加されているのであれば、決して気づかれることはないであろう。その他の点においてはすでに言及済みのわれわれの諸規則に従うものである。

6．特に以下の点に注意せよ。七の和音のような不協和和音が複数連続しているのがみられるとき、あるいは他の部類に属するほかの不協和和音が協和和音を介在させることなく見いだされるなら、右手の指はつねに下行し、それらの和音において導音が見いだされるまでそれが続く。ここに至るとその和音は上行すべきであるか、あるいは少なくともその導音に触れている指は上行すべきである。

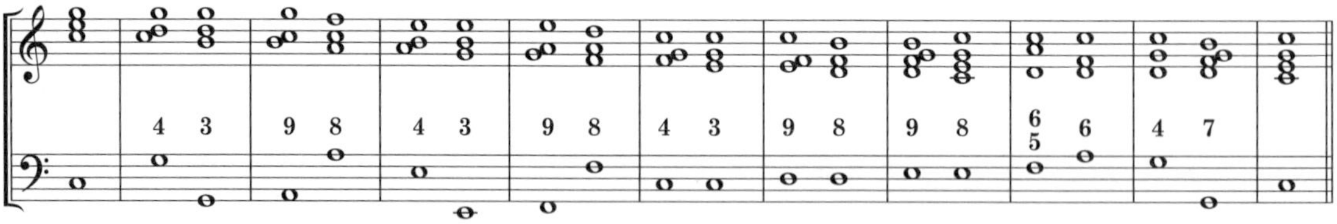

譜例IV-39[7]

このバスにおいて数字付けがなされている九の和音内に7度は見いだされるのだから、この7度には6度が後続すべきである。確かに7度はまったく数字付けがなされておらず、この9度の後に

数字付けされているオクターヴは完全和音を明示しているように思われるのであるが、これは6度が7度を解決しているからこのようになる。これはオクターヴが9度を解決しているのと同じであ

7）〔訳注〕この譜例は「補足」における訂正の指示を反映させて掲載した。

り、そうとは気づかぬうちにこれらの音程は指の下に見いだされるものである。このときそれらの指はある鍵盤から別の鍵盤へと下行し、あらゆる短不協和音程の後での自然な進行に従って流れていくものである。

　上行するバスのディアトニックな進行において七の和音あるいは九の和音を支えうる音〔ノット〕に**5**とだけ数字付けがなされている場合も同じことである。これは第9章の最初の譜例のとおりである。したがって、**5**と数字付けがなされ、それに続いて**6**と数字付けがなされる同じ音の後でディアトニックに上行するので、以下の点を前もって知らされていなければ伴奏者は当惑させられるかもしれない。その点とは、自らの指づかいの下にみられる7度と9度の不協和音程は、**5**が示す完全和音とともに極めて良い効果をもたらし、**6**によって明示される和音はしたがってその前から保持されている和音上で決められているはずである、ということである。しかしさらにはより確実

なこととして、この**6**によって明示される和音は、その調においてバスで触れられている音の占める場によって決せられているはずであるということができる。それは第9章の当該の譜例において示されているとおりであり、その譜例において先行和音に触れている指の下で9度が見いだされずに、**7**としか数字付けがなされていない諸和音に9度を付加することが可能である。

　7．しばしばある同一の不協和音程が、それが解決される前に、別の不協和音程の形成に役立つということがある。そのことは第3巻第12章、第15章、第27章において確認されるとおりである。またある一つの音が複数の異なる諸和音の連続を支えるということもしばしばある。それはわれわれが提示してきた譜例の大部分において明らかであったとおりである。このことをさらに、われわれが**ポワン・ドルグ** point d'Orgue [8)] と呼ぶものにおいて見てみることにしよう。

譜例 IV-40

―――――
8)〔訳注〕ポワン・ドルグに関しては第2巻第17章「許容について」の第5項（120頁）でも言及されている。

ポワン・ドルグが生じるのは、バスの音が変化しない限りにおいてである。したがってそれはAで終わり、そしてその直後にふたたび開始される。

このポワン・ドルグの和声は諸規則に従ったものであり、それは基礎低音が証明しているとおりである。ここでは第六音が借用和音において属音（ドミナント）の場を保持していることが想起される。そしてこの基礎低音は下置和音においては他のバスの上に見いだされるはずであることも想起されるであろう。

B音においては二通りの下置（スュポズィスィヨン）が見いだされる。最初のB音上には増5度が自然な仕方で見いだされ、二番目のB音には混合の十一の和音（エテロクリット）を与えざるをえない。しかし指摘されるべきことは、バスの保続の音はいわばわれわれの注意を免れるものであり、このバスが保持されるのはもっぱらこれらの和音内の諸音に対してである、ということである。したがって諸和音の進行には規則性がみられるのだから、このバスの保続音はもはや点（ポワン）としてのみ、あるいは数字のゼロとしてのみ見なされるべきである。ここからさらに、同様のケースにおいて6度と7度を同時に聞かせる自由が生じるのである。

譜例IV - 41

ポワン・ドルグのバスを削除し、これらの諸和音を基礎低音とともに考慮するなら、ここには規則性にのっとった和声が見いだされるものであり、もっぱらこのようにして判断は可能となる。

6度を7度とともに実践するさらなる別の方法は第2巻第17章で説明されている。

ヴィエールやミュゼット（エール）といった楽曲は、ある種の仕方で、このポワン・ドルグの起源を保持している。したがって、これによってこの部類のバスのさまざまな種別に通じることができる。

諸和音の転回についての知識と実践に精通し過ぎるということはありえない。またわれわれのあらゆる譜例に姿を見せていたバスの進行の転回についても同様である。というのは諸和音の違いというのは、基礎低音が証明しているとおりに、もっぱらバスの進行の違いに由来するからである。したがって多少の習慣とともに指は諸和音の進行に慣れていくものであるが、その進行の内に見いだされる無際限の関係性（ラポール）はしばしば記憶の誤りをあらかじめ制してくれるものである。なぜなら指がそのあるべき自然な行程を保持するからである。短不協和音程を出す指は自然な仕方でその隣の鍵盤へと下行するものであり、長不協和音程を出す指は同様にその隣の鍵盤へと上行するものである。したがって、7度、9度、11度、偽5度、小六の和音の3度、そしてしばしば大六の和音の5度は下行すべきものなのであるから、音程の部類のことは気にすることなく、それらの音程のうちの一つに触れている指は移行すべきである和音によって支えられているのである。また同様に、上行すべきである三全音と増2度は隣り合う二本の指によって想起されるものであるから、下の指が必ず下行すべきものである。ただし不規則カデンツにおいては例外である。

第18章　良く伴奏をするために必要な諸規則

1．クラヴィーア上に両手をおく前に、問題となっている音楽作品がいかなる調、いかなる音階、いかなる拍、そしていかなる動きで作曲されているのかを確認しなければならない。作品の流れにおいて、音階や小節において音部記号が変化していないかを見ること。諸音を支えている数字に注意を払うこと。同様にそれらと結び付けられうる♯と♭にも注意を払うこと。バスの進行を考慮に入れること。これは数字の誤りを補うためである。一言でいえば、実践においてはわれわれの前述のすべての諸規則が取り入れられなければならない。

2．声と楽曲の特徴に伴奏を一致させなければならない。歌詞の精神と、もし歌詞がないのであれば、単に楽曲の表現に没入しながら、声あるいは楽器の力に伴奏を同じ程度に釣り合わせなければならない。したがって、あまりに大きな騒音で声や楽器をかき消してもいけないし、またその反対にそれらを支えなさ過ぎてもいけない。右手で触れている諸和音を左手で倍化することもできる。ただし不協和音程はこの規則からは除外される。あるいは諸和音からオクターヴを削除することもできるし、状況に応じてある種の不協和音程も削除することができる。

3．クラヴサンあるいはテオルボの音が消えてしまうときには、同じ和音を重複してよい。これは他の拍でよりもむしろ小節の第一拍目で、単語の最後のシラブルとともになされるようにされるのがよい。なぜならこの重複は単語の途中、あるいはフレーズの途中でなされるものであり、その意味を聞きとることの妨げになることがしばしばあるからである。この点はオルガンにとっては無益である。なぜならオルガンでは音が持続するからである。

4．バスが許容する限りにおいて、諸和音はクラヴィーアの中間部で保持されなければならない。そして諸和音の場を変えることが強いられるときには、その変更は同じ和音上で、あるいは少なくとも協和和音の後でなされるべきであり、不協和和音の後でなされてはならない。確かにわれわれはつねにこの点の名手であるわけではない。ときに作曲家の空想力に応じてバスが二オクターヴも上行したり下行したりする際に予期しない変更が生じる関係上は特にそうである。しかも、諸和音をある場から別の場へと移行させるために、今保持している和音の同じ鍵盤が移行しなければならない和音にも役立ちうることが見てとれる、あるいは感じられるのであれば、上行においては下の指を、下行であれば上の指を、手は少しも持ち上がらないようにして運指しなければならない。この移行は、ある指が別の指の場を占めるこの動きのみによってなされるものである。したがってこのようにして楽譜の上から視線をそらすことを強いられることはない。ここで、諸和音がアルペジオで奏されるべきその方法について言及された箇所が想起されるであろう。

数字なしで伴奏するためには、確かにわれわれのあらゆる諸規則はこのテーマを巡って展開しているのであるが、さらに作曲の諸規則がここに付け加えられるべきである。こうしたすべてにもかかわらず、耳、趣向、そして指が知識に先立つことがないのであれば、成功を収めることは困難であろう。つまり、前述の諸原理を頻繁に実践することによって、真であり善である和声に耳を慣らせること以外にはない、ということである。

第19章　通奏低音(バス・コンティニュ)に数字付けをする方法と
それぞれの数字が明示する諸和音を知る方法

　完全和音は、この和音を構成する三つの音程のうちの一つによって数字付けがなされうる。確かに通常はこの和音には数字付けはなされないが、3度の識別がなされるために、3度が長のときには♯によって、短のときには♭によって明らかにされることがある。

　全般にわたって、♯だけなら長3度を表し、♭だけなら短3度を表す。もしこれらに数字が付加されているなら、その自然な音程と比較して、これらの記号は半音(セミ・トン)の音程を変位させる。

　すべての和音は自らが有している名称の数字によって数字付けがなされるはずである。たとえば以下のようにである[9]。

二の和音.......................2	増七の和音.......................7♯
増二の和音.......................2♯	短六の和音.......................6♭
十一の和音、別名・四の和音......4	長六の和音.......................6♯
三全音の和音.......................4あるいは4♯	小六の和音.......................6
偽五の和音.......................5あるいは5	大六の和音.......................6/5
七の和音.......................7	四六の和音.......................6/4
減七の和音.......................7♭	九の和音.......................9

図Ⅳ-4

---

[9]〔訳注〕巻末の補足ではこの図例に関して以下の注記がある。「この譜例には **4** と **6** がみられ、前者は三全音の和音を、後者は小六の和音を指すものがあるが、これらは線で横切られるべきものである。しかし著者はこの巻の印刷の間にはその場におらず、またそうした活字は印刷所においては使われていないので、それらには注意が払われるほどの大きな重要性を十分有しているものとは思われなかった。しかしながら、線が引かれた **6** は小六の和音を識別するのに役立つものであり、ある者たちが主張するように、長6度を指し示すものではない。というのは主に注意が集中されるべきは、一つの数字にある和音全体を含めることであって、そうすることによってそうした数の多様性を回避するためである。これは確かに困惑させるものである。さらに六の和音には四つの異なる和音があるので、それらの和音のそれぞれにあてがわれた活字によって、可能な限り識別がなされるべきである。この点にこそ現在に至るまであまり配慮がなされてこなかったのであり、線が引かれた **6** によって長6度を指し示すことしか目指されてこなかった。その結果、この6度には3度と4度が伴われることになる。しかしこれは必ずしもつねに真実であるわけではない。なぜなら楽曲の続きにおいてしばしば長6度に数字付けを強いられることがあるが、この長6度はここで問題になっているような音程ではなく、この音程が長として数字付けされるのは単に移置された新たな横の並び(モデュラスィヨン)との関連によるものである。この移置された新たな横の並びに必要とされるシャープは音部記号のわきには見いだされないものである。そしてしばしば小6度は短音程として見いだされることさえある。さらに、この種の、**5**のように線が引かれた **5** は減5度あるいは偽5度を指すものであるといったたぐいの活字を是認することのみが慣例であったがゆえに、これは似たような線で横切られた別の数字が長音程あるいは増音程を示すようになることが望まれる根拠を台無しにしてしまう。それゆえに新たな活字によってある和音全体に関する正しい考えが付与される方が、そうした活字によって一つの音程があるときは長音程、またあるときは短音程というように見なされるのに使用されるよりは良いのである。特に似たような音程が多くの異なる仕方で伴われるときにはそうである。

　この章で言及されていることは過去よりもむしろ今後のために役立つものである。しかし裏を返せば、われわれの諸規則は過去の誤りに対して役立ちうるであろう。」

現在進行中の調（トン）において自然な仕方で長あるいは短である諸音程を示す数字には ♯ も ♭ も付加されるべきではない。もしもそうしなければならないのであれば、♮ を使用する方がよい。♯ を付加することが慣わしになっている三全音を示すには数字付けがなされるだけでよい。

ある和音の自然な構成が変わるのであれば、その和音を示す数字にその変化を示す数字が付加されるべきである。

十一の和音、別名・四の和音で、オクターヴの代わりに２度が伴われているもの ..... $\begin{smallmatrix}4\\2\end{smallmatrix}$ あるいは $\begin{smallmatrix}5\\2\end{smallmatrix}$
十一の和音、別名・四の和音で、９度が伴われているもの.......................... $\begin{smallmatrix}4\\9\end{smallmatrix}$
七の和音で、偽５度が伴われているもの .... $\begin{smallmatrix}7\\5\end{smallmatrix}$
三全音の和音で、短３度が伴われているもの .... $\begin{smallmatrix}4\sharp\\\flat\end{smallmatrix}$
小六の和音で、偽５度が伴われているもの .... $\begin{smallmatrix}6\\5\end{smallmatrix}$
増五の和音で、４度が伴われているもの.. $\begin{smallmatrix}5\sharp\\4\end{smallmatrix}$
増七の和音で、短６度に伴われているもの .... $\begin{smallmatrix}7\sharp\\6\flat\end{smallmatrix}$

図Ⅳ-5

長不協和音程が生じているすべての和音は、その不協和音程をも同時に示す数字によって明示されるべきである。

この規則性が遵守されない通奏低音（バス・コンティニュ）が多数存在する。したがってこれらの数字のみによって導かれる者たちは過ちを犯す可能性がある。しかしわれわれの諸規則によって導かれることを望む者たちは、このようなケースにおいてどれほどこれらの諸規則が必要とされるものかを理解するであろう。

一つの数字で十分な箇所で多くの数字を使用している作者たちもいる。これは非常に混乱させるものである。

音符（ノット）の脇に置かれる数字はつねに和音を示す。しかし数字が音符の少し後ろにあり、その音（ノット）が完全和音を支えている場合、その数字はこの完全和音がその音の第一拍目で奏されるべきことを示し、第二拍目、第三拍目、第四拍目では、その数字によって明示される和音が、その数字との距離にしたがって奏されるべきことを示す。

複数の拍に相当する一つの音がそのそれぞれの拍の異なる和音を支えることがありうる。あるいは二拍の間に同一の和音を支えているということもときにはある。したがって、数字の配置によってよく識別することができないのであれば、耳がそれを判断すべきである。

点（ポワン）は、それに先行する音を表している。それは下のような場合である〔譜例Ⅳ-42〕。したがって点の上あるいは下に置かれた数字は、この点の拍の音価において形成されるべき和音を示す。

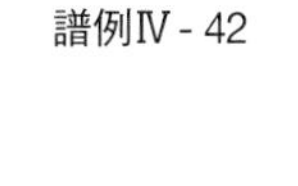

譜例Ⅳ-42

第 20 章　バスにおいて和音を支えるべき音（ノット）がいかにして識別されうるか

　小節のそれぞれの拍の最初の瞬間に和音が形成されるべきである。確かにある同一の音が多数の拍あるいは多数の小節の間に同じ一つの和音を支えることもあり得るのであるが。

　一拍のみに相当する音は二拍に分割可能であり、したがって二つの異なる和音を支えることができる。さらにまたその一拍をより多く分割することもできるであろう。しかしそうなると諸和音があまりに性急なものとなってしまうであろう。

　数字付きのバスでは一拍において複数の音を移行させることがしばしばある。しかし和音が形成されるべきは各拍の最初の瞬間であり、各拍で和音を鳴らす右手は、いわば小節を築き上げるものである。

　動きが多少性急であって、一つの和音が連続する複数の拍において使用されうるときには、その和音は楽器の音が完全に消え去ったと感じられるまでは繰り返されないのが良い。頻繁に繰り返される同一の和音は退屈なものとなるからである。

　ある種の音形バス（バス・フィギュレ）には、良く数字付けをすることがしばしば難しいものが見いだされる。なぜならこのバスの諸音（ソン）は、必ずしも耳にされているはずの和音に含まれているとは限らないからだ。したがってわれわれの諸規則がここで大きな助けとなる。というのは自然な仕方で後続されるべきであると分かっている諸和音を使用することによって誤りを犯すことは決してないからだ。たとえば、いくつかの 7 や 2 といったように、複数の不協和音の連続がみられ、規則が定めているようにディアトニックな進行において六の和音（スュイット）が混在されていない例を見てみよう。この際、これらの不協和音のそれぞれが各拍の最初の瞬間に鳴らされているということも想定されているとする。この場合にはこれらの拍のそれぞれが等しい二部分に分割され、この拍の第二部分が開始される音上で、ある不協和音に後続あるいは先行することが分かっている和音が聞こえるようにされなければならない。前述の諸原理（プランスィップ）に基づいてひとたび良き習慣が形成されたのであれば、この場合においても指がしばしばわれわれを前もって制するものである。この和音を支えているはずの音が数字付けがなされていないか、あるいはわれわれの馴染みのない仕方で数字付けがされており、自然な仕方では明瞭であったはずであろうその音が必ずしもそうでなかったなら、こうした場合にはわれわれを誤らせるかもしれない音に基づいてよりも、指の自然な連続に基づいて導かれるべきである。

譜例Ⅳ-43

　小六の和音はディアトニックの下行で七の和音に先行すべきこと、そして大六の和音あるいは偽五の和音は同じ音度の二つの音上の二の和音に進行すべきことは知られている。確かにこれらの諸音はこの和音が耳にされるはずの拍の最初の瞬間にはまったく見られないし、AやDにおけるように、この和音にはまったく数字付けがなされていない。また、BやCでのように理解困難な仕方で数字付けがなされている。これらのことにもかかわらず、小六の和音や大六の和音は七の和音や二の和音と混同して使用されるべきではない。これは諸規則の内容に沿っており、短不協和音程の後では一本あるいは二本の指が下行し、他方残りの指は同度上に留まるという習慣と一致している。同様の不都合が見いだされうる他の多くの進行についても同じことが言える。

　ある和音に使用されたシャープあるいはフラットで、さらに後続する和音にも使用されうるものは決して切り離されるべきではない。ただし、そのことが新たな数字によって正確に示され、そのことによってこのシャープあるいはフラットが廃棄される場合は例外である。なぜならこのシャープあるいはフラットは現在進行中の調においては自然なものであるので、偽5度や増5度を形成しうるからである。そしてこの場合これらの音程は純正5度よりも好ましいものであるはずである。他のあらゆる音程についても同様である。作者はテーマが要求するのであれば正反対のことをすべきである。そうでないのであれば、耳だけが決定を下すことができるであろう[10]。

完

---

[10]〔訳注〕巻末の「補足」では以下の追記がなされている。「音楽とクラヴサンの大家たちの大部分は自分たちの偏見から自由になることが難しいので、われわれはすべての人からの賛同を得ることを期待してはない。というのもわれわれは、われわれの決定に同調する労苦をいとわないであろう人たちが大衆をよく指導することを望み、そのようになされることでこの著作が有することができたであろうとわれわれが願う完全性をこの著作全体に与える手段をもたらしてくれると祈念しているからである。」

用語一覧の日本語索引

この日本語索引は編集部によって作成された。読者はまずこれらの用語を『和声論』冒頭の「用語一覧」にて参照し、さらにそこに明示されている本文内の頁へと移行することができる。(訳者)

数字

2度　Seconde（スゴーンド）　20
3度　Tierce（ティエルス）　22
4度　Quarte（カトル）　18
5度　Quinte（カント）　18
6度　Sixte（スィクスト）　21
7度　Septiéme（セティエム）　20
9度　Neuvieme（ヌヴィエム）　17
11度　Onziéme（オンズィエム）　17

ア行

移置　Transposer（トランスポゼ）　23
ヴィオール　Viole（ヴィヨール）　23
オクターヴ　Octave（オクターヴ）　17
音　Son（ソン）　21
音階　Mode（モード）　16
音楽　Musique（ミュズィック）　16
音程　Intervale（アンテルヴァル）　15

カ行

解決　Sauver（ソヴェ）　20
階名唱法　Solfier（ソルフィエ）　21
数　Nombre（ノーンブル）　16
下置　Supposition（スュポズィスィヨン）　21
カデンツ　Cadence（カダンス）　12
カノン　Canon（カノン）　12
完全　Parfait（パルフェ）　17
基音　Son-Fondamental（ソン・フォンダマンタル）　11

規則　Regle（レーグル）　19
基礎低音　Basse-Fondamentale（バス・フォンダマンタル）　11
基礎的な　Fondamentale（フォンダマンタル）　15
基体　Corps（コール）　14
基本的な　Fondamentale（フォンダマンタル）　15
基本和声　Harmonie-Fondamentale（アルモニ・フォンダマンタル）　19
協和音程　Consonance（コンソナンス）　13
許容　Licence（リサンス）　15
クロマティック　Chromatique（クロマティック）　13
経験　Experience（エクスペリヤーンス）　14
結合　Conjoint（コンジョワン）　13
弦　Corde（コルド）　14
原理　Principe（プランスィップ）　17
項　Terme（テルム）　22
コンマ　Comma（コンマ）　12

サ行

作曲　Composition（コンポズィスィヨン）　13
作曲すること　Composer（コンポゼ）　13
ザルリーノ　ZarlinoあるいはZarlin　23
三全音　Triton（トリトン）　23
下が聞こえる　Sous-entendre（スー・ザンタンドル）　21
下に置く　Supposer（スュポゼ）　21
借用　Emprunt（アンプラン）　14
小節　Mesure（ムズュール）　15
衝突　Choc（ショック）　12
進行　Progression（プログレスィヨン）　18

シンコペーション　Syncope（サンコプ）　21
振動　Vibration（ヴィブラスィヨン）　23
全音　Ton（トン）　22
旋法　Mode（モード）　16
旋律　Melodie（メロディ）　15

タ行

対位法　Contrepoint（コントルポワン）　13
体系　Système（スィステーム）　22
高い　Aigu（エギュ）　11
単旋律聖歌　Plein-Chant（プラン・シャン）　17
中心　Centre（サーントル）　12
調　Mode（モード）　16
　　Ton（トン）　22
ディアトニック　Diatonique（ディアトニック）　14
転回　Renverser（ランヴェルセ）、Renversement（ランヴェルスマン）　19
導音　Sensible（サンシーブル）　20
ドミナント　Dominante（ドミナント）　14

ナ行

長さ　Longueur（ロングール）　15

ハ行

拍　Temps（タン）　22
拍節　Mesure（ムズュール）　15
半音　Semi-Ton（セミ・トン）　20
伴奏　Accompagnement（アコンパニュマン）　11
低い　Grave（グラーヴ）　15
比（率）　Raison（レゾン）　19
比（例）　Proportion（プロポルスィヨン）　18
フーガ　Fugue（フーグ）　15
不完全な　Imparfait（アンパルフェ）　15
不規則な　Irregulier（イレギュリエール）　15
不協和音程　Dissonance（ディソナンス）　14
複音程　Replique（レプリック）　19
分離　Disjoint（ディスジョワン）　14
並達　Simulé（スィミュレ）　21

マ行

源　Principe（プランスィップ）　17
模倣　Imitation（イミタスィヨン）　15

ヤ行

予感させる　Sensible（サンシーブル）　20
予備　Preparer（プレパレ）　17

ワ行

和音　Accord（アコール）　11
和声　Harmonie（アルモニ）　15

◎著者・訳者紹介
ジャン゠フィリップ・ラモー（Jean-Philippe Rameau）1683 - 1764
作曲家、音楽理論家。1683 年、ディジョンにて生を受ける。当初法学を目指すも、オルガニストであった父の影響から音楽の道へと進む。1702 - 22 年、クレルモン、パリ、ディジョン、リヨンの聖堂のオルガニストを務める。1722 年あるいは 23 年からパリに定住し終生の活躍の場とする。ヴォルテール、ルソー、ダランベール、ディドロらと広く交流し、また論戦を交わす。1749 年、パリ王立アカデミーにて音楽理論の講演を行い、終身名誉書記フォントネルらをはじめとするアカデミー会員からの承認を受け、さらなる論争へと発展する。1764 年、国王による叙勲、死去。西洋音楽史における最重要理論家の一人。音楽作品は《クラヴサン曲集》第一巻（1706）《イッポリートとアリシ》（1733）ほか。著作は『和声論』（1722）『新体系』（1726）『和声の生成』（1737）『和声原理の証明』（1750）（いずれも略称）ほか多数。

伊藤　友計（いとう　ともかず）
1973 年千葉県生まれ。東京外国語大学卒、文学博士（東京大学）、音楽学博士（東京藝術大学）。博士論文題目は「J.-Ph. ラモー著『和声の生成』研究」。現在、東京藝術大学、明治大学にて非常勤講師。

自然の諸原理に還元された
和声論

2018 年 9 月 10 日　第 1 刷発行
2021 年 10 月 31 日　第 3 刷発行

著　者　ジャン゠フィリップ・ラモー
訳　者　伊藤友計
発行者　堀内久美雄
発行所　株式会社音楽之友社
　　　　〒 162-8716
　　　　東京都新宿区神楽坂 6-30
　　　　電話 03（3235）2111（代）
　　　　振替 00170-4-196250
　　　　https://www.ongakunotomo.co.jp/

装丁：井川祥子
組版・楽譜浄書：スタイルノート
印刷：藤原印刷
製本：ブロケード

ISBN978-4-276-10303-0 C1073

本書の全部または一部のコピー、スキャン、デジタル化等の無断複製は著作権法上での例外を除き禁じられています。また、購入者以外の代行業者等、第三者による本書のスキャンやデジタル化は、たとえ個人や家庭内での利用であっても著作権法上認められておりません。

Japanese translation©2018 by Tomokazu Ito
Printed in Japan
落丁本・乱丁本はお取り替えいたします。